PARIS
CONTEMPORAIN

Ce livre est la synthèse de plusieurs années de recherches sur Paris.
Que soient ici remerciés tous ceux qui, par leurs conseils, leur appui,
leurs écrits, en ont permis et nourri à la fois l'écriture.
Que soient plus particulièrement remerciés l'Action artistique de
la Ville de Paris et le Centre d'archives d'architecture du XXe siècle
(Cité de l'architecture et du patrimoine), dont le soutien
et la confiance ont été décisifs.

À Géraldine et Blanche

S.T.

**DE HAUSSMANN
À NOS JOURS,
UNE CAPITALE
À L'ÈRE DES MÉTROPOLES**

ARCHITECTURE ET URBANISME

PARIS CONTEMPORAIN

SIMON TEXIER

PARIGRAMME

sommaire

La forme d'une ville ?

Mosaïque photographique de Paris et de la Petite Couronne. (© IGN)

À droite : Mario Heymann, Roger Anger et Pierre Pucinelli, immeubles, 15-21, rue Érard, 1969. (© S. Texier)

Ci-dessous : les Halles et La Défense depuis le Centre Georges-Pompidou. (© S. Texier)

« ON RECONNAÎT LES VILLES À LEUR DÉMARCHE, comme les humains », notait Robert Musil dans *L'Homme sans qualités*. Le romancier pensait alors à Vienne plus qu'à aucune autre ville, mais n'évoquait-il pas, avant toute chose, un siècle : le XIXe ? Comment qualifier la ville européenne du XXe siècle ? Si l'on reprenait l'image de la démarche, on imagine celle-ci plutôt hésitante. Car le XXe siècle est celui des ruptures, et Jacques Réda, piéton de Paris parmi les moins nostalgiques, ne manque pas de relever çà et là les signes d'un changement d'une brutalité inouïe : « Puis de nouveau je constate cette explosion de bâtiments étrangers aux règles du tournoi comme à l'art de la fugue : ils se sont dressés dans la nuit, en rase campagne, ou dans des lieux qui, s'ils appartiennent bien à Paris, obligent à reconsidérer de fond en comble les images et notions les moins conventionnelles qu'on se fait de cette ville[1]. » Probablement faut-il, en effet, reconsidérer notre regard sur Paris, comme sur la ville en général. Ni ville « globale », ni ville « émergente », bien que proche en certains aspects de l'un et l'autre type, Paris partage pourtant une culture commune avec les grandes métropoles occidentales. Mais la réduire au concept de « ville européenne », c'est-à-dire telle qu'elle s'est formée jusqu'à la révolution industrielle, ne relève-t-il pas de l'utopie régressive ? Paris est-il, d'ailleurs, réductible à un élément parmi d'autres d'une histoire des métropoles européennes ? Régulièrement comparée à Londres, Vienne, Berlin ou Moscou, c'est pourtant le plus souvent en opposition qu'apparaît la capitale française.

Une ville finie ?

Paris fait exception parmi les capitales européennes, pas seulement par son patrimoine, mais aussi par son évolution, presque anormale au regard de ses homologues. Jean Claude Nicolas Forestier en a bien conscience en 1908 : « Certains Américains disent de Paris que c'est une *finished city*, une ville finie. Cela peut s'entendre de deux façons, et je crois bien qu'ils l'entendent ainsi : une ville terminée et parfaite, objet d'art où la main de l'ouvrier ne peut plus rien ciseler ni ajouter, ou bien ville finie, qui, après avoir atteint son apogée, ne peut plus que décliner. Somme toute, les deux manières de comprendre reviennent au même. La ville qui s'arrête est une ville qui commence à mourir ; pour vivre, il faut se développer. Or Paris vit encore, et avec plus de vigueur que jamais. L'énorme ville évolue et s'accroît toujours. Par la ville, j'entends cette agglomération faite de Paris et de sa banlieue, en ne tenant pas compte de la limite artificielle des remparts […][2] » Toujours enfermée en 1900 dans l'enceinte de Thiers, alors que toutes les grandes villes se sont affranchies de leurs ouvrages militaires, Paris présente de ce fait une forme parfaitement identifiable. La construction des Habitations à bon marché (HBM) de la ceinture, puis celle du périphérique perpétueront ce dessin et accentueront l'écart entre la ville et sa banlieue, une banlieue qui pendant trop longtemps demeurera le lieu du ban, du bannissement. Ainsi le XXe siècle constitue-t-il ce moment de tension particulière entre, d'une part, les nécessités d'une modernisation qui impose une nouvelle forme de ville, par son extension, et, d'autre part, l'idée que le rayonnement de Paris doit naturellement se poursuivre dans cette enceinte devenue quasiment sacrée. De manière plus

1 J. Réda, *Le Citadin. Chronique*, Paris, Gallimard, 1998, p. 122.
2 J. C. N. Forestier, *Grandes villes et systèmes de parcs* (1908), réédition Paris, IFA/Norma, 1997, pp. 93-94.

aiguë qu'ailleurs, l'alternative entre une refonte de la ville sur elle-même ou une ouverture sur sa périphérie se pose tout au long du siècle.

« Je me demande depuis le début ce que c'est que l'urbanisme ; pour le moment, je ne le vois pas autrement que comme un problème de morphologie, dont le champ d'étude serait les villes et, d'une certaine manière, d'autres territoires. La description des formes des villes et par conséquent l'invention de ces formes – en tant que formulation nouvelle – peut nous apprendre des choses extrêmement utiles[3]. » Sans attribuer plus de valeur qu'elle n'en a à cette tentative de définition de l'urbanisme par Aldo Rossi, on reconnaîtra que la question de la forme a sa place dans une étude de ville. Délaissée au profit de concepts ou de phénomènes urbains jugés plus éclairants ou pertinents, cette approche a souffert de la lecture unidimensionnelle de certains travaux dits « typomorphologiques ». Il est pourtant difficile de l'écarter entièrement. Le XXe siècle est d'ailleurs marqué par une réflexion permanente sur la forme urbaine et, plus particulièrement, sur ce que Georges Sébille nomme en 1937 la « base de la transformation urbaine » : l'îlot. De la remise en cause de l'îlot haussmannien à son retour dans les années 1980, en passant par toutes les formes d'ouverture de l'immeuble – qui devient dans les années 1960 totalement indépendant du tracé des rues –, la forme de Paris est principalement celle que l'on donne à l'îlot. Lorsque Michel Roux-Spitz définit un nouveau type de plan de masse dans les années 1940, c'est potentiellement une nouvelle forme de ville et un nouveau paysage qu'il projette. Force est néanmoins de constater que, précisément trop préoccupés par ce travail sur la forme urbaine, pendant l'entre-deux-guerres, puis sur l'informe de la ville ouverte et ses purs objets architecturaux, pendant les Trente Glorieuses, les architectes ont longtemps oublié de réfléchir à l'espace public, qui lui aussi devait prendre forme pour exister et signifier.

Une cour, rue Saint-Maur : des faubourgs ouvriers à la « gentryfication ». (© S. Texier)

Ci-contre : Massimiliano Fuksas, immeuble, 10-16, rue Charles-Delescluze, 1995 et 1992. Un autre faubourg Saint-Antoine. (© S. Texier)

Architectes et politiques

Principaux créateurs de formes urbaines, les architectes et les urbanistes ne sont pas, il est vrai, les seuls à produire la ville : ingénieurs et aménageurs, fonctionnaires et hommes politiques, promoteurs, écrivains ou cinéastes, et, à leur façon, tous ceux qui habitent à Paris ou y travaillent, font Paris. On se souvient également que les sciences humaines, notamment après guerre, ont apporté une contribution importante à la compréhension des phénomènes urbains. Paul-Henry Chombart de Lauwe n'avait-il pas espéré mettre au service de l'urbanisme parisien des années 1960 les premiers résultats de la sociologie urbaine[4] ? Le présent ouvrage ne saurait pourtant rendre compte de l'œuvre de tous les acteurs de la ville : architectes-urbanistes et politiques seront ainsi le plus souvent au centre de notre récit. Outre leur fonction de bâtisseurs, les premiers ont, tout au long du XXe siècle, nourri la réflexion sur le devenir de la capitale : il faudrait un volume entier pour donner la mesure de cette contribution théorique, qu'elle prenne la forme d'ouvrages, d'articles ou de dessins, réalisés généralement avec l'ambition de les voir se concrétiser, mais parfois aussi avec désinvolture ou naïveté. Le XXe siècle aura bien été celui de tous les manifestes, de toutes les architectures de papier. Il aura aussi été celui des ruptures les plus profondes, que les architectes n'ont pu concevoir ni mettre en œuvre seuls.

Si l'architecture peut s'extraire du politique, l'urbanisme lui est indissociablement lié, *a fortiori* lorsque l'enjeu – Paris – est d'ordre national. Peu de villes ont été l'objet d'attentions et de négociations aussi intenses que Paris. Le poids politique, économique et culturel que la capitale a acquis à la fin du XIXe siècle, en fait un monstre d'autant plus ingérable qu'elle est précisément le lieu de tous les pouvoirs, locaux comme nationaux. Elle est aussi le lieu de toutes les insurrections : « Il est certain qu'une pareille ville peut rêver de faire contrepoids à la France entière et par suite au gouvernement que s'est donné la France[5] », note ainsi le quotidien versaillais *Paris-Journal*, en juillet 1871. Une loi vient juste d'être votée (le 14 avril), qui refuse l'élection d'un maire par le conseil municipal,

3 A. Rossi, cité par M. Scolari, in F. Moschini, *Massimo Scolari. L'architecture de l'incertitude*, Paris, L'Équerre, 1981, p. IX.
4 P. H. Chombart de Lauwe (dir.), *Paris. Essais de sociologie, 1952-1966*, Paris, Les Éditions ouvrières, 1965.
5 Cité par P. Nivet et Y. Combeau, *Histoire politique de Paris au XXe siècle*, Paris, PUF, 2000, p. 7.

Urbain Cassan, groupe d'immeubles, 3-17, rue Philibert-Delorme, 1953 : la modernisation avant les rénovations. (© S. Texier)

confortant de cette façon la mainmise de l'État sur Paris. Les deux hommes forts du pouvoir local sont deux fonctionnaires : le préfet du département de la Seine et le préfet de police. Ce statut particulier de Paris implique une soumission non seulement au pouvoir central, mais aussi à ses multiples crises et soubresauts. Et l'on comprend mieux la fermeté avec laquelle la Ve République, qui met un terme à une crise de l'État de plusieurs décennies, prend en main le destin de Paris à partir de 1958. Le volontarisme gaullien, puis pompidolien, constituera d'ailleurs un modèle politique autant qu'un contre-modèle urbain pour la nouvelle souveraineté municipale élue en 1977 : Jacques Chirac est l'héritier direct des deux présidents et son coup de force aux Halles s'inscrit dans cette filiation. Le chef de l'État, pour sa part, garde pour prérogative l'initiative des grands travaux : le bénéfice de deux septennats a ainsi permis à François Mitterrand d'inscrire durablement les signes du pouvoir central sur Paris.

Quelle histoire ?

Comment retracer l'histoire de l'urbanisme parisien sur un siècle ? À l'évidence, le récit proposé ici ne saurait être que partiel, et, en certains cas, partial : l'historien est en premier lieu le produit de son temps. Quant à Paris, Paul Valéry avait bien noté quelle chimère c'était de vouloir le comprendre dans sa globalité : « Penser Paris ?… Plus on y songe, plus se sent-on, tout au contraire, pensé par Paris[6]. » Cette histoire du Paris contemporain est à la fois celle des projets pour Paris, des politiques urbaines et des formes urbaines. Il ne s'agit pourtant pas d'histoire urbaine, dans la mesure où nous ne saurions prétendre conjuguer l'histoire des projets et réalisations avec l'histoire des pratiques qui leur sont associées.

Les limites chronologiques assignées aux trois parties et aux sept chapitres de cet ouvrage correspondent à la fois à des ruptures politiques et à des mutations dans le domaine de la pensée sur la ville. Sans céder au « chronomorphisme », il apparaît nettement que les trois moments évoqués coïncident avec trois doctrines urbaines dominantes : l'haussmannisme et ses prolongements dans un premier temps, l'urbanisme d'ensemble dans un second, enfin un urbanisme que l'on qualifiera de « concerté », les notions de retour à la ville ou de néo-haussmannisme étant trop réductrices. Si 1894 est une date plus artificielle que symbolique – elle correspond néanmoins à l'ouverture de la rue Réaumur et au concours pour le plan de l'Exposition universelle de 1900 –, 1940 et 1974 marquent des tournants politiques et économiques majeurs. L'année 1977, en revanche, décisive dans l'histoire de Paris, ne constitue pas une charnière dans son histoire urbaine. La mutation était en effet déjà en cours : ultime intervention de l'État, les choix opérés par Valéry Giscard d'Estaing avaient, dès 1974, orienté Paris vers une autre politique de l'urbanisme – dont les Halles de Ricardo Bofill auraient pu être le manifeste… À l'inverse, 1983 consacre, avec l'annonce du plan d'aménagement de l'est de Paris, la dimension globale de l'action municipale, dont la portée urbaine et, par conséquent, sociale dépasse selon nous le programme monumental des Grands Travaux conçus à partir de 1981, aussi structurant soit-il pour le paysage parisien. De la même manière, la division en sept sous-périodes a sa part d'arbitraire, la dimension urbaine l'emportant dans certains cas sur le politique. La création du Comité supérieur d'aménagement et d'organisation de la Région parisienne (CSAORP), en 1928, n'aura pas d'effets immédiats ; elle officialise toutefois une réflexion sur le Grand Paris. Un an après l'avènement de la Ve République, l'année 1959, qui voit la publication du Plan d'urbanisme directeur (PUD) de Paris, paraît elle aussi suffisamment lourde de sens pour faire office de charnière.

Aussi pratique et didactique soit-elle, la division chronologique n'a pas, au demeurant, que des vertus. Dans une approche plus globale des mutations urbaines de Paris depuis Haussmann, Norma Evenson avait, il y a vingt-cinq ans, proposé au contraire une analyse thématique, évoquant successivement la question de la voirie, celles des transports en commun, de l'architecture, du logement, des plans d'ensemble pour Paris et, enfin, celle de sa dimension régionale et européenne[7]. C'est précisément pour compenser la rigueur parfois sclérosante de la chronologie qu'a été adopté, au sein de chacun des chapitres, le principe de la thématisation, complétée par quelques analyses transversales. Si une telle fragmentation du récit fait elle-même courir le risque d'une dispersion, elle répond en premier lieu à une exigence : éviter tout discours linéaire, voire déterministe. Comme la ville, l'histoire est une sorte de mille-feuille sans fin, mais dont n'apparaissent généralement que quelques couches. La coexistence de plusieurs thématiques ou plusieurs types d'approches, ou encore la superposition de discours contradictoires confèrent plus d'épaisseur qu'elles n'ôtent de sa cohérence à l'histoire.

6 P. Valéry, « Présence de Paris », 1937, in *Regards sur le monde actuel, Œuvres II*, Paris, Gallimard (Bibliothèque de la Pléiade), 1960, p. 1015.
7 N. Evenson, *Paris, A Century of Change*, Yale University Press, 1979, trad. française : *Cent ans de travaux et d'urbanisme 1878-1978. Paris, les héritiers d'Haussmann*, Paris, Ensba/Grenoble, PUG, 1983.

Le Front de Seine, symbole des Trente Glorieuses ; à gauche, la tour Cristal (Julien Penven et Jean-Claude Le Bail, 1990). (© S. Texier)

Opération Cœur Défense (Jean-Paul Viguier, 2001) : l'histoire continue. (© S. Texier)

Les années maudites

Si cette démarche vise une certaine neutralité, elle est aussi militante par nécessité. Accorder autant de place aux Trente Glorieuses qu'à l'entre-deux-guerres constitue en soi une prise de position. L'une des grandes questions posées par ce siècle d'urbanisme est en effet la violence avec laquelle ont été menées les rénovations urbaines entre 1961 et 1974. Mais au-delà des jugements de valeur, il paraît utile d'en décrire le fonctionnement, d'en chercher les véritables causes : politiques, doctrinales, mais aussi peut-être temporelles – l'attente déçue des années 1930 entraîne une sorte de rattrapage auquel d'autres pays, plus avancés avant 1940, n'ont pas eu besoin de procéder. Redonner la parole aux principaux acteurs sans autre but que de resituer et de restituer un discours, remontrer des projets et des œuvres sans en faire le procès, en somme réévaluer ce moment unique dont Paris est, quoi que l'on fasse, aujourd'hui l'héritier, ne relève finalement pas de la provocation mais du simple travail d'histoire. Il peut d'ailleurs sembler paradoxal que les périodes qui bénéficient de la plus grande considération sont celles pendant lesquelles les architectes ont été le plus discrets, voire frustrés : c'est le cas de l'haussmannisme, mais aussi de l'entre-deux-guerres. Après 1945, en revanche, avec le soutien massif des politiques, les architectes ont bénéficié de circonstances exceptionnellement favorables. Le bilan n'en est pas moins fortement contrasté : la production de masse des « années PUD » a laissé quelques réalisations et ensembles urbains remarquables, mais aussi beaucoup de bâtiments dont la médiocrité est, réglementation oblige, très rarement compensée par la discrétion. L'infortune critique de ces années provient aussi de l'ampleur des destructions, sans équivalent depuis Haussmann : si la rénovation des faubourgs doit faire l'objet d'une analyse nuancée – personne ou presque n'avait alors conscience de la valeur patrimoniale de leur tissu –, la disparition de plusieurs chefs-d'œuvre de l'architecture classique ne relevait pas, elle, de la nécessité. Et c'est finalement l'échec de La Défense que de n'avoir pas suffi à contenir la mise à niveau de Paris comme place financière internationale.

De la forme urbaine au paysage

Dans ce jeu de tensions entre les nécessités de la modernisation et le besoin de mémoire, l'enjeu patrimonial devient, au fur et à mesure que le XXe siècle avance et que les destructions se multiplient, une question centrale. Quel Paris veut-on conserver, comment veut-on le restaurer ? La défense du vieux Paris est une attitude ancienne, mais la prise de conscience que certains édifices comme certaines formes urbaines doivent être préservés, a tardé à se transformer en véritable projet politique. La forme d'une

Une dalle sur la colline de Ménilmontant, rue Élisa-Borey (Louis-Georges Noviant). (© S. Texier)

Le quartier Saint-Gervais : un enjeu patrimonial permanent. (© S. Texier)

ville n'est pas seulement celle que l'on projette, mais celle dont on hérite : depuis la création de la Commission des perspectives historiques (1909) jusqu'à l'adoption d'un Plan d'occupation des sols particulier pour le faubourg Saint-Antoine (1998), en passant par la réhabilitation de l'haussmannisme et l'invention des « tissus constitués » (1975), les regards sur Paris et les lectures qui en sont faites évoluent.

À cet égard, émettons ici l'hypothèse que, parmi les grands mythes forgés par l'haussmannisme et repris par les principaux acteurs du Mouvement moderne, figure au premier plan celui de la ville régulière. Si l'on excepte l'épisode pittoresque de 1900, ce mythe n'a cessé de hanter les esprits : ce n'est pas un hasard si la ville rationnelle de Le Corbusier en réfère à Louis XIV et à Haussmann. Par-delà la question du pouvoir, par-delà les règlements surtout – il n'est plus alors question de forme urbaine, mais plutôt de paysage –, le rêve de l'ordonnance, inscrit depuis longtemps dans la théorie architecturale française, est perceptible dans les Habitations à bon marché des années 1920 comme dans les opérations de rénovation des années 1960, avant d'adopter une forme nouvelle à travers le prétendu néo-haussmannisme des années 1980. Mais si l'on peut accepter le désordre, peut-on le penser ? Même lorsque Louis Bonnier cite les mots de Pierre Patte sur la ville – « Il convient surtout d'éviter la monotonie et la trop grande uniformité dans la distribution totale de son plan, mais d'affecter de la variété et du contraste dans les formes, afin que tous les quartiers ne se ressemblent pas[8] » –, c'est davantage pour plaider une variété plastique de l'architecture que pour chercher une antériorité à une théorie de la discontinuité ; celle-ci est encore impensable au début du XXe siècle. Et même lorsque l'historien Marcel Poëte évoque la philosophie vitaliste d'Henri Bergson, il n'amorce qu'à très petits pas l'idée d'une ville hétérogène : « Une accumulation d'énergie destinée à être dépensée : telle est la vie pour la ville, comme pour les autres êtres. Celle-ci offre les caractères de tout corps organisé ; elle est "une portion d'étendue, reliée au reste de l'étendue, solidaire du Tout" ; elle "se compose de parties hétérogènes, qui se complètent les unes les autres" [...][9]. »

Pourtant, la succession des ruptures a introduit dans Paris des irrégularités qu'il faut désormais considérer comme fondatrices, car impossibles à gommer. L'irruption d'un nouveau paysage urbain a définitivement modifié la physionomie de la ville, tout en assurant la pérennité de sa forme. Le récit de ces transformations relève alors de l'apprentissage du regard, première étape d'un nouveau travail de mémoire sur Paris.

De gauche à droite : place du Général-Monclar, à l'angle des rues Saint-Amand, Castagnary et Georges-Pitard, ou le paysage parisien à l'ère des ruptures. (© S. Texier)

8 P. Patte, 1765, cité par L. Bonnier, « L'extension de Paris », conférence faite à la London Society le 29 nov. 1920, p. 7 (fonds Bonnier, IFA).
9 M. Poëte, *Paris, son évolution créatrice*, Paris, Vincent, Fréal et Cie, 1938, p. 26.

1894–1940

Une métropole en projets

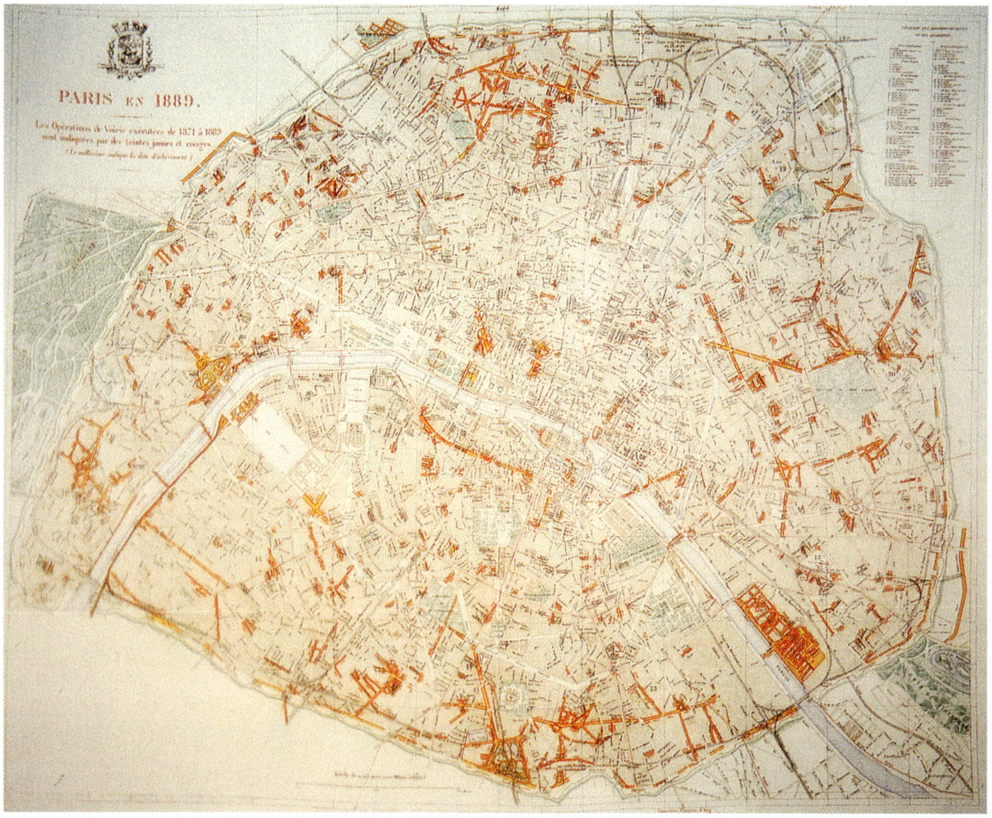

En haut : le bureau de Napoléon III aux Tuileries et le plan de Paris, aquarelle de Jean-Baptiste Fortuné de Fournier. (Château de Compiègne, © RMN)

Adolphe Alphand, « Paris en 1889 », d'après *Les Travaux de Paris 1789-1889*, Paris, 1889. (© Archives de Paris)

Paris a été la capitale du XIXe siècle. Le XXe siècle et, plus précisément, les années 1920 inaugurent l'ère des métropoles. Comment, avec son histoire, son patrimoine, le poids qu'elle représente pour l'État, une ville peut-elle s'adapter aux conditions nouvelles de la vie moderne ? Cette question ne trouvera pas de réponse concrète avant les années 1950. La première moitié du siècle est pourtant marquée par une intense réflexion sur l'avenir de Paris, par d'innombrables projets, dont peu verront le jour. C'est aussi le moment où s'amorcent des orientations formelles qui trouveront leurs prolongements après la guerre. Sans entamer les plus grands chantiers (rénovation des quartiers insalubres, création de grands équipements), Paris ne cesse pourtant de se transformer et de se moderniser.

Une discipline nouvelle : l'urbanisme

Le Paris du début du XXe siècle est – et restera jusque dans les années 1920 – l'héritier des travaux menés, sous le second Empire, par l'équipe réunie autour du baron Haussmann, puis après 1870 par Adolphe Alphand à la Direction des travaux de Paris. Ce gigantesque programme de modernisation de la ville répond, certes, à un plan d'ensemble esquissé par Napoléon III lui-même, mais « l'empire des plans » [1] traduit avant tout un spectaculaire développement des réseaux, et non l'avènement d'une pensée urbaine globale : les superbes planches publiées par Alphand dans *Les Travaux de Paris 1789-1889* constituent un bilan, non une prospective. Les notions de plan d'aménagement et surtout de plan d'extension n'émergeront qu'à partir des années 1880-1890, en Autriche et en Allemagne principalement (Vienne, Cologne et Munich). Et ce n'est pas un hasard si les premiers plans pour Paris, signés Eugène Hénard en 1910, puis Hénard, Agache et Prost en 1912, ont été publiés outre-Rhin et non en

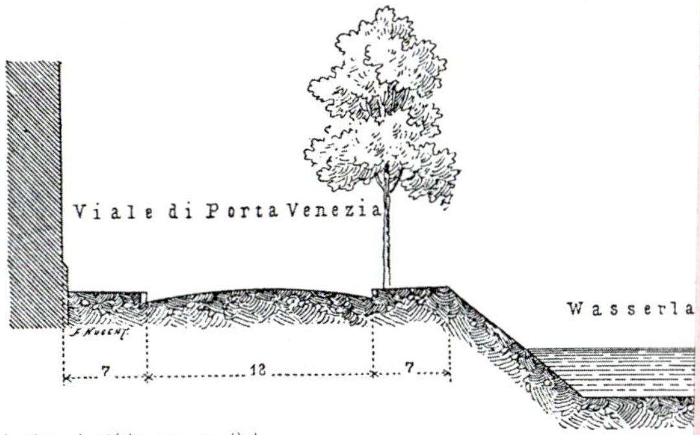

Un boulevard extérieur au XIXe siècle, d'après Joseph Stübben, *Der Städtbau*, 1924. (Coll. S. Texier)

France. À l'exception du « plan Augagneur » pour Lyon (1912) et malgré les efforts du Musée social qui, depuis 1894, contribue à élargir le débat sur la ville, il faut attendre la loi Cornudet en 1919 pour qu'une politique de planification urbaine soit instaurée en France – dont les effets seront au demeurant peu perceptibles. Les pionniers de l'urbanisme français font, eux, leurs premières armes dans les grands concours internationaux : Léon Jaussely à Barcelone (1904) puis Berlin (1910), Henri Prost et Jean-Marcel Auburtin à Anvers (1910), Donat-Alfred Agache à Canberra (1912).

La

A

sent

trav

ben

Une encore une fois, dès 1910, une anticipation en intégrant deux données techniques nouvelles majeures : l'électricité et le béton armé ; une rue surélevée, artificielle, qui laisse s'organiser sous elle tous les réseaux nécessaires au fonctionnement de la « ville de l'avenir[2] ». Cette conception verticale, régulièrement empruntée à Hénard, n'aura pourtant pas d'effets parisiens : qu'il s'agisse d'élargissements de voies ou de réforme de l'îlot, c'est la notion de desserrement qui émerge lentement pour triompher après 1945.

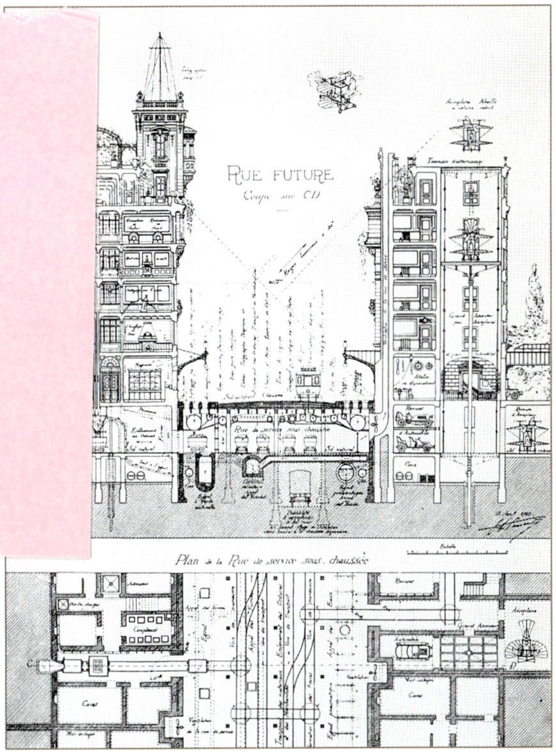

Eugène Hénard, « La rue future », présentée en 1910 à la Town Planning Conference. (Coll. S. Texier)

La rue de Rivoli, ou l'antimodèle du Paris de 1900. (© S. Texier)

Ci-contre : Louis Bonnier, règlement de voirie de 1902 : « Perspective de la rue de 30 mètres, vue du trottoir opposé, avec les saillies et les silhouettes autorisées par le Décret nouveau. » (Fonds Bonnier/IFA)

1 A. Picon et J.-P. Robert, *Le Dessus des cartes. Un atlas parisien*, Paris, Picard/Pavillon de l'Arsenal, 1999, p. 169.
2 E. Hénard, « Les villes de l'avenir », Londres, 1910, repris dans *Études sur les transformations de Paris*, Paris, L'Équerre, 1982, pp. 347-359.

1894-1919

HYGIÈNE ET PITTORESQUE

Immeuble de rapport, 20, rue de l'Abbé-de-l'Épée, H. Ragache, 1910. (© S. Texier)

Ci-dessous : statuts de la Fondation Rothschild, hall du bâtiment, rue de Prague. (© S. Texier)

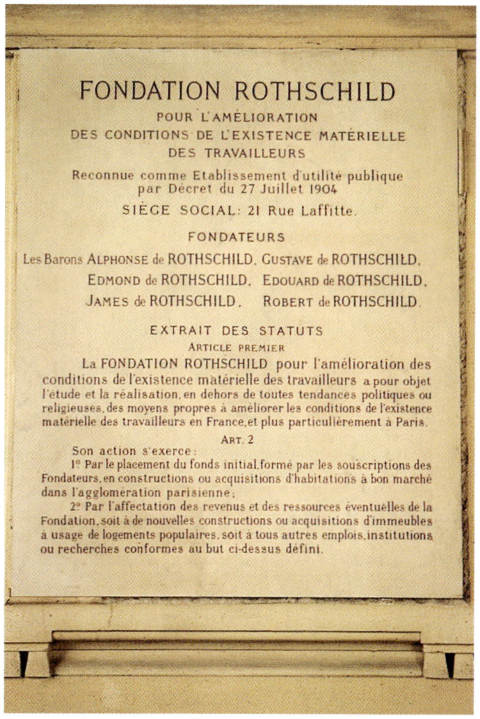

FONDATION ROTHSCHILD
POUR L'AMÉLIORATION
DES CONDITIONS DE L'EXISTENCE MATÉRIELLE
DES TRAVAILLEURS
Reconnue comme Etablissement d'utilité publique
par Décret du 27 Juillet 1904
SIÈGE SOCIAL: 21 Rue Laffitte.

FONDATEURS
Les Barons ALPHONSE de ROTHSCHILD. GUSTAVE de ROTHSCHILD.
EDMOND de ROTHSCHILD. EDOUARD de ROTHSCHILD.
JAMES de ROTHSCHILD. ROBERT de ROTHSCHILD.

EXTRAIT DES STATUTS
ARTICLE PREMIER
La FONDATION ROTHSCHILD pour l'amélioration des conditions de l'existence matérielle des travailleurs a pour objet l'étude et la réalisation, en dehors de toutes tendances politiques ou religieuses, des moyens propres à améliorer les conditions de l'existence matérielle des travailleurs en France, et plus particulièrement à Paris.
ART. 2
Son action s'exerce:
1° Par le placement du fonds initial, formé par les souscriptions des Fondateurs, en constructions ou acquisitions d'habitations à bon marché dans l'agglomération parisienne;
2° Par l'affectation des revenus et des ressources éventuelles de la Fondation, soit à de nouvelles constructions ou acquisitions d'immeubles à usage de logements populaires, soit à tous autres emplois, institutions ou recherches conformes au but ci-dessus défini.

LA CROISSANCE DE LA POPULATION parisienne pose, autour de 1900, des problèmes analogues à ceux rencontrés par Haussmann : l'immense chantier mené par le préfet et poursuivi vingt ans après sa démission n'a pas suffi à mettre fin à une insalubrité et à un manque de logements croissants. Quant aux formes urbaines et à l'architecture que le second Empire a engendrées, elles sont critiquées pour leur rigueur et leur monotonie. C'est donc sous le double signe de l'hygiène et du pittoresque que s'ouvre le XXe siècle. Mais l'émergence de l'urbanisme comme discipline et l'émulation observable dans certains pays européens (l'Allemagne et l'Angleterre, principalement) entraînent peu à peu une prise de conscience du retard parisien dans plusieurs domaines.

La découverte du Paris insalubre

Le recensement de 1911, qui marque l'arrêt de la progression de la population parisienne pour plusieurs décennies – elle ne reprendra qu'en 1946 –, a été l'occasion pour le service de la Statistique municipale d'enquêter sur les logements parisiens que Paul Juillerat avait déjà étudiés au point de vue sanitaire, avant de désigner en 1906 six îlots insalubres. Il s'agit alors de définir le degré de confort des quelque 2,65 millions de logements que compte Paris dans des maisons ordinaires, auxquelles il faut ajouter les hôtels et garnis, les dortoirs, locaux divers, etc. Il ressort de ce travail publié en 1913 que plus d'un million de ces logements sont soit surpeuplés (moins d'une demi-pièce par personne), soit insuffisants (moins d'une pièce par personne). Le taux de logements surpeuplés a baissé depuis le recensement de 1901, mais celui des logements insuffisants (924 757, soit 35 %) n'a guère évolué. Quant à la baisse du nombre de logements surpeuplés, elle provient essentiellement de ce que le nombre de familles nombreuses lui-même a diminué ; 46 286 familles n'en attendent pas moins un logement plus grand[1]. L'effort en matière de logement social n'a jusqu'alors été mené que par des fondations philanthropiques, et si cet « entre-deux-siècles » que sont les années 1894-1914 voit se poursuivre les embellissements de Paris, notamment à l'occasion de l'Exposition universelle de 1900, le retard de la capitale française sur ses homologues européennes devient un thème récurrent.

Le manque de jardins

L'Angleterre a voté en 1909 le Town Planning Act et Berlin a organisé, en 1910, le concours pour l'extension d'une métropole qui ne regroupera pas moins de soixante communes. Les capitales anglo-saxonnes sont encore, chez certains observateurs français, louées pour la richesse de leurs parcs et jardins publics. Eugène Hénard fera d'éloquentes comparaisons dans ses *Études sur les transformations de Paris* (1903-1909). Historiquement peu favorisé – les deux bois se trouvent à la périphérie de la ville –, Paris a en outre institué un impôt sur les jardins et les espaces libres, ce qui conduit certains propriétaires à vendre une partie de leurs terrains : ainsi le parc de la Muette, déjà amputé en 1885 et 1896 pour le passage de la ligne d'Auteuil, est-il de nouveau rétréci lorsque le comte de Fran-

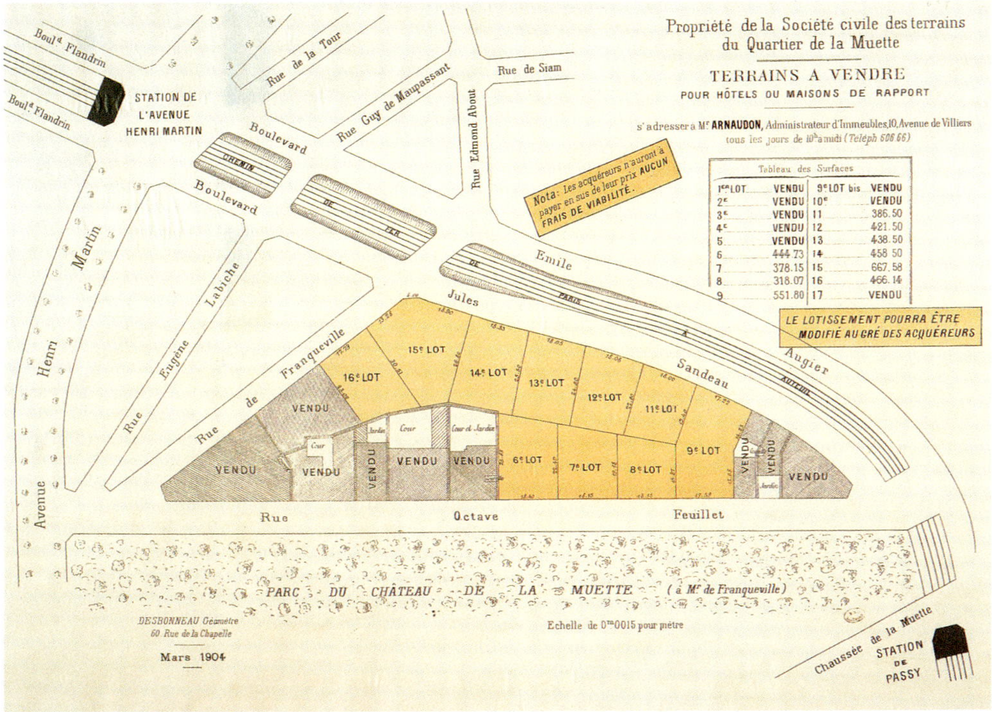

queville est contraint en 1897 de vendre une bande de terrain en bordure du chemin de fer (entre la rue Octave-Feuillet et le boulevard Jules-Sandeau) ; au début du siècle, 3,8 hectares sont encore vendus et partiellement lotis d'hôtels particuliers. En sous-sol, Paris se dote, avec le métro, d'un système de transports particulièrement efficace, mais son arrêt aux portes de la capitale ne plaide guère pour l'existence d'un Grand Paris.

L'esthétique de Paris

À l'heure où les capitales occidentales se dotent des outils de régulation et de planification propres à assurer leur développement à une nouvelle échelle, celle de la métropole, la capitale du XIXe siècle qu'est Paris entretient le mythe des « villes tentaculaires » décrites par Émile Verhaeren. Le principal objet de discussion y demeure, avant 1914, l'esthétique urbaine et si le règlement de voirie de 1902 ne néglige pas les questions d'hygiène, ce sont ses effets qui nourrissent l'essentiel du débat. Critiquée dès 1869 par Charles Garnier, apôtre d'une ville polychrome, la monotonie du Paris haussmannien, mais également napoléonien, trouve ses plus ardents détracteurs au tournant du siècle. Rédacteur du règlement de 1902, Louis Bonnier se fait le porte-parole d'une génération d'architectes éprise de pittoresque. Le jugement qu'il porte sur la rue de Rivoli relève du manifeste : « Il ne faut pas craindre de dire la froide monotonie de la rue de Rivoli développant sur 2 950 mètres de longueur ses arcades impitoyablement uniformes, prototype du manque de sens artistique. Fussent-elles même admirables, le renouvellement mécanique et indéfini le long d'une rue de 500 chefs-d'œuvre identiques serait une hérésie insupportable[2]. » À l'inverse, les amoureux d'un Paris ancien agitent le spectre récurrent de la destruction d'un paysage présumé séculaire : « Le règlement de 1902 a contribué à enlaidir Paris, la chose est manifeste. Mais les causes profondes de cette grande déchéance artistique, c'est les expositions universelles et l'invasion des modes exotiques », juge André Hallays[3].

Plan du lotissement du parc de la Muette, mars 1904. (BHVP)

À droite : immeuble de rapport, 48 *bis*, rue de Rivoli. (© S. Texier)

Règlement de voirie de 1902 : « Partie de la rue de 20 mètres (la largeur de la rue de Châteaudun) conforme au Décret du 22 juillet 1882. » (Fonds Louis Bonnier/IFA)

Règlement de voirie de 1902 : « Partie de la rue de 20 mètres de largeur et dont les saillies et les silhouettes seraient autorisées par le Décret nouveau. » (Fonds Louis Bonnier/IFA)

1 W. Darvillé, « Statistique des logements de Paris », *La Construction moderne*, 31 août 1913, pp. 569-570.
2 L. Bonnier, « Note sur la possibilité de soustraire certaines voies publiques aux prescriptions du décret du 13 août 1902 sur les saillies et les hauteurs des maisons, en remettant les immeubles dans les limites des règlements de voirie en vigueur lors du percement de ces voies », s. d., Arch. nat., cité par M. Cantelli, *L'Illusion monumentale. Paris : 1872-1936*, Liège, Mardaga, 1991, p. 68.
3 A. Hallays, préface à C. Lortsch, *La Beauté de Paris et la loi*, Paris, Librairie de la Société du recueil Sirey, 1913, p. XII.

La fin de l'haussmannisme : le retour d'une architecture autonome

« NOUS VIVONS, AUJOURD'HUI, SOUS LE RÉGIME du décret du 23 juillet 1884. À cette époque, M. Alphand régnait en maître à l'Hôtel de Ville. Et, malgré ses hautes et rares qualités, il était resté ce que son éducation l'avait fait : l'ingénieur des ponts qui ne sacrifie guère à l'art. Le règlement dont il est l'auteur principal emprisonnait singulièrement l'imagination des artistes ! », déclare l'architecte Stanislas Ferrand dans *Le Bâtiment* en 1899. Ce constat critique, une génération de constructeurs le fait alors depuis près de vingt ans : la crise de l'haussmannisme, ouverte dans les années 1870, ira s'accentuant jusqu'à la promulgation du règlement de 1902.

De nouveaux règlements

La rigueur des alignements formant le paysage du nouveau Paris, notamment dans le nord-ouest parisien, finit par lasser. En autorisant des saillies en fonction de la largeur des voies, puis en permettant la modification du dessin des combles grâce à un rayon de courbure égale à la moitié de la largeur de la voie, les décrets du 22 juillet 1882 et du 27 juillet 1884 avaient constitué une première critique de l'haussmannisme. Si, jusqu'à la corniche, la physionomie des immeubles n'évolue guère, un nouveau paysage commence à émerger en hauteur. Le Paris de la fin du XIXe siècle marque le triomphe de la toiture et de l'ornement, le plus souvent sculpté. Le décret de 1884 autorise en effet la construction d'un étage supplémentaire au niveau des combles : c'est ainsi qu'Henri Blondel, cette même année, conclut le percement de la rue Étienne-Marcel en élevant l'immeuble d'angle de la place des Victoires, qui impose une rupture d'échelle d'autant plus sensible que l'ordonnance d'Hardouin-Mansart est peu élevée. Rue du Louvre et rue de Viarmes, de part et d'autre de l'ancienne Halle au blé qu'il reconvertit en Bourse du commerce, Blondel montre avec plus de clarté encore le parti monumental que le nouveau règlement favorise. Bien qu'homogène, cet ensemble à la géométrie particulière – la rue est circulaire – laisse se distin-

Jacques Hermant, immeuble d'angle, 132-134, rue Réaumur et 36, rue Notre-Dame des Victoires, 1900. (© S. Texier)

Ci-contre : Germain Bousson, immeuble de rapport, 4, rue Guynemer, 1893. (© S. Texier)

À gauche : immeuble de rapport, 57, rue de Turbigo : les prémices d'une remise en cause de l'haussmannisme. (© S. Texier)

Charles de Montarnal, immeuble d'angle, 130, rue Réaumur et 1 *bis*, rue Léon-Cladel, 1898. (© S. Texier)

En bas : Henri Blondel, immeuble 40, rue du Louvre, vers 1888. (© S. Texier)

Hector Guimard, Castel Béranger, rue La Fontaine, 1898 : le pittoresque dans tous ses états. (© S. Texier)

guer des immeubles dont l'identité est renforcée par un vocabulaire architectural plus riche.

L'autorisation des fenêtres en saillies, ou *bow-windows*, à partir de 1893, est un nouveau facteur d'autonomisation de l'immeuble de rapport. Apparu au début des années 1880, ce motif devient rapidement un moyen d'augmenter la surface des pièces en façades et d'animer ces dernières à l'extérieur : le *bow-window*, note Charles Boileau dans un rapport de 1898, apporte « une manière d'art d'une certaine originalité applicable aux maisons banales ». Le 4, rue Guynemer, construit par Germain Bousson en 1893 précisément, est exemplaire : son *bow-window* témoigne de l'importance prise par l'élément vertical au sein de compositions avant tout dominées par l'horizontale. Les ordres colossaux s'élançant sur trois étages, du deuxième au quatrième, de même que la sculpture, au moyen de bossages, de bustes, d'atlas ou d'immenses cariatides (rue de Turbigo) confirment cette tendance à la verticalité.

Charles de Montarnal, immeuble 118, rue Réaumur, 1898. (© S. Texier)

Le concours des façades

Avec le percement de la rue Réaumur à partir de 1894, c'est la Ville de Paris elle-même qui invite les architectes à enrichir leur production : le conseil municipal saisit le prétexte de l'une des dernières percées centrales pour lancer un concours des façades récompensant le « décor de la rue ». Celui-ci sera d'autant plus aisément pratiqué que la vocation commerciale et non résidentielle des immeubles facilite l'usage de structures métalliques apparentes sur une partie de l'élévation : c'est ce que réalise Charles de Montarnal au 118, rue de Réaumur, avant que Georges Chedanne, en 1905, ne livre au 124 la version la plus aboutie du genre. Le lauréat du premier concours des façades de la Ville de Paris (1897), Charles Walwein, avait construit pour sa part, au 116, un immeuble encore dominé par la pierre, remarquable surtout pour les figures sculptées portant le balcon du deuxième étage. Car c'est bien l'ornement qui est avant tout récompensé : l'immeuble de la Société générale de Jacques Hermant, aux 132-134, devient à cet égard le type de l'immeuble moderne, sa présence étant accentuée par sa situation à l'angle de deux voies. Paris se couvre alors de coupoles d'angle, dont Dauvergne coiffe les célèbres immeubles de la rue Alboni (1899).

Ouvert au reste des immeubles parisiens en 1898 – il sera maintenu jusqu'en 1938 –, le concours des façades récompense notamment le Castel Béranger d'Hector Guimard, rue La Fontaine et l'hôtel particulier de Richard Bouwens Van der Boijen, rue de Lota, deux réalisations sans autre point commun que leur complet abandon d'un mode de composition traditionnel. Les réticences de certains membres du Conseil des bâtiments civils, institution créée en 1795 et pendant longtemps toute-puissante, ne suffisent plus à contenir une architecture devenue autonome, voire dangereuse pour l'équilibre du paysage parisien : l'affaire de l'Hôtel Astoria, construit en 1906 par Gustave Rives à l'angle des Champs-Élysées et de la rue de Presbourg, dont les deux coupoles écrasent l'Arc de triomphe, marque le point culminant du débat sur la liberté de l'architecte.

L'hôtel Astoria sur les Champs-Élysées : les combles de Gustave Rives seront arasés en 1911. (Coll. S. Texier)

L'Exposition de 1900 : fin de siècle et nouvelles perspectives

Eugène Hénard, projet d'aménagement de l'Exposition de 1900, 1894 : un nouvel espace urbain est né. (Archives nationales)

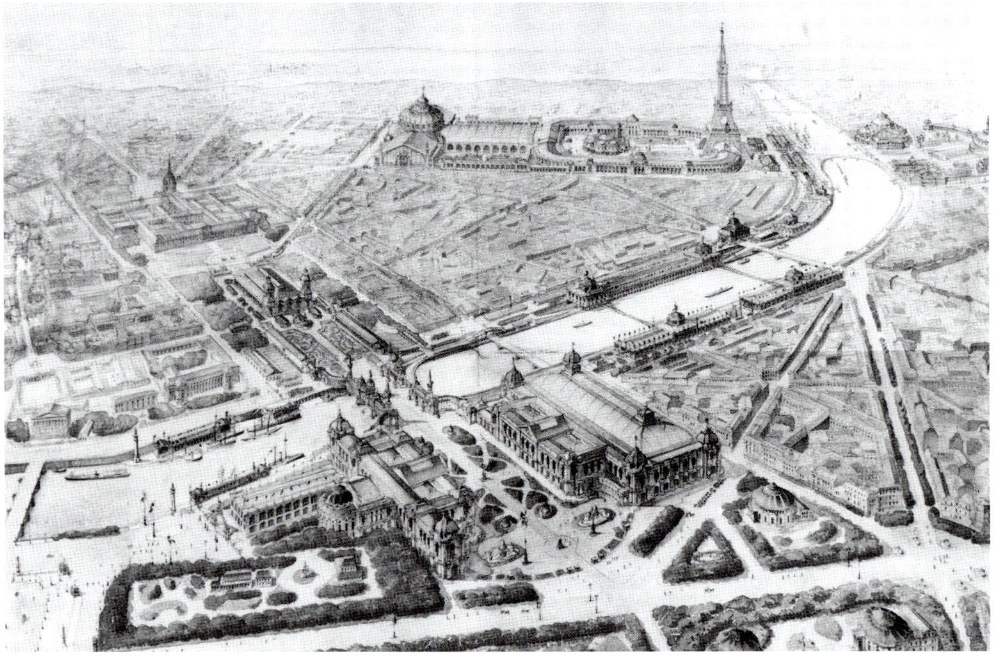

La dernière exposition universelle du XIXe siècle n'a pas laissé de monuments aussi spectaculaires que la tour Eiffel en 1889. Elle léguera pourtant à Paris l'ensemble urbain à la fois le plus majestueux et le plus fonctionnel : la perspective des Champs-Élysées aux Invalides.

La place des monuments

L'ambition des organisateurs, impressionnés par le succès de l'Exposition de Chicago en 1893, est, il est vrai, de voir construits des bâtiments s'inscrivant dans la tradition classique de l'architecture française et qui, contrairement au palais de l'Industrie de 1855 ou au Trocadéro de 1878, échapperaient à l'usure du temps et surtout à la mode. Le plus important est cependant, de part et d'autre de la Seine, de doter le centre de Paris de nouveaux axes de communication et de prestige ; l'esplanade des Invalides, aboutissant au dôme de Jules Hardouin-Mansart, semble devoir alors se prolonger sur la rive droite pour rejoindre les Champs-Élysées. Il faudra pour cela détruire le palais de l'Industrie, mais une autre donnée, plus contraignante encore, entre en ligne de compte : l'Exposition de 1900 présente au public trois nouvelles gares (la gare de Lyon entièrement reconstruite, la gare d'Orsay et, enfin, une gare implantée sur l'esplanade des Invalides, dont la construction est décidée début 1893). Les deux projets semblent incompatibles : même si les six quais du terminus de la ligne des Moulineaux doivent être aménagés en sous-sol, il faut bien que le bâtiment de la gare trouve sa place, en l'occurrence en bordure de la rue de Constantine.

Un nouvel axe urbain

Le 9 août 1894, un concours est ouvert pour la conception du plan général de l'Exposition, auquel participent cent huit concurrents. Les trois premiers prix reviennent à Charles Girault, Edmond Paulin et Eugène Hénard, classés *ex æquo*. Ce dernier propose la construction de deux palais de part et d'autre d'une avenue (actuelle avenue Winston-Churchill) ouvrant sur un pont dans l'axe des Invalides et passant

Ci-dessous : Exposition universelle de 1900, panorama des parcs du Trocadéro et du Champ-de-Mars. (© ND-Viollet)

À droite : projet d'implantation des voies de la ligne de chemin de fer des Moulineaux à la gare des Invalides, 1893. (© Archives de Paris/J.-C. Doërr)

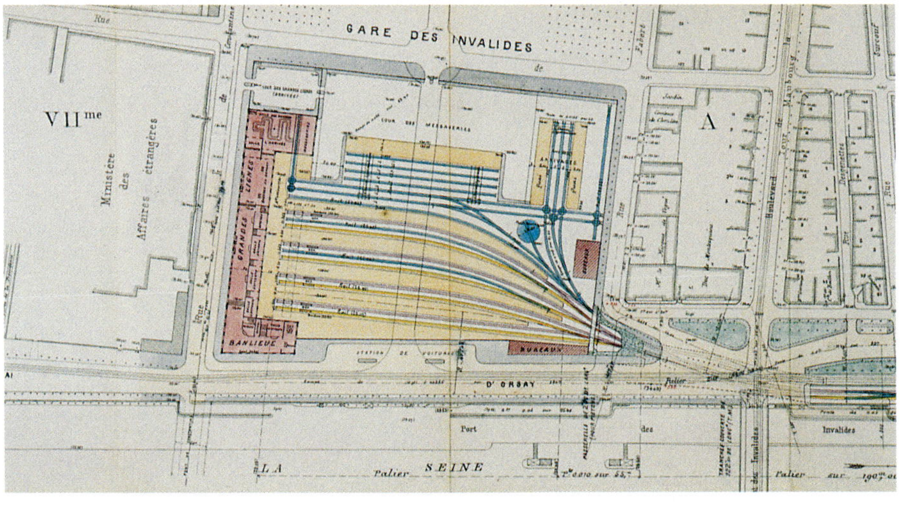

Louis Bonnier, projet d'aménagement de l'Exposition universelle de 1900, 1894. (Fonds Louis Bonnier/IFA)

En bas : la perspective des Invalides et du pont Alexandre-III. (© S. Texier)

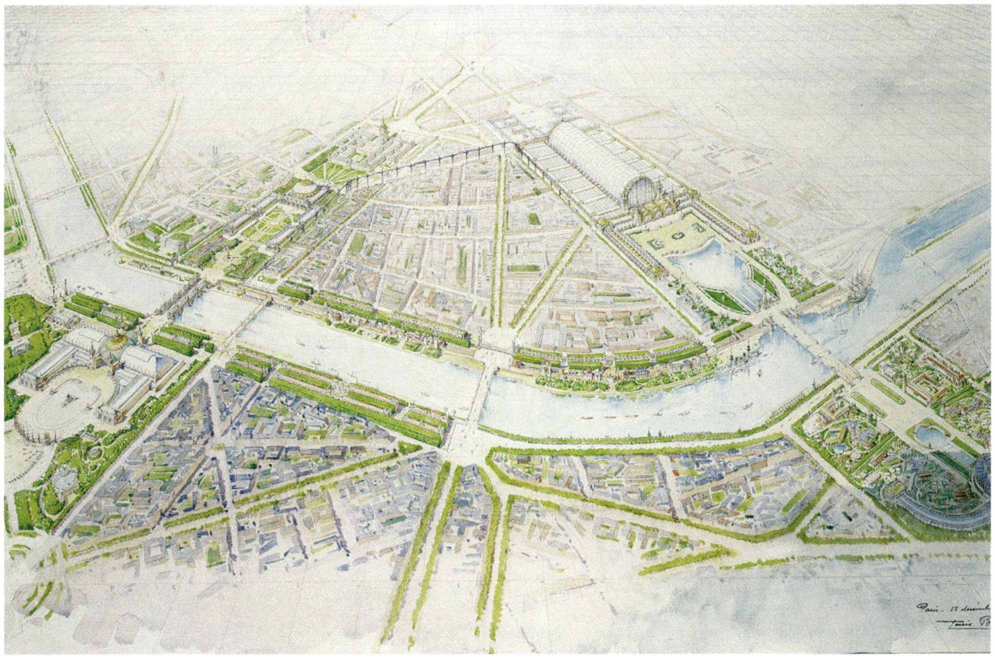

« sur le dos de la gare ». Hénard préconise pour le bâtiment lui-même de « mettre une carapace assez belle, assez séduisante, assez artistique pour que jamais elle ne puisse la soulever ». C'est bien dans cet esprit que Juste Lisch la concevra. Le palais des Champs-Élysées (actuel Grand Palais), construit par Henri Deglane, Charles Girault, Albert Louvet et Albert Thomas, le Petit Palais de Girault et le pont Alexandre-III sont eux aussi préfigurés dans le projet d'Hénard. « Au-delà, l'esplanade transformée en jardin à la française, avec des balustrades, des vases, des groupes, des bassins, des effets d'eau appuyés à droite et à gauche par les masses de verdure des grands quinconces et nous apportant en plein Paris un souvenir de Versailles. Je ne sais pas si je rêve à faux mais il me semble qu'il peut y avoir là une chose superbe, et je ne crois pas qu'aucun artiste digne de ce nom puisse contester la valeur esthétique de l'ensemble. Cela nous changerait un peu des opérations de voirie, des percements de nouvelles rues ou de nouveaux boulevards, avec l'éternelle et insipide façade de la maison à loyer », écrit Hénard[1].

Un pittoresque monumental

La critique de l'haussmannisme est à peine voilée : comme l'architecture, l'urbanisme doit retrouver le sens du pittoresque, sans pour autant renoncer à la grandeur. Julien Guadet, rapporteur, témoignera de l'enthousiasme que les propositions d'Hénard ont suscité au sein du jury : « Le rond-point d'où s'apercevraient ces splendides perspectives, l'Arc de l'Étoile, la place de la Concorde et la coupole des Invalides, serait unique et admirable, et cette combinaison assurerait la conservation perpétuelle de l'esplanade des Invalides, annexée désormais aux Champs-Élysées, ainsi que l'unité des deux rives de la Seine[2]. » L'architecte Louis Bonnier, comme beaucoup de concurrents, n'avait pas projeté d'avenue sur la rive droite : le palais des Beaux-Arts s'ouvrait sur une vaste place ovale, et même si son dôme central ménageait une ouverture vers le pont, il n'en tournait pas moins le dos à la Seine. Bonnier concourra en 1896 pour la construction du palais des Champs-Elysées, en intégrant cette fois l'avenue centrale. L'architecte-voyer n'était pas le seul, non plus, à évincer de son projet la tour Eiffel, qu'il remplaçait par un grand bassin ouvrant sur une nouvelle galerie des Machines.

Chant du cygne ou nouveau départ ? Renoncement à la modernité architecturale ou retour à la raison classique ? Apogée du mauvais goût et du « carton-pâte » ou savant dosage entre prouesse technique et continuité stylistique ? L'Exposition de 1900 a suscité les interprétations les plus contradictoires. Comme le Grand et le Petit Palais, la gare d'Orsay de Victor Laloux, gare ultramoderne revêtue d'habits beaux-arts, incarne l'ambivalence de l'époque 1900. Honnie jusque dans les années 1970, il s'en fallut de peu que cette architecture fût rayée de la carte. C'était oublier qu'elle s'inscrivait dans l'un des plus importants projets d'urbanisme de l'histoire parisienne.

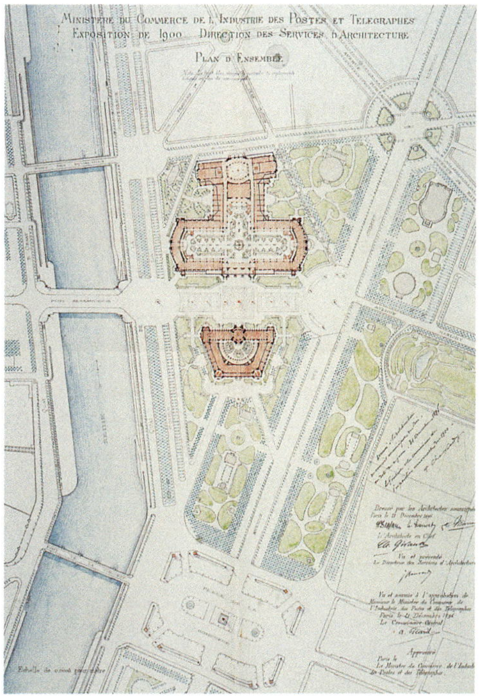

Charles Girault, plan d'implantation des palais des Beaux-Arts aux Champs-Élysées, 1896. (Archives de Paris/J.-C. Doërr)

1 *L'Architecture*, 21 décembre 1895.
2. Rapport du jury du concours, 1895.

Le règlement de 1902 : la ville pittoresque

Louis Bonnier, dessins illustrant le règlement de voirie de 1902 : *Rue de 6 mètres de largeur. Décret projeté, Rue de 6 mètres de large. Décret de 1884.* (Fonds Louis Bonnier/IFA)

DÉCRÉTÉ LE 13 AOÛT 1902, le nouveau règlement de voirie sur les hauteurs et saillies dans la Ville de Paris confirme les vues d'Eugène Hénard – il participe d'ailleurs à sa rédaction – exposées à l'occasion du concours pour l'Exposition de 1900. Il réintroduit en effet la notion de pittoresque dans l'architecture et, plus généralement, dans le paysage parisien. Il prolonge surtout les réflexions menées au sein de l'administration parisienne depuis le décret de 1884 et la création du concours des façades en 1897.

Quelle ville après l'haussmannisme ?

Sa mise au point ne s'est cependant pas effectuée sans discussions : elle opposa principalement, en 1897, les partisans de l'hygiène et du bien public aux amateurs du pittoresque et des libertés individuelles. Car le nouveau règlement était, en partie, établi pour les architectes, une idée que conteste en 1897 Émile Trélat, bâtisseur mais avant tout hygiéniste : « Croit-on que l'avenue de l'Opéra eût gagné d'aspect si les architectes avaient semé leurs façades de *bow-windows* de toutes mesures, de toutes tenues ? Pour ma part, je recule d'horreur ! Je me trouve satisfait de tous ces balcons, issus du vieux règlement, qui joignent leurs multiples perspectives dans une maîtrise des yeux conduite directement et invinciblement du bel édifice au tout[1]. »

En qualité d'architecte-voyer de la Ville de Paris, Louis Bonnier est chargé du rapport de la Commission de révision des décrets. Dans un texte du 3 février 1897, il s'était déjà étonné de voir « combien certains esprits libéraux ont eu de la peine à faire accorder quelques menues libertés aux constructeurs » ; à ses yeux, la Ville pense alors que « toute saillie est un abandon fait aux besoins quelquefois, et de lucre le plus souvent, d'une portion du domaine précieux de l'hygiène ». Le règlement de 1902 répondra, certes, aux nécessités de l'hygiène, en instaurant une proportionnalité entre le cube bâti et le cube respirable, entre la hauteur des façades et la largeur des rues. Il contient pourtant une incontestable portée esthétique, puisqu'il favorise les saillies et, dans l'espoir que les propriétaires élargiront les voies, n'impose plus l'alignement des nouveaux immeubles sur les anciens. Des architectures d'une extrême variété pourront ainsi voir le jour et animer des rues discontinues.

Menu imprimé et rehaussé d'aquarelle intitulé « Le rayon légal », pour le repas du 21 avril 1893 au restaurant Lecomte à Paris. Bonnier dénonce, au moyen de cette machine à raboter les façades, l'uniformisation de l'architecture parisienne. (Fonds Louis Bonnier/IFA)

Le développement des combles

Quant aux gabarits, ils demeurent identiques à ceux du règlement de 1884 ; en revanche, au-delà de 20 mètres de largeur de voie, le règlement de 1902 introduit la proportionnalité entre la hauteur de l'immeuble et la largeur de la voie. Comme en 1884, c'est au niveau des combles que la réglementation évolue le plus sensiblement : ceux-ci doivent s'inscrire dans un arc de cercle se raccordant sur une oblique à 45°, qui permet finalement, sur un terrain très pro-

Charles Thion, immeuble, 231 *bis*, rue La Fayette (1904). Les loggias sont semblables à celles que fait figurer Bonnier dans ses dessins. (© S. Texier)

Perret frères, immeuble d'habitation, 25 *bis*, rue Franklin, 1903-1904 : vue des terrasses vers le Trocadéro. (Fonds Perret frères/IFA)

Ci-dessous à gauche : immeuble, 11, boulevard Henri-IV : l'émergence d'un nouveau paysage. (© S. Texier)

fond, de gagner plusieurs étages en retrait. Il n'y a donc, théoriquement, pas de hauteur maximale, et c'est sur ce point qu'Henri Sauvage fondera son principe d'immeubles à gradins. Avant lui, les frères Perret avaient profité des dispositions du règlement concernant la surface de la cour : ayant à construire sur une parcelle trop exiguë pour être compatible avec la hauteur du bâtiment, les architectes-entrepreneurs avaient reporté, sur la rue, une cour de 12 m^2 seulement.

Comme l'indique Louis Bonnier dans ses dessins, c'est bien au-dessus du niveau de la corniche que le paysage parisien se transforme. Le décret de 1902 favorise une véritable explosion architecturale, une débauche de formes et de motifs : les toitures deviennent volumineuses, parfois écrasantes ; la mode des loggias, lancée par Louis Sorel et Charles Plumet, se répand

dans tous les quartiers. Depuis l'arrivée de l'ascenseur, le dernier étage n'est plus celui des chambres de bonne, mais celui de tous les luxes. Le toit-terrasse en fait partie et les frères Perret, toujours au 25 *bis*, rue Franklin, au sommet duquel Auguste a d'ailleurs installé son atelier personnel, y voient un modèle pour l'avenir : sur la colline de Chaillot, à 33 mètres au-dessus de la rue, on aperçoit Longchamp, le mont Valérien, Saint-Germain ou Saint-Denis. Et, dès 1905, les Perret annoncent qu'ils projettent de construire des maisons de vingt étages.

Un nécessaire compromis

« Tel qu'il est, le décret du 13 août 1902 réalise, pour le moment, un compromis entre l'idéal conçu par les hygiénistes et des usages anciens que l'administrateur le plus épris de réformes est tenu de ménager[2] », constatera Bonnier, conscient que le niveau des constructions parisiennes avait nettement augmenté depuis 1902. Certains conseillers municipaux, dont Émile Massard au premier chef, s'en étaient même plaints en 1909, et demandaient, pour limiter la prétendue cacophonie architecturale dont souffrait Paris depuis vingt ans, la création d'une commission d'esthétique ayant droit de regard sur toutes les constructions projetées. Charles Lortsch, dans *La Beauté de Paris et la Loi* (1913), considérait pour sa part que le règlement avait « porté un coup quasi mortel à la beauté de Paris ». Plusieurs propositions de révision du décret seront formulées à partir de 1918, certaines dues à Louis Bonnier lui-même ; ce n'est cependant qu'en 1958 et surtout en 1967 que Paris sera doté de nouveaux règlements urbains, autorisant cette fois la construction d'immeubles de grande hauteur.

Immeuble, 172, avenue du Maine. Raoul Brandon use à plusieurs reprises des loggias au 5e étage. (© S. Texier)

1 M. Bouvard et G. Jourdan, *Documents relatifs à la révision des décrets : 1° du 22 juillet 1882 sur les saillies permises dans la Ville de Paris ; 2° du 23 juillet 1884 sur les hauteurs des maisons, les combles et les lucarnes dans la Ville de Paris*, Paris, Imprimerie Chaix, 1900, p. 109.
2 *Commission d'extension de Paris. Considérations techniques préliminaires*, Paris, Imprimerie Chaix, 1913, p. 78.

Air et lumière contre les îlots insalubres

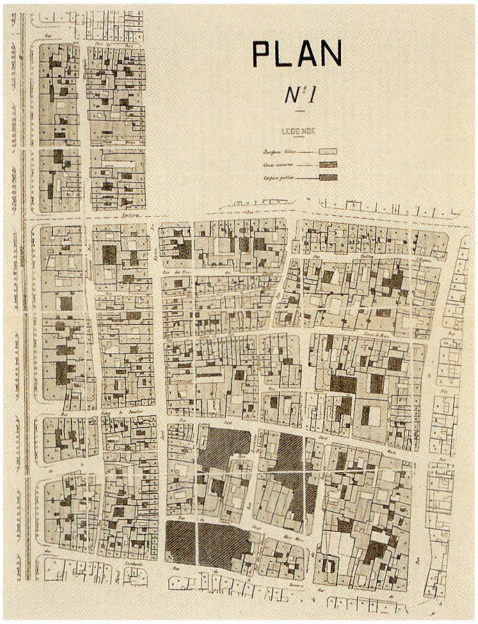

Plan d'un îlot « tuberculeux » (futur îlot n° 1) présenté par Paul Juillerat et Louis Bonnier au Congrès international de la tuberculose en octobre 1905. (BHVP/Leyris)

Une rue insalubre au cœur de Paris : la rue des Étuves-Saint-Martin, 1930-1934. (© Harlingue/Roger-Viollet)

La désignation, au conseil municipal du 8 mars 1906, de six îlots « tuberculeux » ou insalubres dans Paris, constitue un moment clé dans l'histoire du logement parisien. Il ne s'agit cependant pas d'une révélation : Paul Juillerat étudie la question depuis plus de dix ans ; c'est plutôt le caractère officiel que prend l'enjeu du logement et, partant, l'obligation de concevoir une politique de modernisation de la ville, qui marque les esprits. L'action municipale tardera pourtant à se mettre en place.

Le spectre de la tuberculose

Du 1er janvier 1894 au 31 décembre 1904, Paul Juillerat, chef du Bureau de l'assainissement de l'habitation et du casier sanitaire des maisons de Paris à la préfecture de la Seine, enquête sur la répartition de la tuberculose dans les 80 000 immeubles que compte la capitale, et examine de près un certain nombre de rues particulièrement frappées par le fléau. Il fera plusieurs communications à ce sujet avant son rapport le plus volumineux, intitulé *Une institution nécessaire. Le casier sanitaire des maisons*, publié en 1906, peu avant la communication d'Ambroise Rendu à l'Hôtel de Ville, le 8 mars. En 1905, il avait rédigé avec Louis Bonnier un court rapport (*La Tuberculose et l'Habitation*) pour le Congrès international de la tuberculose, qui s'est tenu à Paris du 2 au 7 octobre, où il tirait les principales conclusions de ses onze années d'enquête : « 1° À Paris, la mortalité tuberculeuse est sensiblement proportionnelle à la hauteur des maisons. 2° Dans les maisons à toute hauteur, sauf pour le dernier étage habité en général par les domestiques et qui offre une mortalité excessive, les étages inférieurs sont plus durement frappés par la maladie que les étages supérieurs. 3° Dans les îlots tuberculeux étudiés, au nombre de six, comprenant ensemble 1 584 maisons habitées par 59 081 habitants, 416 seulement n'ont pas été visitées par la tuberculose. » Juillerat et Bonnier signalent encore que, dans Paris, 101 496 décès par tuberculose pulmonaire ont été constatés dans 39 477 maisons, dont 11 500 dans 820 maisons seulement. Autrement dit, la maladie est très fortement localisée et, par surcroît, revient sans cesse là où elle a déjà touché, les maisons voisines étant le plus souvent infectées par la suite. Tous les îlots étudiés et toutes les maisons recensées présentent finalement les mêmes caractéristiques : rues étroites, cours insuffisantes bordées de bâtiments élevés ou cours couvertes. Le futur îlot insalubre n° 1, dans le quartier Saint-Merri, formé de 12 rues étroites, est bâti à 70 % de sa surface, soit 281 maisons ; seulement 30 d'entre elles n'ont pas été touchées.

Des solutions simples

Des études récentes ont démontré le caractère outrancié de cette lecture, la mortalité étant également liée aux conditions de travail. Pour Juillerat, cependant, et bientôt pour de nombreux architectes, « la tuberculose est la maladie de l'obscurité », et son éradication passera par une orientation convenable des voies publiques,

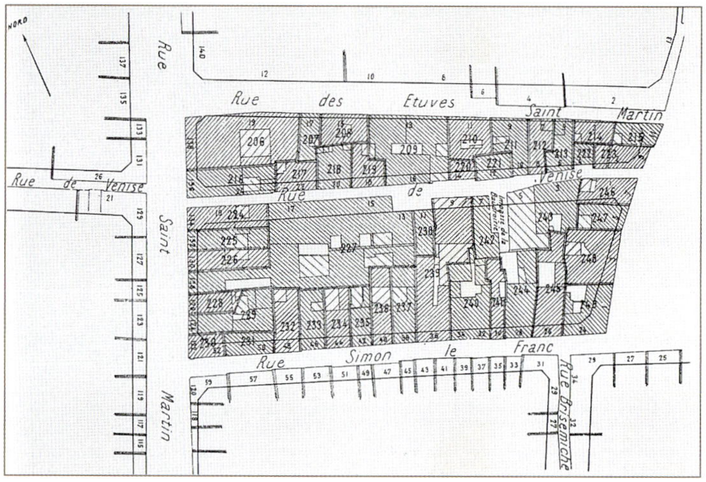

Rues des Étuves-Saint-Martin et Simon-le-Franc : les cours sont quasiment inexistantes. (BHVP/Leyris)

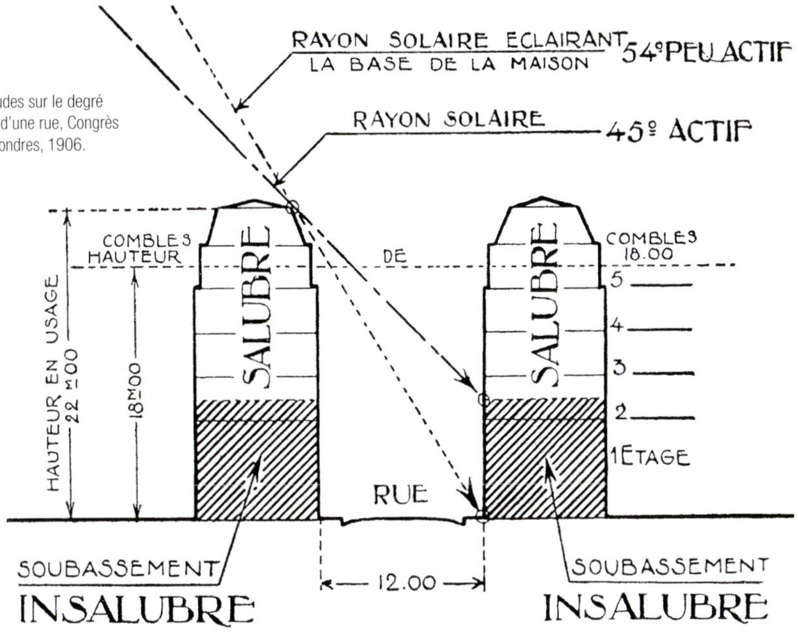

Augustin Rey, études sur le degré d'ensoleillement d'une rue, Congrès de l'habitation, Londres, 1906. (© S. Texier)

une largeur suffisante des rues et des cours intérieures. « Il faut, chaque fois qu'il n'y a pas impossibilité absolue, que les rues soient orientées de telle sorte que la façade des maisons qui les bordent de chaque côté soit chaque jour, au moins pendant quelques heures, frappée directement par la lumière solaire. » Pour un tel résultat, les espaces verts et les boulevards plantés sont insuffisants, ajoute Paul Juillerat dans son ouvrage de 1906 : il faut avant toute chose « un réservoir d'air et de lumière pour chaque maison ». Ce point sera au centre du débat sur l'hygiène de l'habitation et, par extension, sur la forme urbaine. Le Congrès international d'assainissement et de salubrité de l'habitation, à Paris en 1904, avait déjà adopté la formule hygiéniste selon laquelle la largeur d'une rue comme celle d'une cour donnant sur des pièces habitables ne peuvent être inférieures à la hauteur du bâtiment. Lors d'un congrès ultérieur, celui de l'habitation qui eut lieu à Londres en 1906, Gaston Trélat n'en appelait pas seulement à l'élargissement des voies de circulation, à la diminution de hauteur des bâtiments et à la création, dans les nouveaux quartiers du Grand Paris, de parcs de la taille des bois de Boulogne et de Vincennes ; il plaidait encore pour la création de squares privés, « ménagés dans des terrains assez vastes, que les constructions borderaient sur les voies publiques ». Peut-être avait-il à l'esprit le type d'îlot défini par Hendrik Petrus Berlage pour l'extension d'Amsterdam.

Une œuvre tardive

Confrontée à l'épineux problème de l'expropriation et du relogement, deux opérations que la législation en vigueur rend extrêmement coûteuses, la Ville de Paris n'entreprend aucune action avant 1921 : les îlots déclarés insalubres sont depuis 1920 au nombre de dix-sept, lorsqu'un cas de peste impose la destruction, près de la Porte de Clignancourt, de l'îlot 9 : détruit en 1923, il est remplacé par 815 habitations à bon marché (HBM) achevées dix ans plus tard. Sur l'îlot 3, la Ville s'était engagée dès 1912 à libérer les terrains situés entre le quai de Montebello, la rue du Petit-Pont, la rue Galande et la rue Lagrange, soit 3,75 hectares, pour la construction de l'École des arts décoratifs. Comme les autres, l'îlot ne sera rénové – en l'occurrence restauré – que dans les années 1960.

À gauche : Auguste Labussière, groupe de maisons ouvrières pour la Fondation Lebaudy, rue de la Saïda, 1912. (© S. Texier)

Ci-dessous : face à l'île de la Cité, l'îlot insalubre n° 3, autour de l'église Saint-Séverin. (Photo Compagnie aérienne française, fonds Joseph Marrast/IFA)

Le concours de la rue de Prague : l'invention d'un type

Ce n'est réellement qu'à partir de 1919, avec l'action de l'office public d'habitations à bon marché (OPHBM), que la Ville exprime une politique en faveur du logement. Entre temps, ce sont les fondations philanthropiques qui en prennent l'initiative. Le concours organisé en 1905 par la Fondation Rothschild marque l'émergence de projets radicaux, destinés à renouveler en profondeur l'espace du logement, mais aussi l'espace urbain, désormais entièrement soumis à celui-ci.

Urbanisme et philanthropie

Créée en 1904, la Fondation Rothschild pour l'amélioration de l'existence matérielle des travailleurs se propose de consacrer 10 millions de francs à la création d'habitations à bon marché. Elle réunit au sein de son comité de direction trois des plus ardents défenseurs de cette cause depuis la fin du XIXe siècle : Jules Siegfried, Georges Picot et Émile Cheysson, bientôt rejoints par un architecte-conseil, Henri Nénot. Trois sites sont choisis « dans les centres les plus populeux, et à proximité des lieux de travail des futurs locataires » : rue de Belleville (19e), rue du Marché-Popincourt (11e) et rue de Prague (12e). Entre le faubourg Saint-Antoine et la gare de Lyon, ce dernier fait partie des terrains laissés libres par la démolition de l'hôpital Trousseau, partiellement reconverti en square bordé d'immeubles bourgeois. C'est sur cet îlot que la fondation organise en mars 1905 un concours à deux degrés, sans véritable programme et sans garantie de réalisation pour les lauréats ; les seules exigences, qui ne faisaient que très discrètement écho aux vœux de Paul Juillerat, portaient sur la desserte des appartements – pas de couloirs communs – et l'ambiance générale des bâtiments, qui devait faire oublier l'image de caserne ou d'hospice caractéristique des premières réalisations dans le domaine du logement ouvrier.

Naissance de l'architecture hygiéniste

Parmi les cent vingt-sept concurrents ayant remis un projet – tous sont exposés à l'Hôtel de Ville avant les délibérations du jury –, vingt-cinq seront retenus pour la deuxième phase et sept primés : Adolphe-Augustin Rey, Henry Provensal, Wilfrid Bertin et André Ventre associé à Léon Besnard obtiennent les quatre premières primes, trois architectes étant classés cinquièmes *ex æquo*. Deux projets non retenus seront pourtant publiés et commentés, pour des raisons bien différentes. Anatole de Baudot proposait un îlot haussmannien trop timidement

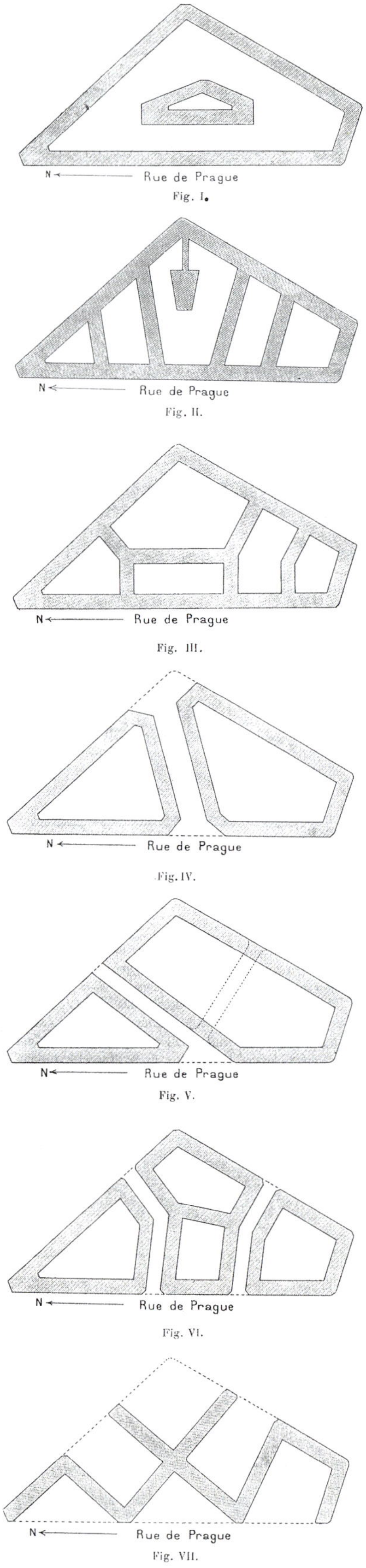

Plans de masse des projets de la première phase du concours (n° VII, le projet Tony Garnier). (© Ville de Paris, bibliothèque Forney)

Ci-contre : façade de l'ensemble de la Fondation Rothschild, rue de Prague. (Fondation Rothschild)

Projet Tony Garnier, perspective sur la rue de Prague : une galerie en rez-de-chaussée évite une rupture totale avec la rue. (© Ville de Paris, bibliothèque Forney)

éclairci par quatre cours intérieures ; aussi est-ce plutôt le père d'une génération d'architectes rationalistes et l'apôtre de la construction en béton armé qui attirèrent l'attention. En revanche, la proposition de Tony Garnier, auteur d'un visionnaire projet de Cité industrielle dont il avait fait son envoi de Rome en 1901, remettait totalement en cause le principe de l'îlot et anticipait de vingt ans les projets urbains de Le Corbusier. Rompant avec le sacro-saint principe d'alignement, Garnier adopte le parti le plus hygiénique possible : « 1° Les chambres doivent avoir au moins une fenêtre au midi. 2° Prohibition des cours et des courettes. 3° Pas d'espace clos si petit soit-il sans une fenêtre », énonce-t-il comme autant de « lois d'hygiène » sur son rendu. Les immeubles en L ou cruciformes s'inscrivent, certes, dans l'espace délimité par les rues de Prague, Emilio-Castelar, Charles-Baudelaire et Théophile-Roussel mais, orientés selon un critère unique (l'exposition au soleil), ils n'offrent guère à la voie publique que leurs pignons. Quant aux façades sud, elles sont quasiment sculptées pour y ménager le plus d'ouvertures possible, censées inonder de lumière des appartements dotés de tout le confort moderne. Spectaculaire avancée dans la recherche sur le logement, le projet de Garnier établit du même coup une rupture avec la ville traditionnelle, même si l'aménagement d'une galerie couverte entourant l'îlot tend à en atténuer l'effet.

Fondation Rothschild, vue de la cour. (© S. Texier)

Au temps des fondations

La position d'Augustin Rey est moins radicale, bien que son plan résulte lui aussi de préoccupations purement hygiénistes : c'est la circulation de l'air, longuement étudiée par l'architecte, qui a en effet imposé la création de trois cours ouvertes et l'invention d'escaliers éclairés et ventilés. Apprécié pour sa composition habile, le projet d'Henry Provensal lui vaudra pour sa part de devenir, avec Nénot et Rey, écarté dès 1907, architecte attitré de la Fondation Rothschild. Après modification des plans, une grande cour et un square remplaçant les trois cours du projet lauréat, il mène à terme les chantiers de la rue de Prague, puis ceux de Belleville et de Popincourt et, en 1909, celui de la rue Bargue (15e), achevé en 1912. Plusieurs fondations (Alexandre-et-Julie-Weil, Singer-Polignac, Lebaudy) s'inspireront de l'expérience de la rue de Prague : Georges Vaudoyer rue de la Colonie (13e) en 1911, mais surtout Auguste Labussière rue de l'Amiral-Roussin (15e), avenue Daumesnil (12e) ou rue de la Saïda (15e) entre 1907 et 1913, déclineront le type du plan ouvert, en peigne ou à cour centrale. Mais il faudra attendre 1912 pour que la Ville de Paris, poussée par les élus socialistes et radicaux, organise deux concours sur de petits terrains situés avenue Émile-Zola (15e) et Henri-Becque (13e), puis rue Marcadet (18e) et passage Vignon (15e). L'ère du logement social est ouverte ; elle connaîtra ses plus beaux jours après la guerre, sur les dizaines d'hectares laissés vacants par la destruction de l'enceinte de Thiers.

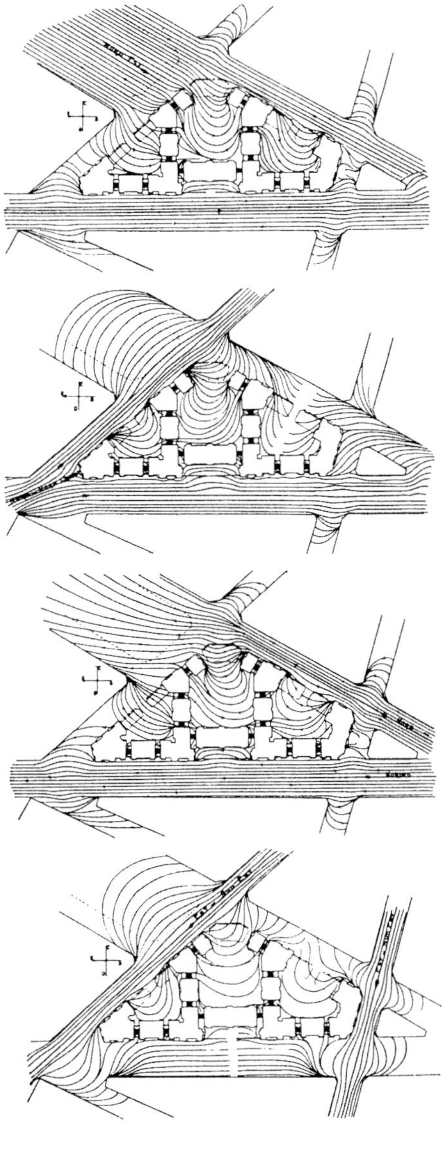

À droite : Augustin Rey, schémas des effets des vents dominants sur les bâtiments. (Coll. S. Texier)

Eugène Hénard, éclectique et visionnaire

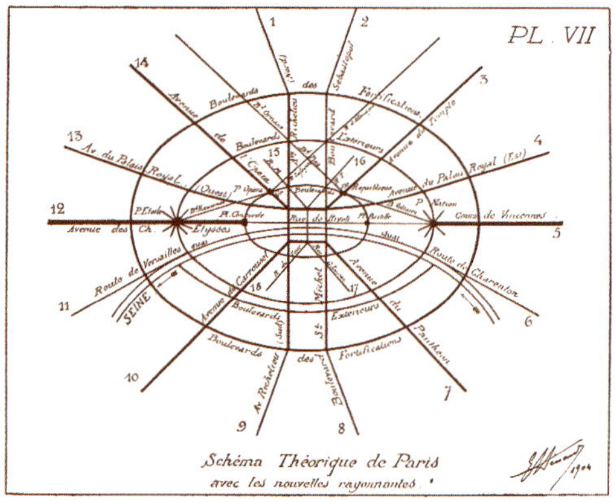

Schéma théorique de Paris avec les nouvelles voies rayonnantes : une représentation graphique de Paris qui fera florès. (BHVP/Leyris)

LES *ÉTUDES SUR LES TRANSFORMATIONS DE PARIS*, publiées par Eugène Alfred Hénard (1849-1923) entre 1903 et 1909, constituent la contribution la plus remarquable du moment à une théorisation de l'urbanisme parisien. Comme Louis Bonnier, Hénard est au cœur du dispositif municipal : architecte de la Ville de Paris depuis 1882, il a participé à la préparation des expositions universelles de 1889 et de 1900 – on lui doit notamment l'esquisse de la perspective reliant les Champs-Élysées aux Invalides –, puis à la réflexion sur un nouveau règlement de voirie en 1902.

Une vue d'ensemble

Publiées en fascicules mais conçues comme un ouvrage en soi, les huit études portent respectivement sur « Le Prolongement de la rue de Rennes et le Pont en X sur la Seine », « Les Alignements brisés. La question des fortifications et le boulevard de Grande-Ceinture », « Les Grands Espaces libres. Les parcs et jardins de Paris et Londres », « Le Champ-de-Mars et la galerie des Machines. Le parc des sports et les grands dirigeables », « La Percée du Palais-Royal. La nouvelle grande croisée de Paris », « La Circulation dans les villes modernes. L'automobilisme et les voies rayonnantes de Paris », « Les Voitures et les Passants. Carrefours libres et carrefours à giration », enfin « Les Places publiques. La place de l'Opéra. Les trois colonnes ». Le talent d'Hénard consiste à doser, dans chacune de ses propositions, idéalisme et réalisme. À la fois visionnaire et parfaitement de son temps, il opère la synthèse des visions futuristes de Jules Verne ou de H. G. Wells et d'une culture éclectique héritée de l'École des beaux-arts.

Le grand défi : la circulation

La septième étude, l'une des plus célèbres, témoigne de cette double filiation. Hénard y propose, pour le carrefour Richelieu-Drouot, un système de circulation giratoire – il en est considéré comme l'inventeur – avec passages pour piétons au centre, ainsi qu'un projet théorique de carrefour à voies superposées. Il anticipe là sur des problèmes de circulation qui iront croissant dans les décennies suivantes. L'architecture du « carrefour à giration des Grands Boulevards » répond, en revanche, à des codes que l'architecte ne remet pas en cause : la nouvelle mairie du 9e arrondissement est à l'image de toutes les mairies parisiennes, tandis que l'hôtel des ventes ressemble logiquement à un palais des beaux-arts, flanqué de deux rotondes empruntées à Henri Blondel. L'immeuble proue placé à la jonction des boulevards Haussmann et des Italiens est dominé, quant à lui, par deux toits pittoresques, dans l'esprit du règlement de 1902 ; il s'agit ici de donner au carrefour « un aspect général plus séduisant et plus pittoresque ».

Particulièrement attaché à la réforme de la circulation parisienne, Hénard propose la création de nouvelles grandes percées, bien qu'il ne revendique aucune filiation esthétique avec le second Empire : son projet de 18 voies rayonnantes innervant Paris du centre vers la périphérie s'inspire davantage de l'évolution des organismes vivants. Hénard n'hésite pourtant pas, dans le cadre de sa « grande croisée », à tronçonner en deux le jardin du Palais-Royal pour y laisser passer l'avenue du même nom.

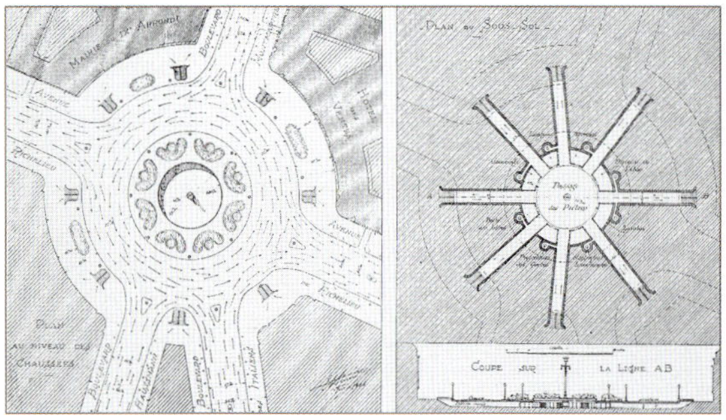

Eugène Hénard, plan du carrefour à giration des Grands Boulevards. (BHVP/Leyris)

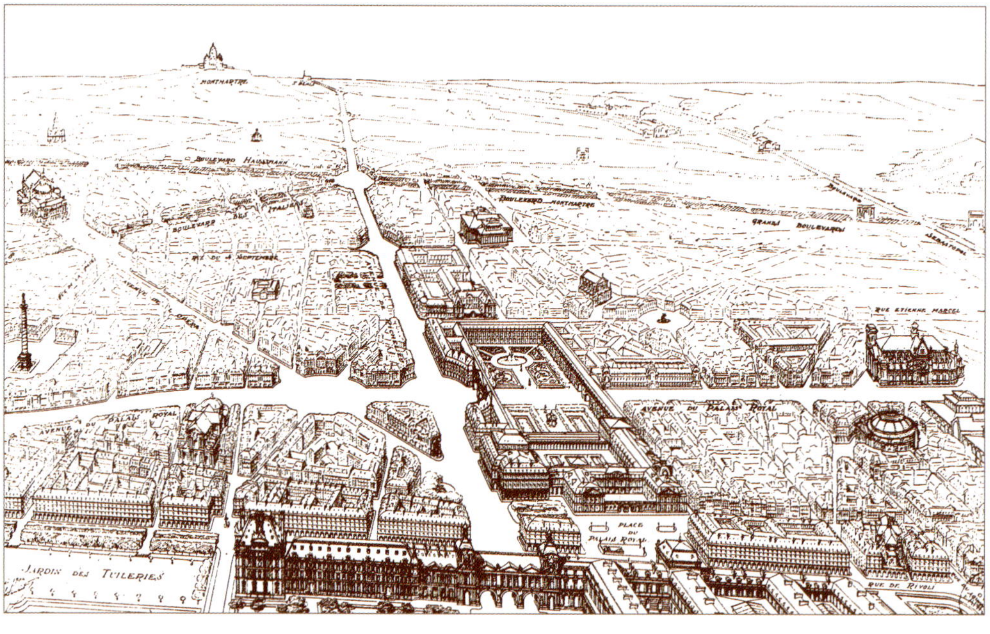

La percée du Palais-Royal et la nouvelle grande croisée de Paris. L'avenue de Richelieu dédouble à l'ouest le boulevard de Sébastopol. (BHVP/Leyris)

1904, qui figure neuf parcs sur la zone annulaire des fortifications. Dans Paris même, Hénard projette des parcs impliquant la destruction de quartiers entiers (parcs Saint-Denis et Voltaire) ; dans les faubourgs, le parc de Ménilmontant et le parc-aérodrome Saint-Antoine avoisineraient chacun les 10 hectares.

Auteur de plans d'extension de Paris en 1910 puis 1912 (avec Donat-Alfred Agache et Henri Prost), Hénard paticipera activement au débat sur les fortifications de Paris, avant de cesser son activité en 1913. Si le poids médiatique de Le Corbusier et les emprunts qu'Hénard lui a faits l'ont éclipsé pendant plusieurs décennies, Gaston Bardet en 1939, puis Maurice Rotival en 1960 rappelleront ce que l'urbanisme français devait à ce précurseur[1].

Plan des parcs et squares de Londres pour une portion de sa surface identique à celle de Paris. La méthode comparative est destinée à rendre le retard parisien d'autant plus éloquent. (BHVP/Leyris)

Créer de nouveaux parcs

L'autre grand dossier qu'il défend est celui des espaces libres. « Depuis trente ans, on a dépensé 300 millions pour donner de l'eau pure à Paris ; il ne serait pas exagéré d'en dépenser la moitié pour lui donner de l'air », écrit-il en conclusion de son étude comparative entre Paris et Londres. Au moment où l'esplanade des Invalides et le Champ-de-Mars sont amputés de plusieurs hectares, où l'on envisage de lotir le domaine de Bagatelle, l'architecte souligne le caractère sacré du jardin anglais, qu'il oppose au mercantilisme français. Si les enfants parisiens jouissent de six fois moins d'air et d'espace que ceux de Londres, c'est aussi parce que, entre 1789 et 1900, les jardins du centre de Paris ont, selon lui, diminué de deux tiers (de 391 hectares à 137). À l'idée d'embellissement prévalant au XIXe siècle, Hénard substitue celle d'hygiène ; davantage qu'un agrément, l'espace est bien une nécessité vitale.

Mais quels types de jardins programmer pour Paris : grands parcs ou petits squares ? Hénard est favorable aux vastes promenades ; il sera soutenu en cela par le député Gabriel Bonvalot, qui anime la Société des espaces libres, et propose, en 1907, l'aménagement de quatre grands parcs : Clignancourt (30 hectares), Bagnolet (15 hectares), Ivry (8 hectares) et Vaugirard (18 hectares). On retrouve ces projets sur le *Plan général des transformations de Paris* de décembre

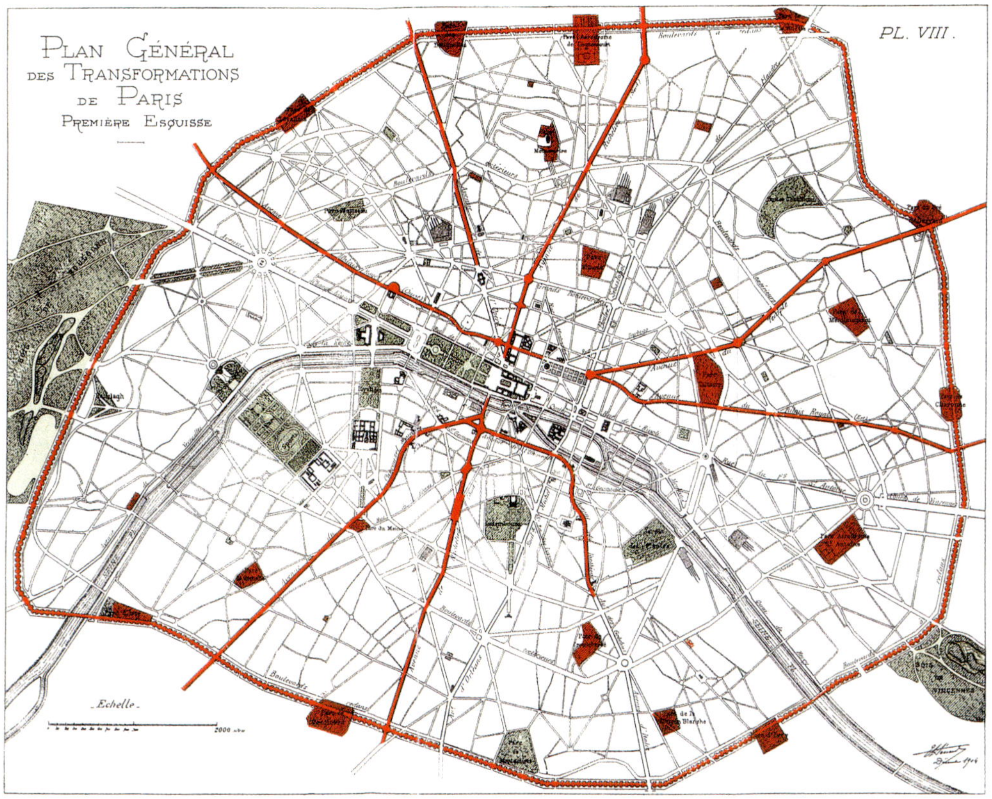

Plan général des transformations de Paris, première esquisse, 1904. Adepte des grands parcs, Hénard en dispose neuf sur l'emprise des fortifications et projette au centre de Paris une dizaine de grands espaces verts. (Coll. S. Texier)

1 G. Bardet, « Un précurseur : Eugène Hénard », *L'Architecture d'aujourd'hui*, mars 1939, et M. Rotival, « Hommage à Eugène Hénard, "urbaniste" de Paris, 1900-1909 », *ibid.*, n° 88, février-mars 1960.

L'esthétique urbaine et le débat sur le centre de Paris

Les transformations de Paris au cours des premières années du siècle suscitent dans la presse un nombre impressionnant de réactions. Le chantier du métro tarde en effet à s'achever, les rues sont plus encombrées que jamais, tandis que les nouvelles constructions menacent de rompre l'harmonie du cœur de la capitale, et ce, sans qu'aucun grand projet ne soit annoncé par les pouvoirs publics. Le double constat du danger qui menace la beauté de Paris et de son incapacité à poursuivre sa marche vers le progrès laisse les observateurs perplexes.

Une ville en chantier

Dans un article des *Débats* (18 octobre 1907), le journaliste et écrivain André Hallays invite le lecteur à découvrir le nouveau visage du cours de la Seine, mais surtout à constater « la tyrannie des ingénieurs, la barbarie des architectes et l'incurie des fonctionnaires[1] ». La place Saint-Michel est occupée par une chaudronnerie, le parvis de Notre-Dame par un grenier à fourrage, tandis que les maisons de la rue de la Sainte-Chapelle disparaissent pour céder la place à l'agrandissement du Palais de justice. Plus en aval, le sort des statues du pont du Carrousel élargi est toujours incertain, et la gare d'Orsay défigure la Légion d'honneur ; mais cela est peu de chose en regard des constructions que, sur le quai Anatole-France le règlement de 1902 a rendu possibles : « On a permis aux architectes de délirer en toute liberté : des immeubles de sept étages y alternent avec des jardins en terrasses ou des constructions basses.» Il s'agit en l'occurrence des spectaculaires et luxueux bâtiments du 27 et 27 *bis*, signés Richard Bouwens Van der Boijen (1906), à propos desquels Louis-Charles Boileau avait longuement souligné les avantages de la structure en béton armé.

Les travaux du métropolitain, place Saint-Michel et rue Danton : un chantier à ciel ouvert avant le fonçage des caissons métalliques. (BNF/Paul Blondel)

Ci-dessous : immeubles, 27 et 27 *bis*, quai Anatole-France, Richard Bouwens Van der Boijen, 1906. L'architecte tire parti du règlement de 1902 pour animer les toitures. (© S. Texier)

À droite : immeuble, 27 *bis*, quai Anatole-France, façade et coupe, publié dans *L'Architecture*, 1907. (© Ville de Paris, bibliothèque Forney)

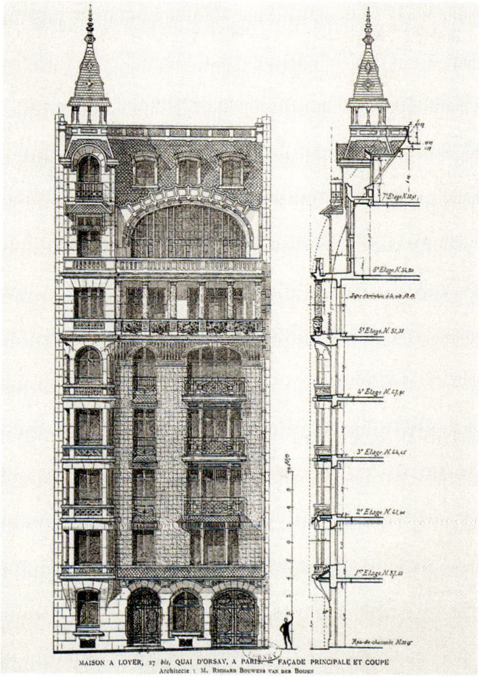

La nostalgie d'Haussmann

S'il reprend à son compte la vieille antienne de la disparition de Paris, Hallays n'en admire pas moins les travaux d'Haussmann, réévalués grâce à une exposition organisée par la Bibliothèque de la Ville à l'hôtel Saint-Fargeau. Au moins cette rénovation avait-elle le mérite de la clarté et de l'anticipation, alors que « les voies que l'on perce en 1910 ont la même largeur que les voies ouvertes en 1860, et, depuis lors, le nombre des véhicules a quintuplé ». Louis Chevreux, dans *Le Figaro*, ne dira pas autre chose : « On voyait beau, on voyait grand et, ce qui importe toujours au premier chef, on voyait d'ensemble[2]. » Quelle qu'en fût la nature, les chantiers contemporains n'avaient pas bonne presse. *Le Matin* se livrera d'ailleurs, en 1909, à une étonnante expérience, en demandant à l'un de ses collaborateurs de faire le trajet de la butte Montmartre au boulevard Poissonnière, sans jamais passer outre les clôtures de travaux ; le journal était toujours sans nouvelles de son enquêteur après plusieurs jours…

Une commission sans pouvoirs

Comment, alors, moderniser Paris tout en préservant son prestige et son patrimoine ? Comment concilier hygiène et servitudes ? C'est au second problème que s'est attelée la Commission des perspectives monumentales de Paris, instituée le 8 juillet 1909 par le sous-secrétaire d'État aux Beaux-Arts, Étienne Dujardin-Beaumetz. Destinée à préserver les « architectures obligatoires » ou « servitudes de façades » – principalement les ensembles monumentaux créés aux XVIIe et XVIIIe siècles (places des Vosges, Vendôme, des Victoires, de la Concorde) –, elle n'eut cependant guère d'influence. Une circulaire de 1899, adressée aux architectes-voyers par Roger Bouvard, alors directeur des services d'Architecture de la Ville, indiquait pourtant que l'administration était en droit de s'opposer, en vertu des lettres patentes du 21 juin 1757, à toute surélévation altérant l'uniformité et le caractère monumental de ces ensembles. Mais devant la difficulté à contenir les interventions de propriétaires parfois peu scrupuleux, Dujardin-Beaumetz recevait en 1911 la lettre de démission du député Guillaume Chastenet : « Tandis que vous poursuiviez cette œuvre nécessaire, s'ouvrait la succession du directeur des services d'Architecture de la Ville de Paris ; et, pour lui succéder, un arrêté préfectoral nommait celui de ses collaborateurs qui me paraît avoir la plus grande responsabilité dans les autorisations données à l'encontre des intérêts mêmes dont il avait la sauvegarde[3]. » Louis Bonnier, qui est ici visé, venait pourtant d'attirer l'attention du préfet sur les dangers qu'encourait le patrimoine parisien.

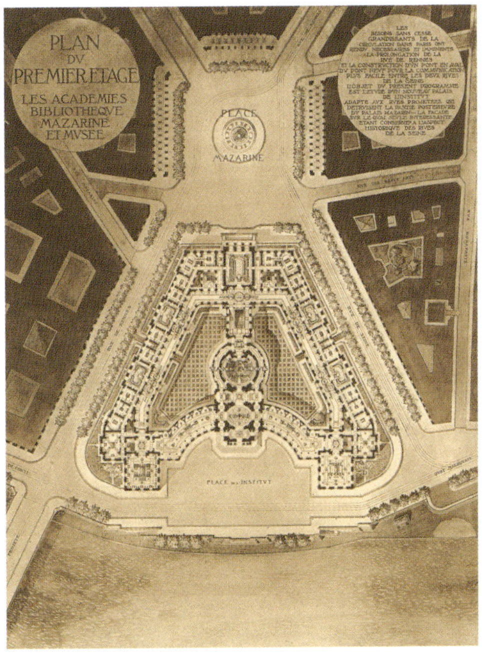

Palais de l'institut dans l'hypothèse du prolongement de la rue de Rennes, Albert Bray, architecte, publié dans *L'Architecte*, 1908. (© IFA)

Parmi les dossiers les plus commentés figure le prolongement de la rue de Rennes jusqu'à la Seine et son raccordement à la rive droite. Prévu par Haussmann, puis par Alphand, réclamé par les habitants des 6e et 14e arrondissements, il se heurte à la présence sur son tracé des bâtiments de l'Institut et du Louvre. Plusieurs projets sont publiés au début du siècle (Édouard Bérard, François-Jules Pillet, René Binet et surtout Eugène Hénard), mais resteront sans suite. Comment, en effet, intervenir efficacement sur le site parisien le plus sensible ? Une fois encore, Hallays détiendra la solution : « Il suffirait de transformer la passerelle actuelle du pont des Arts en un pont carrossable. En même temps, on élargirait la rue Bonaparte, en prenant l'alignement du côté des numéros impairs, de façon à respecter la cour de l'École des beaux-arts[4]. » Les plus ardents défenseurs du Paris ancien savaient faire quelques concessions…

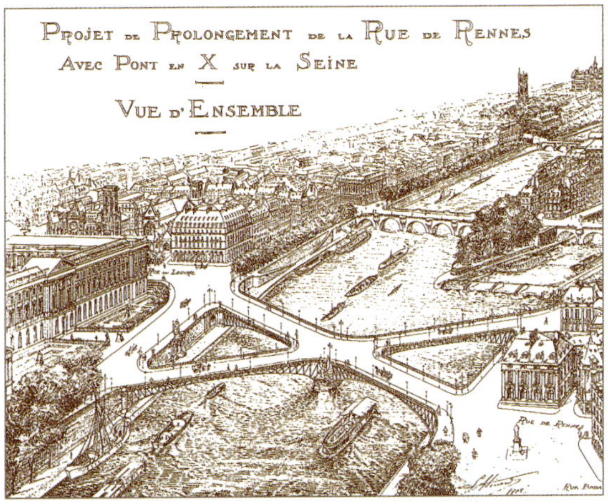

Ci-dessus : Eugène Hénard, projet de prolongement de la rue de Rennes avec pont en X sur la Seine (entre le Louvre et l'Institut), 1905. (BHVP)

1 Cité dans *La Construction moderne*, 16 novembre 1907.
2 Cité dans *La Construction moderne*, 27 août 1910.
3 Cité dans *La Construction moderne*, 8 avril 1911.
4 Cité dans *La Construction moderne*, 28 mai 1910.

Le Champ-de-Mars : parc et lotissement

LE LOTISSEMENT DU CHAMP-DE-MARS au début du XXe siècle est probablement le dossier le plus emblématique de la période. Il cristallise en effet la plupart des problèmes posés alors aux édiles et aux architectes parisiens : le manque de logements, de jardins et de lieux d'exposition.

Un site convoité

Un seul site pouvait-il combler tous ces besoins ? À l'évidence, non, mais le Champ-de-Mars fait bien, entre 1900 et 1914, l'objet de toutes les prospectives ; de tous les débats aussi, entre architectes, mais surtout entre pouvoirs publics : la Ville d'une part, et quatre ministères d'autre part (Agriculture, Commerce, Finances et Guerre), chacun rejetant sur les autres la responsabilité dans l'échec des négociations. Car le site est unique : dernier grand espace libre (44 hectares) dans le centre de Paris, lieu de mémoire (la fête de la Fédération s'y déroule le 14 juillet 1790, puis les expositions universelles de 1867 à 1900), perspective majeure entre la colline de Chaillot et l'École militaire, il a manifestement trop de qualités pour susciter un projet d'aménagement consensuel.

Premier sujet de discorde : le sort de la galerie des Machines, chef-d'œuvre construit par Dutert et Contamin pour l'Exposition de 1889. Car si chacun est conscient de la valeur de ce bâtiment à structure métallique – en négligeant cependant l'intérêt de son décor –, beaucoup déplorent en revanche sa position, qui masque totalement la vue sur l'École militaire. De plus, le fait que l'État renonce à organiser à Paris de nouvelles expositions universelles fait douter de son utilité. La tendance est alors aux expositions thématiques : la première serait consacrée aux sports et à l'automobile et, dans cette perspective, Henri Deglane et Pierre-Édouard Lambert dessinent en 1905 un palais des sports de 4 hectares en bordure de l'avenue de Suffren, qui laisse le site libre pour l'aménagement du parc, alors conçu par Roger Bouvard.

Le Champ-de-Mars vu de la tour Eiffel ; en haut, l'École militaire et la place de Fontenoy. (© S. Texier)

Après la galerie des Machines

Mais le Champ-de-Mars suffirait-il à accueillir les infrastructures nécessaires à un tel événement ? Les regards se portent alors sur Bagatelle (projet Hébrard), la Porte Maillot (projet Formigé) ou encore le champ de manœuvres d'Issy, où Joseph Dupont, conseiller général de la Seine, propose le déplacement de la galerie des Machines. En 1905 encore, François-Jules Pillet et Henri Dumoulet prônent la construction de deux palais latéraux, dont les façades dialoguent avec celles de Gabriel. Deux ans plus tard, c'est Anatole de Baudot qui y va de son dessin pour un palais d'exposition, en béton armé cette fois. Depuis les premiers projets, en 1902, pour le dégagement de l'École militaire, jusqu'à la destruction de la galerie des Machines en 1911, un nombre incalculable de propositions, globales ou partielles, sont soumises aux différentes parties intéressées. L'une des rares solutions d'ensemble est due à Pierre Remaury, intitulée *Paris et le 7e arrondissement* (1912) : s'appuyant sur le projet, désormais entériné, de lotissement des abords du Champ-de-Mars, l'architecte suggère la libération de l'École militaire de toutes ses casernes, pour y placer les deux bâtiments du palais de l'Agriculture. C'est à cette dernière, en effet, que sont désormais voués les bâtiments d'exposition projetés, pour lesquels on cherche en vain un site dans Paris[1].

Le Champ-de-Mars en 1908 : la galerie des Machines cache la façade principale de l'École militaire. (BHVP/J.-C. Doërr)

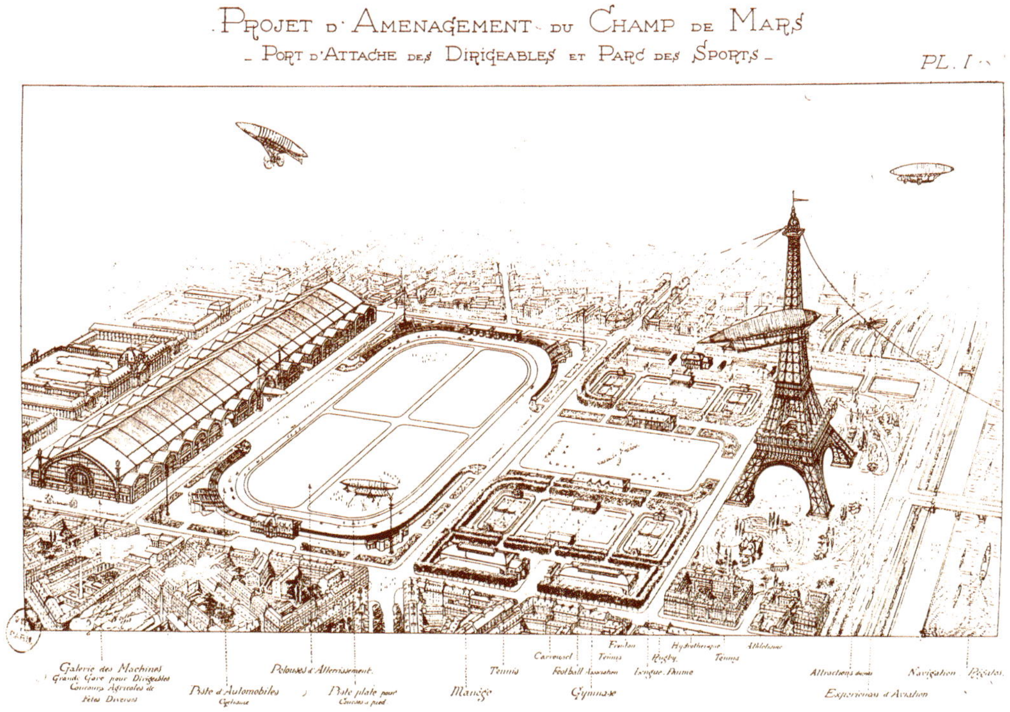

Eugène Hénard, projet d'aménagement du Champ-de-Mars en « port d'attache des dirigeables et parc des sports », 1904. (BHVP/Leyris)

Des jardins privatifs séparent les hôtels particuliers de l'esplanade. (© S. Texier)

La leçon du parc Monceau

« Jamais Haussmann n'eût laissé dépecer le Champ-de-Mars. Jamais Alphand n'eût laissé démolir la galerie des Machines[2]», écrit Eugène Hénard en 1904. L'architecte juge en effet criminel l'accord passé entre la Ville et l'État (entériné au conseil municipal du 19 décembre 1903) pour l'aliénation de deux bandes de 90 mètres le long des avenues de Suffren et de La Bourdonnais ; il lui opposera un projet de parc des sports et la reconversion de la galerie des Machines en hangar à dirigeables. Le lotissement du Champ-de-Mars et sa transformation en parc ne présentaient-ils pourtant pas tous les avantages ? Opération peu coûteuse dans un premier temps, très rentable dans un second, elle perpétuait le modèle du parc Monceau ; aussi le projet de réserver, dans les futurs immeubles, des logements ouvriers pour un quart de la surface des appartements fut-il abandonné en dépit d'un ultime vote favorable le 31 décembre 1903.

À partir de 1906, une série d'hôtels particuliers de grand luxe, construits pour une clientèle majoritairement aristocratique – Lucien Guitry est l'un des rares propriétaires sans particule –, voit le jour le long des allées Adrienne-Lecouvreur et Thomy-Thierry. Derrière une zone non constructible affectée à des jardins obligatoires, les constructions s'élèvent toutes à 14 mètres. Barret, Paul Lebret, Louis Lenormand, Paul Marteroy, René Sergent ou encore Georges Walcker participent à ce véritable festival de l'éclectisme, l'hôtel Carnot de Paul Guadet, construit en béton armé par les frères Perret, se distinguant seul par sa sobriété et son revêtement de grès flammés. La seconde phase du lotissement sera réalisée dans les années 1920. Pourvu de voies transversales reliant les quartiers du Gros-Caillou et de Grenelle, le Champ-de-Mars dessiné par Formigé et Forestier est inauguré une première fois en novembre 1908. « Cela n'est pas très "Versailles", mais c'est beaucoup plus près de la vieille nature », commente *La Construction moderne*[3]. L'ancien champ de manœuvres fait pourtant, désormais, plus que jamais partie de Paris.

Le nouveau Champ-de-Mars et le lotissement des franges en cours, 1914. (BHVP /J.-C. Doërr)

1 *L'Architecture*, 23 novembre 1912.
2 E. Hénard, *Études*... Voir aussi *Le Génie civil*, 27 février 1904.
3 *La Construction moderne*, 1er août 1908.

Jean Claude Nicolas Forestier au service des Promenades

Esquisses façon « jardin à la française » et « jardin anglais » pour le square Carpeaux, 1899. (Archives de Paris/J.-C. Doërr)

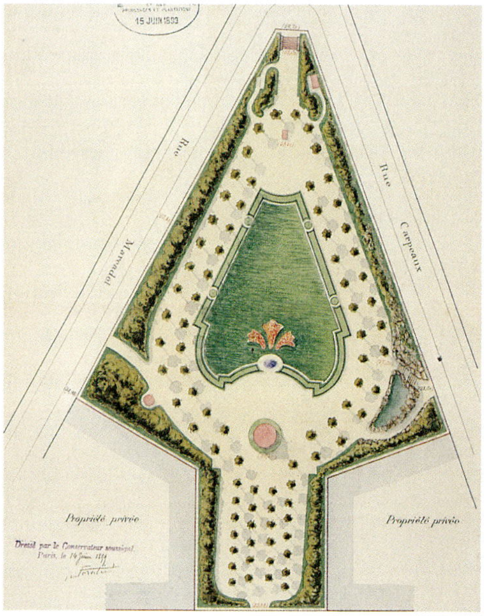

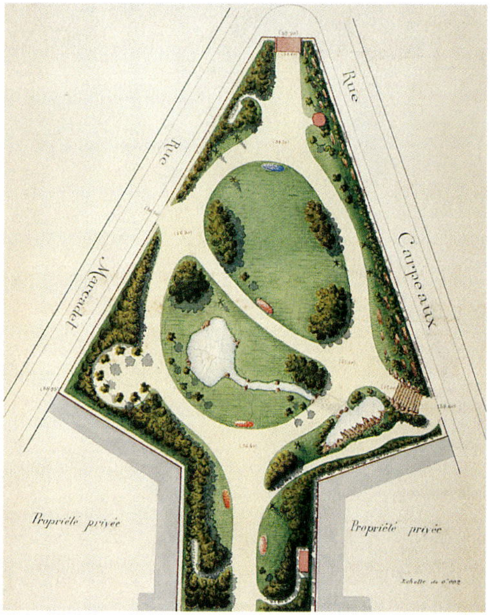

JEAN CLAUDE NICOLAS FORESTIER (1861-1930) est l'une des figures centrales de l'urbanisme et du paysage parisiens autour de 1900. Si son œuvre de paysagiste apparaît aujourd'hui modeste, elle ne doit pas faire oublier une brillante carrière administrative, mais surtout un artiste et un urbaniste dont les conceptions ont, il est vrai, trouvé davantage d'échos à l'étranger (Espagne, Argentine, Cuba) que dans la capitale. « Aucun humain ne convoqua autant d'arbres et autant de fleurs vers la civilisation et ne l'enveloppa d'un méandre plus serré de bosquets et de parterres. Partout, excepté en France. Car, à ce créateur, à cet homme débordant de doctrines et d'imaginations nouvelles, notre administration ne fit appel que pour le nommer le contraire de ce qu'il était, conservateur », écrira Jean Giraudoux dans *Pleins pouvoirs* (1939).

Le rival de Formigé

Ce jeune polytechnicien, diplômé de l'École forestière de Nancy, est recruté en 1887, par Adolphe Alphand, au service des Promenades et Plantations créé en 1855. Forestier y sera attaché, avec des fonctions et des titres différents, pendant quarante ans. Plusieurs facteurs brideront cependant son enthousiasme, à commencer par la nomination, en 1885, de Jean-Camille Formigé comme architecte du service des Promenades. Les deux hommes s'opposeront régulièrement, souvent au bénéfice de l'architecte. En 1898, d'autre part, le Service des promenades réintègre les Services d'architecture, dont il constitue la douzième section, réforme qui renforce encore la position de Formigé. Dans un rapport du 1er juin 1913, Forestier reviendra sur les dysfonctionnements qui s'ensuivirent : « Pour la création des pelouses de l'avenue de Breteuil entre le monument Pasteur et la rue de Sèvres, deux projets différents furent soumis au conseil municipal : un dessin du Service d'architecture qui avait été adopté par M. le conseiller Mithouard, sans que nous en fussions d'abord averti, et un autre projet du Secteur ouest » (celui de Forestier). Forestier déplore également le manque de cohésion de son service : « Le principe de l'unité de chantier, compris plus largement et si souvent réclamé par le conseil municipal, n'existe pas[1]. » Autre signe de la difficulté de créer rapidement, comme sous Alphand, des jardins dans Paris : les dessins (l'un à la française, l'autre à l'anglaise) qu'il signe en juin 1899 pour le square de la rue Carpeaux, sur un terrain repris au cimetière Montmartre, ne seront pas suivis d'exécution : le square inauguré en 1907 a dû céder une partie de sa surface à un ensemble de logements.

Vue aérienne de l'avenue de Breteuil, la seule opération parisienne de Forestier (1900) qui traduise réellement sa pensée sur les promenades urbaines. (Roger Henrard, musée Carnavalet, © PMVP/Ladet)

Une œuvre discrète

En dépit de ces obstacles, Forestier mène à bien plusieurs grands chantiers parisiens, notamment la promenade de l'avenue de Breteuil (1900), qui donne à la perspective vers les Invalides une cohérence et une lisibilité nouvelles, et le Champ-de-Mars (1904-1926), dont *L'Illustration*, en 1908, attribuait au seul Formigé le plan général et le dessin (allées cavalières,

1 *Organisation et fonctionnement du Secteur Ouest des Promenades, rapport du Conservateur*, 1er juin 1913, Archives de Paris, 1304W/96/5.

percée centrale, voies transversales et obliques, ovale du centre, quinconces, etc.). Parallèlement, Forestier repense l'aménagement des jardins des Champs-Élysées, et plus particulièrement du Jardin de Paris (1911-1915), avant de participer à la création du parc de la Cité universitaire (1921). On lui doit encore le rachat, par la Ville de Paris, du domaine de Bagatelle et la création de la roseraie (1903-1905), qui évita le morcellement du bois de Boulogne.

Vue aérienne de la roseraie de Bagatelle, créée en 1903-1905 par Forestier. (© La Documentation française/ Interphotothèque, ph. Michel Brigaud/Sodel)

Une pensée sur la métropole

En 1908, J. C. N. Forestier publie *Grandes villes et systèmes de parcs*, ouvrage rédigé en 1905 dans lequel il expose sa conception de l'urbanisme et du rôle des parcs et jardins dans les métropoles. Comme Eugène Hénard, comme tous les membres de la Section d'hygiène urbaine et rurale du Musée social – à la fondation de laquelle il participe en 1908 –, comme plus tard Marcel Poëte et Louis Bonnier, Forestier s'inquiète de la disparition massive des espaces libres dans Paris et brandit la menace de l'hydre pavillonnaire, qui gagne la banlieue et ses forêts. Il regrette également que Paris soit vu comme une ville finie : « La ville qui s'arrête est une ville qui commence à mourir ; pour vivre, il faut se développer. Or Paris vit encore, et avec plus de vigueur que jamais. L'énorme ville évolue et s'accroît toujours. Par la ville, j'entends cette agglomération faite de Paris et de sa banlieue, en ne tenant pas compte de la limite artificielle des remparts […] » Boston, Londres, Vienne ont su créer les moyens de leur extension, mais sont surtout parvenues à préserver et à améliorer leur système de parcs, parfois reliés entre eux par de larges avenues ou boulevards plantés.

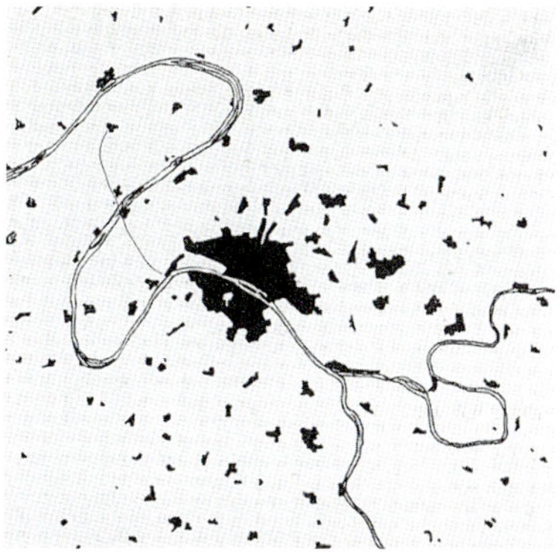

Les espaces couverts dans le département de la Seine en 1800 et 1900, *L'Architecture aujourd'hui*, juin 1937, d'après les dessins de Forestier. (© Ville de Paris, bibliothèque Forney)

Bien avant Giraudoux, c'est Le Corbusier qui avait rendu hommage à Forestier, dans son ouvrage *Urbanisme* (1925). À la faveur d'une rencontre avec l'« architecte-paysagiste du bois de Boulogne et des plantations parisiennes », il s'empare de son discours sur le rapport entre surface bâtie et surface plantée, caution rêvée pour asseoir son projet de transformation radicale de Paris : « Je trouvais, dans ce verdict, une part essentielle des éléments sur lesquels j'avais posé le problème, sur lesquels j'avais, depuis 1922, établi les dessins de la "ville contemporaine". »

Place des Victoires : naissance d'une conscience patrimoniale ?

Vue aérienne de la place des Victoires, vers 1955. (Roger Henrard, musée Carnavalet, © PMVP/Ladet)

Ci-dessous : la place des Victoires au début du XXe siècle ; certaines façades sont couvertes d'enseignes. (Coll. S. Texier)

À droite : à l'angle de la place des Victoires et de la rue La Feuillade, l'immeuble reconstruit par Pierre Sardou en 1911, restauré en 2004. (© S. Texier)

LE SORT DES BÂTIMENTS CONSTRUITS AU XVIIe siècle par Jules Hardouin-Mansart et l'entrepreneur Jean-Baptiste Prédot, place des Victoires, n'émeut guère au début du siècle. Il faut en fait attendre 1910 pour voir apparaître, avec Louis Bonnier, les premier signes d'une conscience patrimoniale.

Une succession d'altérations

Plusieurs fois modifiée par des remaniements, la place des Victoires est, au début du XXe siècle, très loin de son dessin originel. Le percement de la rue Étienne-Marcel et la construction de l'immeuble d'Henri Blondel en 1884 ont notamment introduit une rupture d'échelle évidente. Suivant son exemple, la Ville avait même, en 1891, incité les propriétaires à rehausser chacun de leurs immeubles. La démarche n'aboutira pas, au grand dam du maire de l'arrondissement, qui considérait que les propriétaires « ne semblent pas avoir compris leur intérêt, ce qui est fâcheux au point de vue de l'embellissement de la place des Victoires ». En 1895, un nouvel immeuble est reconstruit à l'angle de la rue Croix-des-Petits-Champs, sur le modèle de celui de Blondel.

Louis Bonnier au secours de la place

En 1910, M. Vigier, propriétaire de la maison d'angle de la place et de la rue La Feuillade, demande, en plus de travaux de ravalement, l'autorisation de la surélever d'un étage ; l'architecte pressenti, Pierre-Ernest Sanson, est l'une des grandes figures du néo-classicisme 1900. Trois mois plus tard (juillet 1910), c'est une reconstruction totale qui est envisagée : le bâtiment, qui doit accueillir des magasins, présente sur la place une façade fidèle à celle d'Hardouin-Mansart, mais une terrasse, au niveau du quatrième étage, est dissimulée par la toiture ; sur la rue La Feuillade, d'autre part, les ouvertures sont agrandies. La demande de permis de construire provoque alors un débat au sein de l'administration parisienne : accordée dans un premier temps par l'architecte-voyer du 2e arrondissement, l'autorisation est ensuite refusée par son supérieur, Louis Bonnier. Peut-être blessé par les attaques du député Chastenet, l'architecte-voyer en chef venait d'adresser au préfet un rapport fondateur intitulé *Les Aspects de Paris. La place des Victoires*, dans lequel il plaidait pour un arrêt immédiat des transformations de la place. Aussi n'hésitera-t-il pas, dans son examen de la demande

Louis Bonnier, projet d'aménagement de la place des Victoires : étude pour le carrefour Aboukir-Vide-Gousset, 1938. (Fonds Louis Bonnier/IFA)

La place des Victoires vers la rue Vide-Gousset. (© S. Texier)

de permis de construire, à remettre en cause l'ordonnance royale du 23 juillet 1828 et le décret du 16 juillet 1849 – avec lesquels le projet de Sanson est en parfaite conformité –, textes qui, selon lui, « en rognant la partie d'angle de la place des Victoires, détériorent l'œuvre de Mansart, […] œuvre qu'il importe, avant toute chose, de conserver intacte[1] ». Bonnier impose donc au propriétaire le « respect absolu de l'œuvre de Mansart et des alignements actuels ». Là encore, le respect s'avérera tout relatif, puisque seule l'image de l'immeuble, reconstruit à l'identique, sera préservée.

Du pastiche à la protection

Le projet est en effet repris par Pierre Sardou, architecte en chef des Monuments historiques et futur constructeur du siège de *L'Intransigeant*, rue Réaumur (1925). Vigier lui confie en 1911 la construction du siège de la Banque d'Alsace et de Lorraine. Cette fois, c'est en vertu de la servitude d'origine, celle de 1685, que le projet est examiné, et l'architecte-voyer constate qu'elle n'est pas respectée : le plancher serait porté à un niveau inférieur de 1,5 mètre environ de ceux existants, tandis qu'un étage supplémentaire se situerait 5 mètres en arrière par rapport à l'alignement circulaire. Après modification des plans par Sardou, un avis favorable est finalement donné. Pour autant, la destruction de la maison inquiète les défenseurs du patrimoine : « La question est de savoir si on va édifier là une maison moderne ou rétablir dans l'immeuble nouveau la façade antérieure, et si, dans ce cas, on respectera mieux qu'on ne l'a fait de l'autre côté de la place, la hauteur générale et le dessin de l'étage supérieur, qui, seuls, peuvent conserver à la place des Victoires ce qu'Alphand appelait son "équilibre esthétique". » Cet entrefilet publié dans *Le Figaro* en octobre 1911 suscitera l'inquiétude du préfet de Paris, qui exigera de ses services la garantie d'une reconstruction à l'identique. Seul l'appareillage des pierres distingue le nouveau bâtiment de son voisin.

Un problème subsistait cependant : celui du raccordement de la place des Victoires et de la place des Petits-Pères, située juste derrière. La destruction du dernier tronçon complet de l'ordonnance d'Hardouin-Mansart parut vite inconcevable : l'hypothèse de passages couverts, inspirés de ceux de la place des Vosges, sera défendue par Bonnier, qui pensait ainsi restaurer le plan d'origine. La disparition de la petite rue Vide-Gousset permettait en outre de refermer la place en édifiant un nouvel immeuble. Mais quelle façade dessiner ? Bonnier songera à des copies modernes des travées anciennes, mais n'en fournira le dessin qu'en 1938, au moment où, une nouvelle fois, la place est menacée par des projets de voirie. Aucun projet ne sera finalement entrepris et les façades de la place seront classées dans leur intégralité en 1962.

Louis Bonnier, projet de passage entre la place des Victoires et la place des Petits-Pères, 1910. (Coll. S. Texier)

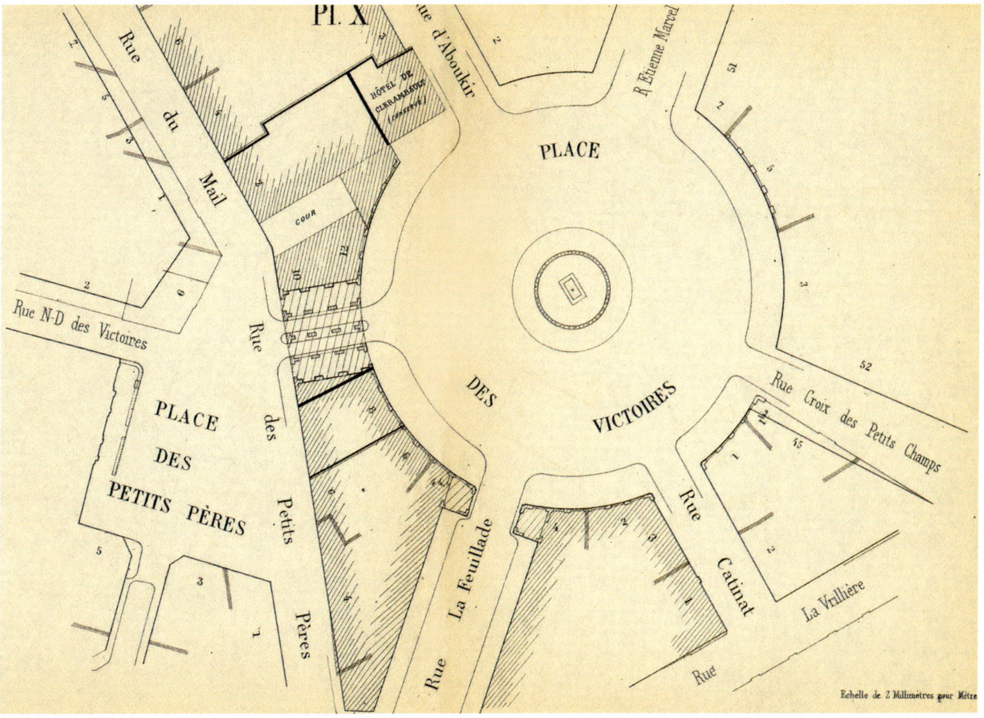

1 Rapport annexé au *Mémoire de M. le préfet de la Seine au Conseil municipal*, Paris, Imprimerie municipale, 27 juin 1910.

Le débat sur l'avenir des fortifications

L'enceinte de Thiers et la zone *non ædificandi*, vers 1914. (© Musée Albert-Kahn)

L'ENCEINTE MILITAIRE proposée en 1836 par le gouvernement d'Adolphe Thiers est considérée, par beaucoup, comme caduque au moment de son achèvement en 1845. Cet ouvrage de 34 kilomètres de long sur 128 mètres de large, scandé par 94 bastions, enferme la ville sans réellement la protéger – la défaite de 1870 le prouvera –, à l'heure même où de grandes villes européennes (Vienne, par exemple) se libèrent de leurs anciennes fortifications.

1 100 hectares à libérer

Ouvert dès les années 1830, le débat sur les conséquences d'un « embastillement » de Paris est plus que jamais d'actualité à la fin du siècle : limite de la ville depuis l'annexion du 1er janvier 1860, l'enceinte demeure assortie d'une zone de servitude *non ædificandi* de 250 mètres. De plus en plus insupportable pour les propriétaires zoniers, elle constitue de surcroît un frein à l'expansion urbaine de Paris. Eugène Soulier, président du Syndicat pour la suppression des servitudes militaires à Paris, écrira ainsi dans *Le Matin*, le 29 mai 1890 : « On est en droit de dire que les onze cents hectares de terrains, rendus improductifs par la zone militaire autour de Paris, se prêteraient à la construction d'une quantité considérable de logements à bon marché, qui seraient très recherchés par les travailleurs en raison de leur proximité de la capitale et de leur salubrité. » Logements ouvriers ou jardins, lotissement complet ou ceinture verte ? Alors que la Ville et l'État débattent des modalités du déclassement de l'enceinte, associations, ligues et techniciens multiplient les projets, chacun nourrissant des ambitions diverses : politiques, financières ou hygiénistes.

Le projet Hénard

Dans sa deuxième étude sur les transformations de Paris (mars 1903), Eugène Hénard aborde la double question des alignements brisés et des fortifications. Pourfendeur de l'haussmannisation, il dénonce l'« alignement inexorable » des nouveaux boulevards et « la régularité impeccable des plantations, [qui] leur donnent une monotonie d'aspect que rien ne vient relever ». Hénard prône au contraire l'alignement discontinu : des immeubles en saillie sans aucun arbre devant les façades, alternant avec des

Projet de la Ligue pour les espaces libres, l'assainissement et les sports en vue de l'aménagement des fortifications de la zone militaire, 1909. (BHVP/J.-C. Doërr)

Eugène Hénard, vue perspective du boulevard à redans triangulaires, 1903 : hygiène et pittoresque sont au service du même projet. (BHVP/Leyris)

Ci-dessous : Ligue pour les espaces libres, l'assainissement et les sports, projet d'aménagement des fortifications, parc Berthier. (BHVP/Leyris)

En bas : vestiges de l'enceinte de Thiers à la Porte de Bercy. (© S. Texier)

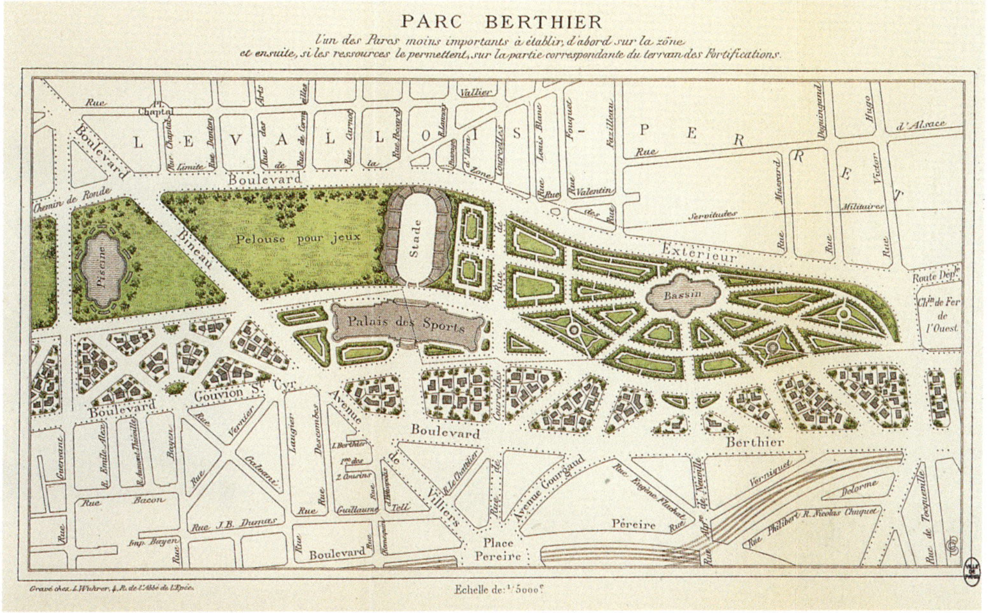

constructions en creux laissant place à des jardins privés. L'architecte va même plus loin en recommandant des alignement brisés, disposition qui, outre son caractère pittoresque, permettrait de doubler le nombre de baies ouvertes sur rue. Où réaliser ce « boulevard à redans » ? Les fortifications offraient évidemment le plus beau terrain pour la « nouvelle grande ceinture » de Paris ; au niveau du bois de Boulogne, dont le déclassement est alors déjà prévu, Hénard y prévoit consulat, ambassade, grand cercle et hôtel de voyageurs. Le tout est ponctué de douze vastes parcs.

Paris-banlieue : continuité ou discontinuité

En 1909, Hénard revient sur la question des fortifications, pour commenter les deux projets qui font alors l'actualité. Le premier a été exposé en 1908 par le conseiller municipal Louis Dausset qui, considérant l'enceinte et la zone comme un tout indissociable, suggérait d'y aménager un espace libre continu ; le réalisme financier l'inclinait cependant à accepter des constructions sur l'enceinte. Soutenu par la Ligue pour les espaces libres, l'assainissement et les sports – présidée par Paul Doumer, elle rassemble le tout-Paris de l'hygiénisme, mais aussi du bâtiment –, Dausset juge en effet que, pour des raisons sanitaires, la zone *non ædificandi* doit demeurer inconstructible, après avoir été débarrassée du « foyer d'infection qu'elle constitue, à cause des occupants hétéroclites qui l'encombrent actuellement[1] » (les « zoniers »). Hénard préférera soutenir le projet du député Jules Siegfried et de la Section d'hygiène urbaine et rurale du Musée social, constituée en janvier 1908 – dont plusieurs membres (Louis Bonnier, J. C. N. Forestier, A. Rey) adhéreront du reste à la Ligue. Le projet de parcs alternant avec des constructions est, il est vrai, la solution avancée depuis longtemps par Hénard : isolés, les espaces verts « ont l'avantage de ne pas créer de solution de continuité entre Paris et son extension ; les faubourgs futurs viendront se souder avec la ville actuelle dans les intervalles qui séparent les nouveaux parcs ».

Forestier renverra les deux projets dos à dos : trop d'espaces libres dans le premier, pas suffisamment dans le second. Le paysagiste préconise de rigoureuses prescriptions sur la hauteur et la forme des îlots (îlots ouverts enserrant des jardins intérieurs), ainsi que sur la disposition des voies, et rêve de « maisons basses dispersées dans d'assez grands jardins, surtout dans de *nombreux* jardins *réunis les uns près des autres* », parmi lesquels évoluerait une large avenue « reliant les grands parcs, associant, dans ses profils divers, avec les chaussées de voitures, d'automobiles, les allées cavalières, cyclables et les trottoirs de piétons, les arbres, les bandes gazonnées, plantées et fleuries[2] ».

Deux conventions signées le 16 décembre 1912 stipulent la cession par l'État de l'enceinte à la Ville, qui se porte acquéreur de la zone *non ædificandi*. Il faut cependant attendre la loi du 19 avril 1919 pour qu'elles soient ratifiées : le déclassement de l'enceinte est alors définitivement entériné.

1 *L'Architecture*, 11 décembre 1909.
2 *Le Journal*, 30 août 1909.

L'interminable chantier du métro

DÉCLARÉE D'UTILITÉ PUBLIQUE PAR LA LOI du 30 mars 1898, la construction des six premières lignes du chemin de fer métropolitain de Paris clôt plusieurs années d'un débat tant politique, qu'économique et technique. Des dizaines de projets ont été soumis, étudiés, puis rejetés, la plupart intégrant des liaisons entre le nouveau réseau et les gares de chemin de fer. Victoire de la Ville de Paris sur l'État, de l'électricité sur la vapeur, le métro conçu est cependant un réseau autonome, un statut qui pèsera longtemps sur le fonctionnement des transports en commun de la région parisienne.

Le métro municipal

La première ligne (Porte Maillot-Porte de Vincennes) est mise en service le 19 juillet 1900, et permet à la station Champs-Élysées de desservir l'Exposition universelle. Mais aux fastes néo-classiques du Grand Palais, Hector Guimard, chargé de dessiner les entrées des stations, opposera une architecture d'inspiration végétale : le style « coup de fouet » investit Paris, notamment place de la Bastille et Porte Dauphine. La deuxième ligne, entamée en 1900, constitue le tronçon nord d'une ligne circulaire Étoile-Nation, qui comprend plusieurs stations à ciel ouvert. Le métro doit en effet franchir d'importants obstacles, ainsi que le décrivait, dès 1897, son principal maître d'œuvre, l'ingénieur Fulgence Bienvenüe : « Dans ce long parcours, on traverse la ligne du Havre, par-dessus le souterrain des Batignolles ; la ligne du Nord également par-dessus, sur un point où cette ligne est en tranchée, tandis que le métropolitain est en viaduc ; la ligne de l'Est encore par-dessus et en viaduc, le canal Saint-Martin également en viaduc[1]. » De la station Barbès-Rochechouart à Jaurès, le métro circulera ainsi sur des ouvrages à structure métallique, conçus par l'ingénieur Louis Biette.

Le métro aérien

Largement débattue au cours des années 1870-1880, la réalisation d'un métro aérien emportait la majorité des suffrages, mais, outre son coût deux fois plus élevé, elle posait des problèmes urbains, de voisinage plus particulièrement, que certains projets fantaisistes feignaient alors d'ignorer. Si l'on adopte le point de vue du voyageur, force est de constater, toutefois, que le métro aérien est l'un des plus émouvants observatoires de la ville. La circulaire sud (actuelle ligne n° 6) complètera la circulaire nord à partir de 1902, avec plusieurs tronçons en viaduc et des sorties spectaculaires à partir des stations Bercy et Passy. Cette dernière ouvre sur le viaduc de Passy (actuel pont de Bir-Hakeim), chef-d'œuvre d'ingénierie (Louis Biette, ingénieur, Daydé et Pillé, entreprise de construction métallique), décoré sous la direction de Jean-Camille Formigé (1905).

Hector Guimard, entrée de la station 4-Septembre : l'Art nouveau s'impose dans tout Paris. (© S. Texier)

En haut à droite : le viaduc de Passy sur la ligne n° 6, entre Bir-Hakeim et Passy (1905). (© S. Texier)

Le chantier du métro aérien, boulevard de La Chapelle, entre deux rangées d'immeubles. (Coll. J. Pepinster)

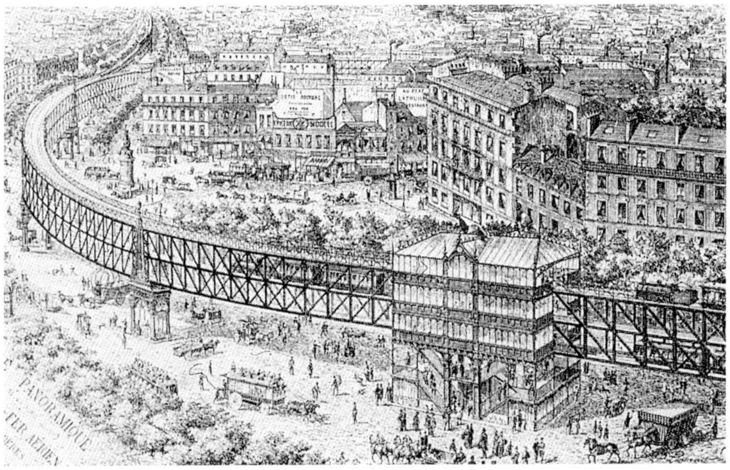

Projet de chemin de fer métropolitain aérien à voies superposées, système Milinaire frères, 1886-1896. (BHVP/J.-C. Doërr)

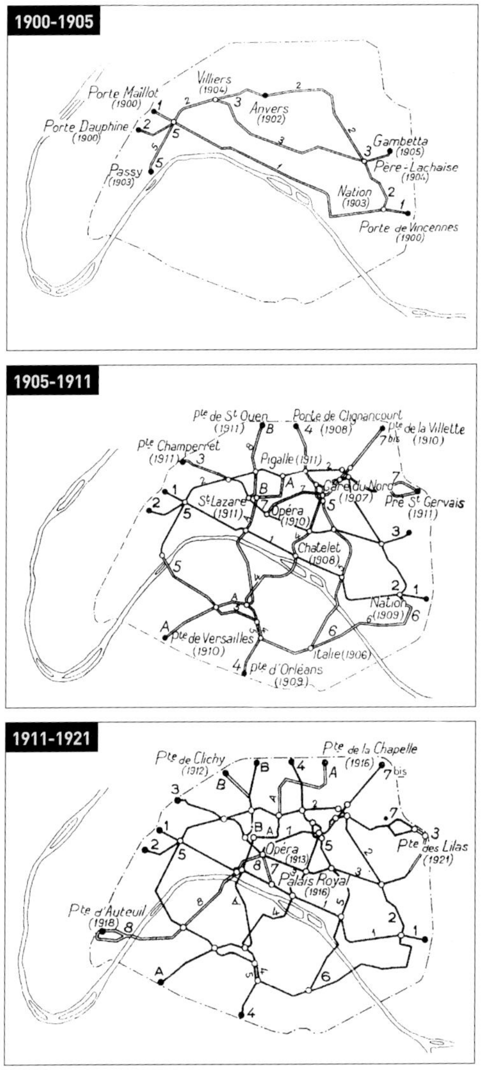

Trois phases de l'évolution du réseau du métropolitain. (Coll. C. Lamming)

Un an auparavant, le viaduc d'Austerlitz avait déjà modifié le paysage parisien et, à défaut d'avoir permis la liaison des deux gares de Lyon et d'Austerlitz, offrait un bel exemple de chevauchement des réseaux. Pour des raisons techniques liées à la navigation, la ligne n° 5 devait gravir au niveau du quai de la Rapée une rampe hélicoïdale, à partir de laquelle naissait le viaduc qui, après franchissement de la Seine, poursuivait son parcours en pénétrant dans le hall de la gare d'Austerlitz. L'ouvrage de Biette détient toujours, avec 140 mètres d'ouverture, le record de portée libre parmi les ponts parisiens sur la Seine.

La conquête du sous-sol

Les deux lignes suivantes devront pour leur part franchir des obstacles en souterrain : le canal Saint-Martin pour la ligne n° 3 et la Seine pour la ligne n° 4. Véritable aventure dont le préfet Justin de Selves déclarait qu'elle « ne peut être tentée qu'avec de très grands frais et au prix de très gros risques[2] », le passage des stations Cité et Saint-Michel sera réalisé par l'entrepreneur Léon Chagnaud, par fonçage : des caissons métalliques, renforcés par un remplissage de béton, sont acheminés par la Seine, puis garnis d'un cuvelage de fonte et enfin placés en sous-sol. Des puits elliptiques sont installés de la même façon pour les extrémités des stations. Le tronçon Raspail-Châtelet de la ligne n° 4 pourra ouvrir le 9 janvier 1910. Le chantier du Chemin de fer électrique souterrain nord-sud de Paris, reliant Montmartre à Montparnasse (actuelles lignes nos 12 et 13), débute quant à lui en 1905, mais sa mise en service ne commence que fin 1910. Réseau à part, Nord-Sud exigera aussi des travaux très importants : passage sous la Seine au moyen de tubes métalliques, utilisation du béton armé et fretté pour les stations Falguière, Pasteur et Volontaires, puits pour les ascenseurs aux stations Abbesses et Lamarck, le morceau de choix restant les voûtes de la salle des billets de la gare Saint-Lazare, conçue en 1912 par Lucien Bechmann.

En 1914, dix lignes de métro fonctionnent. Le réseau est pourtant loin d'être achevé : de nouvelles lignes et des prolongements sont prévus ; certains attendront les années 1930 pour être réalisés. Le métro n'est donc pas le chantier de 1900, mais celui de plus de deux décennies, un chantier qui transforme Paris en sous-sol comme en surface, et ne contribue pas peu aux « embarras » de la capitale. « Le métropolitain fera disparaître probablement la plupart des omnibus, il ne diminuera pas d'une unité le nombre des voitures », professait Eugène Hénard en 1903 ; trois ans plus tard, en juin 1906, sept lignes d'autobus remplaçaient les omnibus…

La salle des échanges de la station de métro Saint-Lazare, aménagée par Lucien Bechmann, 1912. (Fonds Lucien Bechmann/IFA)

1 Cité dans C. Berton et A. Ossadzow, *Fulgence Bienvenüe et la construction du Métropolitain de Paris*, Paris, Presse de l'ENPC, 1998.
2 *Ibid.*

Raspail et Haussmann : deux boulevards en devenir

Immeuble, 90, boulevard Raspail, Eugène Chifflot, 1907. (© S. Texier)

Immeuble, 32, boulevard Raspail, Eugène Chastel, 1909 : le pittoresque néo-gothique à son comble. (© S. Texier)

L'INACHÈVEMENT DES BOULEVARDS Raspail et Haussmann, deux grandes percées des rives droite et gauche, contribue au début du siècle à en faire deux lieux de débat et d'expérimentation, tant architecturale qu'urbaine.

L'haussmannisme interrompu

« Les architectes, aujourd'hui, n'osent pas faire le palais Pitti ni la rue de Rivoli ; ils font le boulevard Raspail », affirmait Le Corbusier dans *Vers une architecture* (1923). Pour cet admirateur des grandes ordonnances et des grands desseins, il s'agit de la plus sévère des critiques. Et de fait, le boulevard Raspail – dont le tronçon situé sur le 14e arrondissement, anciennement boulevard d'Enfer, existe depuis la fin du XVIIIe siècle – est la percée parisienne la plus hétérogène qui soit ; à cela rien d'étonnant, puisque c'est celle qui aura demandé le plus de temps et de négociations pour être menée à bien. Commencé en 1866, le boulevard n'est achevé qu'en 1913, avant le boulevard Haussmann, certes, mais après six décrets d'utilité publique pour la seule partie comprise entre le boulevard Saint-Germain et la rue de Rennes. Le dernier tronçon, réalisé à partir de 1906 entre la rue de Sèvres et la rue de Rennes, est financé par la Compagnie du chemin de fer électrique souterrain nord-sud, qui entreprend alors le passage de l'actuelle ligne n° 12 du métro au niveau du boulevard. Ce qui nécessitera de démolir l'hôtel du Conseil de guerre (37, rue du Cherche-Midi).

Les lieux de l'éclectisme

Le boulevard Raspail appartient à ces voies assimilables à des catalogues d'architecture, léguées par un XXe siècle avide de mouvement et de rupture. Comme sur peu d'autres voies parisiennes, on peut y lire l'évolution de la construction, de l'esthétique des façades et de certains codes sociaux. Les immeubles élevés autour de 1910 témoignent ainsi de l'éclectisme échevelé qui accompagne le règlement de 1902. Les nos 193 (Voisin), 139 (Louis Marnez) et surtout 90 (Eugène Chifflot), tous trois construits en 1907, exposent un répertoire décoratif d'une étonnante richesse : épaisses consoles, claveaux saillants, toitures ou lucarnes fantaisistes, le tout accompagné d'une sculpture omniprésente ; au carrefour Sèvres-Raspail, l'hôtel Lutetia de Louis-Hippolyte Boileau et Tauzin (1911), les immeubles de Louis Sorel (1912) et de Gustave Goy porteront ce goût à son paroxysme. Quant au petit immeuble néo-gothique d'Eugène Chastel (1909), il paraît tout droit issu des dessins de Louis Bonnier… Dans les années 1920, ce sera au tour d'Henri Sauvage de décliner à trois reprises, sur le boulevard Raspail, le nouveau vocabulaire de l'immeuble bourgeois.

Projet d'achèvement du boulevard Haussmann, sur le modèle de la galerie Victor-Emmanuel à Milan. (Direction de l'urbanisme de la Ville de Paris)

Le boulevard Raspail au début du XXe siècle, avant l'« invasion » pittoresque. (Coll. S. Texier)

Carrefour Richelieu-Drouot, à la jonction du boulevard des Italiens et du boulevard Haussmann. (© Ville de Paris, bibliothèque Forney)

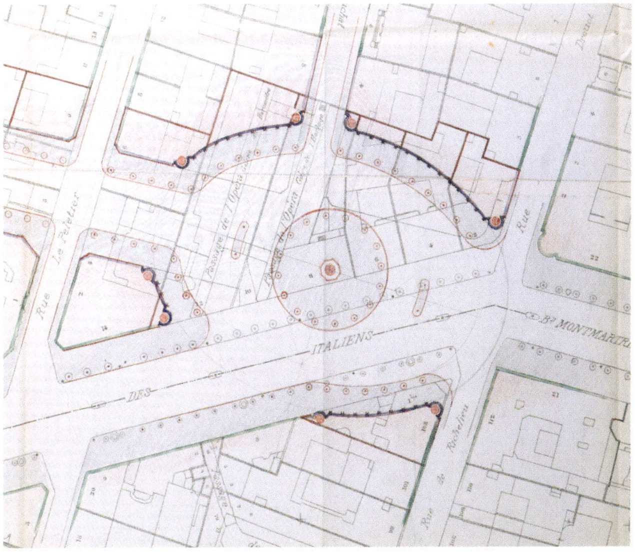

Louis Bonnier, projet de place elliptique au débouché du boulevard Haussmann, 1909. (Fonds Louis Bonnier/IFA)

Une place décorative

Jugeant imminent l'achèvement du boulevard Haussmann, entamé en 1854, Louis Bonnier évoque, dans un rapport du 25 septembre 1909 adressé au préfet[1], le traitement à réserver à ce nouveau réseau de voies convergentes. Le raccordement prévu avec l'axe historique des Grands Boulevards le laisse sceptique : l'angle à 30° qui les sépare « produira un résultat assez gauche, très peu décoratif par la répartition des masses des immeubles qui s'y construiront rapidement et surtout difficile pour l'organisation des circulations qui y produiront inévitablement des remous. L'arrangement prévu est brutal et médiocre. Il semble utile d'élargir ce confluent et de créer en ce point un carrefour, sinon une place ». Bonnier n'oublie pas le problème de la circulation autour de cette place et, à cet effet, emprunte à Hénard l'idée de carrefour à giration. Pour autant, son principal souci est de limiter les expropriations et, sur le pourtour de la place ovale dessinée, de projeter des ordonnances architecturales marquant le site : « Les portions courbes de façades sont suffisamment importantes pour que l'œil sente la parenté qui les relie et la forme ovale de la place la fait compter en un tout décoratif. » Hénard vient alors de publier un projet de transformation de la place de l'Opéra au dessin étrangement similaire, projet destiné, comme pour Richelieu-Drouot, à en améliorer la circulation tout en palliant son insuffisance au plan esthétique.

En conclusion de son rapport, Bonnier soutient que « l'aboutissement de l'effort consacré par la Ville de Paris depuis de longues années à la réunion des deux grandes voies de circulation centrale mérite une consécration marquée ». Et de renchérir avec un constat qui n'épargne qu'à demi-mot l'œuvre d'Haussmann : « Depuis longtemps aucune tentative d'aménagement décoratif de nos places publiques n'a été faite. La dernière, celle de la place de la République, s'est bornée à l'installation d'une statue et de quatre mâts décoratifs, sans qu'il n'ait été rien essayé pour le cadre architectural qui tient, à si juste titre, une importance capitale sur les places des Victoires, des Vosges et Vendôme. »

Germain Gravereaux, architecte-voyer du 18e arrondissement, communiquera à Bonnier une proposition plus ambitieuse encore : le nouveau tronçon du boulevard Haussmann serait flanqué de grands pylônes « rappelant ceux de la porte Saint-Denis », dont les hauts-reliefs célébreraient les âges de Paris ; un monument aux artisans des embellissements de la capitale trônerait quant à lui au milieu d'une place aux contours bien incertains[2]. Le boulevard Haussmann attendra 1927 pour être définitivement réalisé. L'immeuble construit par Marcel Julien et Lucien Duhayon couronnera finalement cet épisode d'un ultime manifeste de l'éclectisme : une architecture telle qu'Hénard l'avait rêvée, en 1906…

1 Fonds L. Bonnier, IFA.
2 *Idem.*

L'immeuble-proue construit par Marcel Julien et Lucien Duhayon à l'angle des boulevards Haussmann et des Italiens : un éclectisme qui ponctue discrètement ce lieu stratégique. (© S. Texier)

La Commission d'extension de Paris

Annoncée par le préfet Justin de Selves en juin 1909, instituée le 26 juin 1911 par un arrêté de son successeur Marcel Delanney – « nouvel Haussmann mais sans Empereur », dira de lui Gaston Bardet[1] –, la Commission d'extension de Paris ne se réunira qu'une seule fois. Elle publiera néanmoins en 1913 un important rapport en deux tomes : *Aperçu historique* (244 pages) et *Conditions techniques préliminaires (La circulation – Les espaces libres)* (104 pages et 25 planches). Un troisième volume bibliographique, établi par Georges Risler, président de la Section d'hygiène urbaine du Musée social, n'a, semble-t-il, pas été conservé.

L'historien et l'architecte

Derrière l'anonymat qu'impose ce texte administratif se dissimulent les noms de deux grandes figures de l'histoire et de l'architecture parisiennes : Marcel Poëte (1866-1950) et Louis Bonnier. Chartiste, historien de l'urbanisme et de Paris – il publiera de 1924 à 1931 les quatre tomes d'*Une vie de Cité* –, fortement influencé par la philosophie d'Henri Bergson, Poëte est, depuis 1903, conservateur en chef de la Bibliothèque des travaux historiques de la Ville de Paris. Architecte-voyer en chef, Bonnier est au cœur du dispositif municipal et participe à toutes les réflexions sur l'avenir de Paris. Cette association est d'autant plus remarquable qu'elle est unique : jamais plus, en effet, on ne verra un savant et un praticien conviés à réfléchir sur un sujet d'une telle ampleur.

La première partie de l'*Aperçu historique* relate les grands moments de l'extension de Paris, depuis les origines jusqu'au second Empire. La deuxième traite une période autrement plus courte, puisqu'il n'y est question que de l'extension des limites de Paris en 1859, des conséquences de la loi d'annexion des communes limitrophes, et, enfin, des conséquences de l'extension de Paris au XIXe siècle par rapport au développement et au peuplement de la banlieue. Cette histoire n'est pas une simple documentation, mais un support pour l'avenir ; elle offre « des précédents utiles pour des agrandissements possibles de la capitale : les mêmes problèmes se poseront à ceux qui voudront élargir les limites actuelles, mais la difficulté de la solution s'accroîtra en proportion directe du développement matériel et moral de Paris », conclut Marcel Poëte.

La circulation et les espaces libres

Après quelques rappels sur les anciens plans d'extension de Paris entre 1789 et le début du XXe siècle, les auteurs abordent, dans leurs *Considérations techniques préliminaires*, les deux points fondamentaux qui doivent guider une future extension de Paris : la circulation et les espaces libres. Ils proposent l'élargissement des grandes routes nationales desservant Paris, ainsi que de nombreux axes centraux anciens, dont l'étroitesse empêche une circulation fluide. Les percées, figures emblématiques de l'haussmannisme, ne sont pas proscrites, mais doivent être le plus rares possible. Poëte et Bonnier sont plus diserts à propos des espaces publics, se méfiant avant tout des comparaisons hâtives entre capitales : une estimation limitant à 223 hectares les promenades parisiennes fait, selon eux, abstraction de toutes les avenues plantées, esplanades, places et quais, qui « sont à Paris ce que les squares sont à Londres », et qui totalisent 828 hectares. Le desserrement de la ville, qui n'ira pas sans quelques « hécatombes », doit s'effectuer à l'échelle de l'arrondissement, chacun étant considéré comme une « ville isolée ». La désaffectation et le transfert d'hôpitaux, usines, entrepôts, marchés, casernes, abattoirs et cimetières, pourraient autoriser la création de nouveaux jardins, dont le nombre passerait de 81 à 128.

À gauche : la voirie parisienne : Marcel Poëte et Louis Bonnier jugent inéluctable l'élargissement de quelques grands axes de circulation. (Fonds Louis Bonnier/IFA)

Ci-dessous : plan comparatif des espaces verts à Paris, Berlin, Londres et Vienne. (Fonds Louis Bonnier/IFA)

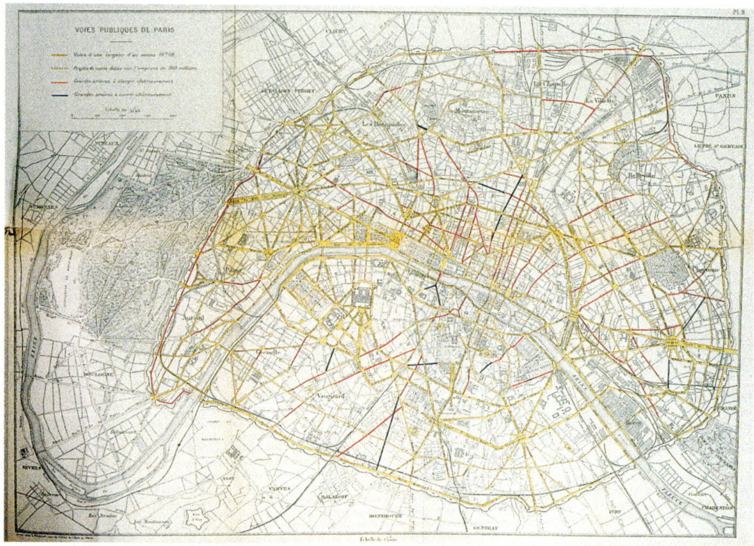

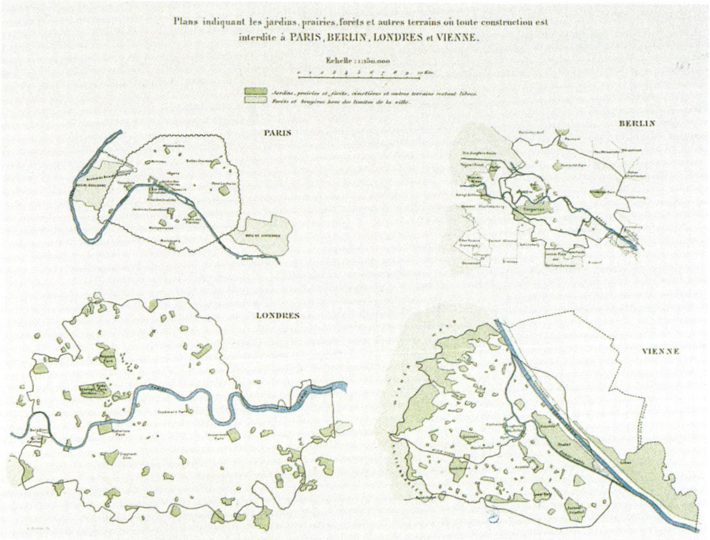

Essai d'une répartition de nouveaux jardins publics à l'intérieur de Paris. (Fonds Louis Bonnier/IFA)

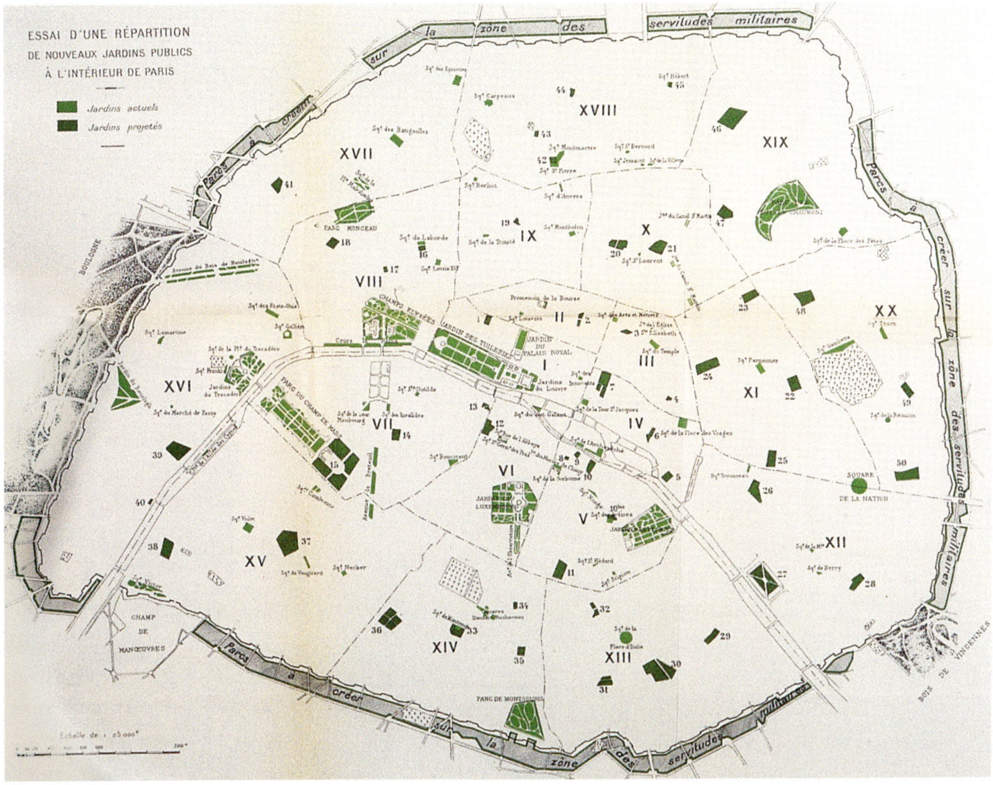

Assorti de précieuses statistiques sur le bâti, la population et les jardins de chaque arrondissement, le rapport contient encore deux propositions de Louis Bonnier pour l'aménagement des Portes Maillot et de Vincennes : le Grand Paris implique une articulation entre la ville ancienne et sa banlieue ; il impose aussi de « faire large et de faire beau [...], de tracer sur le terrain des fortifications des entrées triomphales, des portes grandioses, qui, dès lors, annonceront la cité universelle, la capitale du monde artistique ».

Paru un an avant la Première Guerre mondiale, le rapport de la Commission d'extension « passa presque inaperçu, laissant indifférents et l'opinion publique parisienne et ses représentants », déplorait vingt ans plus tard Louis Bonnier, dans l'un de ses cours à l'Institut d'urbanisme de Paris. Il jetait néanmoins des bases solides pour le concours de 1919.

Avant-projet d'un plan d'extension de Paris, situation des espaces verts : au-delà de la ceinture verte, c'est un ensemble de parcs qui doit protéger Paris. (Fonds Louis Bonnier/IFA)

Une répartition équitable des espaces verts

Contrairement à Eugène Hénard, Poëte et Bonnier se montrent particulièrement pragmatiques dans leurs propositions, et n'envisagent qu'un grand jardin, autour de l'École militaire (12 hectares). Hormis les espaces industriels désaffectés ou en passe de l'être, ils ne prévoient d'intervention que sur les îlots déclarés insalubres. Parmi la cinquantaine de jardins proposés, certains se distinguent par leur caractère prophétique – on devine le parc de Bercy ou le square Héloïse-et-Abélard – ; bien peu verront cependant le jour avant 1939. Si, hors du centre, les deux auteurs ne misent pas exclusivement sur le déclassement des fortifications, ils n'en évaluent pas moins à 600 hectares les espaces verts à créer sur ce site. S'y ajouteraient, à l'extérieur de Paris, une ceinture continue de bois et de prairies au nord-est (1 400 hectares), deux grandes promenades près de Colombes et de Thiais (1 650 hectares) et douze parcs répartis au sud, à l'est et à l'ouest (670 hectares). Le Grand Paris surclasserait ainsi largement le comté de Londres, avec une moyenne de mètres carrés de verdure par habitant trois fois supérieure.

1 *L'Architecture d'aujourd'hui*, mars 1939, p. 6.

Le règlement en projets

Admises par son rédacteur, Louis Bonnier, les imperfections du règlement de voirie de 1902 sont rapidement dénoncées par les hygiénistes qui jugent insuffisantes les prescriptions en matière de prospect, et par les défenseurs du vieux Paris, attachés à un plafond que le nouveau texte permet de dépasser. Plusieurs projets tendront à en modifier les termes entre 1927 et 1958, trente années pendant lesquelles le regard sur la ville évolue progressivement vers une division spatiale de la ville et une conquête de la hauteur.

Le prospect, en toutes circonstances

En 1927, la Commission d'urbanisme de la SADG (Société des architectes diplômés par le gouvernement), composée de Georges Sébille, Paul Meyer-Lévy et Julien Quoniam, publie un *Projet de règlement de construction.* Les auteurs l'indiquent d'emblée, l'une des qualités de ce rapport doit être sa simplicité ; en l'occurrence, règlements de voirie et de salubrité sont ici « condensés en un seul sous le nom de règlement de construction ». Premier document présenté comme une alternative au décret du 13 août 1902, le texte témoigne des préoccupations hygiénistes croissantes au sein de la profession : la réforme du règlement devra favoriser plus efficacement l'aération et l'ensoleillement de l'habitation, sans pour autant inciter à un urbanisme héliotropique défendu par Tony Garnier, Augustin Rey ou Le Corbusier. Le projet ne prône pas la disparition de l'îlot, mais, au contraire, comme l'écrit régulièrement Georges Sébille, une législation de l'îlot, c'est-à-dire de la cour. La grande nouveauté du texte est donc l'« unité absolue de traitement sur rue et sur cour ». En effet, il n'est établi aucune distinction entre voie publique, voie privée et cour ; c'est le prospect qui fixe, où que ce soit, la hauteur de la façade. Consulté par ses amis sur ce projet de révision, Louis Bonnier leur déconseillera de persévérer dans ce sens : un tel règlement est trop dogmatique et ne saurait satisfaire tous les acteurs de la ville. Paul Meyer-Lévy présentera un projet remanié en 1929, à la Société française des urbanistes (SFU), tenant des propos qui frappent par leur actualité : « Paris, qui ne doit et ne peut rester figé, doit avoir un règlement de construction qui assure à ses nouveaux édifices une meilleure hygiène, un meilleur éclairement, tout en tenant compte, ainsi que nous le disions, des intérêts légitimes de la propriété et en évitant que la juxtaposition des deux règlements crée une modification trop profonde dans la physionomie de ses rues[1]. »

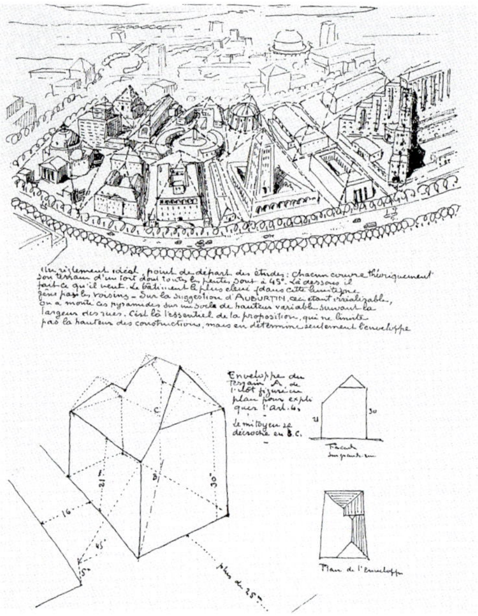

Commission d'urbanisme de la SADG, croquis montrant le point de départ du règlement et l'application de l'article 4, *L'Architecture*, 15 mai 1929. (© Ville de Paris, bibliothèque Forney)

Concilier l'hygiène et l'esthétique

Quelques années plus tard (1936-1938), Louis Bonnier, Georges Legros et Julien Quoniam rédigent, au nom du ministère de l'Éducation nationale (Direction générale des beaux-arts, Commission des perspectives monumentales), un rapport intitulé *Révision du décret du 13 août 1902 portant règlement sur les hauteurs & les saillies des bâtiments dans la ville de Paris*, qui sera présenté au conseil municipal le 31 décembre 1938. Le but de ce nouveau texte est d'« établir la proportion la plus rationnelle entre les volumes bâtis et les volumes non bâtis, en donnant satisfaction dans la plus large mesure possible aux Règles de l'Hygiène Générale (Air et Lumière) ainsi qu'aux principes de l'Esthétique (Masses et Silhouettes) ». Les rapporteurs constatent, comme en 1927, les excès permis par le règlement de 1902 : rendement maximal par surélévation en retraits successifs, cours sombres pour les habitants des premiers étages, émergence de murs séparatifs investis par la

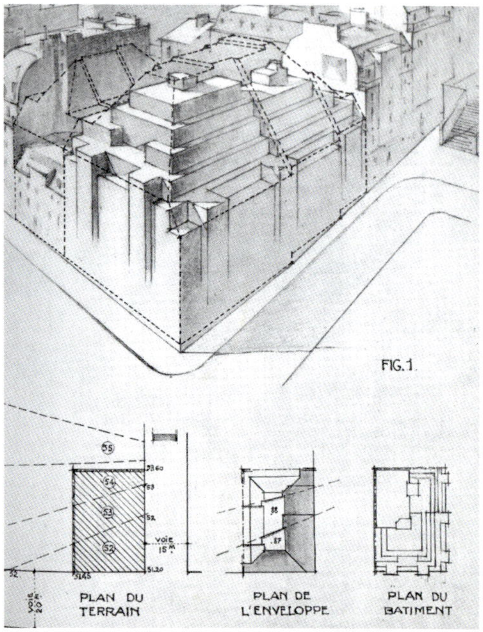

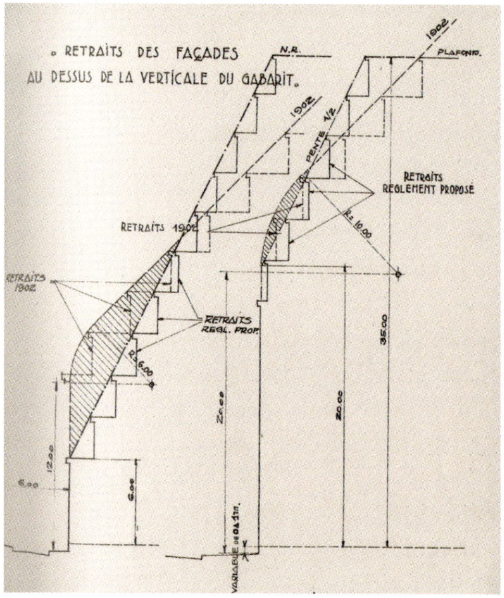

En haut : projet de révision du règlement de 1902, 1936 : étude du volume-enveloppe d'un groupe d'immeubles. (Fonds Louis Bonnier/IFA)

Ci-dessus : projet de révision du règlement de 1902, 1936 : modification des retraits au niveau des combles. (Fonds Louis Bonnier/IFA)

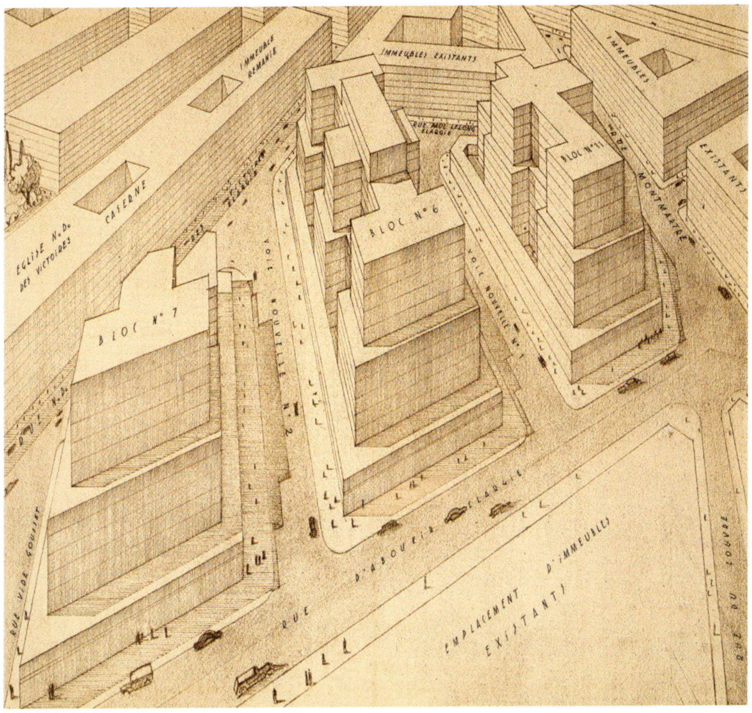

Projet de transformation d'un secteur du 2e arrondissement, perspective aérienne, anonyme, vers 1940. (Académie d'architecture/IFA)

publicité. Les auteurs préconisent donc une hauteur de 20 mètres maximum pour la verticale du gabarit, quelle que soit la largeur de la voie, le remplacement de l'arc de cercle et de la tangente à 45° par une ligne inclinée à 60° – qui permet de récupérer dans les étages hauts une partie du volume bâti perdu en contrebas ; côté cour, enfin, le gabarit de 1902 est abandonné au profit d'un gabarit de vue directe, qui détermine le volume d'air nécessaire à chaque pièce d'habitation.

Vers une réglementation par zones

Hostile au développement des combles, René Mestais, chef des Services techniques de topographie et d'urbanisme, rédige en 1943 un nouveau projet de révision du décret de 1902, qui donne lieu à un avant-projet de loi publié la même année[2]. Dans un Paris divisé en trois zones (zone d'habitation, zone commerciale, zone mixte), Mestais propose de ne permettre la construction que d'un étage en retrait, sauf pour les voies de plus de 20 mètres de large (2 étages), de manière à rabaisser le plafond général de la ville. Le programme d'aménagement de la Ville de Paris (1948), reprend l'idée d'une réglementation sectorielle : la périphérie, occupée par les constructions les moins denses et les moins élevées ; une zone intermédiaire, entre périphérie et centre, avec des constructions de densité et d'élévation moyennes ; enfin, le centre, qui doit être marqué par les constructions les plus denses et les plus élevées. La verticale est limitée à 25 mètres, aucun immeuble ne pouvant dépasser 30 mètres. L'approbation, le 14 décembre 1950, du Programme d'aménagement, institue un zonage fonctionnel plus précis (zone d'habitation et de commerce, zone d'entrepôt et de transit, zone d'activités industrielles), assorti de zones de protection ; un nouveau plafond est fixé à 31 mètres, mais surtout ce plafond peut, dans certains îlots, être dépassé si la densité démographique n'excède pas 500 habitants à l'hectare. En 1956, une distinction apparaît entre une zone centrale soumise à une hauteur de 31 mètres et une zone périphérique dont le plafond est fixé à 37 mètres. Une ordonnance et un arrêté préfectoral du 16 octobre et du 20 décembre 1958 entérinent ces données ; avec le règlement de 1902, c'est une certaine idée de Paris qui disparaît.

Avant-projet de nouveau règlement de voirie, 1948, publié dans *La Construction moderne*, janvier 1950. (© Ville de Paris, bibliothèque Forney)

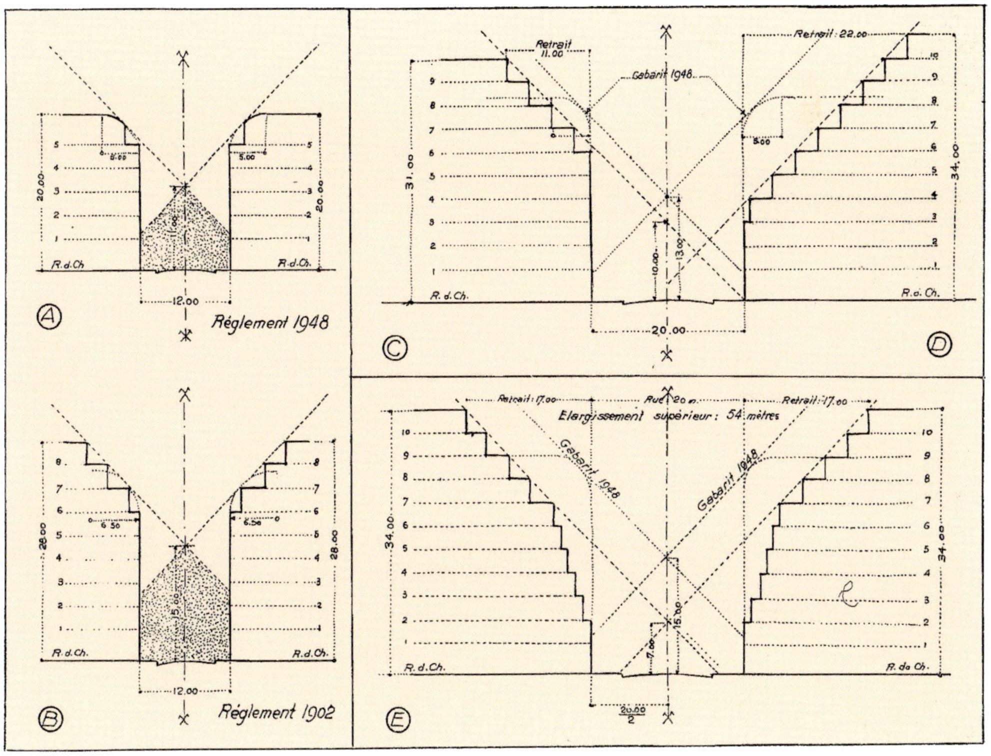

1 P. Meyer-Lévy, « Le projet de nouveau règlement de construction pour Paris », *Le Maître d'œuvre*, n° 41-42, 1930.
2 Arch. Paris, 6AZ 650.

1919-1928

THÉORIE ET PRATIQUE DE LA VILLE MODERNE

LES ANNÉES 1920 constituent la décennie des avant-gardes architecturales et urbaines, mais aussi des métropoles, dont l'Occident tout entier entreprend la réforme au moyen d'une discipline à peine trentenaire : l'urbanisme. Paris devient alors un enjeu et un lieu stratégique pour tous ceux qui projettent de nouveaux dess(e)ins de villes. Les villes-tours de Perret, le plan Voisin de Le Corbusier ou les immeubles à gradins d'Henri Sauvage représentent les trois propositions les plus marquantes de cette période ; elles ne sont pas les seules. C'est pourtant de manière moins radicale que Paris se transforme et tente de contenir sa croissance, par un travail sur l'îlot principalement. La modernité ne se manifeste, elle, que d'un point de vue formel avec, par exemple, l'ouverture, en 1927, de la rue Mallet-Stevens. Sur l'emprise des fortifications de Thiers, improbable interface entre Paris et sa banlieue, la création de la Cité universitaire a laissé un temps espérer la réalisation d'une véritable ceinture verte ; mais le concours pour l'extension de Paris, en 1919, n'entérinait-il pas déjà implicitement un aménagement spécifique de l'une et l'autre partie de l'agglomération parisienne ?

1919 : année fondatrice

Marcel Poëte et Louis Bonnier écrivaient en 1913 dans l'ouvrage *Commission d'extension de Paris* : « Le plus grand Paris, son réseau de rues, de routes, de chemins de fer, de tramways, d'égouts, de canalisations d'eau, ses maisons et ses cours, ses jardins publics ne doivent pas se former au hasard, sans direction d'ensemble, sans coordination et notamment sans liaison entre les deux parties de l'agglomération, encore séparées aujourd'hui par les fortifications. »

L'avenir de Paris se joue, il est vrai, en grande partie sur cet anneau déjà saturé de projets qu'est l'emprise de l'enceinte de Thiers. La loi du 19 avril 1919 portant sur son déclassement inaugure en effet une période de débat et d'action intenses sur la question de l'extension de Paris. L'année 1919 est d'ailleurs, à plus d'un titre, une date clé pour l'urbanisme français et parisien, sans être pour autant décisive. La loi Cornudet du 14 mars, qui impose aux villes de plus de 10 000 habitants – toutes les communes du département de la Seine sont donc concernées – la mise en place d'un plan d'aménagement, d'extension et d'embellissement, n'aboutira pas à une politique globale de planification urbaine. Paris en sera la principale victime, si l'on considère que tout ou presque avait été fait pour que son plan d'extension fût une réussite. Le 23 avril avait été créée la Direction de l'extension de Paris – pourvue d'un bureau d'études en février 1920 –, qui organisera le concours en juillet 1919. En septembre était fondée l'École des hautes études urbaines – qui deviendra en 1924 l'Institut d'urbanisme de l'Université de Paris –, réunissant dans son comité de perfectionnement les principaux acteurs du débat sur l'urbanisme parisien (Henri Sellier, Paul Juillerat, Louis Bonnier, Jean Claude Nicolas Forestier, Léon Jaussely). Or, le but implicite de ce premier enseignement de l'urbanisme en France était bien de former une administration pour la réalisation du plan d'extension de Paris.

Louis Bonnier, « Paris vers 1900 » et « Paris vers 1925 ». Même après la destruction de l'enceinte de 1840, la forme de Paris demeure parfaitement identifiable. (Fonds Louis Bonnier/IFA)

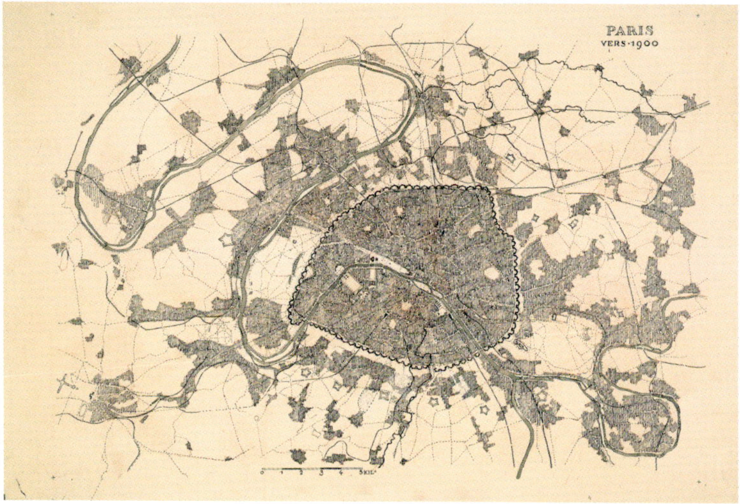

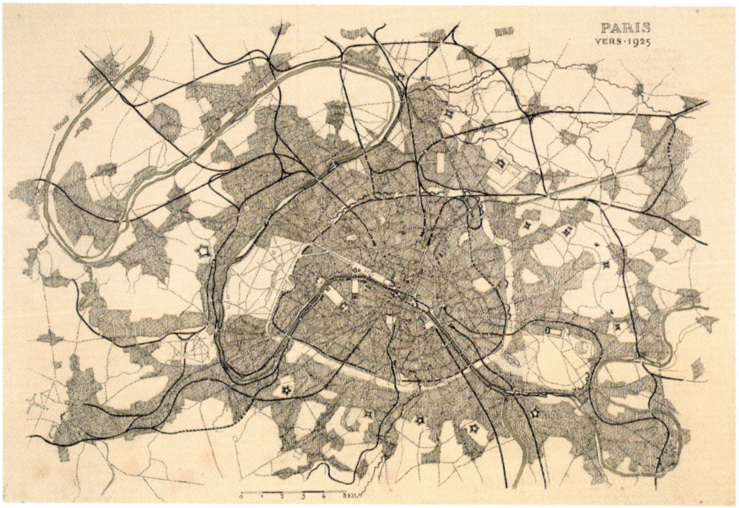

Ci-dessous : Eugène Hénard, projet schématique d'extension de Paris, publié dans la revue *Der Städtebau*, 1910. (Coll. S. Texier)

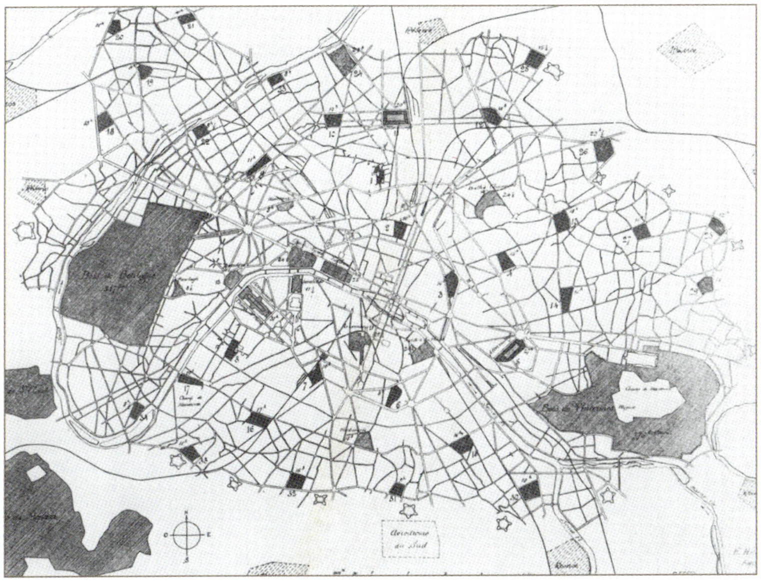

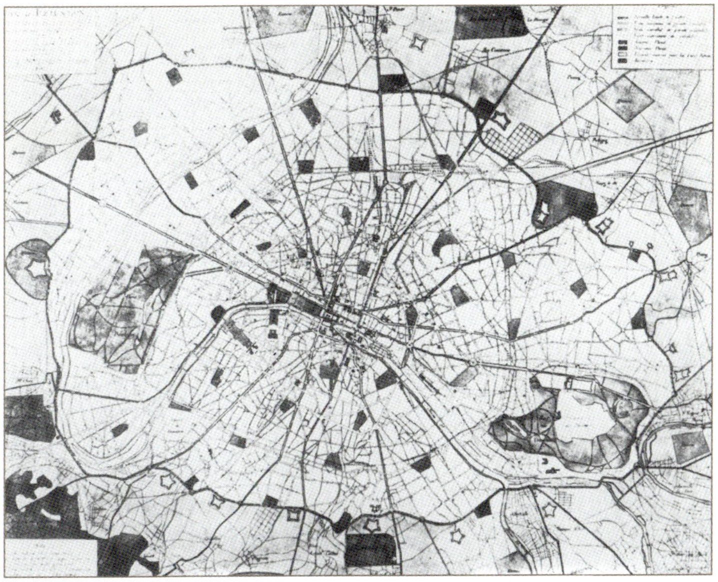

À droite : Eugène Hénard avec Donat-Alfred Agache et Henri Prost, plan d'extension et de transformation de Paris après la suppression des fortifications, 1910, publié par Werner Hegemann dans *Der Städtebau*, 1913. (Coll. S. Texier)

En bas : vue aérienne de la Porte de Bagnolet, vers 1930. Sur l'emprise des fortifications, entre Paris et la « zone » : un groupe d'habitations à bon marché et, à gauche, le futur square Séverine. (Fonds Georges-Henri Pingusson/IFA)

Qu'est-ce que l'urbanisme ?

L'incapacité des pouvoirs publics à concrétiser cette ambition, dans et hors de Paris, rendra d'autant plus légitimes les appels à l'action de Le Corbusier. Et lorsque la Ville de Paris s'attaquera, avec le chantier de la ceinture, au problème du logement, elle s'attirera les critiques les plus violentes : « On devrait organiser des "visites-promenades" *à pied*, pour considérer dans son détail l'œuvre réalisée. Mais personne n'a le courage d'entreprendre un tel pèlerinage. C'est un désert pour le cœur et l'esprit ; c'est une immense, une gigantesque déconvenue, un gouffre de désillusion », écrira Le Corbusier en 1937[1].

Mais qu'est-ce au fond que l'urbanisme, cette discipline aussi récente que sa pratique est ancienne ? Les définitions ne manquent pas de la part des praticiens. On en retiendra deux. Pour Bonnier, l'urbanisme étant « la biologie des agglomérations humaines, on peut considérer l'ensemble d'une agglomération municipale sous des angles extrêmement divers. Circulation, Hygiène forment avec l'Esthétique les trois principales conditions auxquelles doit s'appliquer une bonne administration édilitaire[2] ». Présente dans la loi Cornudet sous le terme d'embellissement, l'esthétique chère à Bonnier apparaîtra rapidement comme une notion superflue. Le Corbusier proposera pour sa part une autre trilogie : « Qu'est l'urbanisme ? *Ce sont les moyens par lesquels le logis des hommes, des choses et des institutions est mis dans certaines conditions*[3] », ces conditions pouvant être selon lui « abominables » ou « radieuses ».

De la loi Cornudet à la loi Sarraut sur les lotissements de l'agglomération parisienne (1928), Paris et sa région font l'objet d'un nombre incalculable d'analyses et de projets. L'enjeu est de taille : l'adaptation de la capitale à l'ère des métropoles, qui passe par la modernisation de toutes ses composantes ou presque. Mais l'impossibilité politique, pour Paris, d'annexer ses communes limitrophes pour forger une entité unique de 4 millions d'habitants, a surtout pour conséquence de recentrer, sinon les débats, du moins les principaux projets sur la capitale.

1 Le Corbusier, *Des canons, des munitions ? merci ! Des logis... SVP*, Paris, Editions de *L'Architecture d'aujourd'hui*, 1937, p. 52.
2 L. Bonnier, « L'esthétique et l'architecture dans le concours pour le plan d'aménagement et d'extension de Paris », *La Vie urbaine*, juin 1920.
3 Le Corbusier, *Destin de Paris*, Paris, Fernand Sorlot, 1941, p. 8.

Louis Bonnier, au centre de l'urbanisme parisien

Portrait de Louis Bonnier. (Fonds Louis Bonnier/IFA)

PLUS ENCORE QUE SON CONTEMPORAIN Eugène Hénard, davantage que ses cadets Le Corbusier ou Henri Sauvage, Louis Bonnier (1856-1946) est bien le personnage central de l'urbanisme parisien entre 1900 et 1930. Le rédacteur du décret de 1902 occupe tous les postes importants au sein de l'administration parisienne : architecte-voyer en chef, il sera également directeur des Services d'architecture et des parcs et jardins, inspecteur général des Services d'architecture et d'esthétique et de l'extension de Paris, membre du Comité d'esthétique de la Ville de Paris, chef du Service du casier archéologique et artistique de la préfecture de la Seine. Il joue également un rôle fondamental à l'échelle nationale, en tant que membre rapporteur de la Commission supérieure des plans de ville, créée après la loi Cornudet de 1919.

Impliqué dans tous les dossiers touchant aux transformations de Paris, Bonnier prend régulièrement position. Parfois contraint, du fait de ses fonctions, à une réserve qui le place en porte-à-faux par rapport à ses convictions personnelles, il n'hésite cependant pas à alerter ses supérieurs, voire à leur reprocher leur inaction – c'est le cas, par exemple, en 1910 à propos de la place des Victoires. En 1909, Bonnier communique au préfet Justin de Selves deux rapports sur les questions relatives à l'ordonnancement des rues de Paris, qui témoignent d'une volonté de clarification et de mise en cohérence des pratiques et des règlements urbains[1].

Clarifier la réglementation urbaine

La première question posée est la suivante : une voie de chemin de fer doit-elle être considérée comme un espace libre ? Dans sa séance du 26 juillet, le comité consultatif du contentieux avait en effet émis l'avis que « le propriétaire d'un terrain en bordure d'une voie urbaine n'est point en droit, pour fixer la hauteur réglementaire de la maison qu'il veut y édifier, de comprendre, dans la largeur de la voie publique, celle des terrains d'un chemin de fer longeant cette voie ». Bonnier jugera parfaitement logique cet avis, mais n'en constatera pas moins les absurdités juridiques laissées en suspens par le texte de 1902. Car le problème posé par les chemins de fer devrait, alors, concerner de la même façon les immeubles bordant la Seine et les canaux, espaces non construits mais pas espaces libres. Il n'en reste pas moins que Bonnier, qui ne cesse de plaider pour un abaissement des constructions dans Paris, estime nécessaire de lutter contre certaines dérives : 500 à 600 constructions auraient bénéficié, sur le parcours de la Petite Ceinture, d'un mode de mesurage

Louis Bonnier, groupe d'habitations à bon marché, rue de Ménilmontant, 1920-1928, vue à vol d'oiseau montrant le dispositif de circulation et d'aération de l'ensemble. (Fonds Louis Bonnier/IFA)

Louis Bonnier, piscine de la Butte-aux-Cailles, 1922-1924, vue intérieure. (Fonds Louis Bonnier/IFA)

intégrant la largeur des voies, mais encore celle de la voie publique qui les longerait de l'autre côté. « La plupart des immeubles qui, le long de cette ligne, ne sont pas encore construits, vont subir, par rapport aux errements antérieurs, une dépréciation notable », constate Bonnier.

Préserver la physionomie de Paris

Le second rapport est un plaidoyer pour une « révision complète et méthodique de tous les ordonnancements de voies dans l'intérieur de Paris, ces tracés étant, le plus souvent, onéreux, peu étudiés et dédaigneux du domaine artistique et archéologique de la Ville ». Sous prétexte d'alignement équitable des voies, des joyaux du patrimoine parisien devaient en effet être amputés de leur façade sur rue : l'hôtel de Béthune-Sully rue Saint-Antoine, les hôtels de Soubise et Jean de Fourcy rue des Francs-Bourgeois, comptaient alors parmi les cas les plus préoccupants. Bonnier sera fort heureusement entendu.

Défenseur d'une esthétique urbaine fondée sur le respect de la ville ancienne tout autant que sur l'invention, Louis Bonnier condamne la publicité appliquée aux monuments, de même que les édicules et les étalages qui « encombrent si odieusement la voie publique ». Insensible au mobilier urbain du XIXe siècle, il réclame pour les rues de Paris « un aspect meilleur, même artistique pour les kiosques à journaux, les vespasiennes, les colonnes d'affichage. Leur disparition simplifierait la question[2] ». Figure emblématique de l'école française d'urbanisme,

Louis Bonnier, boulevard à deux niveaux de circulation séparant la circulation piétonne du trafic automobile, s. d. Une vision métropolitaine proche de celles d'Hénard. (Fonds Louis Bonnier/IFA)

Bonnier place l'esthétique au sommet, avec l'hygiène et la circulation : s'il considère qu'un bon architecte n'est pas nécessairement un urbaniste compétent, sa formation en fait néanmoins, de tous les techniciens, le plus disposé à cette pratique. Son talent se mesurera à sa capacité à créer une harmonie générale entre des harmonies partielles, afin d'aboutir à une « Esthétique totale ».

Contre l'urbanisme moderniste

Hostile à une surenchère dans la réglementation des gabarits – il s'oppose en 1924 à ce que les bâtiments du Champ-de-Mars et des rues Jean-Carriès et Savorgnan-de-Brassa s'élèvent à 22,50 mètres, invoquant le « manque d'harmonie dans l'ensemble des constructions » –, Bonnier ne croit ni à la mode américaine ni à l'instauration d'un urbanisme autoritaire : « Un architecte suisse voudrait "un administrateur armé de pouvoirs aussi forts que ceux d'un ministre […] et qui démoliraient toutes les rues actuelles". Illusion sur les pouvoirs des ministres, ignorance des crédits nécessaires et surtout de l'endroit où on emmagasinerait, pendant une dizaine ou une vingtaine d'années de démolition et de reconstruction, 5 000 000 d'habitants[3]. » Depuis plus de trente ans au cœur de l'administration parisienne, Bonnier ne pouvait adhérer aux appels de Le Corbusier.

Détail de la façade principale de la piscine de la Butte-aux-Cailles. (© S. Texier)

Louis Bonnier, groupe scolaire de la rue Rouelle, 1910-1911, perspective de l'entrée : une polychromie typique du rationalisme pittoresque. (Fonds Louis Bonnier/IFA)

1 Rapports annexés au *Mémoire de M. le préfet de la Seine au Conseil Municipal*, Paris, Imprimerie municipale, 27 octobre 1909.
2 *La Vie urbaine*, 1920.
3 *La Construction moderne*, 8 juin 1930.

1919 : le concours pour l'extension de Paris

ORGANISÉ EN JUILLET 1919, LE CONCOURS pour l'extension de Paris fait l'objet d'un programme relativement libre. S'il spécifie que, « Paris étant entouré d'une ceinture de communes très peuplées, l'extension de Paris, au sens proprement dit du mot, n'est à considérer que pour les terrains de l'enceinte fortifiée déclassée et ceux de la zone de servitude *non ædificandi* qui l'entoure », il attend cependant des plans proposés des orientations plus larges : « Les concurrents ne devront jamais perdre de vue que Paris et les communes de sa banlieue, limitrophes ou non, ont une communauté de relations et d'intérêts telle que, pratiquement, aucun système économique et social ne peut être envisagé et résolu pour Paris seul, mais au moins pour une fraction de l'agglomération tout entière. Il est, en conséquence, recommandé aux concurrents d'entreprendre l'étude demandée avec les vues les plus larges, sans s'occuper des circonscriptions administratives […] »

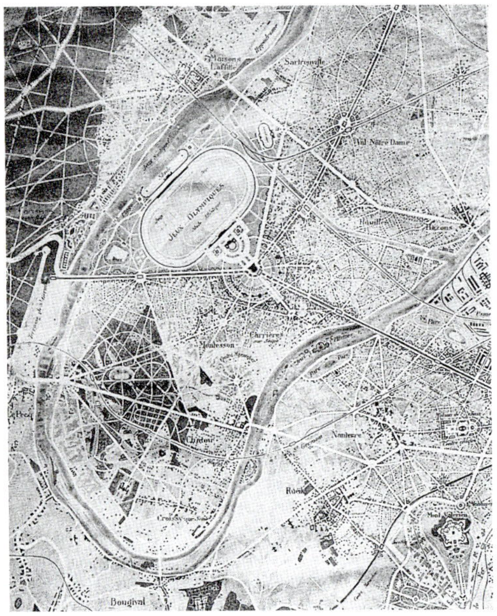

Donat-Alfred Agache, projet pour l'extension de Paris, plan de détail au nord-ouest.
(© Ville de Paris, bibliothèque Forney)

Le projet Jaussely

Jugé le 26 mars 1920, le concours est remporté, pour la première section réservée aux projets à l'échelle régionale, par Léon Jaussely (assisté de Roger-Henri Expert et Louis Sollier), devant Donat-Alfred Agache et Jean-Marcel Auburtin. Architecte et urbaniste confirmé, Jaussely est lauréat, en 1904, du prix Chenavard à l'École des beaux-arts, avec un projet de place du peuple sur l'emplacement de la Bastille ; la même année, il remporte le concours pour l'aménagement de Barcelone, puis participe au concours pour le Grand Berlin en 1910. Son plan ou plutôt ses plans pour Paris – il en rend deux à des échelles différentes – visent avant tout à structurer la banlieue au moyen d'une réglementation par zones et, pour ce faire, s'appuient largement sur un renouvellement à grande échelle du réseau viaire. L'urbaniste prévoit cependant, à l'inverse d'Agache et d'Auburtin qui misent sur la route et le métro régional, un important programme ferré qui concerne Paris *intra-muros* au premier chef, tandis que les voies pour automobiles s'arrêtent, sur le plan principal, aux portes de Paris. S'inspirant peut-être des projets de chemin de fer métropolitain des années 1870-1890, Jaussely projette un ensemble de liaisons souterraines des gares entre elles, avec interconnexions près de la Bourse, des Archives et à République, mais encore avec gare

Ci-dessous : Léon Jaussely, projet lauréat pour l'extension de Paris : une intervention centrée sur les grands réseaux. (Académie d'architecture/fonds Léon Jaussely/IFA)

À droite : Léon Jaussely, projet lauréat pour l'extension de Paris, plan au 1/5 000. (Académie d'architecture/fonds Léon Jaussely/IFA)

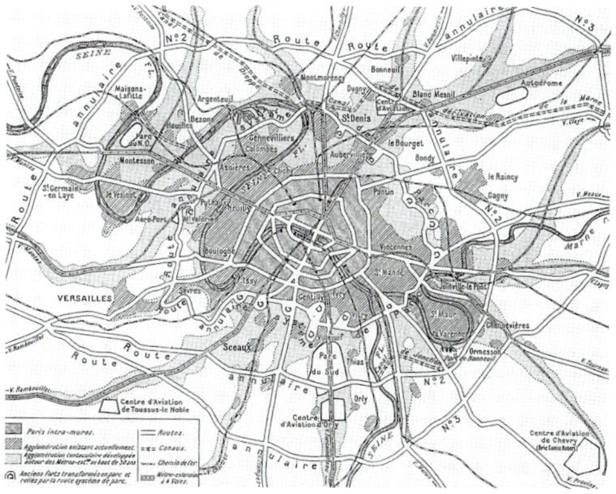

Donat-Alfred Agache, projet pour l'extension de Paris, plan des transports simplifié. (© Ville de Paris, bibliothèque Forney)

Adrian Berrington, Chaurès et Louis Faure-Dujarric, projet pour l'extension de Paris : aménagement des fortifications. (BHVP/Leyris)

Projet pour l'extension de Paris, plan au 1/5 000. L'auteur porte son attention sur la création de nouveaux quartiers, structurés au moyen d'une géométrie presque excessive. (Direction de l'urbanisme de la Ville de Paris/J.-C. Doërr)

centrale aux Halles. Un réseau régional complet est ainsi dessiné. Jaussely propose en outre de reculer la gare de l'Est au niveau de la Chapelle, tandis que le site des abattoirs de la Villette est pourvu d'une nouvelle gare de marchandises. D'autres gares de marchandises ponctuent un chemin de fer souterrain encerclant Paris, à hauteur de la ceinture verte à créer sur l'emprise des fortifications. Confirmant la vocation industrielle de Paris, Jaussely fixe précisément ses points de développement, en faisant notamment de Gennevilliers un important port maritime.

Critique du concours

Exposés au palmarium du Jardin d'Acclimatation, les soixante projets du concours seront analysés par Louis Bonnier et J. C. N. Forestier qui, en 1920, en publient chacun un compte rendu dans la revue de l'École des hautes études urbaines, *La Vie urbaine*. Bonnier tente d'en dégager les grandes tendances : la première qu'il constate est la volonté de « réduire énergiquement la densité actuelle de la population, de crever les limites étroites qui font de Paris la plus encombrée des capitales, de renvoyer au plein-air, à la nature, à la liberté, pour la majeure partie de son existence, le Parisien anémié, gêné, étouffé, fébrile[1] ». Le traumatisme de la tuberculose imprègne les projets comme le commentaire de Bonnier, qui voit avec satisfaction la plupart des concurrents reléguer les industries au nord de Paris et le travail intellectuel au sud, ou encore déplacer les Halles centrales, les casernes, les hôpitaux et les cimetières vers la périphérie. Il relève en revanche un point de désaccord majeur : le sort réservé aux voies de circulation dans Paris. Certains proposent de nouvelles percées, d'autres préfèrent élargir les voies existantes. En pragmatique, mais surtout en promoteur d'une ville pittoresque, Bonnier ne cache pas sa préférence pour la seconde solution, de même qu'il réprouve la volonté de certains concurrents de dégager les monuments anciens de Paris.

Pour une politique des espaces libres

Forestier place son analyse sous l'angle des parcs et des espaces libres et déplore que la plupart des concurrents « ne paraissent pas s'être entièrement affranchis de nos anciennes tendances françaises à considérer les jardins publics comme une part secondaire de la formation des grandes villes ». Le projet Jaussely était de ce point de vue l'un des rares à intégrer des avenues boisées reliant les principaux points de la région. Fidèle à la pensée qu'il avait développée dans *Grandes villes et système de parcs* en 1908, Forestier réclamait en fait un programme d'espaces libres « préalablement à l'étude du plan d'extension[2] ». La Commission de l'aménagement de la banlieue, créée le 25 septembre 1922, tentera de mener une politique d'acquisition foncière dans ce sens, mais le Sénat refusera au département de la Seine l'emprunt des 300 millions nécessaires. Le plan Jaussely n'était déjà plus qu'un souvenir.

1 L. Bonnier, « L'esthétique et l'architecture dans le concours pour l'aménagement et l'extension de Paris », *La Vie urbaine*, 1920 (tapuscrit dans le fonds L. Bonnier, IFA).
2 J. C. N. Forestier, « Les parcs, les espaces libres, au concours pour le plan d'aménagement et d'extension de Paris », *La Vie urbaine*, 1920, n° 5.

Le temps des cités-jardins

LA CONSTRUCTION DE CITÉS-JARDINS autour de Paris, défendue depuis longtemps par l'avocat Georges Benoît-Lévy, auteur en 1904 d'un ouvrage (*La Cité-Jardin*) visant à diffuser les idées du théoricien britannique Ebenezer Howard, est explicitement évoquée dans le programme du concours de 1919 : « C'est surtout en dehors de Paris qu'il y aura lieu, semble-t-il, de prévoir des espaces plantés [...]. Une partie de ces espaces devra être aménagée en cités-jardins. Le problème de l'habitation est devenu si pressant, si angoissant même, que seules les collectivités semblent avoir le moyen de le résoudre. »

L'œuvre d'Henri Sellier

De fait, c'est par décret présidentiel que, le 18 juillet 1915, avait été créé l'Office départemental d'habitations à bon marché du département de la Seine. L'article premier de son règlement indiquait bien la position centrale qu'entendait jouer la Ville de Paris dans l'aménagement de sa périphérie : « Il se tiendra en relation avec l'Office municipal d'habitations à bon marché de la Ville de Paris, et avec tous les autres offices municipaux ou syndicats d'habitations à bon marché qui sont ou seront créés dans le département, afin d'assurer et de maintenir, dans l'intérêt général et notamment à propos de l'étude et de l'exécution de tous plans d'aménagement, une parfaite cohésion et une complète unité de vues entre ses projets et travaux et ceux des autres offices. » Baptisée « Cités-jardins du Grand Paris » en février 1918, l'action de l'Office est menée pendant plus de vingt ans par le maire socialiste de Suresnes, Henri Sellier. Ce dernier s'appuie sur les conseils de Louis Bonnier qui, au sein du bureau d'études de la Direction de l'extension de Paris, opère la sélection des sites constructibles. Les architectes sont, quant à eux, avant tout choisis parmi les lauréats du concours d'HBM de la Ville de Paris de 1913 : Alexandre Maistrasse (puis Julien Quoniam) à Suresnes, Joseph Bassompierre, Paul Sirvin et Paul de Rutté à Châtenay-Malabry, Drancy et Dugny, Maurice Payret-Dortail au Plessis-Robinson ainsi qu'à Arcueil et Vanves, seront suivis par Eugène Gonnot et Georges Albenque (Stains et Gennevilliers), Paul Pelletier et Arthur Teisseire (Champigny-sur-Marne, Les Lilas, Vitry-sur-Seine) ou Félix Dumail (Gennevilliers et Le Pré-Saint-Gervais).

En haut : maisons jumelles de la cité-jardin de Suresnes. (© S. Texier)

De l'individuel au collectif

Associant pavillons et logements collectifs jusqu'en 1929, les architectes se verront par la suite contraints de densifier leurs plans de masse et d'abandonner le logement individuel. Au Pré-Saint-Gervais (1930-1934), Félix Dumail

Maurice Payret-Dortail, cité-jardin du Plessis-Robinson, plan de masse, 1924. (IFA)

Joseph Bassompierre, Paul Sirvin et Paul de Rutté, cité-jardin de Châtenay-Malabry, 1931-1939, vue aérienne : le logement collectif l'emporte sur la maison individuelle. (Compagnie aérienne française/ Fonds Beaudouin et Lods/IFA, © Adagp, Paris 2004)

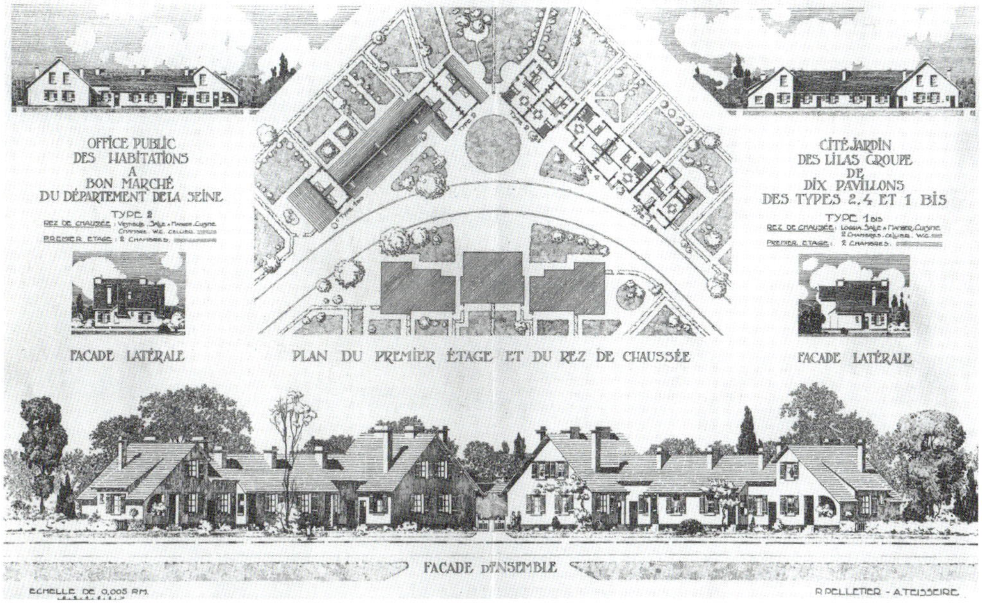

Paul Pelletier et Arthur Teisseire, cité-jardin des Lilas, plans et élévations, 1921. Cet ensemble de pavillons a été démoli en 1973. (IFA)

parvient néanmoins, au centre de la cité-jardin (place Henri-Sellier), à en créer 230 dans de sobres maisons à étages. Si parmi la quinzaine de cités-jardins construites à l'initiative de l'OPHLM de la Seine, plusieurs témoignent, aujourd'hui encore, d'une grande maîtrise technique et artistique, si leur unité de conception rompt avec le bâti souvent désordonné de la banlieue, il n'en demeure pas moins que partout le modèle anglais d'une ville à la campagne a été abandonné. Certaines trop proches de Paris pour échapper à son emprise, d'autres trop éloignées pour jouir d'une desserte convenable – aucune ligne de chemin de fer n'a été créée –, les cités-jardins du Grand Paris n'ont jamais acquis, comme Hampstead à Londres, leur autonomie.

Des projets à grande échelle

Deux tentatives de développement suburbain à grande échelle fondé sur une desserte ferroviaire ont pourtant été formulées autour de 1920, posant les bases des aménagements de l'après-1945. Dans le cadre du concours de 1919, Rutté, Sirvin et Bassompierre, associés à Maurice Payret-Dortail, avaient proposé la création d'une « cité-jardin du Grand Paris » reliée à la capitale après électrification de la ligne du Luxembourg à Limours et grâce à la station Châtenay de la ligne Paris-Chartres, alors en cours de construction. Ce projet était notamment l'occasion d'implanter un important campus universitaire. La cité-jardin projetée par l'architecte-urbaniste Jean-Marcel Auburtin et l'ingénieur Raoul Dautry est, elle, située au nord de Paris, sur les communes de La Courneuve, du Bourget, de Dugny et Stains : le terrain, récemment acquis par la Ville de Paris, totalise 700 hectares et doit pouvoir accueillir 80 000 habitants. Lauréats d'un concours organisé en 1924 par la préfecture de la Seine, Auburtin et Dautry jugent « indispensable de procéder, avant toute opération d'aménagement d'une portion de la banlieue d'une grande ville, à l'étude approfondie des moyens de transport à créer pour la desservir ». Après avoir songé à une desserte par tramways ou autobus, ils opteront pour un moyen de transport indépendant de la voirie existante, et donc plus rapide : le chemin de fer électrique, qui devait relier l'extrémité nord du lotissement à la Porte de la Chapelle en 12 minutes. « Le puissant organisme ainsi constitué devrait être complété soit par le prolongement de ses voies vers le centre de Paris, soit par des accords à intervenir avec les entreprises de transport existantes, de manière à assurer le service des voyageurs jusqu'au cœur de la capitale[1]. » Pariant sur une exploitation bénéficiaire de la ligne, Auburtin et Dautry en concluaient que du chemin de fer à grande vitesse dépendrait le succès de la cité-jardin, ce morceau du Grand Paris. Henri Sellier en était convaincu, mais pas le Sénat.

Jean-Marcel Auburtin et Raoul Dautry, projet de gare de chemin de fer électrique desservant la cité-jardin de La Courneuve, 1924. (Coll. S. Texier/J.-C. Doërr)

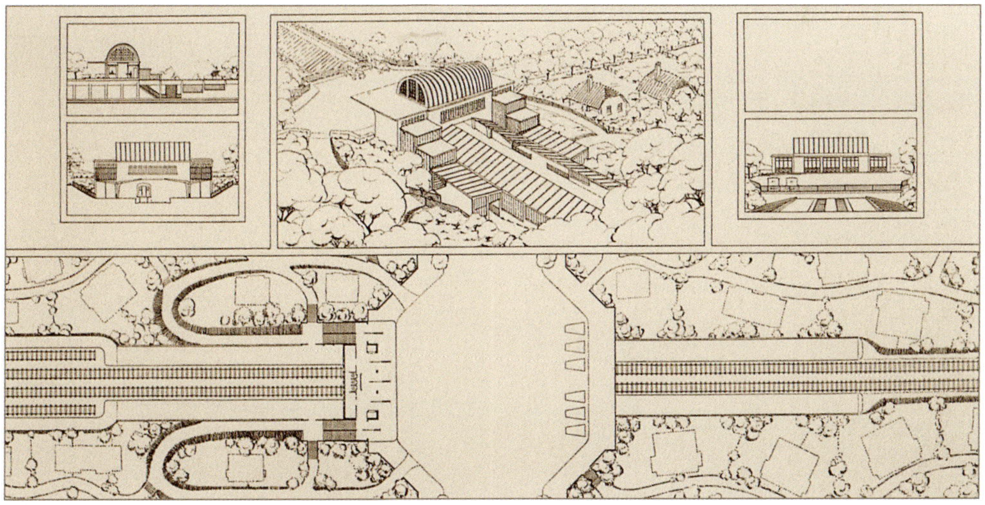

1 *L'urbanisme d'une Région parisienne. Avant-projet d'aménagement des terrains situés sur les communes de la Courneuve, Le Bourget, Dugny et Stains*, mémoire n° 1 : « Urbanisme », et mémoire n° 2 : « Transports », Montrouge, Draeger frères, 1924.

Les immeubles à gradins d'Henri Sauvage

« SI UNE ENTREPRISE RÉUSSISSAIT à mettre la main sur un gros pâté de maisons, elle pourrait y élever un bâtiment de 50 mètres de hauteur. Sur le bloc que délimitent les rues de Reuilly, de Picpus, de la Gare-de-Reuilly et du Sergent-Bauchat – un des plus vastes, sinon le plus vaste de Paris –, on pourrait reproduire, à l'intérieur du gabarit, la pyramide de Chéops », notait Albert Guérard dans *L'Avenir de Paris* (1929). Il rappelait ainsi quelles dérives permettait, en théorie, le règlement de voirie de 1902. La possibilité qu'il offrait en effet, sur des parcelles de taille exceptionnelle, d'élever des immeubles de grande hauteur, avait suscité de la part d'Henri Sauvage plusieurs projets et réalisations à partir des années 1910. L'architecte n'avait manifestement pas remarqué le terrain mentionné par Guérard ; il avait pourtant amplement étudié les potentialités immobilières de Paris.

Au-delà du règlement de 1902

Esquissé dès 1909 pour des immeubles de logements ouvriers, le principe de la construction en gradins, déjà largement répandu dans les sanatoriums, fait l'objet d'un brevet déposé par Henri Sauvage et son associé Charles Sarazin en janvier 1912. Celui-ci porte sur un « système de construction, plus particulièrement applicable aux maisons élevées, caractérisé par le fait que les étages successifs sont en retrait les uns sur les autres de bas en haut de la façade, dans le but d'une part de créer dans une rue une section transversale présentant un cône d'air et de lumière très ouvert, et de rendre les habitations plus hygiéniques ». Supposée remédier à trois des maux principaux dont souffrent les grandes villes et notamment Paris (le manque d'air, de lumière et d'espaces verts), l'invention de Sauvage

Henri Sauvage et Charles Sarazin, immeuble 26, rue Vavin, 1913. (© S. Texier)

se heurte rapidement aux limites que lui assigne le règlement de 1902 (limitation de hauteur du fait de l'étroitesse de la plupart des parcelles, nécessité de ménager une cour intérieure), règlement que l'architecte prétend contourner dans un premier temps, puis réformer.

Les projets d'Henri Sauvage sont en effet l'occasion d'un long dialogue avec Louis Bonnier, tantôt sur le mode de la confrontation, tantôt sur celui de l'échange. L'architecte-voyer en chef refuse, en juillet 1912, d'accorder le permis de construire à Sauvage et Sarazin pour leur première réalisation à gradins, l'immeuble du 26, rue Vavin, dit « maison à gradins sportive », car le volume central devait notamment comprendre des salles d'escrime. Achevé en 1913 après de nombreuses concessions, l'immeuble s'impose

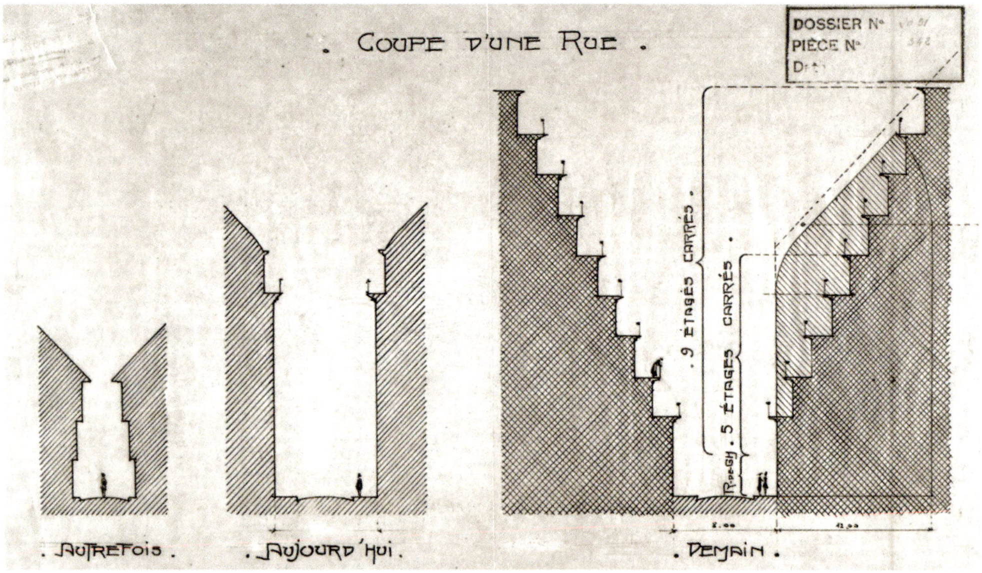

Au centre : Henri Sauvage, *Projet de rue à gradins* exposé au Salon d'automne de 1913. (Fonds Henri Sauvage/IFA)

Ci-contre : Henri Sauvage, coupes de trois rues montrant les avantages du dispositif d'immeubles à gradins, 1914. (Fonds Henri Sauvage/IFA)

Henri Sauvage, habitations à bon marché, rue des Amiraux, 1913-1930. (© S. Texier)

Architectures de papier

Jusqu'à sa mort, en 1932, Henri Sauvage ne cessera de plaider pour son système, qui offre selon lui tous les avantages : l'immeuble en gradins est non seulement hygiénique, il est aussi urbain ; en cela, Sauvage s'oppose aux projets de tours d'Auguste Perret et bientôt aux gratte-ciel de Le Corbusier. Les vignettes didactiques qu'il réalise sont comparables à celles de Bonnier pour le règlement de 1902 : à la verticalité de la rue haussmannienne se substitue un volume évasé, d'autant plus pittoresque que les terrasses formeraient, dans l'idéal, un immense jardin.

Au centre : Louis Bonnier, projet de révision du décret de 1902, avec immeuble à gradins, 1934-1938. (Fonds Louis Bonnier/IFA)

En bas : Henri Sauvage, projet pour l'immeuble pyramidal à gradins Metropolis, quai de Passy, 1928. (Fonds Henri Sauvage/IFA)

Les gradins se prêtent également à des projets monumentaux : le Giant Hotel sur le quai d'Orsay (1927), l'immeuble Metropolis sur le quai de Passy (actuelle avenue du Président-Kennedy, 1929), enfin les deux immeubles dominant la Porte Maillot dans le cadre du concours Rosenthal (1931) sont autant de pyramides dont la hauteur avoisine les 50 mètres redoutés par Albert Guérard.

En 1934, Louis Bonnier s'inspire de l'immeuble Metropolis pour en donner, sur le même site, une variante : quatre immeubles perpendiculaires au quai et, au fond, un immeuble pyramidal de 60 mètres de haut. Faut-il y voir un hommage posthume rendu à Sauvage au moment où le règlement de 1902 fait l'objet d'un projet de révision ? Ne serait-ce pas, au contraire, l'ultime critique d'un système fondé sur la hauteur ? Comparable à la colonne Vendôme, au Panthéon ou aux tours de Notre-Dame, l'immeuble à gradins instaure dans la ville un ordre monumental qui, par définition, ne saurait être qu'exceptionnel.

davantage par son esthétique – le jeu des gradins, certes, mais aussi le parement des façades en carrelage « métro » – que par son innovation typologique. Le système de construction, de surcroît, demeure limité à une seule parcelle, alors que Sauvage ambitionnera toujours de l'appliquer à un îlot ou à une rue entière.

Rue des Amiraux

Une seule opération répondra aux ambitions de l'architecte : les 78 HBM de la rue des Amiraux et de la rue Hermann-Lachapelle (1913-1930). Une fois encore, Sauvage se heurte aux arguments des architectes de la Ville, à propos notamment de l'hygiène et de la rentabilité, deux impératifs auxquels son projet ne souscrit pas immédiatement. C'est la sixième version du projet qui verra le jour, en partie grâce à l'appui d'Amédée Dherbécourt, conseiller municipal du 18e arrondissement, vice-président du conseil municipal de Paris, mais également actionnaire de la Société des logements hygiéniques à bon marché. Pierre d'achoppement du système de construction en gradins, le volume central est ici occupé par une piscine municipale, qui donne concrètement sa vocation sportive à l'immeuble.

Le Corbusier redessine Paris

« CES HUIT MOIS DE PARIS ME CRIENT : logique, vérité, honnêteté, arrière le rêve vers les arts passés », écrit Charles Édouard Jeanneret à son maître, Charles L'Éplattenier, le 22 novembre 1908. Devenu Le Corbusier, il s'installera définitivement à Paris en 1917 et ne cessera plus, jusqu'en 1956 et son ouvrage rétrospectif *Les plans Le Corbusier de Paris 1956-1922*, de plaider pour la rénovation de cette ville.

Le Corbusier, projet pour une ville contemporaine de 3 millions d'habitants : le premier d'une longue série de propositions pour Paris.(© FLC/Adagp, Paris 2004)

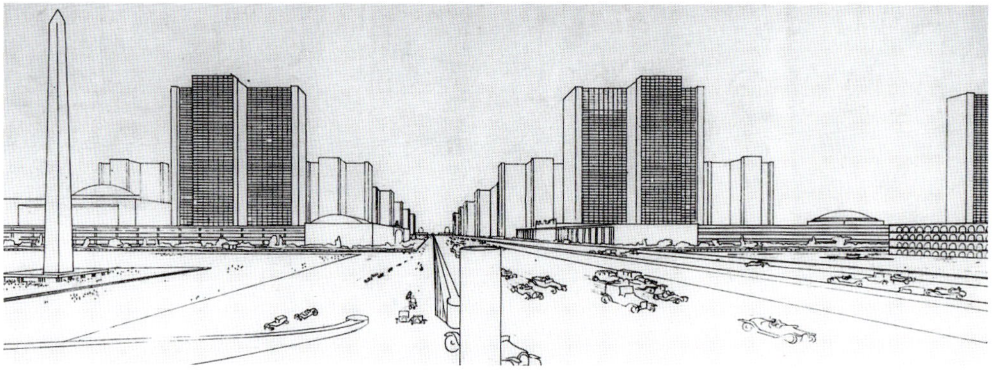

Le plan Voisin

Son premier projet d'urbanisme théorique, « Une ville contemporaine de 3 millions d'habitants » (1922), vise implicitement Paris. Le Corbusier y énonce quatre principes qui deviendront les invariants de sa réflexion urbaine : décongestion du centre des villes, accroissement de la densité, accroissement des moyens de circulation, accroissement des surfaces plantées. Ce projet est publié dans *Urbanisme*, ouvrage paru en 1925 et en grande partie consacré à Paris, qui s'achève sur un nouveau projet d'urbanisme pour la capitale : le plan Voisin. Le Corbusier ne se préoccupe pour l'heure que du centre de Paris. Entièrement reconstruit, celui-ci est divisé en deux quartiers : le quartier d'affaires, qui occupe une zone de 240 hectares allant de la place de la République à la rue du Louvre et de la gare de l'Est à la rue de Rivoli, et le quartier résidentiel, de la rue des Pyramides au rond-point des Champs-Élysées et de la gare Saint-Lazare à la rue de Rivoli. Une gare centrale souterraine est aménagée entre les deux. Le vieux Paris cède la place à un ensemble de gratte-ciel régulièrement disposés, laissant le sol aux voies de circulation et à la verdure. Car le principal obstacle, juge Le Corbusier, est le « morcellement à l'infini de la propriété », c'est-à-dire le parcellaire et son corollaire, la rue ; libérer la ville, c'est d'abord remembrer le sol.

Reconstruire Paris sur lui-même

Le constat qui motive Le Corbusier est le même que celui de Paul Juillerat au début du siècle : « La tuberculose, la démoralisation, la misère, la honte triomphent sataniquement. » La solution proposée, en revanche, est sans précédent, même si Le Corbusier ne cessera de prétendre s'inscrire dans la tradition de Paris : contre l'insalubrité, contre le désordre du parcellaire ancien s'impose en effet une action semblable à celle menée par Colbert et Haussmann, les deux grands urbanistes de Paris. Constatant qu'en mille ans le centre de Paris a évolué mais n'a pas réellement changé de place, Le Corbusier propose

Le Corbusier, maquette du plan Voisin pour Paris, 1925 : les gratte-ciel cruciformes remplacent le tissu dense du centre de la capitale. (© FLC/Adagp, Paris 2004)

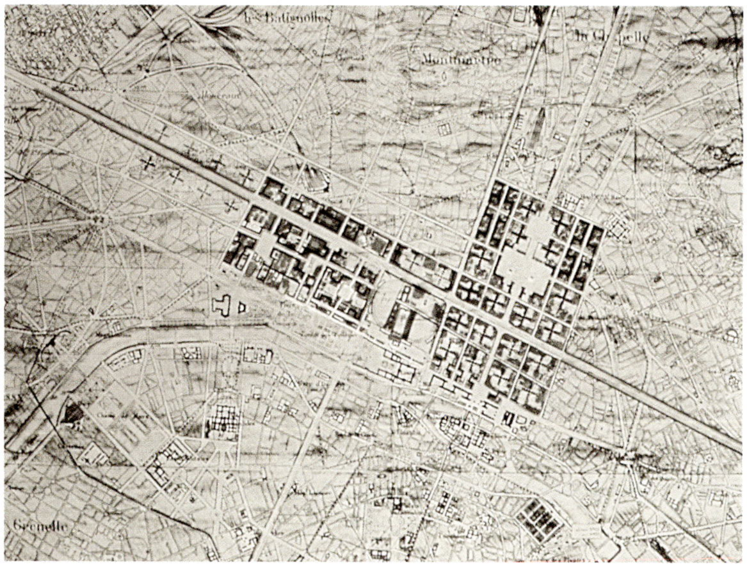

Le Corbusier, plan Voisin pour Paris, 1925 : en projetant une nouvelle croisée de Paris, l'architecte prétend se situer dans la lignée des étapes fondatrices de l'urbanisme parisien. (© FLC/Adagp, Paris 2004)

de le reconstruire de nouveau, comme cela a toujours été le cas : « Il doit demeurer. Du reste, il constitue une fortune immense, une part importante de la fortune nationale qu'en voulant le déplacer, on abolirait d'un décret. Dire : "C'est bien simple, créons le centre nouveau de Paris à Saint-Germain-en Laye", c'est dire une sottise, ou c'est promettre la lune. [...] Le centre de Paris doit être modifié sur lui-même. Il s'effrite et se reconstruit au cours des siècles, comme l'homme change de peau tous les sept ans et l'arbre de feuilles toutes les années[1]. »

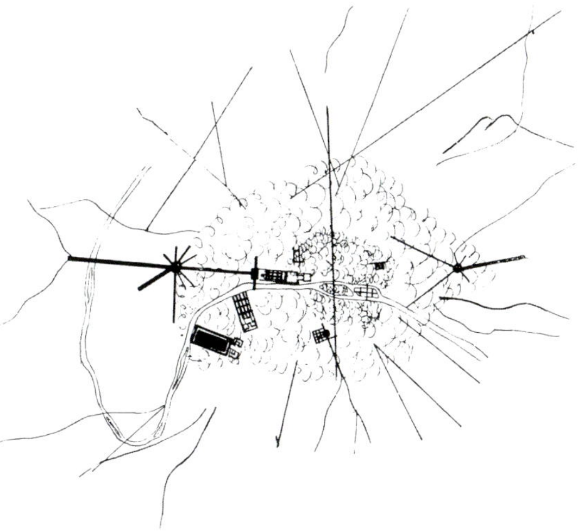

Ci-contre : Le Corbusier, croquis indiquant les principaux axes structurants de Paris, extrait d'*Urbanisme*, 1925. (© FLC/Adagp, Paris 2004)

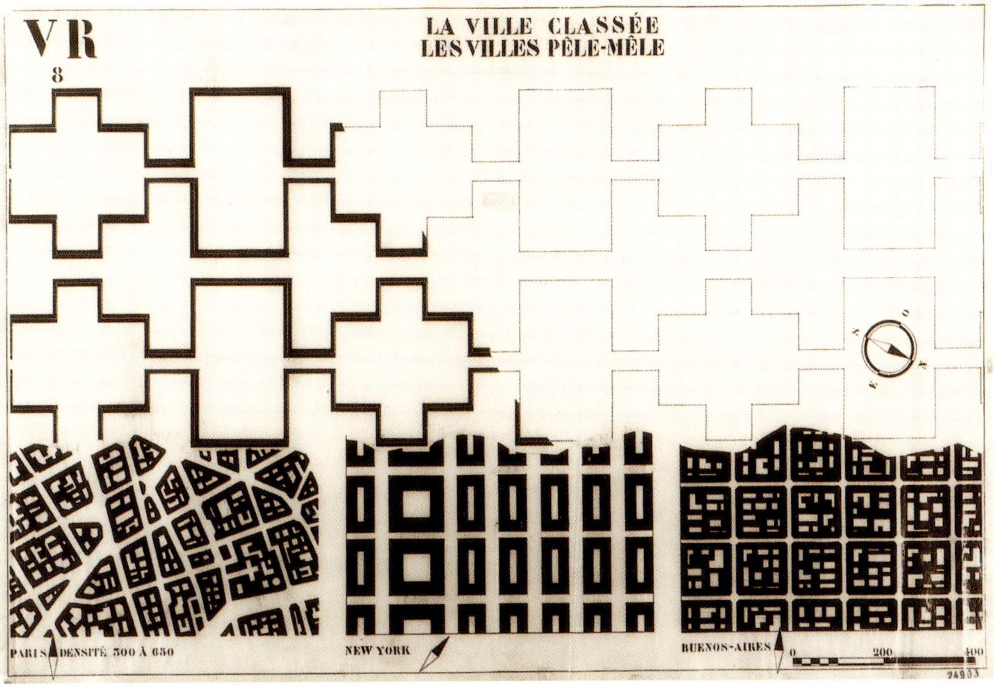

Au centre : Le Corbusier, la ville classée, les villes pêle-mêle : une opposition édifiante de la ville radieuse et des tissus anciens (Paris, New York, Buenos Aires). (© FLC/Adagp, Paris 2004)

Une affaire de densité

La construction de gratte-ciel, pour sa part, est justifiée par le besoin d'une redécouverte des liens qui unissent l'homme et la nature : « Laissant de côté les facteurs d'hygiène, on peut admettre qu'esthétiquement parlant la rencontre des éléments géométriques des bâtiments et des éléments pittoresques des végétations constitue une conjugaison nécessaire et suffisante au paysage urbain. » Le cœur du nouveau Paris sera donc une ville en hauteur, « offerte à l'air et à la lumière, étincelante de clarté, radieuse » ; 95 % de sa superficie sont réservés aux grandes artères, aux garages de stationnement et aux parcs. « Les allées d'ombrages sont doubles ou quadruples ; des parcs au pied des gratte-ciel font en réalité, du sol de cette nouvelle ville, un immense jardin[2]. » Le Corbusier reprendra ce credo avec un projet de rénovation de l'îlot insalubre n° 6 (1936) et, en vue de l'Exposition internationale de 1937, avec son projet d'« immeuble cartésien » pour le bastion Kellermann, ainsi qu'un nouveau plan pour Paris qui anticipe le rééquilibrage de la capitale à l'est : c'est à partir du bois de Vincennes que la « sanification » de la ville doit alors s'opérer, pour rejoindre l'axe historique des Tuileries. L'architecte résout dans le même temps la question des espaces libres du Grand Paris, simple affaire de densité : « Les immeubles ne montent qu'à 50 mètres de hauteur. Jamais de cours, jamais de rues. Mais des parcs immenses s'étalent devant les parois de verre des appartements, des parcs infinis, étalés comme la nappe d'une mer. Une mer de verdure. PARIS "VILLE VERTE" se resserre (8 millions d'habitants dans le rectangle des fortifs). C'est un programme sain de "RÉGION PARISIENNE"[3]. »

Dans l'une des dernières pages d'*Urbanisme*, Le Corbusier précisait que le plan Voisin « n'a pas la prétention d'apporter la solution exacte au centre de Paris. Mais il peut servir à élever la discussion à un niveau conforme à l'époque et à poser le problème à une saine échelle ». Doué d'un sens remarquable de la formule et de la simplification, Le Corbusier tente d'attirer l'attention des décideurs ; certains, comme André Morizet, maire de Boulogne, lui confieront même des études d'urbanisme. Le Corbusier ne laissera pourtant à la région parisienne que des villas.

Le Corbusier et Pierre Jeanneret, immeuble 24, rue Nungesser-et-Coli, 1931-1934 : entre Paris et Boulogne-Billancourt, une architecture moderne conforme à deux règlements urbains. (© S. Texier, Adagp, Paris 2004)

1 *Urbanisme*, Paris, G. Crès et Cie, 1923, p. 91.
2 *Ibid.*, pp. 224 et 266.
3 « 1937. Proposition de programme pour l'Exposition d'art décoratif projetée en 1937 », *L'Architecture vivante*, automne-hiver 1932.

Paris en hauteur : tentation et critique de l'Amérique

« QUI DONC SONGE À NEW-YORKISER PARIS ? Je ne suis pas sûr que même M. Le Corbusier prenne très au sérieux sa proposition de rebâtir en gratte-ciel le centre des affaires. Et pourtant, le danger est réel. Le mal, à Paris, commence non pas au vingtième étage, mais au huitième. Depuis 1902, on est en train d'altérer l'échelle parisienne : insidieusement, sans audace à l'américaine, assez pourtant pour endommager, si l'on n'y porte un prompt remède, le charme délicat, la perfection fragile de la cité[1]. » Le problème de Paris est largement contenu dans celui de ses limites. L'impossibilité d'une extension planifiée du territoire conduit à imaginer des solutions qui ne prennent plus l'étendue comme critère, mais simplement la hauteur. Les frères Perret et Le Corbusier furent les premiers à avancer dans ce sens des propositions qui, si elles n'étaient pas immédiatement réalisables, ne relevaient pas de la pure utopie.

Perret frères, projet de villes-tours à la sortie de Paris, 1922 : influence américaine et composition à la française. (Fonds Perret frères/IFA)

Les villes-tours de Perret

Le Woolworth Building de Cass Gilbert à New York (1913), gratte-ciel le plus élevé du monde à l'époque, apparaît alors comme la référence absolue. Dans *La Science et la Vie*, en 1925, Jean Labadié en fait l'éloge avant de présenter un projet d'Auguste Perret : une « maison-tour » cruciforme, grâce à laquelle « la lumière se répand à flots dans tous les appartements ». Trois ans auparavant, dans *L'Illustration*, Labadié évoquait « les cathédrales de la cité moderne » du même Perret : 100 « maisons-tours », logeant chacune 3 000 personnes, implantées sur les 25 kilomètres de la zone. Un tel ensemble, indiquait la légende, pouvait « résoudre la question de l'habitation dans la région parisienne ». « Cette première ceinture établie, on rayonnerait à partir d'elle, dans les directions les plus propices », en l'occurrence Neuilly et Saint-Germain[2]. Si Perret rêve de « villes-tours » et Le Corbusier de « gratte-ciel cartésiens », l'un et l'autre rejettent cependant le désordre des villes américaines et le manque de rationalité dans l'implantation des bâtiments.

Louis Bonnier contre la mode américaine

Le débat est en tout cas lancé, et Louis Bonnier, une fois encore, y prend part. Sa réflexion ne vise aucune application, bien au contraire. C'est pour mieux prémunir ses contemporains contre l'américanisme qu'il recourt à l'image du gratte-ciel, comparant, en 1919, au cours d'une conférence sur l'extension de Paris, le Woolworth Building à l'immeuble parisien le plus élevé. Dix ans plus tard, lors d'une conférence intitulée « Les transformations et l'avenir de Paris » (21 février 1930), il utilise, en réponse aux projets de Perret et Le Corbusier, deux pho-

En haut : Louis Bonnier, étude de gratte-ciel à proximité de Notre-Dame, photomontage : la cathédrale semble écrasée par le Woolworth Building de Cass Gilbert, la « cathédrale du commerce ». (Fonds Louis Bonnier/IFA)

Ci-dessus : vue actuelle du Woolworth Building : une silhouette élancée, à l'échelle de Manhattan. (© S. Texier)

Le Flatiron Building de Daniel Burnham (1902), premier building new-yorkais et icône de la ville contemporaine. (© S. Texier)

tomontages beaucoup plus efficaces, montrant Notre-Dame flanquée du même gratte-ciel, ou encore la place de la Concorde et la Madeleine écrasées par les plus récents spécimens new-yorkais. Les « *sky-scrapers* » seraient « absurdes et inutilisables au centre d'une ville d'art, rompant toute proportion, toute échelle, toute harmonie, quelle que puisse être la valeur individuelle de ces bâtisses[3] ». Bonnier ne cesse pourtant de s'interroger sur les solutions à apporter au problème du logement : tout en plaidant pour une « dispersion des volumes habitables dans le sens de la dilatation horizontale », il étudie la faisabilité des immeubles à gradins préconisés par Henri Sauvage. Albert Laprade s'essaiera quant à lui, pour le magazine *Vu* en 1931, à placer un immeuble du type Flatiron Building au coin des boulevards des Italiens et Haussmann. Pour autant, la tentation de l'Amérique est encore largement teintée de scepticisme, quand ce n'est pas de répulsion.

Un sujet de débat permanent

Hormis Le Corbusier, dont les gratte-ciel « cruciformes » ou « cartésiens » doivent remédier à la congestion du cœur même de la capitale, seuls quelques architectes osent, à vrai dire, proposer ce type de construction dans le cadre du Paris de 1860 – Perret y songe, mais à plus long terme. En revanche, tout semble permis hors les murs, ou plutôt, comme le soutient Louis Bonnier, hors la partie noble de Paris, « qui s'étend de la place du Trône à la Porte Maillot ; de Saint-Pierre de Montrouge à Saint-Pierre de Montmartre. Que dans les banlieues nouvelles, loin des châteaux de Versailles, de Saint-Germain, de Maisons ou de Vincennes, on élève des constructions à grande hauteur entourées d'espaces libres à perpétuité, peu nous chaut, mais qu'on respecte Paris, son passé, son présent et aussi son avenir[4] ». D'autres, bien que peu séduits par la mode américaine, plaideront néanmoins pour une révision des règlements : « Nous devrons un jour monter et profiter de la troisième dimension, dont l'interdiction, à notre sens, crée la crise actuelle non seulement du logement, mais de la voirie », note Michel-Jean Dupré dans son article « Faut-il excommunier les gratte-ciel[5] ? » Il sera question de règlement, toujours, lorsque la revue *Urbanisme* dénoncera, en janvier 1943, l'échec de la ceinture verte autour de Paris : « C'est, une fois de plus, l'absence impardonnable d'un règlement différentiel pour une ville comme Paris, qui est la cause de tout le mal [...]. Or, nous étions là en terrain neuf ; c'était un champ d'expérience exceptionnel, où tout pouvait être tenté. N'était-ce pas l'occasion de voir surgir quelque "ville verte", quelque "cité radieuse" ? D'assister au jaillissement d'immeubles-tours disséminés dans la végétation ? »

Albert Laprade, étude pour un immeuble à l'angle des boulevards Haussmann et des Italiens, 1931. (Coll. S. Texier)

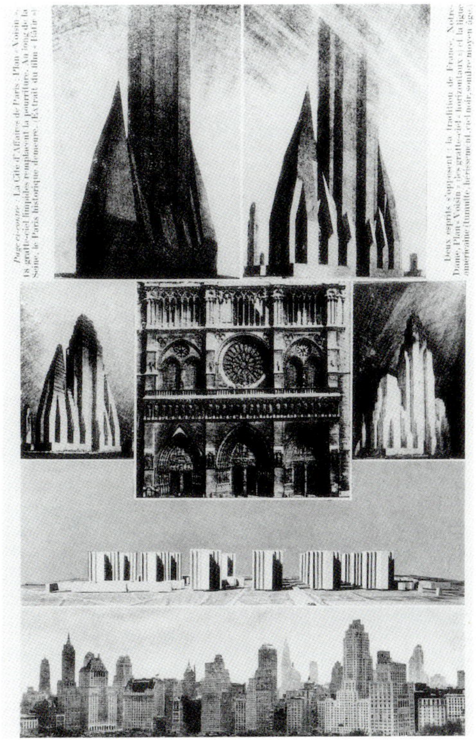

En bas : Le Corbusier, « Descartes est-il américain ? », photomontage paru dans *Plans*, juillet 1931 : l'audace est américaine, mais l'ordre est français... (© FLC/Adagp, Paris 2004)

1 A. Guérard, *L'Avenir de Paris*, Paris, Payot, 1929.
2 J. Labadié, « Les cathédrales de la cité moderne », *L'Illustration*, 12 août 1922.
3 Supplément à *La Construction moderne*, 11 mai 1930.
4 *Idem*.
5 *La Cité moderne*, février 1931.

Actualité du pavillonnaire : lotissements et villas

Angle des rues du Moulin-des-Prés et des Peupliers : maisons individuelles, M. Lambert, 1908. (© S. Texier)

En bas : maisons individuelles, rue Dieulafoy, Henry Trésal, 1921. (© S. Texier)

« J'AI OFFERT À LA VILLE DE BORDER DES RUES de 8 mètres de large de zones *non ædificandi* de 2 mètres de large, de façon à conserver un espace de 12 mètres entre les façades des deux maisons opposées, mais elle a refusé. Son administration estime que l'habitation individuelle n'existe pas dans Paris. Cela ne m'a pas empêché d'en bâtir une centaine », écrit en 1923 l'ingénieur Émile Cacheux, dans la revue *Ma petite maison*. Un an auparavant, cet inlassable promoteur de la maison ouvrière – on lui doit notamment le groupe de la villa Mulhouse (1884-1891) – regrettait de voir la Ville de Paris consacrer 72 hectares des fortifications à la construction d'immeubles collectifs « divisés en petits logements ».

Un vieux rêve : la maison individuelle

« Si l'on tient compte de ce qui a été fait jusqu'à présent, la Ville dépensera plus d'un milliard pour loger 30 000 familles. Cet argent serait mieux employé s'il était affecté à la création de voies radiales, s'éloignant de Paris, susceptibles d'être parcourues par des chemins de fer électriques, qui donneraient de la valeur aux terrains qu'ils desserviraient[1]. » Était-ce à dire que, dans Paris même, plus aucun terrain ne se trouvait disponible pour l'habitat individuel ? Pour construire plusieurs milliers de logements, certes non ; il existe toutefois de nombreux exemples de petits lotissements réalisés pendant l'entre-deux-guerres. Au-delà des opportunités foncières, leur construction sera facilitée par les lois Ribot (1908) et Loucheur (1928), lois d'encouragement à l'accession à la propriété.

Des quartiers privilégiés

Certains quartiers se distinguent par le nombre et la variété de ces opérations. Autour de la place de l'Abbé-Georges-Hénocque, l'Association fraternelle des employés et des ouvriers de la Compagnie du chemin de fer du métropolitain décide, dès 1908, de lotir les rues du Moulin-des-Prés, des Peupliers et Henri-Pape. Les maisons, toutes identiques, sont construites par M. Lambert avec planchers en béton armé et toit-terrasse – les fuites imposèrent par la suite des toitures mansardées. Le quartier se développe après la guerre le long des rues du Docteur-Leray et Dieulafoy : initiative de promotion immobilière privée, l'ensemble des maisons est conçu en 1921 par un seul architecte, Henry Trésal, qui en dépose le modèle et le réutilise rue Santos-Dumont (15e) un an plus tard. Il inspirera d'ailleurs d'autres constructeurs : Eugène Chauliat construit en effet, en 1922, les mêmes maisons rue Ernest-Lacoste (12e). Il est probable que ce type intermédiaire, entre la villa bourgeoise et la maison d'ouvrier, pouvait satisfaire une population désireuse de confort (salle de bains, trois chambres, courette, jardinet et garage pour automobile), mais trop modeste pour acheter un terrain et y faire intervenir un architecte.

Ci-contre : vue aérienne de la place de l'Abbé-Georges-Hénocque : une série de petits lotissements de maisons individuelles jouxte un ensemble d'habitations à bon marché collectives. (Fonds OPHLM/ IFA)

La Petite-Alsace, rue Daviel, Jean Walter, 1913 ; à gauche, les maisons de la Petite-Russie, sur le toit d'un garage automobile. (Pavillon de l'Arsenal)

Sur le versant occidental de la Butte-aux-Cailles, en bordure de l'ancien lit de la Bièvre, deux ensembles de maisons se font face, qui portent chacun le nom de la rue les desservant. Conçus la même année (1913), tout les séparait à l'origine. Au nord, la cité Daviel (dite aussi Petite-Alsace), construite par Jean Walter pour L'Habitation familiale, est destinée à des familles nombreuses qui ne sont que locataires ; au sud, la villa Daviel, œuvre de plusieurs architectes pour La Petite Chaumière, propose à de futurs propriétaires des maisons de plans variés et aux dispositions bourgeoises. Deux types de sociabilité s'y sont développés, qui sont moins perceptibles aujourd'hui.

Du pavillon à l'hôtel particulier

La cité Florale (36-38 et 50-54, rue Brillat-Savarin), enfin, apparaît comme le mode de lotissement le plus répandu : sur les terrains asséchés de la vallée de la Bièvre, la société AEDES fait bâtir par l'entreprise Demagny et Stampa et plusieurs architectes, entre 1925 et 1930, un ensemble de petites maisons de caractère différent, dont l'unité est assurée par une échelle et des matériaux communs. On trouve semblables lotissements dans les 19e et 20e arrondissements. Après la construction, par l'architecte Paul Fouquiau, des maisons ouvrières du quartier Mouzaïa (1888-1899), le plus important est la Campagne à Paris, réalisée de 1907 à 1928 le long de trois rues (Irénée-Blanc, Jules-Siegfried et Paul-Strauss) sur des plans de Pierre Botrel. Les 93 habitations, occupées à 90 % par des ouvriers, des artisans ou des employés, inspireront plusieurs lotissements tout proches : rue du Lieutenant-Chauré et square Roland-Garros notamment, où les modestes maisons cèdent souvent le pas à de petits hôtels particuliers. Dans le quartier Mouzaïa, la rue Miguel-Hidalgo et la rue de la Liberté, ou, plus au sud, les rues Émile-Desvaux et Paul-de-Kock sont de la même façon bordées de maisons individuelles, datant pour l'essentiel des années 1925-1930.

Souvent implantés sur des sites à la géographie complexe – l'ensemble délimité par la rue Georges-Lardennois, sur l'ancien stade Bergeyre près des Buttes-Chaumont, en est le meilleur exemple –, les lotissements des années 1920 sont, par leur nombre, la dernière tentative réelle de faire de la ville à petite échelle dans Paris.

1 *Ma petite maison*, n° 27, mai 1923, et n° 15, avril 1922.

À gauche : l'entrée de la Campagne à Paris depuis la place Octave-Chanute. (© S. Texier)

Ci-dessous : le Hameau du Danube, rue du Général-Brunet, Eugène Gonnot et Georges Albenque, 1924. (© S. Texier)

Les modernes à l'épreuve de l'architecture urbaine

« JE SERAIS PARTICULIÈREMENT DISPOSÉ à vous faire une étude de toute la rue [...], avec des plans ingénieux et des façades ayant de l'unité entre elles, impeccables », écrivait Le Corbusier à M. Esnault le 30 mars 1923, évoquant son projet de lotissement du square du Docteur-Blanche. S'agissait-il là d'un projet architectural ou d'un projet urbain ? Auteurs, dans Paris et sa périphérie, de nombreuses villas et ateliers d'artistes, les architectes du Mouvement moderne ambitionnaient aussi de transformer la ville ; Le Corbusier fut en la matière le théoricien le plus zélé. Et si des gratte-ciel devaient renouveler la structure du centre de Paris, des maisons individuelles pouvaient utilement compléter, voire remplacer les lotissements traditionnels des faubourgs parisiens.

Square du Docteur-Blanche

Le square du Docteur-Blanche accueille seulement deux maisons conçues par Le Corbusier (1923-1925), dont l'une, construite pour le banquier Raoul La Roche, compte parmi les réalisations majeures de l'architecte, qui y développe pour la première fois le thème de la promenade architecturale.

Fermant la perspective dans l'axe du square, l'aile sur pilotis qui accueille la galerie de tableaux constitue le moment fort d'une composition pittoresque qui commence avec le *bow-window* de la maison Jeanneret-Raaf, dont les ouvertures se prolongent sur la grande façade par une fenêtre en longueur. Ce chef-d'œuvre d'invention spatiale ne suffit cependant pas à constituer un morceau de ville.

Rue Mallet-Stevens

À quelques mètres de là, la rue Mallet-Stevens représente de ce point de vue un aboutissement et un cas unique dans Paris. Parvenu à rassembler plusieurs maîtres d'ouvrage – tous artistes –, Robert Mallet-Stevens peut engager en 1926 la construction de six hôtels particuliers, le premier (n° 12) pour lui-même et son agence, le second (n° 10), accolé au précédent, pour les sculpteurs Jan et Joël Martel. L'architecte n'y remet pas en cause le principe d'alignement des constructions sur rue : contraint de se soumettre au règlement de voirie, il s'inscrit de ce fait dans une logique classique de lotissement. L'angle de la rue Mallet-Stevens et de la rue du Docteur-Blanche est traité au moyen d'un mur arrondi, souligné même par une corniche décorative. En revanche, la volumétrie générale des deux premiers hôtels rompt définitivement avec le mode de composition de l'immeuble parisien. À la faveur d'un parcellaire exceptionnellement large,

Ci-dessus : Le Corbusier, maison Jeanneret-Raaf, square du Docteur-Blanche, 1925. (© S. Texier, Adagp, Paris 2004)

Au centre : Le Corbusier, maison La Roche, square du Docteur-Blanche, 1925 : la galerie de tableaux sur pilotis. (© S. Texier, Adagp, Paris 2004)

En haut à droite et ci-contre : rue Mallet-Stevens, 1927 : l'hôtel Martel et l'hôtel Reifenberg (coll. part). (© S. Texier)

Villa Seurat, 1927. Dominée par les maisons-ateliers conçues par André Lurçat, cette impasse accueille cependant d'autres expressions architecturales. (Fonds André Lurçat/IFA)

Mallet-Stevens jouit d'une grande liberté dans la conception des espaces. Les ruptures d'échelle de son hôtel ou les dégradés constructivistes de l'hôtel Reifenberg, auxquels s'ajoutent les vitraux de Louis Barillet, les ferronneries de Jean Prouvé et le mobilier urbain conçu par Mallet-Stevens lui-même, confèrent à la rue un caractère urbain et sculptural à la fois.

Villa Seurat

Dans le même temps (1925-1927), André Lurçat conçoit dans une impasse du 14e arrondissement, propriété d'un marchand de pommes, huit maisons d'artistes. La villa Seurat, plus étroite que la rue Mallet-Stevens, est aussi réalisée de manière plus fragmentaire, au gré des acquisitions de parcelles. André Warnod regrettera à ce propos qu'un « plan général n'ait pu être suivi[1] ». Les contraintes du terrain conduisent Lurçat à réserver l'essentiel des effets architecturaux (vues, perspectives, jeux de lumière) à l'intérieur des maisons. La première construite est destinée à son frère, le peintre Jean Lurçat ; son plan en L permet de dégager un espace pour le jardin. La maison Townshend, à l'angle de la villa et de la rue de la Tombe-Issoire, comme la maison Goerg et Gromaire se distinguent par leurs murs arrondis et compensent la rigueur géométrique de l'ensemble, dépourvu de toute modénature ou d'ornement.

La villa Seurat accueillera d'autres maisons, l'une d'elles traduisant une conception architecturale aux antipodes de celle de Lurçat : l'atelier de la sculptrice Chana Orloff, construit par les frères Perret en 1926, oppose sa façade parée de brique et sa structure de béton parfaitement lisible aux volumes purs des autres ateliers. Accentuées par la proximité immédiate des bâtiments, les divergences architecturales s'effacent cependant à l'échelle urbaine : Perret, comme Lurçat, Le Corbusier et Mallet-Stevens, rêve d'une ville claire, faite de tours en certains endroits et, sur le parcellaire en lanières de la périphérie, d'ensembles de maisons exprimant pureté et sobriété. Le square du Docteur-Blanche, la rue Mallet-Stevens et la villa Seurat sont les uniques témoins de cette ambition. Si Paris a, durant les années 1920, été un important champ d'expérimentation pour les modernes, celui-ci s'est cependant le plus souvent limité au programme, très circonscrit, de l'atelier d'artiste. Leurs réalisations les plus remarquables se situent essentiellement dans le Grand Paris, Hauts-de-Seine et Yvelines principalement.

Villa Seurat : la brique de l'atelier Couturier (Jean-Charles Moreux, 1938) contraste avec les façades immaculées de Lurçat (ateliers Townshend et Goerg et Gromaire). (© S. Texier)

1 *Conferencia*, 20 septembre 1930.

Quelques hectares de verdure

La question des parcs et jardins, que l'on commence à nommer espaces verts, accompagne toutes les réflexions sur l'urbanisme parisien au XXe siècle. Les exemples londoniens, viennois, berlinois mais encore romains ne cessent de nourrir un sentiment d'infériorité, même si les statistiques peuvent faire l'objet de quelques détournements : faut-il, comme le rappelait Marcel Poëte, exclure des parcs et jardins les voies plantées ; faut-il, à l'inverse, considérer les bois de Boulogne et de Vincennes comme réellement parisiens – ils sont annexés en 1929 ? Mais l'interrogation la plus lancinante est aussi bien plus simple : dans une ville dense, chère et souffrant d'un cruel manque de logements, est-il encore possible d'aménager des espaces de verdure, qui plus est harmonieusement répartis dans chaque arrondissement ?

En attendant la désindustrialisation

Si elle n'était pas purement théorique, la proposition de Poëte et Bonnier pour la Commission d'extension (50 nouveaux jardins) prévoyait néanmoins le transfert de nombreuses installations artisanales ou industrielles hors de Paris. Or, la désindustrialisation de la capitale ne s'opérera que très lentement, et peu d'occasions seront offertes aux élus de s'enthousiasmer comme l'avait fait en 1906 le président du conseil municipal, Joseph Chautard, évoquant la future création du square Trousseau : « Le vieil hôpital démoli, c'est le foyer d'infection et de pestilence détruit [...]. Le square créé, c'est, appliquée, la théorie des grands espaces et des réservoirs d'air, d'autant plus nécessaire que la population d'alentour est plus dense ; c'est l'assainissement par les arbres et par les plantes ; c'est le vaste emplacement réservé aux enfants de l'école et de l'atelier pour leurs jeux et leurs exercices physiques ; c'est, par le dessin élégant des parterres, par l'ornementation florale, par les belles statues qui y sont placées, la leçon d'art permanente, la formation du goût, l'éducation esthétique par les monuments et les places publiques[1] [...] »

Un bilan nécessairement modeste

En 1931, le directeur des Services d'architecture et des promenades de la Ville de Paris et du département de la Seine, Robert Martzloff, invoque de nouveau les statistiques pour constater le retard de Paris. Considérant que les espaces libres publics doivent occuper au moins 10 % de la surface totale de la ville, il n'en compte que 2,9 % pour Paris (bois exceptés). Le pourcentage se réduit dans certains arrondissements à 0,5 % seulement (11e, pour atteindre moins de 0,1 % dans le 13e). L'espoir d'une ceinture verte sur l'emplacement des fortifications sera entretenu jusque dans les années 1950, mais Martzloff ne cache pas, déjà, son scepticisme : « Nul ne peut plus aujourd'hui préciser à quelle date Paris sera serti de l'anneau verdoyant et fleuri destiné à embellir ses abords[2]. » Les quelques réalisations en bordure du bois de Boulogne ne font d'ailleurs qu'accentuer le déséquilibre entre l'ouest et l'est. L'effort se porte alors sur le centre de Paris, où seulement 8 hectares de jardins publics avaient été créés entre 1910 et 1921 ; la décennie suivante sera plus heureuse avec 26 nouveaux squares, totalisant 15,5 hectares. À défaut de doter chaque quartier d'espaces de verdure, la Ville tente d'achever certains grands chantiers d'avant-guerre et de mettre en valeur son patrimoine monumental. Ainsi le square Willette, destiné à ménager une perspective monumentale vers le Sacré-Cœur, est-il inauguré en 1927, mais après quarante ans de gestation.

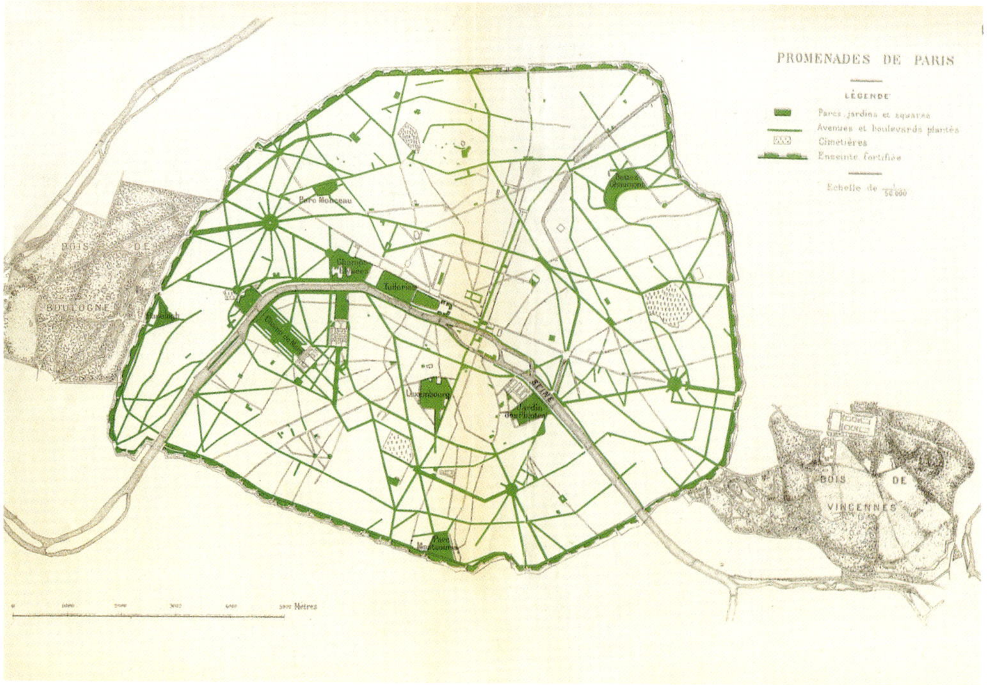

Les promenades de Paris au début du XXe siècle, Commission d'extension de Paris, 1913. (IFA/J.-C. Doërr)

Ci-dessous : Jean-Camille Formigé, projet d'agrandissement et de transformation du square de l'Archevêché, 1910. (BAVP/J.-C. Doërr)

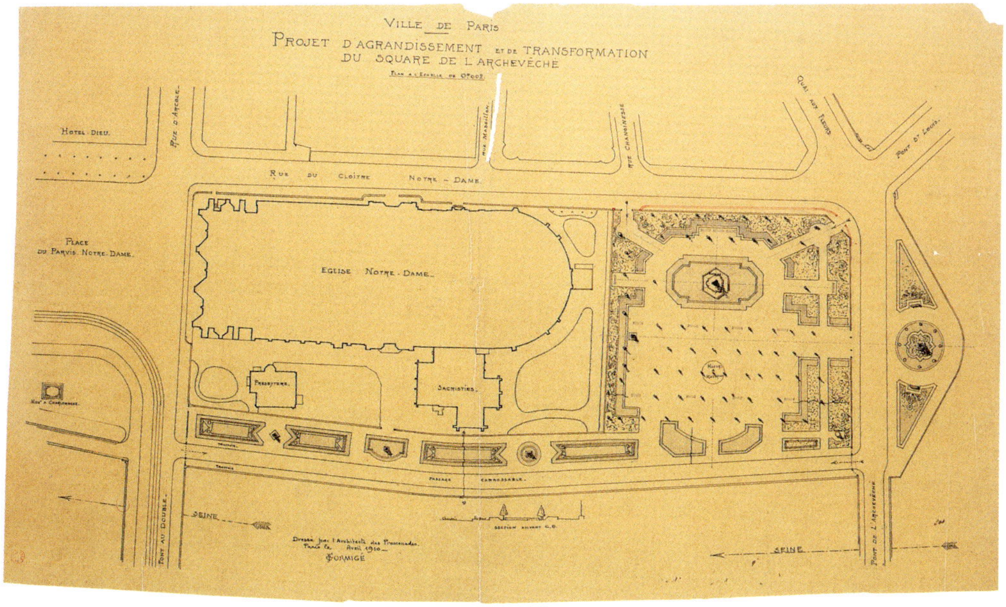

En bas : le square de l'Ile-de-France, créé en 1927 au chevet de Notre-Dame, à l'emplacement de la morgue d'Émile Gilbert. (© S. Texier)

Ci-dessous : le square André-Lefebvre remplace en 1923 le charnier de l'église Saint-Séverin. (© S. Texier)

En bas : le square Viviani, ouvert en 1926 : une composition dictée par la proximité de Notre-Dame. (© S. Texier)

Autour des monuments

Notre-Dame, pour sa part, fait l'objet d'un traitement spécifique, qui peut être vu comme le prolongement végétal des travaux de dégagement réalisés sous le second Empire. En avril 1910, Jean-Camille Formigé avait donné le premier dessin d'un square à réaliser sur l'emplacement de la morgue, construite en 1863 par Émile Gilbert à la pointe orientale de l'île de la Cité. Cette proposition s'intégrait en fait dans un « projet d'agrandissement et de transformation du square de l'Archevêché » – aménagé en 1837 –, destiné à créer un réseau de verdure autour de la cathédrale. Après la destruction de la morgue en 1925, la pointe de l'île est élargie vers le sud-ouest et autorise la création d'un jardin plus important que prévu, qui accueillera de surcroît des fragments de pinacles de l'église Saint-Germain-l'Auxerrois. Avec l'actuel square Jean-XXIII, le square du Musoir-de-la-Cité, qui deviendra square de l'Ile-de-France, inauguré le 1er avril 1927, ménage ainsi une ceinture verte autour de Notre-Dame ; cet ensemble est complété par le square Viviani, créé en 1926 le long du quai de Montebello, dont l'axe principal ouvre une perspective vers la cathédrale. À quelques mètres de là, le square Saint-Séverin (aujourd'hui André-Lefebvre), inauguré en 1923 sur l'emplacement du charnier de l'église, allait, en 1926, procurer l'occasion à Raoul Brandon de plaider pour une nouvelle conception du jardin public : l'architecte et conseiller municipal estimait que, pour lui donner « sa pleine efficacité au point de vue de l'hygiène et du profit que peuvent en tirer les enfants, il conviendrait de remplacer les pelouses qui n'ont actuellement qu'un rôle purement décoratif, par des terrains aménagés spécialement en vue de permettre aux enfants d'y prendre librement leurs ébats[3] ». La fin du jardin alphandien avait sonné.

1 *Bulletin municipal officiel*, 30 septembre 1906.
2 *L'Architecture d'aujourd'hui*, juin-juillet 1931.
3 *Bulletin municipal officiel*, 24 juillet 1926.

Paris à la conquête de Montmartre

Le maquis de Montmartre, en bordure de la rue Caulaincourt, vers 1900. (BHVP/J.-C. Doërr)

À droite : Adolf Loos, maison Tzara, 15, avenue Junot, 1926. (© S. Texier)

LA BUTTE MONTMARTRE A PRÉSERVÉ jusqu'à la fin du XIXe siècle son caractère villageois, encore largement rural. Les artistes qui s'installent au Bateau-Lavoir ou à la cité des Fusains (rue Tourlaque) y trouvent des sites pittoresques et un mode de vie bohème uniques dans Paris. L'urbanisation de Montmartre est pourtant engagée depuis les années 1880 : si les percées haussmanniennes (boulevards Barbès et Ornano et rue Ordener) s'étaient limitées au pourtour de la Butte, l'ouverture des rues Lamarck, Caulaincourt et Damrémont conduit à la disparition brutale d'un paysage, à commencer par le fameux « maquis » de Montmartre. Avec la construction de la basilique du Sacré-Cœur, c'est une modernisation radicale de la voirie qui faillit s'amorcer : la rue Chasseloup-Laubat – nom finalement attribué à une voie du 15e arrondissement – devait en effet contourner le monument et éventrer les rues Girardon, de l'Abreuvoir, des Saules, du Mont-Cenis et de la Bonne, soit les sites parmi les plus pittoresques de la Butte.

Maisons rue Ravignan (Louis Defais, 1911) et immeuble de logements années 1930, rue Gabrielle et place Jean-Baptiste-Clément. (© S. Texier)

Un percée contemporaine : l'avenue Junot

Gagné par le tourisme, Montmartre devient rapidement le fief des rapins. Le peintre Félix Del Marle déclare alors : « Il faut tuer Montmartre !! Place à la pioche futuriste !!! Il faut détruire Montmartre » (*Manifeste futuriste contre Montmartre*[1]).

La Butte subit parallèlement une pression foncière de plus en plus forte. Le percement de l'avenue Junot, à partir de 1910, marque le début d'une nouvelle phase d'urbanisation : sur une longueur de 450 mètres, hôtels particuliers (la maison de Tristan Tzara par Adolf Loos, 1926), ateliers d'artistes (celui du peintre montmartrois Francisque Poulbot par Pierre Boudriot, 1925) investissent le flanc nord-ouest de la Butte. La largeur de l'avenue (20 mètres), mais surtout la hauteur et l'esthétique des constructions rompent avec la densité du tissu et la modestie du bâti ancien. L'Art déco réalise une entrée en force là où l'architecture ordinaire régnait seule : le groupe d'hôtels particuliers conçu par Jean Bellat, au 17 à 27, rue Simon-Dereure (1925), ou des réalisations isolées telles que le 17, rue des Saules, confèrent un caractère plus urbain aux rues montmartroises.

Des immeubles « parisiens » sur la butte

Si la cité d'artistes construite par Adolphe Thiers au 36, avenue Junot (1930), de même que l'immeuble de rapport d'Eugène Beaudouin et Marcel Lods au n° 41 (1927) assurent une liaison avec l'imposant bâti post-haussmannien de la rue Caulaincourt, certaines réalisations introduisent une rupture brutale dans le paysage. C'est le cas du 30, rue Lamarck, édifié en 1927 par l'Union parisienne immobilière de Montmartre, et surtout des immeubles de Jean Boucher, livrés la même année aux 18-22, rue

Jean Boucher, immeuble de logement à l'angle des rues du Mont-Cenis et Saint-Vincent, 1927, détail. (© S. Texier)

Atlas administratif de la Ville de Paris, 1876 : ancêtre de l'avenue Junot, le projet d'une voie traversant Montmartre pour desservir le Sacré-Cœur sera partiellement abandonné. (Coll. S. Texier)

Les vignes de Montmartre, créées en 1929 pour empêcher le lotissement du versant nord de la Butte. (© S. Texier)

du Mont-Cenis et 13, rue Saint-Vincent : excepté quelques bas-reliefs évoquant des paysages montmartrois, cet ensemble ne diffère en rien des dizaines d'autres opérations réalisées ailleurs par l'architecte. Le terrain était, jusqu'en 1926, occupé par une maison paysanne où avait vécu Hector Berlioz, ainsi que par la célèbre maison de Mimi Pinson, dont la destruction avait suscité des protestations amplement relayées par la presse[2].

Vers la sauvegarde de Montmartre

L'opposition à la modernisation de la butte Montmartre s'est en fait manifestée dès le percement de l'avenue Junot : Pierre Delcourt, membre du Vieux Montmartre, société archéologique créée en 1886, dresse dans *Les Amis de Paris* le portrait d'un quartier qui n'a pas encore perdu son âme, mais sur lequel pèse la menace imminente d'un « plan ridicule de viabilité », qui détruira la Butte « jusqu'au dernier jardin, et fera de cette oasis un quartier banal, à maisons orgueilleuses de leur sotte hauteur. [...] La voie toute neuve, ridiculement neuve, sera fière de remplacer la vieille rue de village et d'en annihiler toute la valeur historique et pittoresque, sans souci des ravages vandalesques occasionnés par son tracé[3]. » Les défenseurs du vieux Montmartre seront en partie entendus : l'avenue Junot, qui devait rejoindre l'église Saint-Pierre, ne dépassera finalement pas la rue Girardon. Dans les années 1920, la Commission du Vieux Paris appuiera les projets de défense de la Butte, favorisés par la loi du 2 mai 1930 sur la protection des monuments naturels et des sites de caractère (artistique, historique, etc.).

Créée en 1926, la villa Léandre est davantage une extension de l'avenue Junot qu'un lotissement pittoresque. (© S. Texier)

La principale victoire dans ce domaine sera le rejet définitif du projet d'HBM conçu par Henri Sauvage en bordure de la rue des Saules, sur l'ancien jardin de la Belle-Gabrielle. L'architecte y justifiait le recours au système de construction en gradins par la déclivité du terrain (12 mètres) entre la rue Saint-Vincent et la rue Cortot, prétendant en outre assurer la « conservation du site » et « éviter, au sommet de la butte Montmartre, la construction d'immeubles en façades verticales, montées à l'alignement ». Réservé en 1924 par la Ville de Paris, le terrain était à l'abandon, mais la perspective d'un nouvel ensemble de logements, quel qu'il fût, inspira à un comité emmené par Francisque Poulbot le projet de recréation des vignes de Montmartre. L'aménagement d'un square avait été prévu dans un premier temps, mais le désir de raviver le folklore montmartrois prit le pas sur la satisfaction des besoins des habitants.

1 *Paris-Journal*, juillet 1913.
2 *Paris-Midi*, 7 septembre 1926.
3 *Les Amis de Paris*, septembre-octobre 1911.

La Cité universitaire : la leçon américaine ?

Lucien Bechmann, Cité universitaire internationale de Paris, fondation Émile Deutsch de la Meurthe, vue à vol d'oiseau, 1923. (Fonds Lucien Bechmann/IFA)

LE 28 JUIN 1921 EST VOTÉE UNE LOI autorisant le ministre de l'Instruction publique à subventionner la création d'une cité universitaire sur les bastions 81, 82 et 83 de l'ancienne enceinte fortifiée, en bordure du boulevard Jourdan.

Réalisation précoce, cet ensemble architectural et paysager, destiné à remédier au sous-équipement de l'Université de Paris, sera le seul à faire écho aux projets de ceinture verte autour de Paris. Il témoigne également de l'influence de l'urbanisme américain, non celui des *skyscrapers* (gratte-ciel), mais celui de la *City Beautiful*[1] des années 1890-1900.

L'université hors la ville

La saturation du quartier Latin en bâtiments scolaires et universitaires avait déjà contraint les pouvoirs publics à implanter sur le versant sud de la montagne Sainte-Geneviève, puis dans le 13e arrondissement, plusieurs nouveaux programmes ; l'Institut de paléontologie construit en 1914 sur le boulevard Saint-Marcel par Emmanuel Pontremoli, en constitue un bon exemple. À l'occasion du concours pour l'extension de Paris en 1919, le projet lauréat de Léon Jaussely, mais surtout celui de Paul de Rutté, Paul Sirvin, Joseph Bassompierre et Maurice Payret-Dortail, présenté dans la 4e section réservée aux « projets partiels », avaient plus précisément soulevé la question d'une cité universitaire hors les murs, en l'occurrence dans le parc de Sceaux, lui-même inscrit au sein d'une « cité-jardin du Grand Paris ». Henri Sellier défendra en 1920 cette idée dans *La Vie urbaine*, notant que « les projets de transfert et de transformation de l'Université de Paris proposés depuis un certain temps se sont tous manifestement inspirés des grandes universités américaines telles que Harvard, Columbia ou Berkeley, qui ont servi de modèle à d'autres comme Buenos-Ayres ou Rome ». Eugène Beaudouin reprendra ce projet dans les années 1940, avant d'être chargé de la conception d'une cité universitaire à Antony.

Vue aérienne de la Cité universitaire : à gauche, la Maison internationale achevée en 1936 par Jens Frederic Larson. (Fonds Lucien Bechmann/IFA)

La fondation Deutsch de la Meurthe

La loi du 28 juin 1921 clôt deux années de négociations entre les différentes parties intéressées par le projet de cité universitaire : le recteur Paul Appell, le député André Honnorat, et surtout Émile Deutsch de la Meurthe, qui joue là un rôle majeur. Cet industriel se propose non seulement de financer la construction d'une fondation portant son nom, mais lance de surcroît un ultimatum, fixé au 30 juin 1921, qui aura le mérite d'accélérer le processus de décision. Sur 9 hectares constructibles hérités du

La fondation Émile Deutsch de la Meurthe depuis le parc de la Cité universitaire. (© S. Texier)

dérasement de l'enceinte, auxquels s'ajoutent 19 hectares à aménager en parc sur la zone *non ædificandi*, l'architecte Lucien Bechmann et le conservateur du bois de Boulogne Jean Claude Nicolas Forestier conçoivent, à partir de 1920, le premier « campus » français. Après un premier projet rejeté en raison de son allure de petite cité-jardin pour ouvriers, Bechmann présente en 1923 un ensemble de bâtiments dont le style Old English ou « oxfordien » emprunte avant tout, selon lui, à l'architecture médiévale française : « L'Angleterre a importé notre style chez elle autrefois ; elle l'a aimé, compris, développé plus que nous-mêmes et elle y est

Fondation Biermans-Lapôtre/Maison des étudiants belges, Armand Guéritte, 1927. (© S. Texier)

restée fidèle. Nous l'avions depuis longtemps oublié, ce style, supplanté par ceux des XVIIe et XVIIIe siècles, que les Anglais le pratiquaient encore. Et voilà pourquoi pour tant de gens le style du Moyen Âge est du "style anglais"[2]. » Six bâtiments de deux étages plus combles pour les logements des étudiants et un bâtiment de réunion ponctué d'un clocher, groupés autour d'un jardin, forment le noyau de la cité : la Fondation Émile et Louise Deutsch de la Meurthe, inaugurée le 9 juillet 1925. Forestier donne quant à lui en 1923, puis en 1929, les esquisses d'un aménagement pour les terrains de sport, bordés de promenades et de massifs plantés ; le parc ne sera achevé qu'en 1934 sous la direction de l'architecte de la Ville Léon Azéma.

Une multiplication de fondations

L'intimité créée par la petite échelle de la Fondation Deutsch devait – c'était très probablement le vœu de Forestier – s'inscrire dans une promenade bien plus vaste, menant du Luxembourg au parc Montsouris et se prolongeant après la cité jusqu'au parc de Sceaux, aménagé par Azéma dans les années 1930. Cette intimité sera quelque peu troublée par la construction des autres bâtiments de la cité, dont Bechmann avait pourtant voulu que la hauteur ne dépassât pas trois étages. Financé par John Rockefeller Jr, le bâtiment des services généraux, qui deviendra Maison internationale, est d'abord conçu par Bechmann dans un style Louis XIII imposé par l'Université ; il est remplacé en 1932 par l'Américain Jens Frederic Larson, qui livre en 1936 un édifice monumental inspiré du château de Fontainebleau. Gérée depuis 1925 par la Fondation nationale pour le développement de la Cité universitaire de Paris, la cité accueille une quinzaine de fondations étrangères – on en comptera autant de nouvelles après 1945 –, chacune confiant la construction de sa « maison » à un architecte de son choix. Manifestes de l'architecture moderne (collège néerlandais par Wilhelm Marinus Dudok en 1927, fondation suisse par Le Corbusier en 1931) ou variations sur les styles nationaux (maison du Japon par Pierre Sardou en 1927) feront rapidement de la Cité internationale universitaire un musée d'architecture grandeur nature.

En bas : le pavillon suisse, Le Corbusier et Jeanneret, 1931 : l'esquisse d'une cité radieuse. (© S. Texier, Adagp, Paris 2004)

1 Mouvement d'urbanisme américain influencé par la tradition beaux-arts française.
2 *L'Illustration*, 11 juillet 1925.

Le grand chantier de la ceinture

Le boulevard Lannes et la gare de chemin de fer de ceinture vus à travers une brèche ouverte dans le mur des fortifications, 1928. (Archives de Paris)

LA LOI DU 19 AVRIL 1919 ratifie les conventions passées le 16 décembre 1912 entre la Ville de Paris et l'État, qui portaient sur le déclassement de l'enceinte de Thiers et les modalités de son utilisation par la Ville. À ce propos, certains des termes ont changé : la surface affectée à la construction d'habitations à bon marché passe de 4 à 25 % ; elle atteindra 30 % (90 hectares) en 1928. Quant à leur répartition, elle a dès 1915 été pensée comme un zoning social, permettant de conforter la vocation bourgeoise de l'ouest parisien : les HBM seront concentrées à l'est et au sud de la capitale. Le plus grand chantier parisien du XXe siècle peut alors commencer.

Espaces construits, espaces libres

La destruction de l'ouvrage fortifié, entre 1919 et 1922, accélère le processus de programmation des hectares libérés. À l'exception de la Cité universitaire, aucun chantier n'est pourtant entrepris avant 1924. Cette même année, Louis Bonnier et Jean Claude Nicolas Forestier conçoivent, pour la Direction de l'extension de Paris, un projet d'aménagement de l'enceinte et de la zone *non ædificandi* – dont l'annexion sera réalisée par trois décrets en 1925, 1929 et 1930 –, présenté le 30 juin au conseil municipal par le préfet de la Seine Hippolyte Juillard. Premier projet pragmatique, c'est-à-dire soutenu par une logique financière – la Ville ne peut revendre que 69 hectares sur les 444 cédés par l'État, et doit être en mesure d'acheter par la suite les terrains de la zone –, il instaure une double coupure entre Paris et la banlieue, même si elle est tempérée par la création de nombreuses voies de communication. Sur l'emprise de l'enceinte, HBM et ILM (immeubles à loyers moyens) alternent avec équipements publics et infrastructures, tandis que la zone est conçue comme un anneau de verdure comprenant parcs, squares, promenades et terrains de sport entrecoupés de places décoratives. Ces dernières marqueront d'un sceau monumental les grandes portes de Paris (Porte d'Orléans, Porte de Vincennes, Porte Maillot), mais ne pourront à elles seules opérer la jonction entre les tissus lâches des communes périphériques et un front bâti d'une extrême densité dans Paris. La sauvegarde du principe de ceinture verte est à ce prix, pensent probablement Bonnier et Forestier.

Ci-dessous : Louis Bonnier, plan partiel d'aménagement des fortifications et de la zone, 1924. (BHVP/Leyris)

À droite : habitations à bon marché, Porte Dorée : le pittoresque des premières HBM se résume ici à la pergola en béton. (© S. Texier)

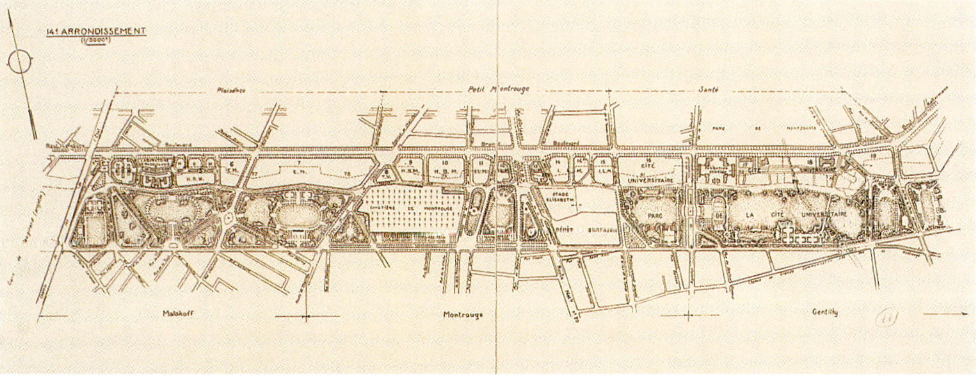

Vue aérienne du chantier de la ceinture entre la Porte de Bagnolet et la Porte des Lilas. (© Pavillon de l'Arsenal)

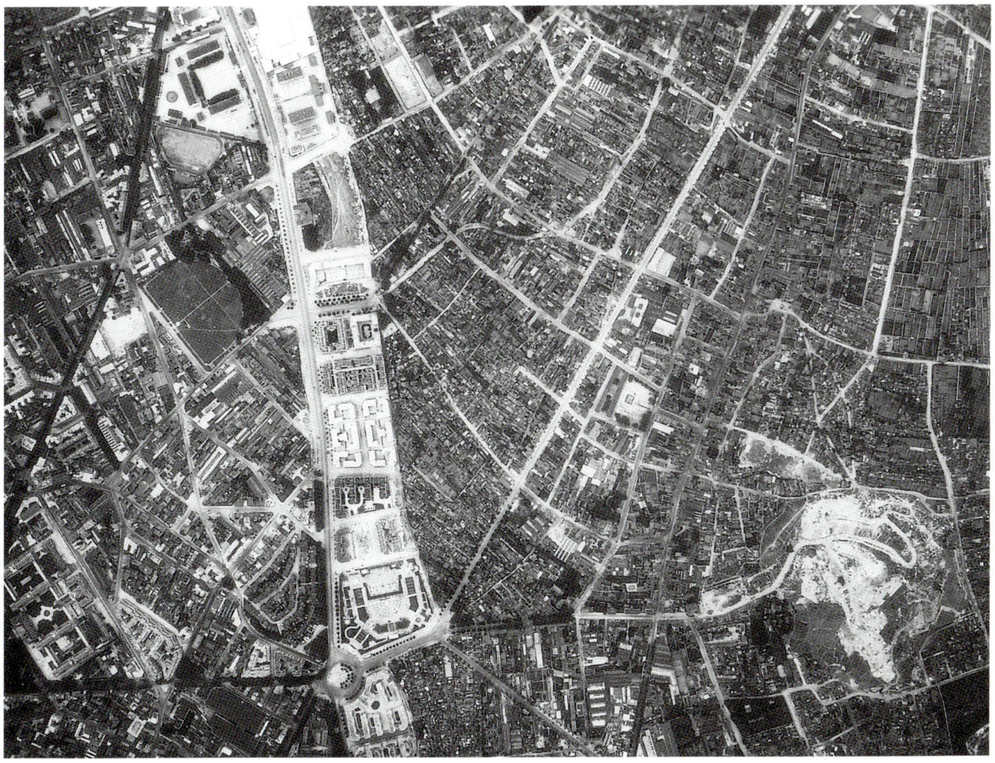

Un ensemble de logements

Autorisée depuis 1912 à procéder à la maîtrise d'ouvrage de groupes d'habitations à bon marché, la Ville de Paris s'était dotée en 1914 d'un office public d'HBM, renforcé en 1919 par la création d'une agence d'architecture, comprenant certains des architectes lauréats des concours lancés par la Ville en 1912 et 1913 (Léon Besnard, Raoul Brandon, Alexandre Maistrasse, Henri Provensal). Ce sont eux qui construisent les 2 734 logements de la cité de Montmartre, premier groupe d'HBM de la ceinture situé entre les Portes Montmartre et de Clignancourt (1922-1928), sur l'emplacement des bastions 37 à 39. Les architectes y développent plusieurs figures, variations généralement timides sur le thème de l'îlot ouvert. Le vocabulaire des façades de ces immeubles à ossature en béton armé y est encore largement teinté d'effets pittoresques, principalement au niveau des combles ; toits débordants et motifs décoratifs tendront par la suite à disparaître, à l'exception de la pergola en béton, au profit d'un travail plus sobre sur les parements de brique. Les ensembles mis en œuvre par la suite enrichissent le répertoire des plans de masse, d'autant plus varié que de nouveaux architectes sont recrutés par la Régie immobilière de la Ville de Paris (RIVP) créée en 1923, qui lance immédiatement un concours pour plusieurs portes de Paris. Les propositions originales du Bloc ou groupe des architectes modernes – probable émanation de la toute nouvelle Société des architectes modernes –, mené par Hector Guimard et Henri Sauvage, en vue de construire un groupe d'ILM Porte de Saint-Cloud, puis, à la Porte de Villiers, des « bâtiments définitifs pour loger les visiteurs de l'Exposition des arts décoratifs de 1925 », ne seront pas retenues. La RIVP attend de ses concepteurs des bâtiments sobres et bien éclairés ; c'est pourtant leur caractère décoratif qui distinguent les groupes des Portes d'Orléans (Daniel et Lionel Brandon) et de Saint-Cloud (Pierre et Louis Guidetti).

Jean Walter, immeubles de standing, boulevard Suchet, 1932. (© S. Texier)

En attendant la ceinture verte

Le rythme des constructions sur la ceinture s'accélère à partir de 1930, lorsque la Ville s'en remet partiellement à l'initiative privée : la Sagi (Société anonyme de gestion immobilière) et son administrateur, ingénieur et concepteur Louis-Clovis Heckly, s'adjugent par exemple un programme de 20 000 logements, achevé en 1935. À l'ouest, les innovations typologiques, même modestes, des HBM et des ILM sont reprises pour des groupes d'HBMA (améliorées) intégrant des surfaces plantées et quelques immeubles-îlots – depuis 1928, les adjudications se font en effet par blocs d'îlots entiers. Le long du bois de Boulogne, en revanche, une approche plus conservatrice domine avec la construction d'immeubles sur plan carré, qualifiés à tort d'hôtels particuliers : c'est le cas de l'hôtel Lange des frères Perret (1930). À la Porte de la Muette, Jean Walter signe en 1928 l'un des groupes d'immeubles les plus luxueux de Paris, avec toitures-terrasses aménagées en jardins et solariums. Majoritairement dévolue à l'habitat, la ceinture sera, dans les années 1930, à l'exception de l'hôpital Bichat, sis boulevard Ney, complétée par un ensemble de squares, de groupes scolaires et d'équipements sportifs.

Réflexions sur l'îlot

Augustin Rey, Justin Pidoux et Charles Barde, projet d'aménagement du faubourg Saint-Antoine, publié dans *La Science des plans de villes*, 1928. (© Ville de Paris, bibliothèque Forney)

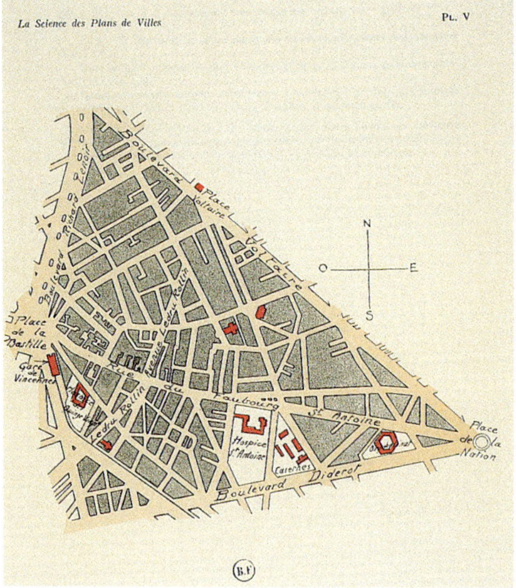

On constate, dans l'évolution de la forme urbaine de 1900 à 1975, une progressive et quasi continuelle ouverture de la ville, du compact îlot post-haussmannien aux tours et barres des années 1960-1970, en passant par les HBM, l'immeuble à cour ouverte et l'immeuble sur pilotis. Durant l'entre-deux-guerres, les partisans de l'îlot ont cependant continué de plaider pour un élément qui, selon Georges Sébille, constitue la « base de la transformation urbaine ». Pour n'être pas ouvert, l'îlot moderne n'en sera pas moins sain, et offrira pour ce faire des espaces plantés suffisamment généreux. Les critères invoqués sont principalement hygiénistes, les notions de forme de ville ou de paysage semblant, quant à elles, sinon exclues, du moins considérées comme annexes.

La « cité moderne » d'Henri Descamps

La « cité moderne » d'Henri Descamps (1925) est un projet alternatif à la « ville contemporaine » de Le Corbusier. Prévoyant une extension de Paris sur le site de La Défense, l'architecte organise, de part et d'autre de grandes avenues, traversées à 6 mètres de hauteur par des passerelles, des immeubles de vingt étages délimitant des méga-îlots, au centre desquels se développe un système de parcs, promenades et terrains de sport d'autant plus vastes que la densité des logements est importante. Une série de villes-jardins intérieures, presque invisibles et s'ignorant mutuellement, se dessine ainsi[1]. La ville selon Descamps n'a finalement d'autres espaces publics que des places-carrefours ; Le Corbusier se fera un plaisir de railler, dans la revue *Plans* (mai 1931), cette cité livrée à des piétons asphyxiés et déprimés.

Ci-dessous : Henri Descamps, plan partiel de la Cité moderne, 1925. (© Ville de Paris, bibliothèque Forney, © Adagp, Paris 2004)

À droite : Henri Descamps, vue perspective d'une avenue et d'un gratte-ciel, 1925. (© Ville de Paris, bibliothèque Forney, © Adagp, Paris 2004)

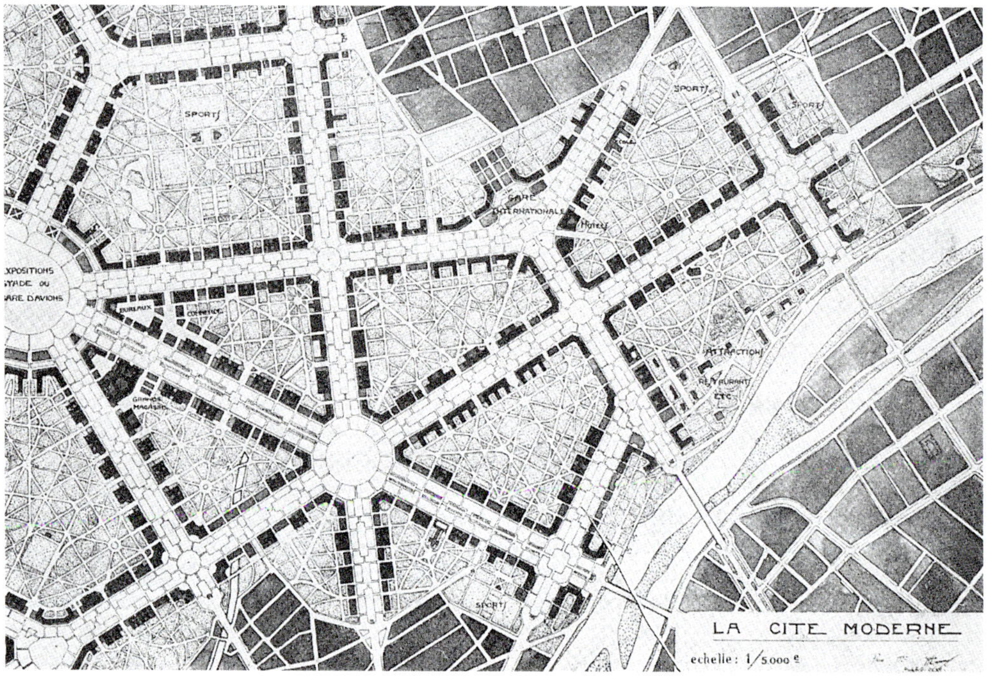

Augustin Rey, Justin Pidoux et Charles Barde, projet d'aménagement du quartier du parc Monceau, publié dans *La Science des plans de ville*, 1928. (© Ville de Paris, bibliothèque Forney)

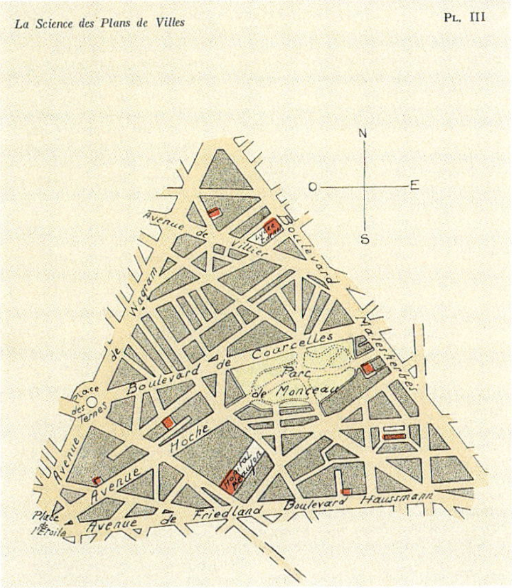

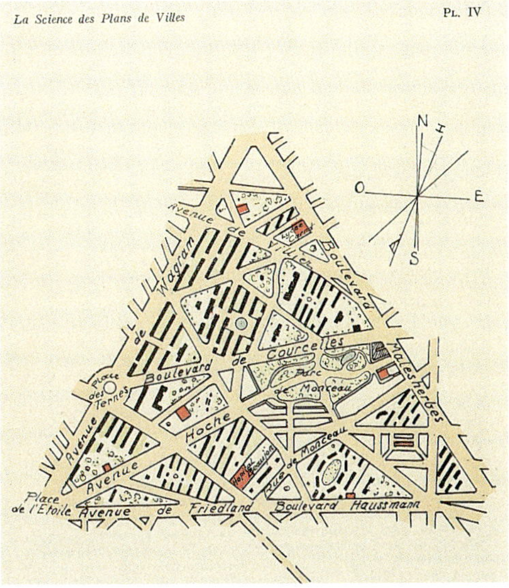

Augustin Rey propose un schéma inverse dans *La Science des plans de ville*, ouvrage publié en 1928 avec le géographe Justin Pidoux et le météorologue Charles Barde. Le mode d'implantation des bâtiments n'est plus celui préconisé en 1905 pour la rue de Prague : il est désormais entièrement régi par l'orientation solaire. Le module de base se compose de cinq bandes de terrain : deux immeubles à l'extérieur, bordant deux squares plantés, la bande du milieu associant immeubles de plus petites dimensions et square central.

L'îlot, base de la transformation urbaine

Une position médiane s'exprime notamment par la voix de Georges Sébille, pour qui l'élargissement des rues et la réduction de la surface des cours n'est pas la solution à l'hygiène urbaine : « Laissons les vieilles rues tranquilles, et tournons les yeux vers l'intérieur de l'îlot : là cherchons l'air et la lumière. » La suppression des constructions intérieures annexes – qui annonce le curetage –, associée quand cela est possible à un remembrement, permettra la création ou le rétablissement de jardins intérieurs, le règlement ne s'appliquant plus à l'immeuble seul, mais à l'îlot tout entier. Lorsque celui-ci présente des dimensions importantes, l'espace central pourra, d'autre part, être aménagé en square public ; c'est, selon Sébille, « la seule manière qui reste abordable à Paris pour réaliser les espaces libres nécessaires ». Mais Sébille ne finit-il pas, précisément, par oublier l'espace public ? Non qu'il voie une quelconque incompatibilité entre les deux types, au contraire ; il semble plutôt que la focalisation sur l'îlot mette inconsciemment hors jeu toute réflexion sur ce qui devrait lui faire contrepoint. Trop préoccupé par la question de la législation de l'îlot, élément de réforme indispensable à ses yeux parce qu'antidote à des remembrements le plus souvent trop coûteux, Sébille assigne à l'urbaniste un rôle de médecin des villes, lesquelles doivent être soignées de l'intérieur. En urbaniste prévoyant, le créateur du square Saint-Lambert n'exclut cependant pas que les espaces clos s'ouvrent par la suite sur la rue : « Pour ceux dont les cours-jardins seraient intérieures, ne les verrait-on pas entre les jambes – si l'on peut dire – des immeubles construits sur des piles dans la hauteur du rez-de-chaussée ? Les essais faits dans ce sens sont concluants[2]. » La formule fera effectivement les beaux jours du Paris des années 1950-1970. Défenseur de l'îlot, Sébille prédit pourtant la disparition d'un grand nombre de rues, rejoignant Descamps dans sa vision de jardins intérieurs grands comme un quart du bois de Boulogne…

À gauche : immeuble de logements, 36, rue Antoine-Chantin, 1929 (Emmanuel Pontremoli, Joseph Bassompierre, Paul Sirvin et Paul de Rutté) : la cour ouverte demeure modeste. (© S. Texier)

Réformer de l'intérieur

Si l'îlot ne disparaît pas de la ville hygiéniste, il doit donc accueillir en premier lieu un jardin, comme dans les grands îlots de l'extension sud d'Amsterdam. Dans son essai de hiérarchisation des espaces libres, Gaston Bardet plaidera lui aussi pour une multiplication des jardins d'îlots intérieurs. « Seuls ceux-ci peuvent permettre une véritable dissémination et soulager les jardins publics de quartier, qu'il semble difficile d'établir en nombre suffisant[3]. » Ces créations ne seront toutefois possibles qu'en procédant à un remembrement, en rassemblant notamment cours et terrains nus, Bardet se référant explicitement au modèle anglais, bien supérieur selon lui à sa version haussmannienne, « mauvais pastiche du square londonien dont on a copié l'aspect extérieur et non l'esprit fonctionnel[4] ».

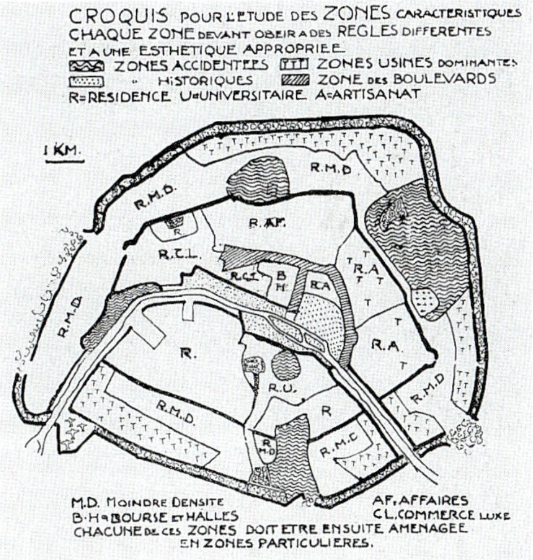

Georges Sébille, étude de zonage de Paris, 1937. (© Ville de Paris, bibliothèque Forney)

1 H. Descamps, « La Cité moderne », *L'Architecture*, 15 juillet 1928.
2 G. Sébille, « Le Paris de demain », *L'Architecture d'aujourd'hui*, juin 1937.
3 G. Bardet, « Les espaces libres : rôle, hiérarchie, répartition », *L'Architecture*, 15 octobre 1936.
4 G. Bardet, « Les espaces libres de la Région parisienne », *Revue d'administration communale*, octobre 1936.

1928-1940

L'ATTENTE DES GRANDS CHANTIERS

« Partout où l'on trouve une proportion notable d'habitants qui travaillent à Paris, achètent à Paris, s'amusent à Paris, on est toujours à Paris », notait Albert Guérard en 1929[1]. Comment, dès lors, définir les limites d'une agglomération dont la sphère d'influence dépasse, depuis longtemps, son cadre administratif ? Comment dessiner les contours d'une nouvelle entité, alors même que l'idée de « Cité parfaite » et achevée semble prédominer ? Si le projet d'élargir les limites de Paris est rapidement abandonné, l'ambition de créer et surtout d'équiper une région parisienne, même aux contours artificiels, est plus que jamais à l'ordre du jour entre 1928 et 1932.

Pour un Grand Paris

C'est d'ailleurs à cette date que le maire de Boulogne-sur-Seine, André Morizet, publie *Vers le Grand Paris*, chapitre tiré à part de son grand ouvrage *Du vieux Paris au Paris moderne. Haussmann et ses prédécesseurs*, paru la même année. Après avoir rappelé que Paris a perdu 35 000 habitants au recensement de 1926, et ce malgré l'intégration dans la population parisienne de nombreux zoniers, Morizet le politique établit le même constat que Guérard l'universitaire : « L'agglomération parisienne, au total, groupe 7 millions d'individus : 5 dans la Seine et 2 sur ses lisières. À peu près le sixième de la nation. Quels que soient les découpages administratifs, c'est ce Paris-là qu'il faut aujourd'hui tenir pour Paris. Rien ne prévaut contre la réalité. Ce Paris-là est le Paris réel. » Et de poursuivre : « Cent communes, un conseil général, qu'est-ce donc ? C'est un département français, ni plus, ni moins. La Seine, cessant d'être anormale, ressemblerait au reste du pays. Et Paris, par le seul procédé qui le lui permette, rentrerait dans le droit commun. […] Le problème pour nous n'est pas, comme on le prétend parfois, un problème d'autorité, c'est un problème de méthode[2]. »

L'obstacle politique

L'optimisme de Morizet ne peut cacher une crise de l'État dont on attend en vain la réforme, et qui ne cessera de s'aggraver dans les années 1930, avec d'autant plus de facilité que la crise économique hypothèque toute entreprise de grande envergure. L'urbanisme parisien n'est d'ailleurs pas le seul atteint par les lourdeurs administratives : avec seulement 214 dossiers déclarés d'utilité publique en 1940 sur près de 2 000 présentés, la planification urbaine en France engagée avec la loi Cornudet de 1919 est globalement un échec. Un antiparlementarisme doublé d'appels à un pouvoir fort ne tardera pas à s'exprimer, notamment par la voix des quelques nationalistes élus au conseil municipal en 1929, dont l'action rend d'autant plus improbable une entente entre la Ville et l'État. Si l'on excepte les injonctions incessantes de Le Corbusier entre 1923 (*Vers une architecture*) et 1941 (*Destin de Paris*), c'est à l'écrivain Jean Giraudoux que l'on doit, avec *Pleins pouvoirs*, le texte le plus emblématique de cette crise politique et de ses conséquences sur l'urbanisme : « C'est l'ultimatum de cent électeurs qui maintient les Halles au centre de Paris, contre toute loi d'hygiène, de trafic, contre tout bon sens. C'est la volonté de soixante-dix électeurs qui a imposé

André Lurçat, projet Aéroparis, 1932 : l'île des Cygnes transformée en aéroport intermédiaire. (Fonds André Lurçat/IFA, © Adagp, Paris 2004)

L'« haussmannisme amélioré » : projet d'aménagement de l'îlot insalubre n° 6, par le Service technique du Plan de Paris, 1936. (© Archives de Paris)

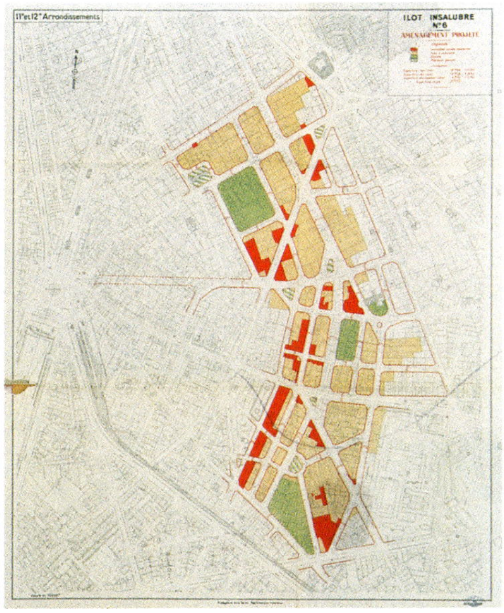

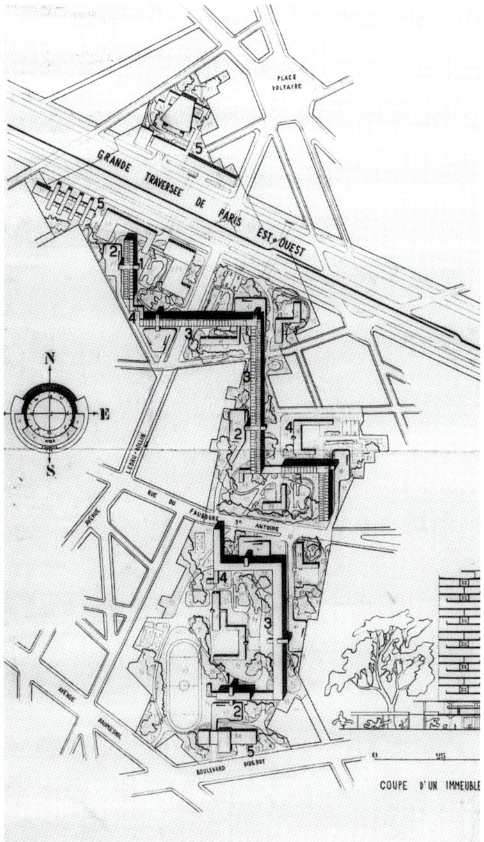

La « ville radieuse » : projet de Le Corbusier pour l'îlot insalubre n° 6, 1936. (© FLC/Adagp, Paris 2004)

l'Exposition de 1937 au centre de Paris, malgré les votes répétés du conseil municipal lui-même. C'est un groupe de trois électeurs, propriétaires de maisons mal famées, qui retarde, dans le quartier Saint-Paul, la démolition d'un amas de taudis exproprié depuis vingt ans. C'est un seul électeur qui a obtenu dans le quartier du Châtelet, pendant les travaux qui motivaient le détournement d'un tramway, la construction d'une voie provisoire pour l'amener chaque matin de son logis à la gare d'Austerlitz. [...] Bref, dans la mesure où l'intérêt individuel est en opposition avec l'intérêt général, il triomphe toujours et pleinement[3]. »

Urbanisme ou architecture ?

À défaut d'urbanisme, c'est à l'architecture – qui bénéficie d'une bonne conjoncture économique entre 1928 et 1931 avec la stabilisation du franc – qu'il revient de modifier progressivement le paysage parisien : sur la ceinture avec l'achèvement du programme d'HBM et d'ILM, la construction de plusieurs groupes scolaires et ensembles sportifs et l'aménagement de parcs et squares, mais également dans tous les arrondissements périphériques de Paris, où immeubles d'habitation, équipements et monuments, le plus souvent parés de brique, esquissent un nouvel ordre urbain. Souhaité par tous, celui-ci adopte cependant la forme simpliste et systématique de l'élargissement des rues et de l'éclaircissement des quartiers les plus denses. Aussi les maquettes présentées par le service du Plan de Paris et son géomètre en chef, René Mestais, à l'Exposition internationale de 1937 susciteront-elles l'ire de Germain Bazin, qui fustige la gratuité et l'inutilité de nombreuses opérations projetées, mais surtout l'absence de distinction entre îlots insalubres et quartiers historiques[4] ; le zonage de Paris n'est pas encore à l'ordre du jour. Théâtre d'un monumental affrontement entre les pavillons allemand et soviétique, l'Exposition de 1937 lègue en définitive un héritage architectural dont la portée urbaine doit avant tout à l'échelle des musées construits pour l'occasion.

Ordre et désordre dans la banlieue : la cité de la Muette à Drancy, Eugène Beaudouin et Marcel Lods, 1934. (Fonds Beaudouin et Lods/IFA, © Adagp, Paris 2004)

1 A. Guérard, *L'Avenir de Paris*, Paris, Payot, 1929, p. 154.
2 A. Morizet, *Vers le Grand Paris*, Paris, Hachette, 1932, pp. 11, 42 et 58.
3 J. Giraudoux, *Pleins pouvoirs*, Paris, Gallimard, 1939, repris dans *Pour une politique urbaine* (préf. de R. Dautry), Paris, Arts et Métiers graphiques, 1947, p. 79.
4 G. Bazin, « Paris région dévastée », *L'Amour de l'art*, novembre 1937, pp. 281-284.

Naissance de la Région parisienne

La promulgation, le 14 mai 1932, d'un texte de loi sur l'aménagement de la « Région parisienne » marque un pas décisif dans la prise de conscience de l'existence d'un Grand Paris. Préfigurée dans la proposition de loi d'André Siegfried du 1er juillet 1908, implicite depuis la loi Sarraut du 15 mars 1928 qui visait à résorber les lotissements défectueux, la création d'une entité régionale aura pourtant peu d'effets sur l'avenir de la capitale et de son agglomération.

Le plan Prost

Avec la création du Comité supérieur d'aménagement et d'organisation de la Région parisienne (CSAORP), le 24 mars 1928, sont entamés les premiers travaux de réflexion. Pour la première fois d'ailleurs, le terme de Région parisienne est officialisé, et ce même si certains, tel le maire de Boulogne, André Morizet, refusent de croire à une nouvelle annexion des communes périphériques. Présidé par Louis Dausset, le CSAORP est composé de cinq sections : Aménagement, Législation, Finances, Services publics et Habitation, cette dernière étant présidée par Henri Sellier. Le comité a pour mission de définir, pour cette région gangrenée par le « cancer » des taudis, un « régime d'exception », indique le ministre de l'Intérieur Albert Sarraut lors de la séance inaugurale (19 juin 1928). Pour ce faire, il confie à l'urbaniste Henri Prost et au directeur général des Chemins de fer de l'État, Raoul Dautry, le soin de préparer un plan d'aménagement. Au terme d'une étude complète de la géographie francilienne, des lotissements et des réseaux de voirie, Prost s'attache à « vertébrer », par des routes nationales et des autoroutes, une banlieue à la croissance toujours plus anarchique. Deux zones sont définies (il y en aura quatre par la suite) : la première comprend l'ensemble des communes situées à environ une demi-heure de Paris par chemin de fer ; « c'est la zone des lotissements – c'est celle où il faut mettre de l'ordre rapidement. » Afin de contenir les afflux de population, la deuxième zone interdit l'implantation des industries. La hauteur des constructions, de surcroît, doit être limitée : les 200 000 hectares qu'offre la périphérie parisienne doivent accueillir sans concentration l'ensemble des résidents. Enfin, parce que, comme l'indiquait déjà J. C. N. Forestier en 1908, l'urbanisation de la région ne saurait compromettre son équilibre naturel, les réserves boisées font, elles aussi, l'objet de propositions de protection.

« M. Prost, architecte urbaniste, donne à M. Albert Sarraut (au centre) des indications sur le plan des travaux. » (Fonds Henri Prost/IFA)

L'impossible projet d'ensemble

Dans une note sur les « Divisions de l'agglomération parisienne », Henri Prost ajoutait en conclusion que le plan devait être « en liaison étroite avec les transformations profondes qu'il faut apporter à l'intérieur de Paris, où la lutte à outrance contre les taudis permettra des aména-

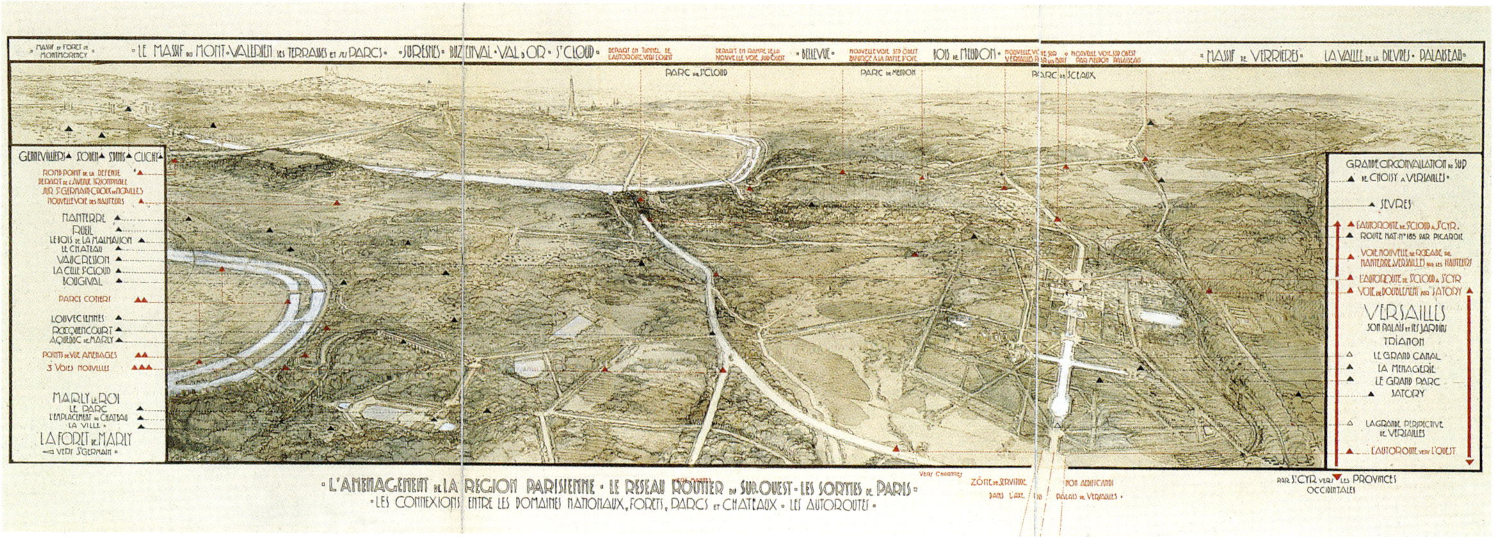

Henri Prost, plan d'aménagement de la Région parisienne, 1934 : le réseau routier du sud-ouest, perspective aérienne. (© Académie d'architecture, Paris)

Henri Prost, plan d'aménagement de la région parisienne, 1934 : carte générale. (© Académie d'architecture, Paris)

gements nouveaux, suivant un plan rationnel, à réalisation fragmentaire, qui améliorera progressivement la circulation[1] ». Si les « sorties » autoroutières de Paris sont effectivement traitées dans le plan, notamment depuis la Porte Maillot jusqu'à la Croix-de-Noailles à l'ouest et jusqu'au Bourget au nord, la ville elle-même, entre les mains du service du Plan de Paris, est en revanche exclue de l'étude. « Était-il raisonnable de vouloir [...] aménager [la Région parisienne] sans que soient considérés : la concentration des organismes gouvernementaux, la desserte ferroviaire, les approvisionnements alimentaires, la ceinture verte, la suppression des îlots insalubres et les migrations de secteur à secteur ? Certes, non », jugeront plus tard les deux assistants de Prost, Pierre Remaury et Jean Royer[2].

Quelles limites ?

Achevé en 1934, approuvé en 1939 seulement, le PARP (Plan d'aménagement de la Région parisienne) ne sera pas mis en œuvre. Quant à la Région décrétée en 1932, sans aucune légitimité administrative, sur quels critères ses limites avaient-elles été définies ? La durée du transport, le plus centralisateur des critères, avait d'abord été évoquée : « On admettait que le travailleur habitant la région parisienne ne devait pas mettre plus d'une demi-heure pour arriver à la capitale. Il va sans dire que la limite n'affectait pas la forme d'un cercle, mais d'une sorte d'étoile dont les pointes étaient marquées sur les lignes de chemins de fer où existent des services directs[3] », constate en 1931 Émile Jayot, directeur des Transports et de l'Extension de Paris. Un rayon maximal de 35 kilomètres à partir du parvis de Notre-Dame sera finalement adopté. Dans *L'urbanisme dans la Région parisienne*, catalogue d'exposition publié en 1935, Léandre Vaillat pouvait s'enflammer : « Ce pavé d'airain est le point immuable à partir duquel sont comptés en kilomètres les routes qui s'échappent de Paris. Tracez de ce point un cercle idéal de 35 kilomètres de rayon [...]. Ce cercle, c'est la nouvelle région parisienne [...], telle que l'entend M. François Latour, dans ses remarquables études sur le Grand Paris, considéré comme entité administrative et financière... » Ce bloc de bronze, scellé dans l'asphalte au pied de la cathédrale, n'entérinait-il pas plutôt la fracture entre la ville et la région ?

Le triangle de Rocquencourt et le signal des Trois-Provinces, aménagé par Robert Danis en 1934-1937. (Coll. S. Texier)

1 Fonds H. Prost, IFA/AA.
2 *L'Œuvre d'Henri Prost*, Paris, Académie d'architecture, 1960.
3 *La Cité moderne*, décembre 1931.

Entre hygiène et densité : variations sur l'immeuble et l'îlot

« AUGUSTE PERRET VOIT DEUX TYPES DE RUES. Asservie : rue de Rivoli. Libre, avec redans en hauteur et profondeur système développé au 25 *bis*, rue Franklin », note Le Corbusier le 10 août 1915 dans ses carnets. Depuis la construction, par les frères Perret, du premier immeuble à cour ouverte (1903), depuis surtout les propositions radicales apparues en 1905 à l'occasion du concours de la rue de Prague, les réflexions sur la manière d'articuler l'immeuble et la rue ont évolué. Dans la pratique, cependant, la mutation s'opère lentement ; ainsi l'îlot apparaît-il, dans le Paris des années 1930, comme une forme urbaine à géométrie variable, l'îlot dit ouvert n'existant pour l'heure qu'à l'état théorique.

L'héritage haussmannien

L'îlot traditionnel ou plutôt haussmannien se raréfie à la fin des années 1920. Le lotissement des rues du Docteur-Goujon et Lamblardie (1924-1928), en bordure de la place Félix-Éboué, demeure l'un des derniers du genre et assurément le plus spectaculaire : il comprend une quarantaine d'immeubles, construits en pierre de taille par Maurice Boutterin et Alfred Landes – également auteurs d'une importante opération rue de Dantzig –, séparés par des cours étroites et accueillant pas moins de 1 500 logements, de une à six pièces. Si cet ensemble perpétue un type d'implantation plus que cinquantenaire, sa réalisation par une seule agence témoigne en revanche d'une pratique peu courante dans le Paris haussmannien : inauguré avec les premiers ensembles d'HBM, dont Louis Bonnier donne un exemple marquant rue de Ménilmontant (1920-1926), le principe du groupe d'immeubles consolide l'émergence d'un urbanisme d'îlot. Architecturalement homogène, ce dernier devient en quelque sorte, par regroupement de plusieurs parcelles, la plus petite échelle de composition urbaine, libre ensuite aux architectes de disposer immeubles et cours ; le concours organisé en 1927 pour un ensemble situé entre la rue Chevert et l'avenue de la Tour-Maubourg avait montré la variété des partis possibles, et c'est cet urbanisme d'îlot que le service du Plan de Paris, sous la direction de René Mestais, projettera d'instituer pour la rénovation des îlots insalubres entre 1936 et 1939.

Ouvrir l'îlot

« Les architectes renoncent de plus en plus, dans la construction d'immeubles, au parti qui consiste dans un terrain en longueur à créer des cours successives donnant une très forte surface construite. Ces constructions aussi

Les immeubles en bordure de la rue de Lamblardie : une ordonnance typiquement post-haussmannienne. (© S. Texier)

Maurice Boutterin et Alfred Landes, groupe de 50 immeubles de rapport en bordure de la place Félix-Éboué, 1924-1928. (Coll. S. Texier)

En bas : les architectes rentabilisent au maximum les deux îlots pour remédier à la crise du logement. (Coll. S. Texier)

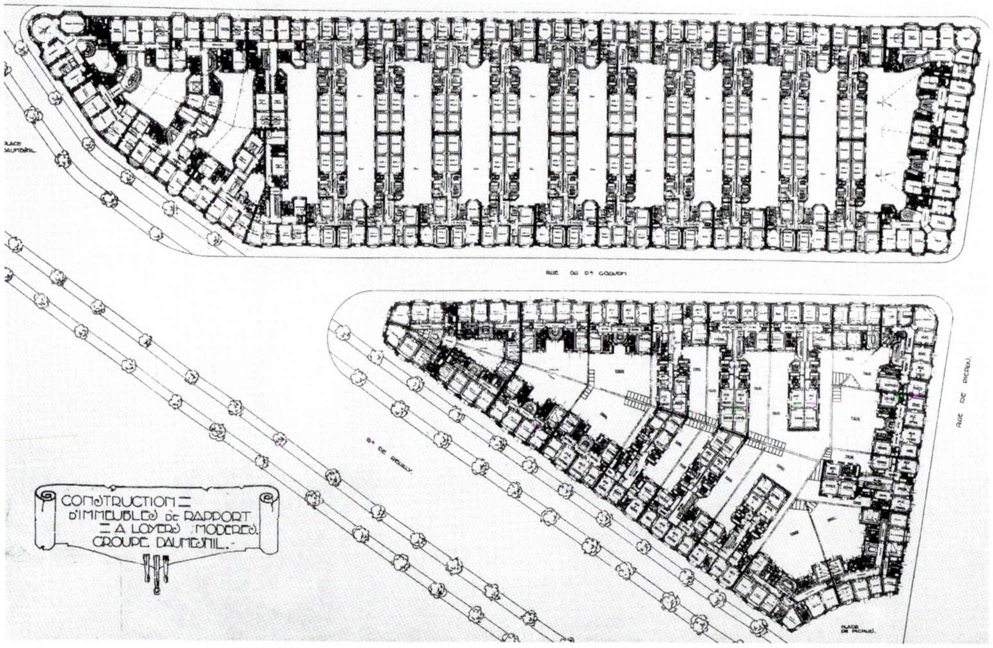

Groupe d'HBM, 97-99, avenue Simon-Bolivar, et 20, avenue Mathurin-Moreau, Charles Heubès, 1930. Les immeubles sont disposés de part et d'autre d'un square central. (© S. Texier)

Square Henri-Delormel, Henri Delormel, 1930 : l'hygiène, sans l'agrément de l'espace vert. (© S. Texier)

compactes se déprécient rapidement et à l'heure actuelle le locataire exige des appartements ayant beaucoup d'air et de soleil », note Charles Clément-Grandcour en 1937, à propos du groupe d'immeubles du square Sédillot, rue Saint-Dominique (Henri Bard et Félix Garella)[1]. Dans la lignée des premières opérations de logements hygiéniques des années 1910-1920, le principe du « square » se développe en effet pour offrir aux locataires un vaste espace libre, planté ou non. Si le square Sédillot est masqué par une imposante façade, le square Henri-Delormel (14e), qui porte le nom de son architecte, largement ouvert sur la rue, se distingue en outre par une ostensible hiérarchisation du dessin des façades : la pierre de taille des immeubles bordant la rue Ernest-Cresson précède un « style HBM » le long du square, au fond duquel trône un mur d'influence viennoise. Le square Albin-Cachot (13e) comme ceux qui desservent certains ensembles HBM de la ceinture (squares de l'Aveyron, de la Dordogne, de la Mayenne, du Rhône, du Tarn et du Vaucluse en bordure du boulevard Berthier) dessinent pour leur part un paysage urbain nouveau, fait d'échappées visuelles vers les intérieurs d'îlots.

De la cour ouverte à l'immeuble-barre

Cependant, ce mode d'implantation constitue-t-il une réelle alternative aux densités excessives de l'îlot haussmannien, ou bien répond-il seulement aux nécessités de l'hygiène tout en assurant la rentabilité de l'opération ? De nombreux groupes d'immeubles sont, en effet, desservis par un espace central dont la surface n'est pas supérieure à trois cours réunies. De ce point de vue, l'immeuble à cour ouverte constitue un compromis original, en même temps qu'il crée potentiellement, par la répétition de plusieurs spécimens, un nouveau type de voie, celui que, précisément, Eugène Hénard appelait de ses vœux : la rue à redans. Ces immeubles resteront pourtant des exceptions : rue Jouvenet (G. Jodart et Antoine Zaccagnino), rue de Vaugirard (Joseph Madeline), boulevard Raspail (Pol Abraham) ou rue Chomel (Émile Boursier), les émules du 25 *bis*, rue Franklin apparaissent, du fait de leur isolement, comme autant d'anomalies qui n'induisent au demeurant aucune redéfinition de l'îlot en tant que forme urbaine.

En juin 1935, Maurice Rotival publie dans *L'Architecture d'aujourd'hui* un long article consacré aux « grands ensembles », accompagné de schémas présentant les plans en peigne ou les squares des HBM de la ceinture comme l'avant-dernier stade d'une évolution inéluctable : la disposition parallèle d'immeubles de logement définitivement affranchis de la trame urbaine. Ce sont de semblables grands ensembles que l'on construira, vingt ans plus tard, sur la ceinture verte de Paris.

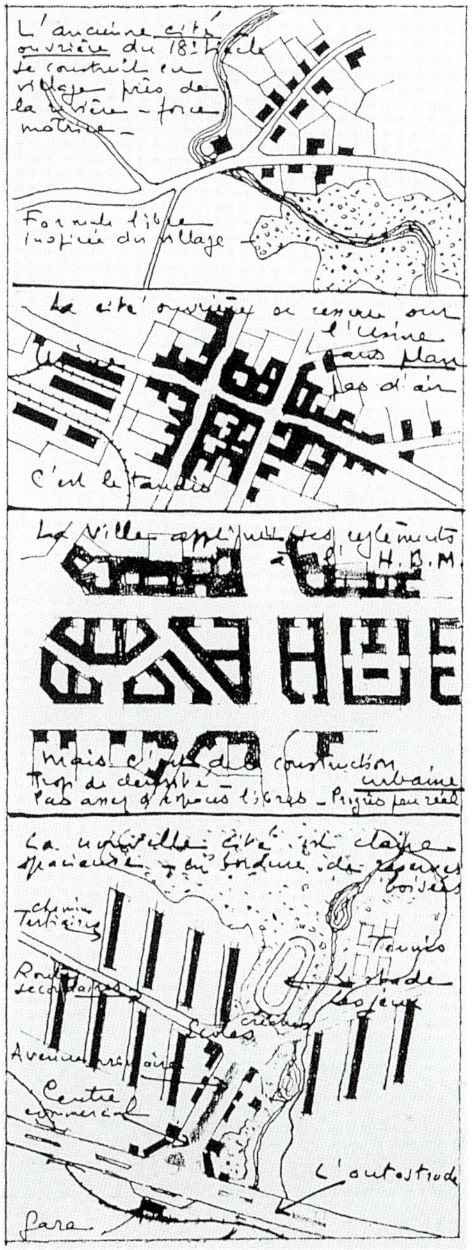

De la cité ouvrière à la ville claire : évolution des ensembles de logement selon Maurice Rotival, 1935. (© Ville de Paris, bibliothèque Forney)

Pol Abraham, immeuble 28-30, boulevard Raspail, 1932 : exemplaire rare d'un type mort-né, l'immeuble à cour ouverte. (© S. Texier)

1 *La Construction moderne*, 18 juillet 1937.

L'extension vers l'ouest : une direction naturelle ?

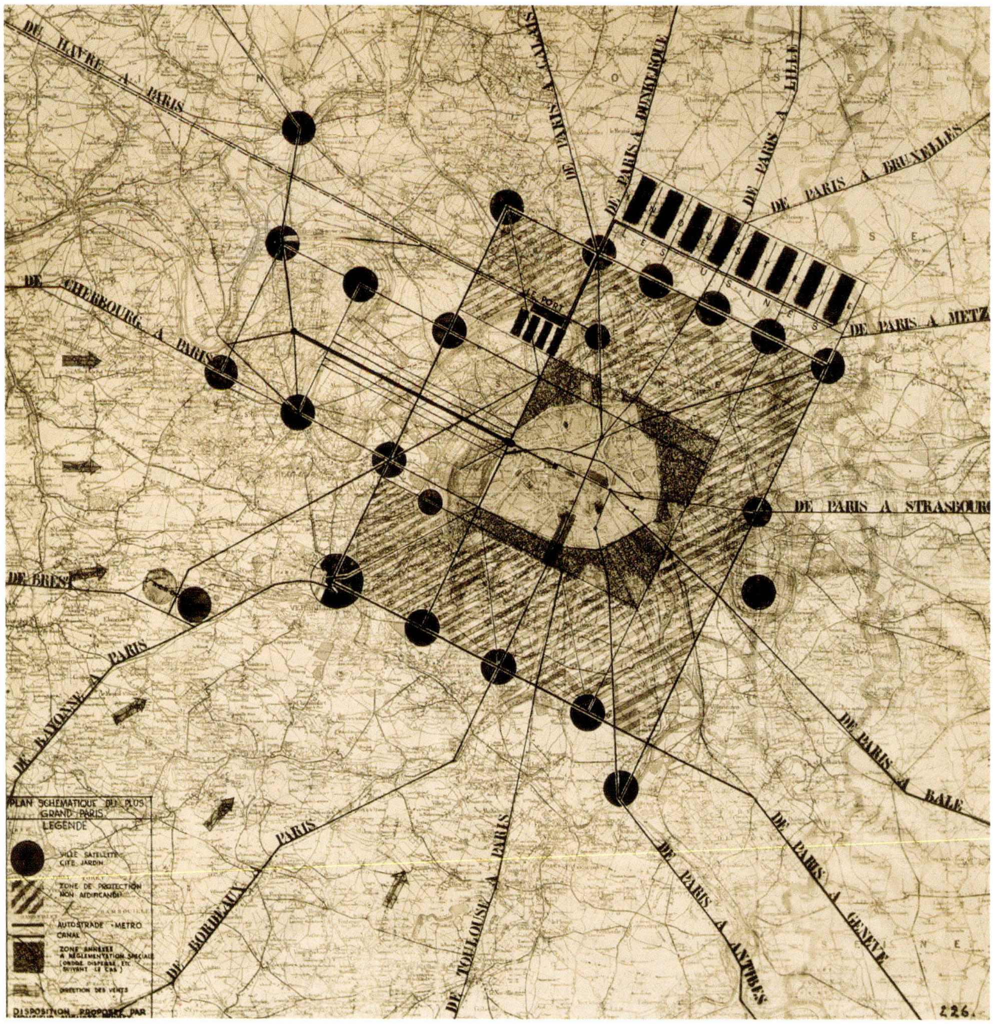

Auguste Perret, plan schématique du Grand Paris, 1930 : l'axe Louvre-Saint-Germain sert de référence. (Fonds Perret frères/IFA)

En 1928, dans la revue *La Nature*, l'architecte de la Ville de Paris Roger Lardat, auteur du square Séverine à la Porte de Bagnolet et du parc de Choisy, esquisse une synthèse des théories sur la cité moderne.

Paris en trois diagrammes

Ses diagrammes, méthode d'analyse dont la fortune ne cesse alors de croître, la ville abstraite l'emportant peu à peu sur l'art urbain, font état de trois types d'interprétation de la croissance urbaine : « Système centrique, s'attaquant directement au cœur du problème ; système excentrique, juxtaposant la ville nouvelle à l'ancienne, opérant la "transfusion" de la cité ; système périphérique, dégageant peu à peu le problème de ses difficultés, pour en simplifier progressivement les facteurs[1]. » En somme, faut-il recréer Paris sur, à côté ou autour de Paris ? La question posée ici implicitement ne cessera de l'être jusqu'à la promulgation du Schéma directeur de 1965. Le Corbusier fut le propagateur le plus radical et le plus obstiné de la première alternative : du plan Voisin (1925) au concours pour l'hôtel et le palais d'Orsay (1961), en passant par le plan Ciam de 1937, son leitmotiv fut invariablement le suivant : « Le terrain de Paris n'est pas occupé. Il est mal occupé. » Le second point de vue est pourtant, et de loin, celui qui recueille alors le plus de suffrages : la poussée de Paris vers l'ouest apparaît en effet comme l'une des obsessions, durable qui plus est, de nombreux architectes.

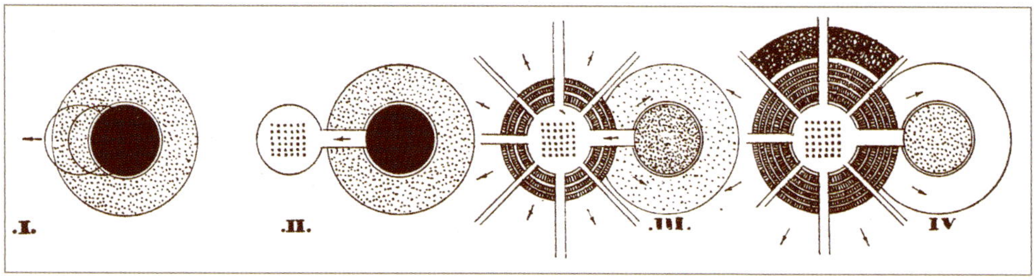

Roger Lardat, diagramme figurant le phénomène de la croissance urbaine excentrique, 1928. (IFA)

Un surprenant consensus

Henri Sauvage envisage ainsi, en 1930, l'émergence d'une science qui autoriserait la prévision des déplacements humains. Les peuples, constate-t-il, se sont presque toujours déplacés vers l'ouest. « Il en sera donc ainsi de Paris. Et c'est Paris-Saint-Germain qui sera la grande artère autour de laquelle les agglomérations se produiront et les habitations bourgeoises se développeront. Aucune force humaine, aucun décret n'y pourront changer quoi que ce soit[2]. » Cette conception naturelle de la croissance des villes est cependant assortie d'un projet de zonage social peu attrayant : prétextant l'existence de centres attractifs, Sauvage cantonne les ouvriers au nord et à l'est, les intellectuels au sud, le centre de Paris étant réservé aux affaires ;

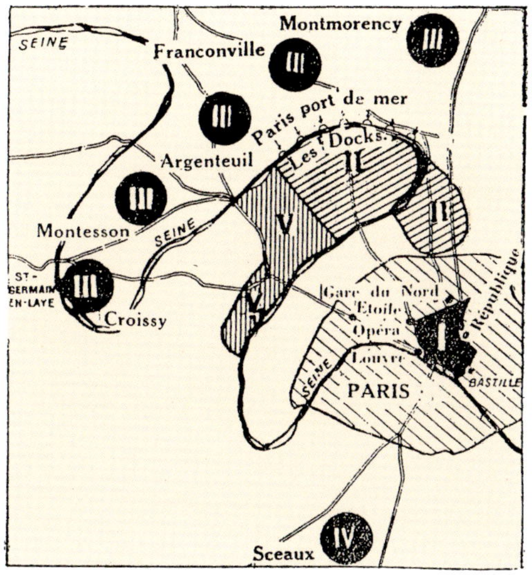

André Lurçat, proposition de zoning pour Paris, *Excelsior*, 1929. (IFA, © Adagp, Paris 2004)

l'ouest sera, pour sa part, uniformément bourgeois. L'idée n'est cependant pas neuve : en 1910 déjà, Arsène Alexandre proposait un déplacement de Paris, de manière à transformer le bois de Boulogne en un grand parc central ; Jean Labadié évoquait, lui, en 1922, cette « loi mystérieuse, tant citée, de la poussée des capitales vers l'ouest[3] », qui mènerait les tours de Perret jusqu'à la Croix-de-Noailles. Perret lui-même définira les contours très occidentaux d'un plus grand Paris, en y ajoutant toutefois un ensemble de cités satellites tout autour de la capitale, tandis que son disciple Jacques Guilbert mettait l'accent sur les nuisances causées par les fumées au nord-est de la capitale, dont le centre se déporterait vers La Défense. Jean-Charles Moreux est alors l'un des seuls qui, dans son projet d'extension (1930), prévoie, en contrepoint d'un ensemble d'habitations de plaisance se développant vers l'ouest, une couronne orientale composée de cités-jardins – l'électrification complète de la région supprimerait toutes les fumées. Enfin, André Lurçat, en esquissant un zonage de la région (1929), prônait une implantation du centre d'affaires et des cités-jardins au nord-ouest, de part et d'autre de la grande boucle de la Seine (entre Saint-Germain et Montmorency).

Poursuivre l'axe historique

Si tous les architectes ou presque s'accordent à imaginer le développement de Paris vers l'ouest, c'est parce que les pouvoirs publics les y ont largement aidés. L'axe Louvre-Saint-Germain, grand dessein ébauché par Le Nôtre en 1667, constitue en effet l'une des pierres de touche de la réflexion sur le Grand Paris, et à ce titre fait l'objet d'importants concours : le concours Rosenthal pour l'aménagement de la Porte Maillot (1930) et surtout celui lancé par la Ville un an plus tard pour structurer la « voie triomphale » entre la place de l'Étoile et le rond-point de La Défense en passant par le pont de Neuilly. Certaines devises résumaient bien l'esprit qui animait les concepteurs : « Ouest », « Ne pas détruire, ne pas limiter, continuer », « Paris ». Le premier prix, attribué à Paul Bigot, récompense l'un des projets les plus sobres, misant avant tout sur le rôle joué par les sculptures de Paul Landowski et Henri Bouchard. Le concours sera sans suite, mais aura pour effet de conforter, au sein de l'opinion, l'idée d'une croissance inéluctable vers le couchant, laquelle trouvera, tardivement, une légitimité symbolique avec la construction de l'Arche de La Défense.

L'est parisien continue de subir, quant à lui, les mêmes jugements méprisants. Outre Le Corbusier, c'est l'Autrichien Adolf Loos qui prend position sur ce point, considérant que « Paris est menacé par la poussée vers l'ouest » et que « si l'est est déprécié, toute la ville en pâtit[4] ». L'Exposition coloniale de 1931, organisée au bois de Vincennes, ne parviendra pas à inverser la tendance, ce que Léandre Vaillat commentera en ces termes : « L'est a laissé la chance que l'Exposition coloniale avait mise dans son jeu. L'ouest joue maintenant sa partie. Elle est décisive[5]. »

Jacques Guilbert, schéma d'organisation de la Région parisienne, 1931 : l'industrie est reléguée au nord en raison des vents dominants. (Fonds Albert et Jacques Guilbert /IFA)

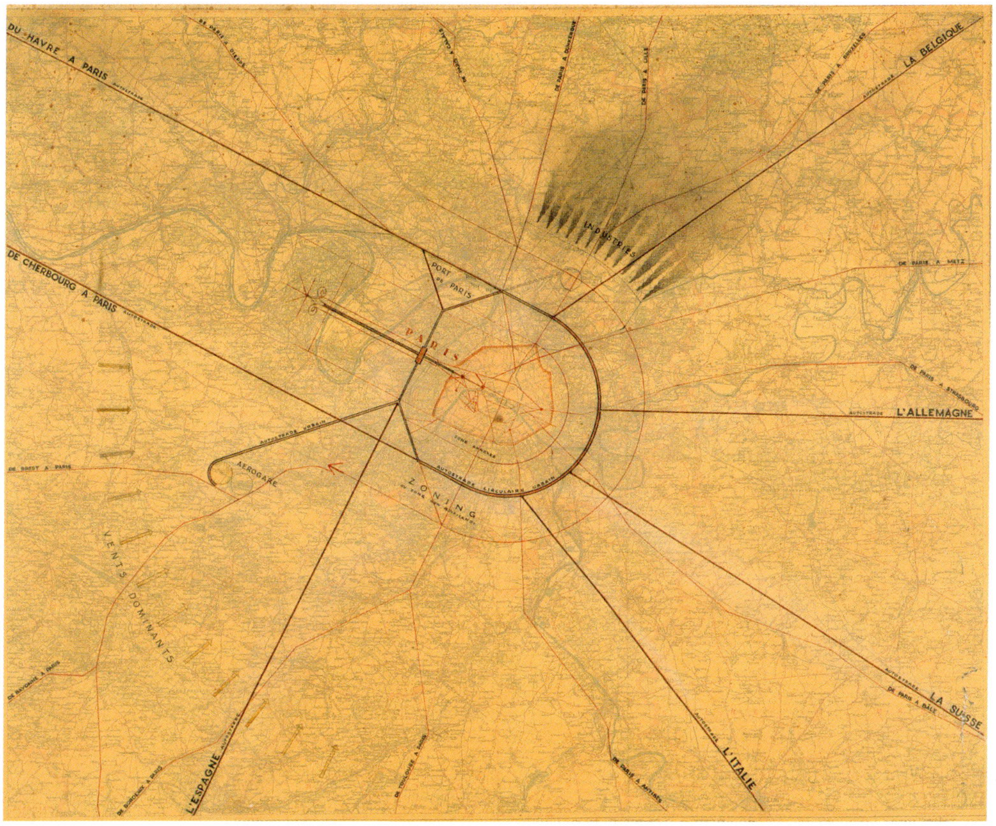

1 R. Lardat, « La cité moderne : I. Les théories », *La Nature*, 15 décembre 1928.
2 *La Cité moderne*, juillet-août 1930.
3 *L'Illustration*, 12 août 1922.
4 *Vers un Paris nouveau ?*, Cahiers de la République des lettres, des sciences et des arts XII, Paris, Les Beaux Arts, 1929.
5. L. Vaillat, « L'avenue des traditions », *L'Illustration*, 27 février 1932.

L'urbanisme souterrain : une conquête différée

« La Ville-Tour de M. Le Corbusier, bien que raisonnable, est malheureusement très difficile à réaliser et suppose, soit un préalable tremblement de terre, soit une totale évolution de la mentalité générale […]. On est logiquement amené à la dernière solution qui s'offre aux urbanistes : l'utilisation du sous-sol[1] », écrit l'architecte Clément Tambuté en 1935. Tout à la fois pragmatiques et résignés, ces propos prennent acte de l'échec de l'extension de Paris. La question des limites adopte ici un tour nouveau : par-delà les terminus du métro, c'est le réseau autoroutier souterrain qui serait susceptible de relier le cœur de la métropole à son seuil ultime, l'aéroport. Ainsi Tambuté propose-t-il la liaison de la place Malesherbes à l'aéroport du Bourget. « La place Malesherbes a été choisie de préférence à toute autre pour l'accès dans Paris, parce qu'elle est située dans un quartier aux voies spacieuses favorisant un gros débit circulatoire et qu'elle possède des espaces libres se prêtant sans difficultés à l'expropriation. En outre, ce quartier de résidences convient à l'accueil des touristes et se trouve situé près du futur centre de la cité. » Ce projet, publié en 1936 dans un numéro spécial (« L'activité en sous-sol ») de la revue *Le Monde souterrain*, fait partie des recherches menées par le Gecus (Groupe d'étude du centre urbain souterrain), fondé en 1933 par Édouard Utudjian.

Adapter Paris à la circulation

L'action du Gecus s'inscrit dans une lignée de projets et de propositions inaugurée par l'intervention d'Eugène Fiancette au conseil municipal, le 8 décembre 1924. Abordant le problème de la circulation dans Paris, celui-ci considérait qu'on ne pourrait y remédier ni par des ordonnances, ni par des règlements. « La vérité, c'est que le centre de Paris ne correspond plus au nombre de véhicules qui viennent le traverser. Nous serons donc amenés, dans un avenir plus ou moins rapproché, à organiser une circulation souterraine pour les voitures, sans que l'esthétique de Paris en souffre. » Quatre ans plus tard (le 30 octobre 1928), Émile Massard propose la création de trois tronçons souterrains : le premier entre les gares de l'Est et du Nord et le quai des Tuileries, avec place souterraine à Richelieu-Drouot, le deuxième entre le square d'Anvers et Richelieu-Drouot, le troisième entre la place de Clichy et le quai des Tuileries. Un premier plan d'ensemble est ensuite présenté par Georges Lemarchand, le 8 septembre 1929 ; il comprend deux lignes est-ouest, l'une suivant à peu près le tracé de la ligne 1 du métro, l'autre correspondant au tracé des Grands Boulevards entre République et Madeleine, et des lignes transversales (Saint-Lazare-Concorde, Place de Clichy-Pont-Neuf, Magenta-Hôtel-de-Ville), le tout complété par douze garages souterrains, étudiés par les architectes Louis Plousey et Angelo Massé ; au total, 25 kilomètres de voies, pour un coût de un milliard de francs.

Poyet et Rank d'après Louis Plousey : projet de garage souterrain sous le square Laborde (actuel square Marcel-Pagnol), 1929. (© Ville de Paris, bibliothèque Forney)

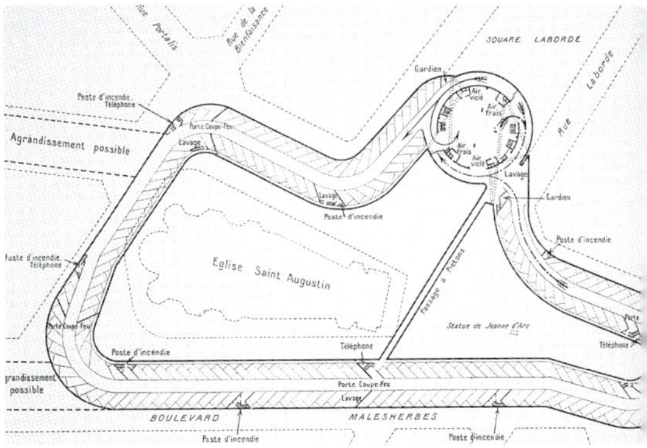

Projet de voie souterraine entre la place Vendôme et le pont de Solférino, plan et perspective aérienne, 1929. (© Ville de Paris, bibliothèque Forney)

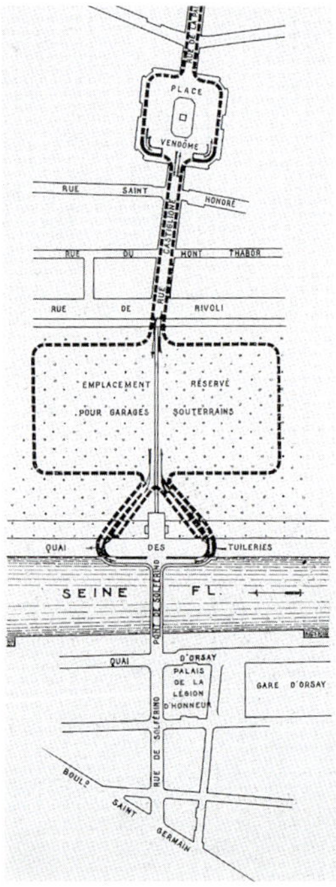

L'action du Gecus

Le Gecus présente pour sa part, en juin 1934 au Congrès d'urbanisme de Bordeaux, le plan de Gaston Bardet, inspiré en partie des voies rayonnantes dessinées par Eugène Hénard. Son esquisse d'un réseau d'autoroutes souterraines ne définit pas seulement les contours d'un « plus Grand Paris », elle rend aux grandes perspectives de la ville historique leur fonction première de promenades – leur historien, Marcel Poëte, insiste sur ce point dans la préface au texte de son gendre. Défenseur d'une vision globale de l'urbanisme souterrain, Bardet trace deux grands axes, quatre voies diamétrales et deux circulaires de liaison, reliées aux routes nationales existantes ainsi qu'aux nouvelles autoroutes prévues par le plan Prost. Selon l'urbaniste, « entre la ville asservie par la machine de Le Corbusier et la ville rêvée par Duhamel ou la Commission du vieux Paris, il y a place pour une grande cité d'échange, composée de deux villes superposées : l'une réservée à tout ce qui est machines, rouages, entrepôts, l'autre à tout ce qui est humain[2] ».

Des réalisations discrètes

Dans les faits, les seules réalisations d'urbanisme souterrain sont, après la rue Paul-Cézanne – opération privée menée en 1931 par Louis Plousey et Urbain Cassan –, les passages ménagés sous les boulevards extérieurs à certaines des portes les plus fréquentées de Paris : Porte Dauphine en 1931, puis, jusqu'en 1939, Portes Maillot, Champerret, Clichy, de la Chapelle, de Clignancourt, de la Villette et d'Italie. De nombreux autres projets émergent à la fin des années 1930, certains limités à un seul point névralgique (Palais-Royal, Champs-Élysées), d'autres assimilables au métro par leur longueur et leur densité. Le 27 juin 1936, Charles Trochu et 19 conseillers municipaux présentent, pour leur part, un projet associant au réseau autoroutier un dispositif de protection civile susceptible, en cas d'attaque aérienne, d'accueillir tous les Parisiens dans un délai de 30 à 45 minutes. Édouard Utudjian et Jean Tschumi développeront enfin, en 1937, le projet de Bardet et présenteront, à l'Exposition internationale de Paris, une maquette lumineuse de Paris-Souterrain.

La rue Paul-Cézanne, première rue souterraine de Paris, ouverte en 1931. (© Ville de Paris, bibliothèque Forney)

Le Gecus poursuivra inlassablement, dans les années 1950, les études de réseaux autoroutiers souterrains ; en vain, car on projetait alors des radiales à ciel ouvert ! Son seul réel succès parisien, et encore suscitera-t-il bien des controverses, sera la réalisation, dans les années 1960, de parkings souterrains dont il avait donné la liste (41 au total) en 1953.

La maquette lumineuse du Paris-Souterrain, exposée en 1937, figurant en couverture du *Monde souterrain*, n° 57, février 1950. (Coll. S. Texier)

TECHNIQUES URBANISME ARCHITECTURE RECONSTRUCTION CIRCULATION PROTECTION EXPLOITATION EXPLORATION ÉQUIPEMENT

LE MONDE SOUTERRAIN

SPÉLÉOLOGIE GÉOLOGIE ÉVOLUTION ARCHÉOLOGIE PREHISTOIRE GEOTECHNIQUE MINES et CARRIÈRES ASSAINISSEMENT THERMALISME

G • E • C • U • S — GROUPE D'ÉTUDES ET DE COORDINATION DE L'URBANISME SOUTERRAIN FONDÉ EN 1933 GRAND PRIX DE L'EXPOSITION INTERNATIONALE 1937 A PARIS

C • P • I • U • S — COMITÉ PERMANENT INTERNATIONAL D'URBANISME SOUTERRAIN FONDÉ en 1937 par le 1er CONGRÈS INTERNATIONAL D'URBANISME SOUTERRAIN

DIRECTEUR FONDATEUR : E. UTUDJIAN — RÉDACTEUR EN CHEF : M. ARGOUGES | RÉDACTION ET ADMINISTRATION 94, RUE SAINT-LAZARE - PARIS 9e TÉLÉPHONE : PIGALLE 60-44 | 15me ANNÉE N° 57 FÉVR. 1950 | ABONNEMENT : FRANCE 500 FRS LA PART DE FONDATEUR 500 FRS C. C. POSTAL G.E.C.U.S 3967-33 | PRÉSIDt du Cté de RÉDACTn : Gl TONNET SECRÉTre ADMINISTRATive : Mme J. BRISSET

SOMMAIRE N° 57

Autoroutes Souterraines de Paris VOL. I

- Les autoroutes souterraines de Paris et la création de parkings-garages souterrains, par M. Ed. UTUDJIAN ... 303
- Paris-Aménagement souterrain de la Capitale - 1re partie, par M. Ed. UTUDJIAN, Secrétaire général du G.E.C.U.S. et du C.P.I.U.S. ... 304
- La question des autoroutes souterraines et garage-parkings au Conseil Municipal de Paris ... 314

LES AUTOROUTES SOUTERRAINES DE PARIS ET GARAGES-PARKINGS SOUTERRAINS

- Paris-Souterrain, par M. Alexis E. C. FLAGNARD, Huissier-Audiencier près la Cour d'Appel de Paris, Lauréat du G.E.C.U.S. ... 315
- Aspect physiologique de l'urbanisme souterrain, par M. ARGOUGES, Secrétaire Général Adjoint du G.E.C.U.S. ... 319
- Historique - L'évolution souterraine, par Édouard UTUDJIAN ... 320
- G.E.C.U.S. ... 321
- Les débuts d'une belle œuvre sur la science sous-marine, par M. M. DERBERÉ, ingénieur, membre du G.E.C.U.S. ... 322
- 2e Congrès Mondial des Techniques et de l'Urbanisme Souterrain (VI) ... 323
- Bibliographie ... 324
- Répertoire du Monde Souterrain ... 325

Voies Souterraines de Paris

Maquette lumineuse en matières plastiques montrant, à l'aide de rayons ultra-violets par fluorescence, les canalisations et fonctions (métro, égouts, carrières, etc.) encombrant le sous-sol parisien et le cheminement des voies souterraines futures

Passage souterrain entre la Porte Champerret et la Porte de Courcelles : le seul grand chantier est celui des portes de Paris. (Coll. S. Texier)

1 C. Tambuté, « Transit et urbanisme », texte dactylographié, s. d. [1935], fonds E. Maigrot, IFA.
2 G. Bardet, « Paris. Le centre d'échange et les autoroutes souterraines à grande profondeur », *Urbanisme* n° 35, avril 1935.

Dialogues avec le passé

Projet d'aménagement de l'îlot insalubre n° 3 (Saint-Séverin), présenté par la Ville de Paris à l'Exposition de 1937. (Coll. S. Texier)

Louis Süe, immeuble d'Helena Rubinstein, quai de Béthune, 1937. (© S. Texier)

LE 11 AVRIL 1934, DANS *MARIANNE*, l'écrivain Jean Giraudoux, particulièrement impliqué dans le débat sur l'urbanisme en France, publie un texte intitulé *Promenade de printemps*. De retour d'un parcours qui l'a conduit de Paris à Fontainebleau, l'écrivain déplore le manque de tenue de la France et de sa capitale en particulier, dont l'architecture n'est plus à la hauteur du cadre qui l'abrite. « L'avenue de l'Arc de triomphe n'existe plus depuis que le bâtiment Marignan a été installé en paravent devant elle. La place de la Concorde est défigurée par l'ambassade américaine » – tout juste achevée par les architectes américains William Adams Delano et Chester Holmes Aldrich.

Place Dauphine

Mais la faute de goût la plus impardonnable est due à Henri Sauvage : « Sur la place Dauphine, le monument antidote est infiniment plus compromettant. Dans cette proue de la Cité, à laquelle la plupart des propriétaires et des architectes s'ingéniaient depuis quelques années à restituer l'atmosphère sacrée, tous les efforts ont été réduits à néant par la construction [...] d'un chalet breton gigantesque en matériaux de l'époque hercynienne. L'architecte en est mort le lendemain de son achèvement, seul moyen pour lui d'échapper à une hantise et à une culpabilité qu'il a préféré nous passer. » Giraudoux sera tout aussi sévère dans son texte le plus célèbre, *Pleins pouvoirs* (1939) : « Ville de Paris ou Commune de Paris sont, du moins, d'accord pour détruire les témoins les plus sacrés de la civilisation et de l'esprit parisien, et il nous faut d'ailleurs reconnaître que la Commune a sur sa rivale l'avantage immense de n'avoir pas reconstruit. »

Henri Sauvage, immeuble à l'angle du quai des Orfèvres et de la rue de Harlay, 1932 : une nouvelle rupture d'échelle sur le site de la place Dauphine. (© S. Texier)

Exercices de style

Comment l'architecture contemporaine doit-elle alors s'insérer dans les quartiers anciens de la capitale ? Comment les plus récentes méthodes de construction, qui induisent des formes ou des expressions nouvelles, doivent-elles apparaître ? Le règlement de 1902 a favorisé une écriture architecturale foisonnante, mais ne légifère aucunement, comme au demeurant tous les règlements urbains jusqu'à nos jours, sur l'esthétique du bâtiment. Tout est donc affaire de convenance ou de goût, du moins jusqu'à la loi du 2 mai 1930 sur la protection des sites, que l'immeuble de Sauvage outrepasse allègrement. La façade de l'immeuble situé à l'angle du quai des Orfèvres et de la rue de Harlay n'était pas, comme la moitié de celles qui bordent la place Dauphine, classée monument historique ; elle n'en appartenait pas moins à un ensemble monumental qui, bien que dénaturé depuis deux siècles, constituait l'un

des fleurons de l'urbanisme classique. Mais fallait-il conserver et restaurer ce témoin pittoresque, ou bien, ainsi que le clamait Frantz Jourdain dans *L'Œuvre* le 10 novembre 1929, flanquer « tout ça par terre » ? « Ah ! l'étrange manie qu'ont quelques-uns d'admirer une chose, non parce qu'elle est belle, mais parce qu'elle est vieille », ajoutait l'architecte de la première Samaritaine. Après avoir essuyé un refus de la Ville – l'immeuble projeté aurait porté atteinte au site constitué par les quais de la Seine et le Palais de justice –, Henri Sauvage pourra tout de même reconstruire en 1932 un bâtiment de sept étages plus entresol. Le dessin des combles, l'emploi de la pierre et de la brique en façade, comme le recours au motif de la fenêtre thermale pour l'entresol, sont autant de tentatives – ou de concessions à la Commission des sites – pour dialoguer avec l'architecture avoisinante, qu'elle date du XVIIe ou du XIXe siècle…

Le classicisme incompris ?

À quelques mètres, quai de Conti, dans l'axe du Pont-Neuf et face aux pavillons d'entrée de la place Dauphine, Joseph Marrast élève la même année un groupe d'immeubles tout aussi contesté. L'architecte s'est inspiré plus manifestement encore du style Louis XIII, au risque d'employer des motifs inutiles du point de vue constructif. C'est pourtant sur un autre plan qu'André Ménabréa, secrétaire général de la Ligue urbaine, concentre sa critique. Séduit par l'approche de Marrast, il attaque en revanche la Ville, qui a choisi de garder intacte la rue de Seine et, par là même, fait insulte au Pont-Neuf en ne lui offrant pas le débouché qu'il mérite. « 1932 est en retard sur 1578. Le conseil municipal de Paris sur Henri IV[1] », conclut Ménabréa, qui renverse ici, à la manière de Le Corbusier, la question du respect dû au passé.

Le choix de l'élargissement n'est pourtant pas aisé en quartier ancien : comment, par exemple, éclaircir la rue des Deux-Ponts sur l'île Saint-Louis sans couper l'île en deux, sans rompre la continuité du bâti sur le quai de Béthune – sur lequel Louis Süe construira l'immeuble d'Helena Rubinstein, élu meilleure œuvre de

Joseph Marrast, immeubles 1-3-5, quai de Conti, 1932 : un dialogue difficile avec le Paris historique. (© S. Texier)

l'année 1937 ? Prévus avant-guerre, les travaux seront réalisés d'un seul côté (est) dans les années 1930, après la reconstruction du pont de la Tournelle, et la plupart des immeubles en pierre de taille, construits dans les années 1950-1960, sous la direction de Pierre-Victor Fournier, puis de Joseph Marrast. C'est pourtant dans un style totalement étranger à l'île (le style Louis XIII) qu'Alex Mezzara proposait, en 1914, de reconstruire les deux côtés de la rue, deux galeries ménageant des passages pour piétons et permettant une réduction de la percée de 15 à 11 mètres. Peut-on avancer que l'une des deux solutions était plus fidèle au passé que l'autre ?

À gauche : projet de voie nouvelle sur l'emplacement des rues Guénégaud et de Nevers et aboutissant au Pont-Neuf. (Coll. S. Texier)

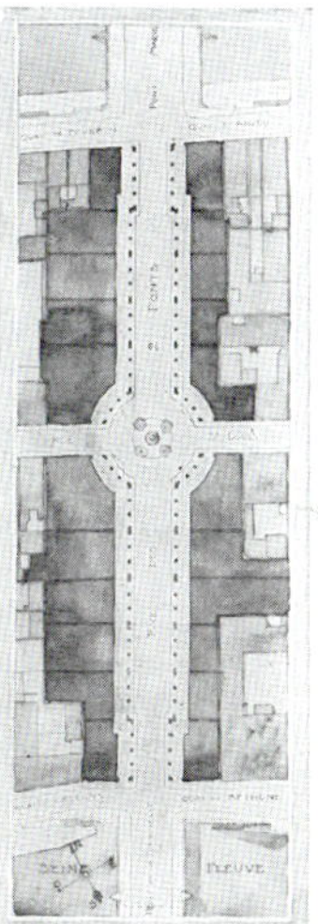

Alex Mezzara, projet d'élargissement de la rue des Deux-Ponts, 1914 : le néo-Louis XIII devient le style parisien par excellence. (IFA)

1 *Urbanisme*, novembre-décembre 1932.

Les églises : des monuments sans perspective

À gauche : l'église Sainte-Odile, entre les immeubles des Maréchaux et la « zone ». (© Préfecture de police)

Ci-dessus : le clocher de Sainte-Odile, le plus haut de Paris. (© S. Texier)

DEPUIS LA LOI DE SÉPARATION DES ÉGLISES et de l'État en 1905, la construction de nouveaux lieux de culte incombe à l'archevêché de Paris, dont les ressources sont limitées. Si les églises du XIXe siècle faisaient l'objet d'aménagements globaux (Saint-Vincent-de-Paul et la place Franz-Liszt, la Trinité et la place d'Estienne-d'Orves), celles du XXe doivent le plus souvent s'insérer dans des parcelles irrégulières, contraignant les architectes à miser sur la hauteur du clocher pour leur donner la présence d'un monument. C'est le cas à Sainte-Odile (le plus haut clocher de Paris), au Sacré-Cœur-de-la-Cité-Universitaire, à Saint-Antoine-de-Padoue, mais aussi dans deux des principales églises construites pendant l'entre-deux-guerres : Saint-Pierre-de-Chaillot et le Saint-Esprit.

L'église, le quartier, la ville

Lorsqu'un jury d'architectes désignés par l'archevêque de Paris se réunit le 12 juillet 1927 et adopte à l'unanimité le plan d'Émile Bois pour Saint-Pierre-de-Chaillot, le problème de l'orientation se pose immédiatement. Le terrain dépend en effet de la forme des parcelles cédées par la comtesse de Contades. On envisage alors de placer la façade principale à l'angle de l'avenue Marceau et de la rue de Chaillot, afin d'obtenir une église bien éclairée. D'ailleurs, « l'église se présenterait mieux. Elle serait ainsi, comme l'église [Saint-Pierre] de Montrouge, entre deux rues et donnant sur une place », précise un curé. La solution sera rejetée. En mai 1929, l'architecte élabore un nouveau projet, dans lequel la façade se distingue nettement des maisons qui l'entourent, puis envisage l'isolement complet de l'église en détruisant certains immeubles. Les projets d'Émile Bois sont par la suite examinés par le Comité technique et d'esthétique de la Ville de Paris, où Henri-Paul Nénot regrettera non seulement le caractère trop funéraire de l'édifice, mais aussi son manque d'unité[1]. L'église présentera finalement sa façade sur l'avenue Marceau, enchâssée entre deux mitoyens ; et si la blancheur de sa pierre et les bas-reliefs d'Henri Bouchard ne laissent pas indifférent le passant de l'avenue Marceau, c'est avant tout grâce à son clocher que Saint-Pierre-de-Chaillot existe à l'échelle supérieure du quartier.

La coupole et le clocher

La situation de l'église du Saint-Esprit est également inédite et, dans une large mesure, a influé sur le dessin de son plan. Le terrain, réunion de deux parcelles achetées en deux temps, est bordé d'immeubles mitoyens sur l'avenue Daumesnil, dont le niveau se trouve par ailleurs de quatre mètres plus bas que celui de la rue Claude-Decaen, à l'autre extrémité. Aussi Paul Tournon a-t-il dû composer son plan selon deux axes différents : l'entrée sur l'avenue est formée d'un narthex prolongé par un escalier, qui abou-

Des repères à l'échelle urbaine : le clocher et la coupole de Saint-Pierre-de-Chaillot. (© S. Texier)

tit à une rotonde assurant l'orientation vers l'intérieur de l'église, dont le plan s'inspire de celui de Sainte-Sophie. Il eût été vain, sur ce faible espace donnant sur l'avenue Daumesnil, de « dresser une cathédrale en réduction », notait Charles Imbert. « L'architecte a donc, très sagement, uniquement dédié cet endroit au clocher, lequel, libéré par-dessus les constructions bourgeoises de ses côtés, sera de très loin visible, comme un mystique beffroi [...][2] » Celui-ci ne sera d'ailleurs achevé qu'en 1959, soit un quart de siècle après la consécration de l'église. Sur la rue Cannebière, avec un remarquable souci de continuité urbaine, Tournon développe sa longue façade en brique, derrière laquelle se trouvent sacristie, logements du clergé et bureaux. Avec les églises du Saint-Esprit et Saint-Pierre-de-Chaillot, on en revient en quelque sorte à une conception médiévale de la place de l'église dans la ville. On retrouve l'effet de surprise que provoque la vision d'un monument rompant avec l'échelle du quartier, totalement différente de la vision frontale des « monuments-cibles » du Paris haussmannien.

L'église du Saint-Esprit, avenue Daumesnil : un monument entre deux mitoyens. (© S. Texier)

Georges Closson, projet lauréat pour la basilique votive de Sainte-Jeanne-d'Arc, 1926. (Archives historiques de l'archevêché de Paris/J.-C. Doërr)

Les ambitions de la Ville

Les discussions autour du projet de Sainte-Jeanne-de-Chantal montrent enfin que, en certains cas, la Ville de Paris a encouragé la construction d'églises monumentales. En 1932, elle cède ainsi un terrain à l'archevêché, mais exige en retour un édifice à la hauteur du site : la place de la Porte-de-Saint-Cloud est en effet promise à un aménagement monumental, réalisé par les architectes Robert Pommier et Jacques Billard. Or, l'architecte retenu, Julien Barbier, présente un projet trop peu ambitieux au goût des services d'architecture de la Ville : Henri Prost craint que « le caractère modeste et un peu archéologique de l'église ne soit écrasé par les hautes constructions déjà édifiées autour de la place », et demande un projet « plus hardi », « plus résolument moderne[3] ». Barbier reverra son projet à la hausse, mais les avatars de la construction de l'église, commencée en 1935 et achevée dans les années 1950 seulement, en font toujours le point faible de la Porte de Saint-Cloud.

« Je ferai un clocher en béton armé, haut de 200 mètres, qui sera le couronnement de tout l'édifice. À l'intérieur, jusqu'à 110 mètres, le regard, en s'élevant, ne rencontrera que du vitrail. » Ainsi Auguste Perret décrivait-il, en 1926, son projet pour la basilique Sainte-Jeanne-d'Arc, rue de la Chapelle. Le clocher-église, signal métropolitain émergeant de la ville dense, apparaissait peut-être comme la réponse la plus appropriée aux besoins et aux contraintes de Paris.

Sainte-Jeanne-de-Chantal, une église marginale à la Porte de Saint-Cloud. (© S. Texier)

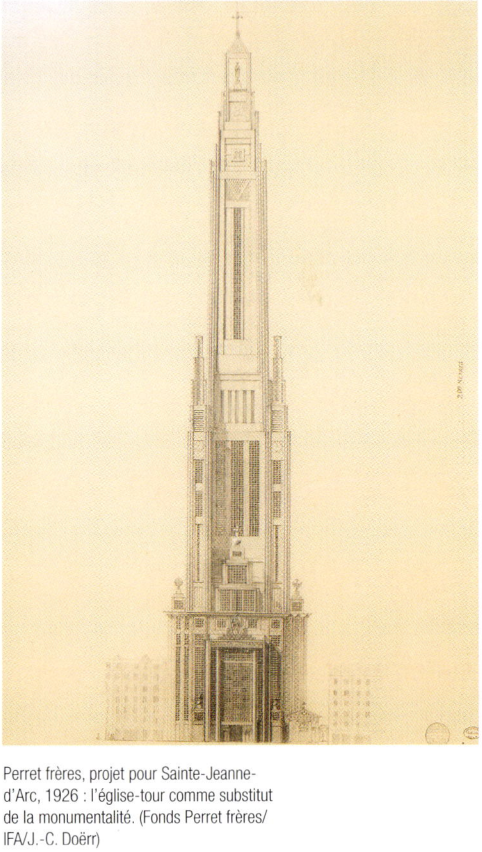

Perret frères, projet pour Sainte-Jeanne-d'Arc, 1926 : l'église-tour comme substitut de la monumentalité. (Fonds Perret frères/ IFA/J.-C. Doërr)

1 Archives historiques de l'archevêché de Paris.
2 *La Technique des travaux*, mars 1933.
3 Rapport de la séance du Comité consultatif d'architecture de la Ville de la Paris et du département de la Seine, 28 février 1934, Archives historiques de l'archevêché de Paris.

De la Porte Maillot à La Défense : la tentation monumentale

Perret frères, projet pour le concours Rosenthal, Porte Maillot, 1930. (Fonds Perret frères/IFA)

« LES RAISONS QUI DÉTERMINENT, dans une grande ville comme Paris, le prestige, la renommée, le succès d'un quartier, d'une rue, d'une maison de commerce, sont, semble-t-il, toujours les mêmes. On y trouve les lois générales d'évolution, parmi lesquelles se place l'inexplicable développement des villes vers l'ouest, tant de fois vérifié [...] », écrit Léonard Rosenthal dans son ouvrage *Quand le bâtiment va...*, en 1928. Ce négociant en perles fines, maître d'œuvre des galeries marchandes des Champs-Élysées (Les Arcades et Les Portiques), apôtre d'une revitalisation commerciale de l'avenue par la création de garages et de passages souterrains, prend en 1930 l'initiative d'un concours d'idées – il n'y aura pas de projet primé – pour l'aménagement de la Porte Maillot. Son ambition, avouera-t-il plus tard, était de voir s'ériger à la Porte Maillot « deux tours immenses, constituant un des éléments de la perspective grandiose qui devait joindre à une artère unique, les Tuileries, l'Arc de triomphe et la place de La Défense ». Les architectes invités à concourir comptent parmi les plus en vue du moment, Rosenthal ayant manifestement pris le soin de doser entre les « modernes » (Le Corbusier et Pierre Jeanneret, les frères Perret, Robert Mallet-Stevens, Henri Sauvage, Henri Defrasse ou encore le Russe Viatcheslav Oltarjevski) et certaines figures plus consensuelles (Maurice Boutterin, André Granet, Émile Molinié et Charles Nicod, Albert Pouthier, Victor Valensi et les urbanistes Émile-Louis Viret et Gabriel Marmorat).

Dialoguer avec l'Étoile

Devant à la fois faire œuvre d'art urbain et proposer des solutions pour la gestion des flux circulatoires à l'une des plus importantes sorties de Paris, la plupart des concurrents sont, pour la première fois, confrontés au problème de la monumentalité. Mais au-delà du caractère architectural des projets présentés, le traitement de la place comme porte de ville doit laisser la prééminence symbolique à l'Arc de l'Étoile au sein de la perspective projetée : « La Porte Maillot doit être traitée comme une place, un carrefour de voies principales, un passage et non un arrêt, une limite », écrit Félix Boutron dans son compte rendu du Salon d'automne de 1931, où les maquettes sont présentées[1]. De ce point de vue, le concours s'apparente à une variation sur le thème des tours jumelles encadrant une avenue. Les pyramides de Sauvage, les prismes purs de Le Corbusier ou les plots doublés d'une colonnade de Perret sont autant de monuments dont le gabarit est tributaire de celui de leur aîné : l'Arc de triomphe doit demeurer comme enchâssé dans un cadre. Le projet de Robert Mallet-Stevens fait alors figure d'exception, l'architecte prenant le parti d'unifier son ensemble monumental au moyen d'un grand arc, « lumineux la nuit et léger le jour, pour évoquer dans l'avenir l'emplacement d'une porte de Paris », note Emmanuel de Thubert[2]. La portée symbolique du concours ne doit cependant pas faire oublier le travail mené sur la voirie, par Le Corbusier

Henri Sauvage (à gauche) et Le Corbusier et Jeanneret (à droite), projets pour le concours Rosenthal, Porte Maillot, 1930. (Fonds Henri Sauvage/IFA, © FLC, Adagp, Paris 2004)

André Granet, projet pour le concours pour l'aménagement de la « voie triomphale », 1931. (Fonds André Granet/IFA)

principalement, qui développe le principe de la dalle et de la hiérarchisation des flux : une esplanade réservée à la promenade et aux cafés surplombe le sol naturel de la Porte Maillot, affecté à la circulation.

Aménager la voie triomphale

Alors que les projets du concours Rosenthal étaient présentés au public, la Ville de Paris lançait une nouvelle consultation, pour l'aménagement de la « voie triomphale ». Il s'agissait, entre l'Étoile et La Défense, de doter l'ensemble le plus prestigieux de Paris d'un « appareil architectural », tout en enrichissant la perspective par « ces relais du regard » que sont les statues[3]. Fait symptomatique, le jury accorda le premier prix au projet de deux sculpteurs (Paul Landowski et Henri Bouchard), associés à l'architecte Paul Bigot. Comme pour le concours Rosenthal, il était recommandé aux concurrents de conserver à l'Arc de triomphe son caractère dominant dans la perspective ; cela n'empêcha pas André Granet de projeter sur la place Foch un monument formant écran. L'architecte se gardait pourtant de « gêner la visibilité », mais n'en avouait pas moins que l'ensemble de gratte-ciel qu'il prévoyait pour La Défense serait en quelque sorte « terminal ».

Achever une perspective

Quel sort réserver, en effet, à ce site encore vierge de tout aménagement concerté, mais déjà voué à une immense portée symbolique ? Que faire du monument commémorant la défense de Paris en 1871, dont l'échelle ne correspond désormais plus à celle de la perspective ? Le président du conseil municipal, Adrien Mithouard, avait suggéré d'y ériger un nouvel arc de triomphe, en l'honneur des armées alliées, suggestion d'autant plus réalisable que la butte de l'Étoile et celle de Courbevoie se trouvent à peu près au même niveau. Elle ne sera pas reprise par les 35 équipes concurrentes du concours de 1931, manifestement préoccupées par l'opportunité d'élever à Paris des immeubles de grande hauteur. Seuls Lesage et Miltgen, qui projetaient une arche à gradins, semblaient vouloir établir un réel dialogue avec l'Étoile. Quant aux problèmes de la circulation à la sortie de Paris, sérieusement abordés par quelques rares architectes seulement (André Granet, notamment), ils seront finalement abandonnés aux professionnels de la voirie, qui aménageront sous la Porte Maillot deux passages souterrains vers Neuilly.

Les réseaux souterrains au niveau de la Porte Maillot, 1933. (Coll. part./J.-C. Doërr)

Robert Mallet-Stevens, projet pour le concours Rosenthal, Porte Maillot, 1930. (Coll. part./J.-C. Doërr, © Adagp, Paris 2004)

1 *L'Architecture*, 15 décembre 1931.
2 *La Construction moderne*, 27 mars 1932.
3 M. Zahar, dans *L'Architecture d'aujourd'hui*, mai 1932.

Les transports parisiens en question

LES « EMBARRAS » DE PARIS SONT LÉGENDAIRES ; le problème de la circulation et des moyens de transport devient cependant d'une complexité particulière au début du XXe siècle. Le métro, encore insuffisamment développé, n'a pas empêché la croissance quasi exponentielle des flux en surface. La rue parisienne est alors le lieu d'une rare confusion : les dernières voitures hippomobiles y côtoient les premières automobiles, les bicyclettes y croisent les premiers autobus, le tout sans signalisation.

« Disques, signaux, appels sonneries… Sommes-nous à Paris ou dans une gare ? », vers 1930. (Musée Carnavalet, © PMVP)

L'hydre automobile

Le conseiller municipal Émile Massard rédige en 1910 un important rapport « sur la circulation générale des voitures et des piétons dans Paris », qui enregistre une augmentation de 20 % du trafic en deux ans à certains des grands carrefours parisiens : Rivoli-Sébastopol, Richelieu-Drouot, Champs-Élysées-Chevaux-de-Marly et Saint-Honoré-Royale. Depuis 1910, ajoutera Pierre Bourdeix dans son article « Métropolisme et circulation[1] », l'augmentation aux mêmes points a été de 52 %, dépassant même les 100 % à Rivoli-Sébastopol. À l'est de Paris, au point de convergence du quai de la Rapée, de l'avenue Ledru-Rollin et du pont d'Austerlitz, le trafic double entre 1927 et 1932, près de 3 500 hippomobiles lourds empruntant chaque jour encore ce carrefour. Les projets d'élargissement de voies (rues de Turenne, de Buci, du Bac, de Vaugirard, Cambronne, avenue de Matignon), établis depuis les années 1910, ne constitueront que des pis-aller. Seul l'aménagement de passages souterrains au centre de Paris, réclamé en 1924 par le conseiller municipal Maurice Levillain, pouvait endiguer le flot des automobiles ; ils ne seront créés qu'à la fin des années 1970.

Encombrements place de l'Opéra au début du XXe siècle. (Coll. S. Texier)

Le métro, condition du Grand Paris

L'investissement dans les transports en commun s'affirme dans ces conditions comme une priorité, d'autant plus urgente que de la mobilité de ses habitants dépend l'existence du Grand Paris. Celui-ci, juge le conseiller municipal Fernand Laurent, « n'a guère été pendant trop longtemps qu'un sujet de discussions académiques pour les urbanistes professionnels ou amateurs. Grâce au métropolitain, il devient enfin une vivante réalité. La percée du métro, sa sortie de Paris et son extension dans la grande banlieue, c'est, au point de vue social comme au point de vue économique, un fait aussi

Henri Sauvage et André Ventre, projet pour une avenue en bordure de Paris, publié dans *La Construction moderne*, 22 juillet 1928. (© Ville de Paris, bibliothèque Forney)

important, pour notre agglomération parisienne et départementale, que l'a été au siècle dernier, pour l'ensemble du pays, l'apparition des chemins de fer[2] ». Surclassant définitivement le tramway, gênant pour la circulation et déficitaire – son exploitation est définitivement arrêtée en 1936 –, le métro est en effet prolongé, à partir de 1929, de 33 kilomètres dans quinze directions. Si certains jugent illusoire toute solution de continuité entre ce dernier et le réseau de banlieue, d'autres croient possibles des raccordements, l'écartement des rails étant le même. En dépit de cette incursion des transports parisiens à travers la périphérie, le programme d'extension demeurera cependant fidèle à l'autonomie du métro.

La nouvelle gare de l'Est

Le grand chantier de l'entre-deux-guerres consacre en fait la vocation centripète de Paris. L'adaptation de la gare de l'Est à un trafic passé de 8 millions de voyageurs en 1900 à 20 millions en 1930, imposait le doublement des voies (de 16 à 30) et, en conséquence, une refonte complète du bâtiment, menée de 1924 à 1931. Les messageries sont reportées à la Villette, aux abords du dépôt des locomotives, les immeubles riverains du Faubourg-Saint-Martin sont démolis et la rue reportée de 65 mètres vers l'est – elle est livrée à la circulation en novembre 1927. La gare elle-même est dédoublée par l'architecte en chef de la Compagnie de l'Est, Bernaut, et présente une seconde façade identique à la première, l'intérieur affichant en revanche une esthétique Art déco triomphante. L'ancien bâtiment est affecté au service des grandes lignes et le nouveau, réservé au service de banlieue. Cet immense chantier comprenait encore l'élargissement du goulot de sortie, impliquant la reconstruction des ponts des rues La Fayette, de l'Aqueduc et Philippe-de-Girard.

Il faut probablement voir dans cette réalisation, associant intimement travaux ferroviaires et travaux de voirie, le passage d'une époque de l'histoire des transports parisiens à une autre. Entreprise qui, à bien des égards, perpétue les savoirs-faire du XIXe siècle, la gare de l'Est est, avec le projet de nouvelle gare Montparnasse amorcé par Raoul Dautry en 1934, le dernier pari, avant les années 1980, sur la vocation urbaine du chemin de fer dans la capitale. Les gares deviennent pourtant, de plus en plus, synonymes de congestion ; faute de liaison et d'échange autre que par la voie publique, faute d'une gare centrale, le « polygone des gares » devient « quadrilatère infernal ». Pierre Bourdeix proposera, pour y remédier, de reporter les gares de grand réseau non seulement à la hauteur de l'ancienne enceinte fortifiée, « mais à la périphérie de l'agglomération dense que va déterminer le métro prolongé. [...] Paris ainsi dégagé des fumées, débarrassé des entrepôts de charbon et des ateliers de la voie ferrée, verrait de plus la circulation de gare à gare, diffusée sur son immense superficie et [...] créant, là où elle n'existe pas, l'animation, signe de prospérité[3] ». La crise des années 1930 aura raison de cet optimisme.

Le dédoublement de la gare de l'Est impose en 1927 un nouveau tracé pour la rue du Faubourg-Saint-Martin (à droite). (© La Documentation française/ Interphotothèque, Michel Brigaud/Sodel)

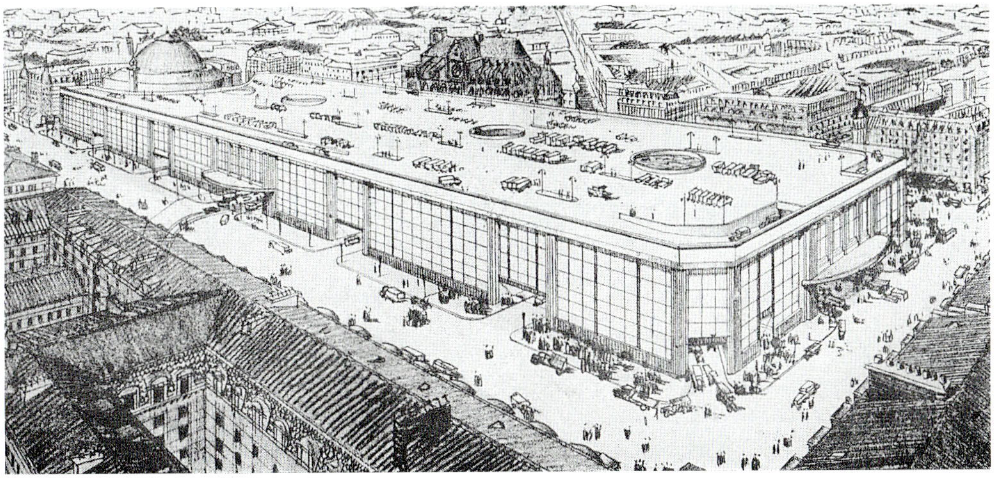

Pierre Bourdeix, projet d'aménagement des Halles avec parc de stationnement sur le toit du nouveau marché, 1931. (© Ville de Paris, bibliothèque Forney)

1 *L'Architecture d'aujourd'hui*, juin-juillet 1931.
2 *Ibid.*.
3 *Ibid.*

Une nouvelle approche du jardin public

Le square Sorbier, aménagé en 1938 au-dessus des voies de la Petite Ceinture. (© S. Texier)

PEU NOMBREUX SI L'ON EXCEPTE CEUX de la ceinture, les jardins, parcs et squares créés au cours des années 1930 ont cependant fortement marqué leurs quartiers. Ils témoignent surtout, par leur mode de conception et leur esthétique, d'une approche nouvelle du jardin public.

Vers un jardin fonctionnel

Dans le numéro spécial que *L'Architecture d'aujourd'hui* consacre à Paris en juin 1937, l'architecte des Promenades de la Ville, Roger Lardat, dresse le constat suivant : « Le jardin "anglais", aux allées étroites et sinueuses, de surveillance difficile, impropre aux jeux turbulents de la jeunesse, est devenu, pour réunir deux expressions à la mode, une "machine à loisirs" dont chaque élément répond à une fonction bien définie. Des allées avec des salles de verdure s'offrent à la promenade et au repos. Le jardin des petits avec ses bains de sable, son guignol, ses balançoires, se tient à l'écart de la circulation. Les terrains de récréation pour les enfants et les jeunes gens sont assez vastes et assez distincts de la promenade, pour que les jeux puissent s'y dérouler librement. L'auditorium s'éloigne des voies fréquentées et trouve place, si possible, dans une salle de verdure spéciale. Le jardin devenant un lieu de séjour prolongé se complète d'abris contre les intempéries, de kiosques de vente dont le concessionnaire fournit sur place goûters et jouets, de chalets de nécessité. »

Le square René-Le-Gall, dessiné par Jean-Charles Moreux sur les anciens jardins ouvriers de la Manufacture des Gobelins. (Fonds François Vitale/IFA)

Le square Sarah-Bernhardt remplace en 1936 une usine à gaz. (© S. Texier)

Si les jardins du second Empire n'étaient pas dépourvus de toute fonctionnalité, ils répondaient encore, il est vrai, à des impératifs essentiellement esthétiques. Les besoins d'une part importante de la population parisienne – les enfants – ne s'y trouvaient aucunement satisfaits. L'un des grands chantiers de l'entre-deux-guerres leur sera destiné : le développement des « bains de sable » marque en effet l'avènement d'un traitement pragmatique et fonctionnel du jardin. L'effort de la Ville en faveur des jardins anciens porte alors surtout sur ces aires spécialisées, tandis que l'œuvre des jardins d'enfants, initiative privée, sous les auspices de la Fondation Élisa-Stern, aidée par la Ville de Paris, tend à favoriser l'éveil des 2 à 7 ans ; on lui doit la création de plusieurs squares : le premier, ouvert en 1929, est le square Gilbert-de-Guinguand (15e).

Le renouveau classique

Roger Lardat remarque encore en 1937 : « Les considérations du prix de revient toujours croissant de l'entretien des plantations conduisent au groupement des végétaux en grandes masses aux contours rectilignes, et sont pour une large part dans la simplification des éléments du plan. » Ainsi le renouveau classique du jardin

Sur le site d'une ancienne usine à gaz, le parc de Choisy est bordé par l'Institut dentaire George-Eastman. (© S. Texier)

dans les années 1930 répondrait-il à des impératifs avant tout économiques. En partie seulement, car, comme l'architecture, l'art des jardins s'inscrit dans un mouvement esthétique global. Le square René-Le-Gall, livré en 1938 par Jean-Charles Moreux, est l'un des meilleurs exemples de ce renouveau classique, tout en répondant à des usages précis. Sur les jardins cultivés par les tisseurs de la Manufacture des Gobelins, Moreux sectionne sa composition en trois parties : le « jardin régulier » (côté Mobilier national), qui s'inspire des jardins du château de Villandry (parterres à grecques, treilles en béton armé encadrant un obélisque), un espace de jeux pour les enfants à l'extrémité occidentale et, entre les deux, des arbres anciens que Moreux conserve pour laisser se développer un sous-bois. L'architecte confie en outre au sculpteur Maurice Garnier la confection de figures en rocaille (têtes d'hommes et d'oiseaux).

Sur les ruines de l'industrie

Autre caractéristique essentielle des jardins de la décennie 1930 : leur mode d'implantation. La très grande majorité est créée soit sur l'emprise des fortifications – 15 hectares d'espaces libres nouveaux –, soit sur d'anciennes usines à gaz. Le transfert de ces dernières hors de Paris a en effet permis la création du square Saint-Lambert (1933), du square Sarah-Bernhardt (1936) et du parc de Choisy (1937). Si les concepteurs en sont différents (Georges Sébille, Léon Azéma et Roger Lardat), l'écriture en est la même : les architectes, tous trois rattachés à la Ville de Paris, imposent en quelque sorte un style municipal. Quant à la ceinture verte qui devait entourer Paris, elle n'a laissé que trois ensembles paysagers importants dans les années 1930 : le square Séverine (Roger Lardat, 1933) le square de la Butte-du-Chapeau-Rouge (Léon Azéma, 1938) et le parc Kellermann (Jacques Gréber, 1939-1950), chacun aménagé sur des terrains vallonnés, voire accidentés. Associant tracés classiques et pittoresques de part et d'autre du lit de la Bièvre canalisée, le parc Kellermann représente la seule contribution marquante de Gréber à l'urbanisme parisien.

Sur le reste de la ceinture, de petits squares, intégrés aux îlots ou s'intercalant entre eux, participe à l'aération des ensembles de logements. Conçus pour l'essentiel par Léon Azéma, ils répondent tous, du moins dans leur configuration d'origine, aux mêmes lois de composition et aux même exigences fonctionnelles : grilles discrètes, parterres rigoureusement dessinés, activités nettement différenciées, le tout scandé de quelques édicules de béton (pergolas, auditoriums, etc.).

Le parc Kellermann, aménagé par Jacques Gréber à partir de 1939. (© S. Texier)

Le square Saint-Lambert et le parc de la Butte-du-Chapeau-Rouge

Le square Saint-Lambert et son quartier en cours d'aménagement (en haut, le terrain laissé libre pour la construction du lycée Camille-Sée). (Fonds Georges-Henri Pingusson/IFA)

PAR-DELÀ LEURS QUALITÉS ESTHÉTIQUES, le square Saint-Lambert et le parc de la Butte-du-Chapeau-Rouge sont caractéristiques des procédures de création des jardins publics dans les années 1930.

L'usine à gaz de Vaugirard

Si les dates extrêmes du square Saint-Lambert indiquent une évidente lenteur dans les prises de décision – la désaffectation de l'usine à gaz de Vaugirard a été prononcée le 24 juin 1927 et le square inauguré le 17 juin 1933 –, en revanche, la rapidité de sa mise œuvre fut notée. Georges Sébille en dresse les plans en août 1931, en s'appuyant sur certains tracés existants : le bassin central épouse en effet les formes d'un gazomètre. Cependant, le conservateur adjoint du service technique des Promenades constatait, dans un rapport d'octobre 1929, un terrain « souillé à une très grande profondeur, soit par les émanations mêmes du gaz d'éclairage, soit par les divers produits chimiques qui entrent en jeu dans la fabrication de celui-ci. En tout état de cause, le sol actuel est absolument impropre à toute végétation et nous estimons nécessaire de la remplacer complètement sur une profondeur de 2 mètres […][1] » L'entrepreneur et conseiller municipal Adolphe Chérioux, homme fort du 15e arrondissement, ne cachera pas non plus son inquiétude lorsque l'exécution des travaux fera apparaître dans le sol « des substructions dont on ne soupçonnait pas la présence. Leur suppression entraînera une dépense supplémentaire qui n'avait pas été prévue au devis de l'opération[2] ».

Adolphe Chérioux aux commandes

Les travaux connaîtront pourtant peu de retard. Chérioux ayant, il est vrai, fait de cette réalisation une affaire personnelle, il est probable que son poids politique fut décisif. « Quand fut condamnée l'ancienne usine à gaz qui ne comptait pas moins de neuf gazomètres avec leurs gigantesques fosses douées de fondations

de quatre mètres d'épaisseur, je n'ai pas voulu que durant plusieurs années (comme cela s'est passé à l'usine à gaz de Passy) des terrains incultes attendissent la venue d'improbables constructions », explique-t-il. Et à la question : « Comment avez-vous pu obtenir ces résultats en si peu de temps ? », Chérioux répondra : « En me constituant le chef d'orchestre des divers services municipaux chargés du travail. Ce sont tous d'excellents musiciens, mais il fallait harmoniser leur activité […][3] » Le square Saint-Lambert n'occupe toutefois qu'un tiers des 6,6 hectares libérés par l'usine : outre le lycée Camille-Sée de François Le Cœur (1934), ce sont 2 000 logements HBM qui ont été construits autour, essentiellement par Louis-Clovis Heckly.

Le bassin du square Saint-Lambert épouse les contours d'une ancienne cuve de l'usine à gaz de Vaugirard. (© S. Texier)

À droite, l'*Ève* de Raymond Couvègnes (1938) au parc de la Butte-du-Chapeau-Rouge. (© S. Texier)

Bas-relief d'Auguste Guénot (1939), square Saint-Lambert. (© S. Texier)

Autre réalisation significative, le parc de la Butte-du-Chapeau-Rouge met en lumière, non seulement une pratique néoclassique du jardin parisien, mais aussi les mécanismes d'une création et les difficultés de sa réalisation. L'un des plus beaux parcs de la capitale a en effet vu le jour par défaut. L'emplacement avait d'abord été réservé pour la construction d'immeubles de logement, mais le relief du site imposait des travaux de terrassement trop importants – c'est pour des raisons analogues que les parcs Montsouris et des Buttes-Chaumont avaient été réalisés sous le second Empire.

Le chantier le plus long

Bien que la réalisation du parc de la Butte-du-Chapeau-Rouge se soit inscrite dans une durée peu commune (1930-1960 environ), on aurait trop vite fait d'arguer de la supériorité absolue du système haussmannien. Les Buttes-Chaumont, on le sait, furent aménagées en un temps record, mais au prix d'innombrables ajustements. Si le chantier mené par Léon Azéma fut tributaire des événements politiques – l'architecte doit reprendre ses plans en 1940-1941 pour les adapter au programme sportif instauré par Vichy –, certains retards apparaissent comme autant de preuves de prudence, la Direction des promenades prenant peut-être, en l'occurrence, exemple sur quelques malheureux précédents. À ceux qui dénonçaient la lenteur du chantier, Azéma rétorquait en mars 1936 : « L'état précaire du terrain et les affaissements d'argile qui se sont déjà produits, conduisent à penser qu'il vaut mieux retarder de quelques mois le commencement des travaux d'architecture pour permettre à ces mouvements de terrain de se stabiliser et au beau temps d'assécher la butte du Chapeau-Rouge[4]. » Les travaux ne reprirent qu'après assainissement du sol, tassement des remblais et mise en œuvre d'un système de fondations sur pieux.

Réalisation tardive, la Butte-du-Chapeau-Rouge est surtout une œuvre partielle : sa superficie actuelle n'atteint pas la moitié de celle qui lui était réservée à l'origine. L'aménagement d'un réservoir – dont la partie supérieure devait pourtant être praticable –, puis la construction de l'église Sainte-Marie-Médiatrice fixeront la limite méridionale du parc au boulevard d'Algérie ; un nouvel espace vert épousant le terrain qui sépare ce dernier du boulevard Sérurier sera aménagé en 1971. Ni les études menées jusqu'en 1961 par le fils de Léon Azéma, Jean, et par le Groupe d'études paysagères de la Ville de Paris, ni le projet d'« aménagement définitif » dans le cadre de la ceinture verte (1964) n'aboutiront. Longtemps délaissé, le terrain situé entre la Porte des Lilas et la Porte du Pré-Saint-Gervais ne trouvera son affectation qu'à partir des années 1980 avec la construction de l'hôpital Robert-Debré et des Archives de Paris.

Le parc de la Butte-du-Chapeau-Rouge, vers la périphérie. (© S. Texier)

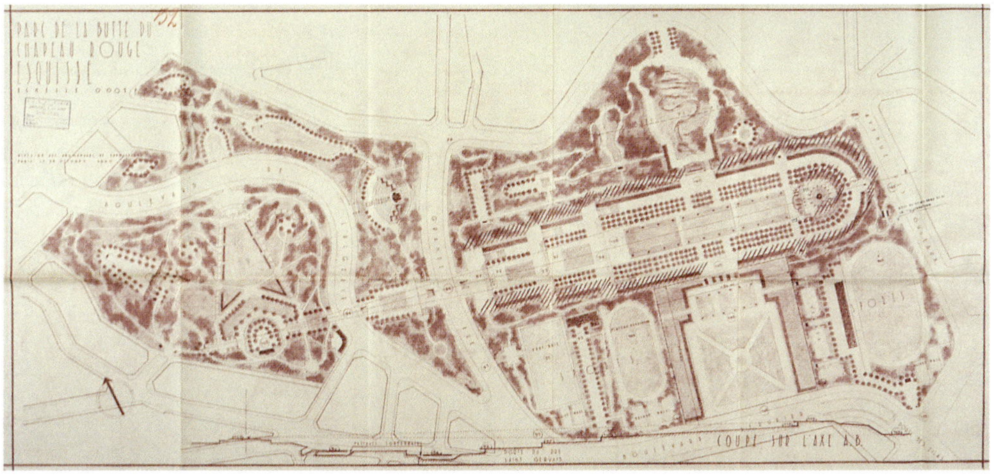

Ci-contre : Léon Azéma, plan du parc de la Butte-du-Chapeau-Rouge, 1941 : une petite moitié seulement du projet sera réalisée. (Archives de Paris/ J.-C. Doërr)

1 Archives de Paris, 1304W/156/1.
2 *Bulletin municipal officiel*, 27 décembre 1931.
3 *Bravo. Le mensuel de Paris*, avril-mai 1932.
4 Archives de Paris, VM90/20.

De la galerie des Machines au palais de Chaillot : l'improbable palais des expositions

La destruction de la galerie des Machines en 1911 : une décision qui pèsera sur tous les grands projets de l'entre-deux-guerres. (IFA)

De 1911, DATE DE DESTRUCTION de la galerie des Machines élevée en 1889 par Ferdinand Dutert et Victor Contamin, à 1937, année d'achèvement du palais de Chaillot sur les ruines du Trocadéro de Davioud (1878), Paris connaît un quart de siècle de débats et de projets autour de la question du palais d'exposition permanent. Par-delà ses qualités monumentales, celui-ci doit avant tout libérer les espaces libres les plus prestigieux de la capitale et leurs alentours, régulièrement mobilisés lors des expositions universelles.

À la recherche d'un site

Âprement débattu, le sort de la galerie des Machines est définitivement scellé en 1911. Mais si sa destruction libère la perspective sur l'École militaire, la perte du seul grand bâtiment d'exposition parisien impose une reconstruction rapide. Il reste d'ailleurs à trouver un nouvel emplacement : la destruction de l'enceinte de Thiers promet la libération de vastes espaces, et la Ville et l'État s'engagent en 1912 à réserver 23 hectares sur la zone pour l'aménagement d'un parc et la construction d'un palais des expositions, engagement ratifié par la loi du 19 avril 1919, mais qui demeurera sans suite.

Plusieurs architectes avaient pourtant pris les devants : Auguste Brenot envisage ainsi, dès 1911, le transfert du Muséum au plateau de La Défense pour installer le palais des expositions au Jardin des Plantes ; la même année, Gustave Rives propose la construction d'un palais des expositions spéciales internationales sur l'île de Puteaux et celle du palais de l'Agriculture sur le Champ-de-Mars.

La Foire de Paris, un temps hébergée au Grand Palais, se tient en 1917 sur l'esplanade des Invalides, puis sur le Champ-de-Mars, sans qu'aucun bâtiment permanent n'ait vu le jour. Après la guerre, les projets de jeux Olympiques (en 1924, à Colombes), d'Exposition des arts décoratifs (en 1925, aux Invalides) et d'Exposition coloniale (en 1931, au bois de Vincennes) reposent la question avec plus d'acuité encore, d'autant plus que les programmes varient selon la nature de la manifestation et le site choisi. Le ministère de l'Agriculture demande alors à son architecte, Charles Lemaresquier, associé à son aîné Victor Laloux, de dresser les plans d'un palais à la Porte de Saint-Cloud, rapidement jugé trop encombrant (20 000 m^2 et 50 mètres de hauteur) et dispendieux. Un concours est immédiatement organisé (avril 1920), qui récompense les projets de Louis-Hippolyte Boileau, Pierre et Louis Guidetti, Paul Tournon et Guillaume Tronchet, l'architecte de la Sorbonne, Henri-Paul Nénot, tentant de s'imposer parallèlement avec un projet 60 % moins cher.

Henri-Paul Nénot et R. Le Bœuffle, projet de palais des sports sur la place Maillot, 1911. (BHVP/J.-C. Doërr)

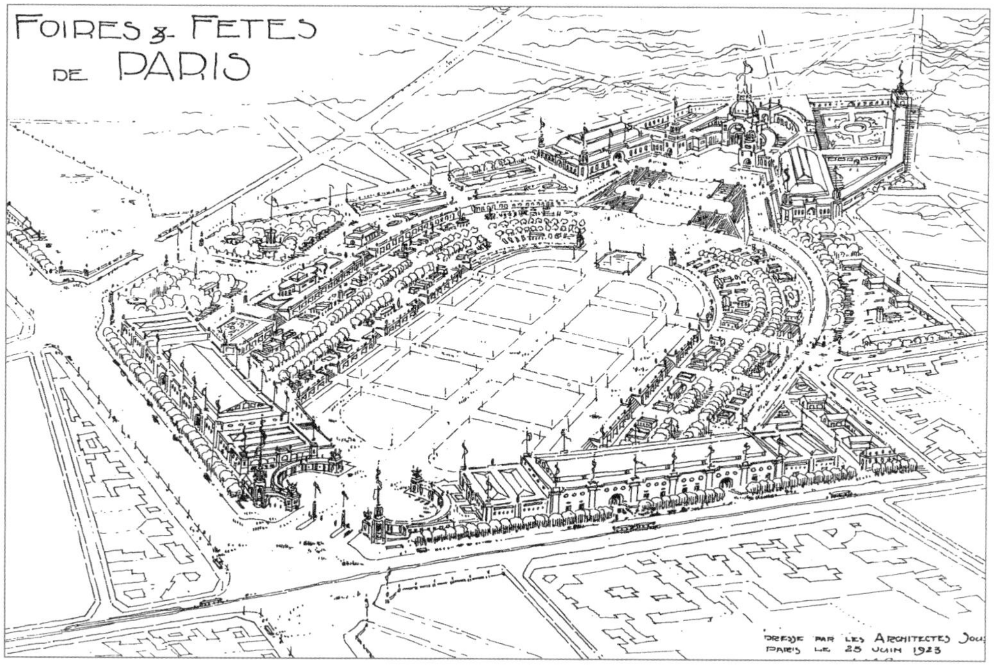

Paul Viard et Marcel Dastugue, projet de parc pour les foires et fêtes de Paris, Porte de Versailles, 1923. (Archives de Paris)

Le parc des expositions

Le 15 mai 1922, la décision est finalement prise de construire le palais des Expositions à la Porte de Versailles : il s'agit en fait de neuf halls démontables en charpente métallique, trois halls définitifs, une porte d'entrée monumentale, huit halls restant à construire au cours des sept années suivantes. Les architectes de la Société immobilière des foires, expositions et fêtes de la Ville de Paris, Paul Viard et Marcel Dastugue, présentent un projet de parc des expositions en juin 1923. De part et d'autre de la limite de la zone *non ædificandi*, des terrasses en gradins abritant des logettes encadrent une esplanade centrale, dans l'axe de laquelle se trouve l'accès à un palais – inspiré du dôme central de l'Exposition de 1889. L'entrée du parc, traitée à la manière d'une place baroque, est flanquée de deux vastes halls. Après une grève des terrassiers qui empêche la Foire de Paris d'investir les lieux en 1924, le programme est revu à la baisse : vingt hangars de fortune parés de façades Art déco accueillent la manifestation en 1925, les murs de soutènement étant construits avec les matériaux des fortifications. Le parc des Foires, Expositions et Fêtes de Paris est enfin inauguré le 5 mai 1926 par le président de la République.

Ci-dessous : le parc des Expositions à la Porte de Versailles : des halls provisoires à la place d'un palais. (Pavillon de l'Arsenal)

À droite : le parc des Expositions et ses pylônes d'entrée dans les années 1950. (Coll. S. Texier)

Vers le palais de Chaillot

Au cours des années 1930, le parc est dédoublé à l'ouest de l'avenue Ernest-Renan et de nouveaux bâtiments sont élevés mais, une fois encore, le projet d'un véritable palais est tributaire des grandes expositions parisiennes à venir. Le concours lancé en 1933 par l'Office technique pour l'utilisation de l'acier (Otua), en vue de la construction, hors de Paris, d'un grand palais des expositions, suscitera des propositions remarquables, mais restera lettre morte. Quant à la Société immobilière des foires, jalouse de l'accord passé entre la Ville et l'État pour l'Exposition de 1937 et la réalisation, à cette occasion, d'un bâtiment permanent, elle demande en 1934 à Louis-Hippolyte Boileau et Léon Azéma d'établir les plans d'un palais des expositions agricoles. Quelques jours plus tard seulement, les deux architectes s'associent à Jacques Carlu pour le concours du camouflage du Trocadéro, avant de le transformer en palais de Chaillot. Ils ne réaliseront, Porte de Versailles, que les pylônes d'entrée ornés de mosaïque et de bas-reliefs.

À l'heure de la valse des ministères, sites et architectes valsent également à Paris. Dotée d'un musée des Colonies à la Porte Dorée et d'un somptueux ensemble de musées sur la colline de Chaillot, la capitale n'a cependant, en 1937, toujours pas remplacé la galerie des Machines. Ce véritable feuilleton des Années folles symbolise à merveille les rapports conflictuels qu'entretiennent alors les deux principales forces en présence : la Ville et l'État.

Une cité ministérielle, dans Paris ou en dehors ?

La crise de l'État et la nécessité d'une réforme des institutions font naître, pendant l'entre-deux-guerres, des projets de réorganisation spatiale des sièges du pouvoir. Mais existe-t-il un site parisien qui puisse encore accueillir plusieurs bâtiments de prestige ? Un tel aménagement ne reviendrait-il pas, au contraire, à la proche périphérie de la capitale, consacrant ainsi son extension ? À travers cette question, c'est aussi celle de la densité d'une ville qui est posée.

Perspective aérienne de l'École militaire, 1777, d'après Lespinasse. (BHVP)

Regrouper les ministères

Après le lotissement des abords du Champ-de-Mars, entamé en 1906 et poursuivi dans les années 1920, l'École militaire est l'objet de toutes les convoitises. À l'exception du chef-d'œuvre de Gabriel, la plupart des casernes de cet ensemble de 18 hectares semblent promises à la destruction : « Jamais si peu d'hommes et de quadrupèdes n'occupèrent tant de place et de place si chère ; jamais cavalerie ne fut logée dans un endroit si peu propice aux évolutions cavalières », faisait remarquer Stéphane Lauzanne[1]. Ainsi André Honnorat et Louis Dausset suggèrent-ils la même année de regrouper les administrations centrales des divers ministères dans des bâtiments construits et aménagés à cet effet autour de l'École militaire. Favorable à une refonte complète du quadrilatère, le conseiller municipal Jean de Castellane voyait cependant là une « cible trop facile et un objectif trop tentant en cas de guerre[2] ».

Projets de Monique Vago et d'Alexandre Persitz pour une cité du gouvernement à l'entrée de la forêt de Saint-Germain, 1936. (© Ville de Paris, bibliothèque Forney)

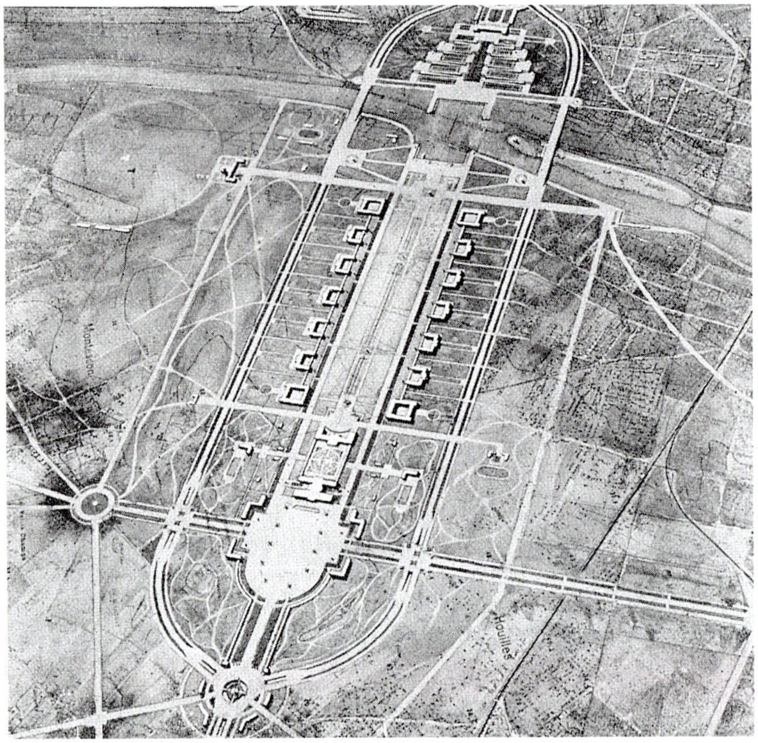

L'ouest, toujours

Beaucoup se rallieront à cette thèse et prôneront la création, hors les murs, d'une « cité du gouvernement ». En 1936, Monique Vago et Alexandre Persitz en dresseront chacun les plans à l'entrée de la forêt de Saint-Germain, point d'aboutissement de la perspective historique : perpétuant la tradition des grands tracés, des places monumentales et des ordonnances architecturales, les architectes réunissent de part et d'autre d'une avenue centrale les palais de la Chambre, de la présidence de la République, des ministères, du Conseil d'État, de la Cour des comptes, etc., le tout entouré d'habitations et d'équipements et protégé contre d'éventuelles attaques aériennes. Si ces propositions répondaient à une volonté largement partagée de voir Paris se développer vers l'ouest, elles relevaient cependant de la pure utopie vu l'incapacité des pouvoirs publics à entreprendre de grands travaux.

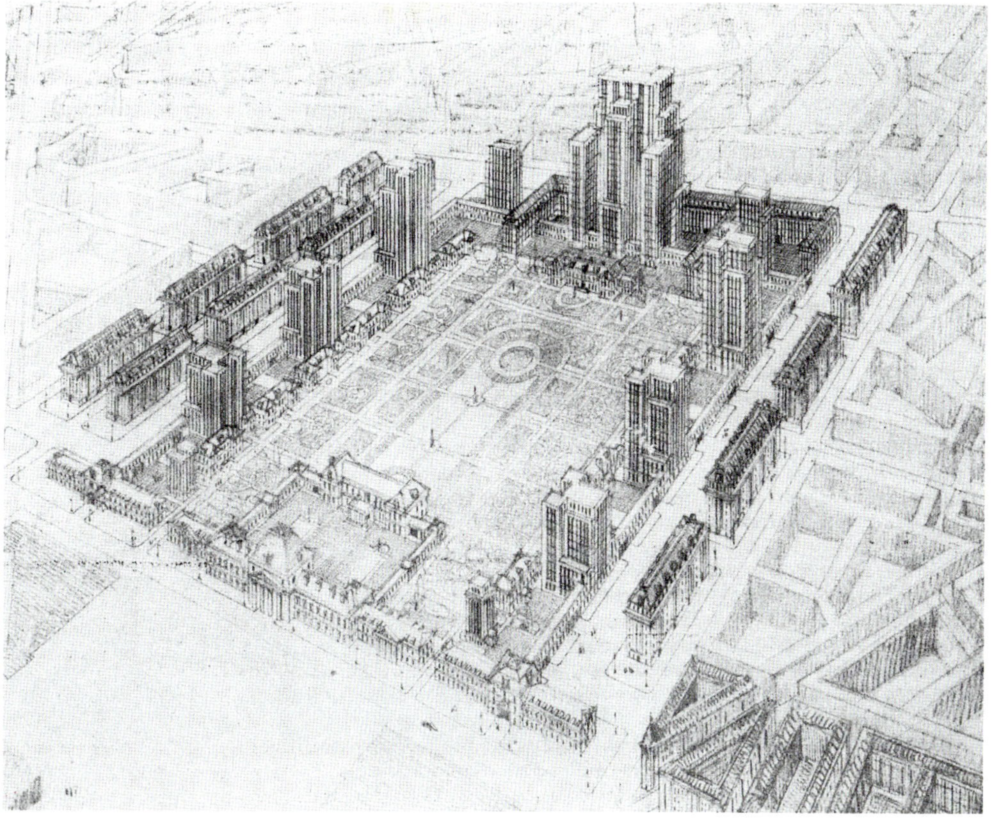

Maurice Rotival, avec Georges-Henri Pingusson, projet de cité ministérielle sur l'emplacement de l'École militaire, 1930. (© Ville de Paris, bibliothèque Forney)

Des gratte-ciel sur le Champ-de-Mars

L'architecte et ingénieur Maurice Rotival suggérait pour sa part la construction d'une cité ministérielle *intra-muros*. Dans un article au titre savoureux (« Sites et monuments ») paru dans *L'Architecture d'aujourd'hui* en juin 1931, il prônait en effet une densification du quartier de l'École militaire : « Ainsi au Champ-de-Mars, on a prescrit aux architectes bâtissant sur les rives de s'en tenir à des gabarits de hauteur restreinte. Besoin de transition, plaide-t-on. Est-ce alors pour nous révéler, par-dessus le faîte régulier des façades, l'arrière-plan désordonné de l'attique et des toitures des immeubles postérieurs ? Or de hautes façades à l'échelle de la place elle-même eussent offert plus de majesté sans imposer d'arrière-plan douteux. » Puis Rotival attaque les projets en cours pour la construction de ministères autour de la place de Fontenoy : « Ce fut tout d'abord l'immeuble des Assurances sociales [Guillaume Tronchet, architecte], fort critiqué en raison de sa silhouette, par-dessus la façade de l'École militaire qui jusqu'alors profilait sur le ciel ses parties hautes, bien dégagées. » Ce sera plus tard le ministère de la Marine, de Jacques Debat-Ponsan. Mais ces édifices imposants ne répondaient que très partiellement aux besoins de l'État et ne s'inscrivaient dans aucun plan d'urbanisme cohérent. Jugeant les gratte-ciel de Manhattan « la plus grande invention architecturale contemporaine sinon de tous les temps », considérant par ailleurs que la simplicité de l'architecture moderne est le meilleur garant de la mise en valeur des monuments historiques, Rotival évoque une proposition formulée en 1925 par Anatole de Monzie, alors ministre des Travaux publics, pour une meilleure utilisation du domaine de l'État. L'architecte avait tenté de développer ce projet. « L'opportunité fut alors reconnue de grouper, sur les terrains de l'École militaire, l'ensemble des ministères actuellement dispersés dans Paris et de substituer aux installations incommodes et souvent désuètes, de vastes buildings permettant de concentrer l'ensemble des services de tous les ministères. [...] La hauteur des immeubles, résolument affirmée, ne devait pas, semblait-il, nuire à la magnifique harmonie créée

Place de Fontenoy : l'esquisse d'une cité ministérielle. (© S. Texier)

par Gabriel. D'ailleurs, une série d'immeubles, s'étageant graduellement en hauteur, à partir de la célèbre façade, eussent permis à l'œil de s'adapter à l'échelle du nouvel ensemble architectural. [...] Par sa masse même, l'ensemble proposé constitue une ordonnance logique équilibrant celle du Trocadéro et de la tour Eiffel située à l'opposé. »

Contestable par son gigantisme, le projet de Rotival réintroduit dans le débat la question de la densité, mais aussi celle de l'échelle monumentale et, implicitement, du paysage de Paris. C'est probablement là son apport essentiel.

1 *Le Matin*, 22 janvier 1926.
2 Conseil municipal, 9 mars 1927.

L'Exposition de 1937 : l'espoir de grands travaux

LA PRÉPARATION DE L'EXPOSITION internationale des arts et techniques dans la vie moderne a suscité une multitude de propositions urbaines. Celles-ci s'inscrivent dans la lignée des études – le plus souvent avortées – menées depuis les années 1910 autour du thème du Grand Paris, ce dernier se limitant d'ailleurs au grand ouest parisien. Comme au XIXe siècle, toute manifestation éphémère est prétexte à des orientations urbaines durables ; il ne restera pourtant de l'Exposition de 1937 que quelques édifices de prestige.

Une occasion d'urbanisme

En 1932, alors que l'on parle encore d'Exposition internationale d'art moderne, un concours d'idées est organisé, à la fois pour définir le site de l'exposition et l'aménagement de ses abords. Une commission de classement, présidée par Louis Bonnier, désignera parmi les 78 équipes concurrentes quatre premières primes et quatre deuxièmes primes, sans nommer de lauréat. L'essentiel est pour l'heure d'évaluer les capacités des sites proposés à constituer, notamment, des pôles de développement futurs. Certains concurrents proposeront ainsi, dans Paris, le site des Halles après transfert du marché, ou la gare des Batignolles couverte d'une plate-forme pouvant servir d'aéroport central. Le Champ-de-Mars, lieu privilégié depuis 1855, ne recueillera pas l'assentiment de la commission : « Les jardins actuels sont en complet épanouissement et il paraît difficile de les utiliser[1]. » En revanche, l'esplanade des Invalides, bien que déjà occupée en 1925 par l'Exposition des arts décoratifs, pourrait connaître côté Seine des améliorations, « par l'élargissement de certains ponts et par la couverture de la ligne des Invalides ». Ce qui sera fait, mais conjointement avec une modernisation de l'axe Champ-de-Mars-Trocadéro.

Eugène Beaudouin et Marcel Lods, projet Acropole 37 pour l'emplacement de l'Exposition de 1937, 1932. (Fonds Beaudouin et Lods/IFA, © Adagp, Paris 2004)

L'exposition et le Grand Paris

Hors de Paris, le champ de manœuvres d'Issy-les-Moulineaux pourrait devenir le grand parc au sud de Paris, amorçant une désindustrialisation massive de la capitale. Quant au parc de Sceaux, situé à proximité de la nouvelle ligne Montparnasse-Gallardon et de la ligne de Sceaux promise au métro, il apparaît comme « une belle solution pour hâter l'exécution des moyens de transport ». De même, une exposition implantée à Nanterre entamerait l'exécution d'un « fragment important de l'aménagement de la Région parisienne ». Le mont Valérien, enfin, site proposé par Eugène Beaudouin et Marcel Lods, pouvait donner lieu à un aménagement à la fois fonctionnel (passage de l'autoroute Paris-Versailles, prolongement de la cité-jardin de Suresnes, etc.) et symbolique : cette éminence dominant Paris semblait en effet destinée, depuis le concours de 1919, à devenir une sorte d'Acropole parisienne.

Le Corbusier est le seul à évoquer un emplacement situé à l'est de Paris : le bois de Vincennes, où vient de s'achever l'Exposition coloniale de 1931. Se mettant délibérément hors concours, il rebaptise l'exposition en lui donnant pour nom : Internationale de l'habitation. Entièrement dédiée au « logis », elle doit constituer, par la construction d'un morceau de ville radieuse, le « point de départ de la remodélation de Paris ». Tandis que tous les projets *extra-muros* sont autant de petits plans d'extension de Paris – une vision à laquelle adhère également Jean Giraudoux dans ses articles[2] –, Le Corbusier déclare : « C'est vers le centre que nous désirons que la ville reflue. »

Les Champs-Élysées de la rive gauche

La perspective de l'Exposition de 1937 contribua d'autre part à raviver un projet ancien : « les Champs-Élysées de la rive gauche ». Depuis le plan de Bullet pour le boulevard du Midi jusqu'aux vœux d'Hippolyte Meynadier dans

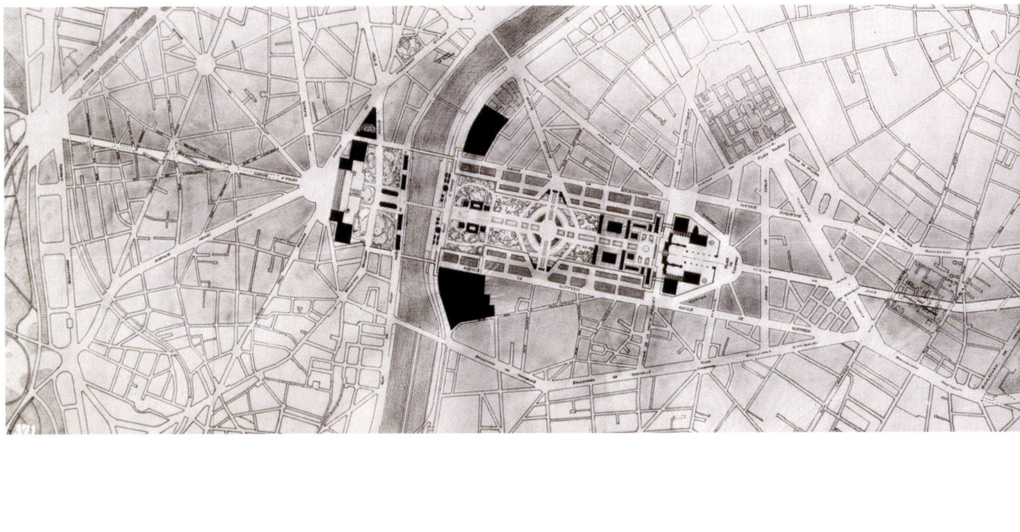
Perret frères, projet d'aménagement de l'Exposition internationale de 1937 : plan général entre la Porte Dauphine et la place d'Italie, 1934. (Fonds Perret frères/IFA)

Perret frères, projet de reconstruction du Trocadéro, 1934 : une cité des musées sur la colline de Chaillot. (Fonds Perret frères/IFA)

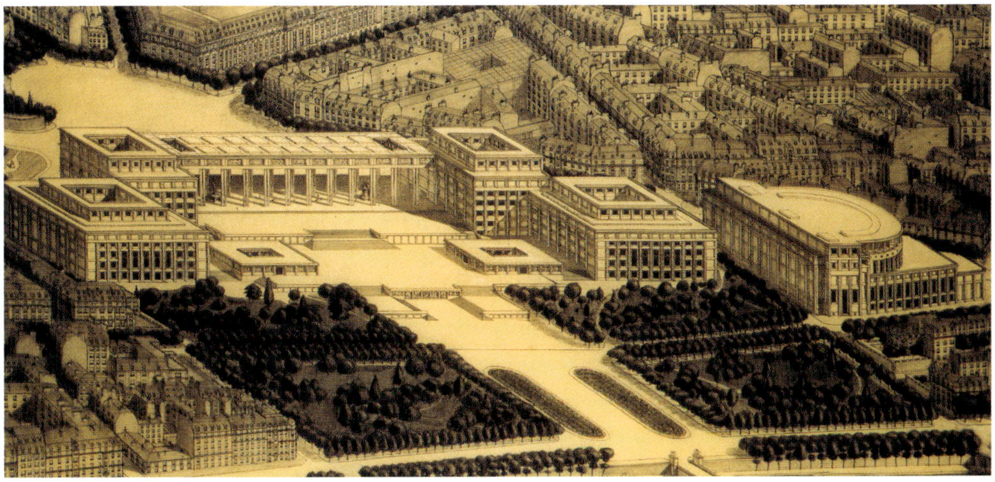

les années 1840, en passant par le plan des Artistes, l'idée d'une grande radiale au sud de Paris, qu'Haussmann n'avait pu mettre en chantier, revient régulièrement. Soutenue par le président du conseil municipal, Adrien Mithouard, au début du siècle, puis par Adolphe Chérioux dans les années 1920, elle réapparaît sous la plume d'Albert Guérard, dans *L'Avenir de Paris* (1929). S'inspirant peut-être des projets de Pierre et Claude Ferret et de Jacques Debat-Ponsan en 1932, Auguste Perret lui donne une dimension métropolitaine : encouragé par le ministre de l'Éducation nationale Anatole de Monzie, il ambitionne, en 1933, de relier la Porte Dauphine à la place d'Italie – le Trocadéro est reconstruit, l'École militaire réaménagée, certains hôpitaux détruits. Le Front populaire ne souscrira pas à cette idée. Autre proposition destinée à moderniser Paris de l'intérieur : le stade olympique de Robert Mallet-Stevens, Georges-Henri Pingusson et Maurice Rotival, associés pour l'occasion à l'architecte en chef de l'Exposition, Jacques Gréber. Située sur le quai de Passy, l'arène ouverte sur la Seine, entourée de nombreux bâtiments, sert encore de prétexte à un ambitieux projet de réorganisation de la circulation, s'appuyant notamment sur un rond-point placé sur l'île des Cygnes.

L'Exposition de 1937 aura finalement la Seine pour principal théâtre et, de ce fait, n'entraînera qu'un nombre limité d'opérations de voirie, la plus notable étant l'élargissement du pont d'Iéna. Elle laissera à Paris trois nouveaux monuments : le palais de Chaillot (Jacques Carlu, Louis-Hippolyte Boileau et Léon Azéma), le palais de Tokyo (André Aubert, Jean-Claude Dondel, Paul Viard et Marcel Dastugue) et le musée des Travaux publics (Auguste et Gustave Perret), chacun exprimant à sa manière ce besoin d'ordre qui aura pesé sur toute une décennie.

1 *Urbanisme*, août 1932.
2 *Marianne*, 10 et 17 mai 1933.

Ci-dessous : Jacques Carlu, Louis-Hippolyte Boileau et Léon Azéma, le palais de Chaillot, 1937. (© S. Texier)

En bas : Jacques Greber, Robert Mallet-Stevens, Georges-Henri Pingusson, Maurice Rotival, projet de stade olympique au niveau du pont de Grenelle, 1936. (Fonds Georges-Henri Pingusson/IFA)

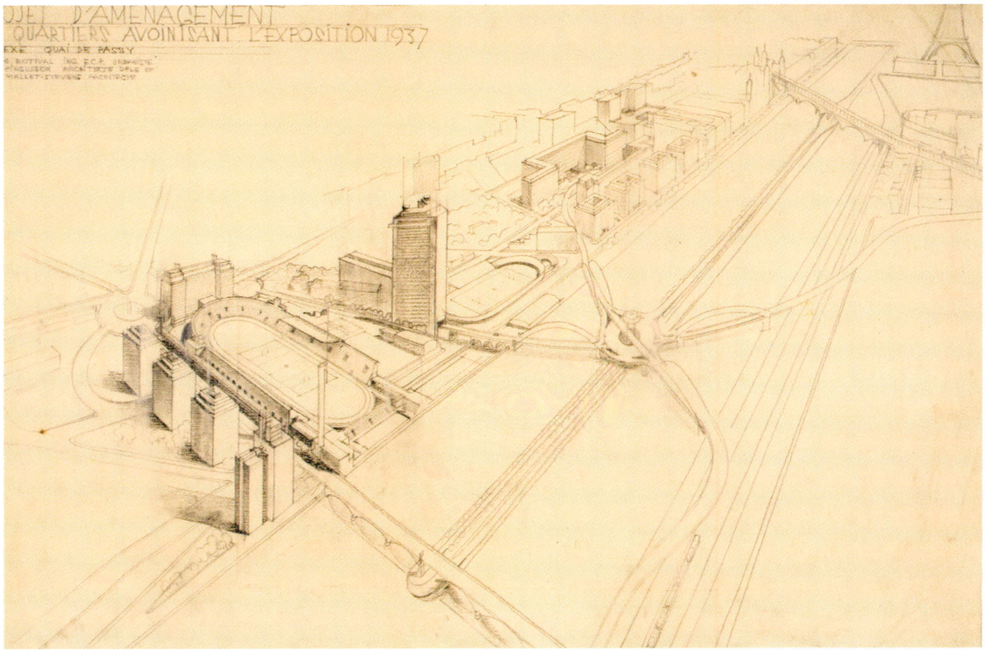

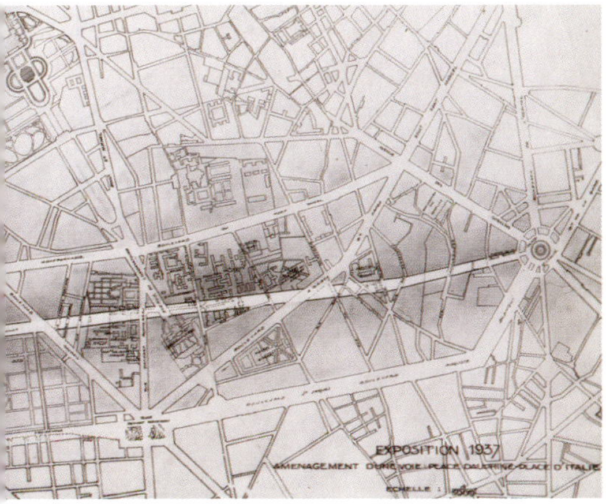

L'îlot 16 au carrefour des doctrines

DU FAIT DE SON INSALUBRITÉ, l'îlot 16 occupe une place spécifique dans l'histoire des transformations du Marais, et ce d'autant plus que sa proximité avec l'Hôtel de Ville en fait un site particulièrement prisé par les services municipaux. C'est en effet le seul secteur où les conceptions d'un urbanisme moderne ont réellement été projetées, le seul où, dès les années 1930, des doctrines urbaines en tout point contradictoires se sont affrontées.

Un quartier convoité

Après l'abandon des percées prévues sous Haussmann, la question de la rénovation de l'îlot attise les convoitises dans les années 1930 : la préfecture de la Seine veut en faire une sorte d'extension de l'Hôtel de Ville, et rédige en 1934 un projet de convention avec la Sepam (Société d'études pour l'aménagement urbain d'îlots insalubres), représentée par l'ingénieur et urbaniste Maurice Rotival. Le projet porte uniquement sur le terrain séparant l'hôtel d'Aumont du quai de l'Hôtel-de-Ville : un ensemble d'HBM et d'ILM groupés autour d'un square permettrait le relogement des locataires évincés, mais surtout l'installation de nombreux fonctionnaires de la préfecture. Il devait, par la suite, englober les abords de l'hôtel de Sens[1].

Sur l'ensemble du périmètre de l'îlot 16 (de la rue Saint-Paul à l'église Saint-Gervais), les techniciens de la Ville s'apprêtent à appliquer la loi de 1807 relative aux alignements : sur la base des tracés anciens, les voies sont systématiquement élargies, des pans coupés se substituant aux angles aigus, sans aucun respect pour le bâti ancien. Les abords de l'église Saint-Gervais sont ainsi entièrement dégagés au profit d'un square, de même que l'hôtel de Sens, qui jouit de la proximité de trois espaces verts. La maquette présentée à l'Exposition de 1937, montrant les projets d'assainissement des quartiers insalubres de Paris, amorcera une prise de conscience : la perspective de destructions massives comme de l'inutile dégagement des monuments suscitent les foudres de Germain Bazin, qui prend le géomètre en chef de la Ville, René Mestais, pour cible principale[2]. Entourée de jardins, la forme de l'hôtel de Sens – qui « s'explique par le fait qu'il a dû se glisser le long de deux rues » – perd en effet toute pertinence.

Entre classicisme et ville radieuse

L'avenir de l'îlot 16 entre alors véritablement dans le débat parisien. Toutefois, si les propos paraissent tranchés, les projets d'aménagement mêlent, de manière étonnante, des éléments de doctrine urbaine et architecturale à première vue opposés. Sa situation en bordure de Seine l'inscrit, selon un groupe d'architectes mené par André Hilt et Henri Bodecher (Les Architectes indépendants réunis), dans une promenade monumentale menant de Chaillot à l'île Saint-Louis. Leur projet, daté de juin 1939, paraîtra en mars 1940 dans la nouvelle revue *L'Architecture française*. Renonçant à la logique d'îlot de la Ville tout en prenant acte du nouveau tracé des voies, les architectes, dont la lecture patrimoniale n'est pas plus éclairée que celle de René Mestais, opposent un plan associant composition beaux-arts – André Hilt est 1er Grand Prix de Rome – et desserrement à l'extrême du tissu urbain. Au cœur du Paris historique, les fondements de l'urbanisme de ZUP sont ici posés. Le carrefour Saint-Paul, traité en place monumentale à la manière de Saint-Pierre de Rome, ouvre sur une rue des Nonnains-d'Hyères qui va en s'évasant, jusqu'à ne plus former qu'un immense jardin au milieu duquel se développent deux gigantesques immeubles à redents.

En haut : rue des Barres : une cour symbolique de la vétusté du Marais. (Fonds Albert Laprade/IFA)

Maurice Rotival pour la Sepam, projet d'aménagement du quartier de l'hôtel d'Aumont, 1934. (Fonds Charles-Henri Besnard/IFA)

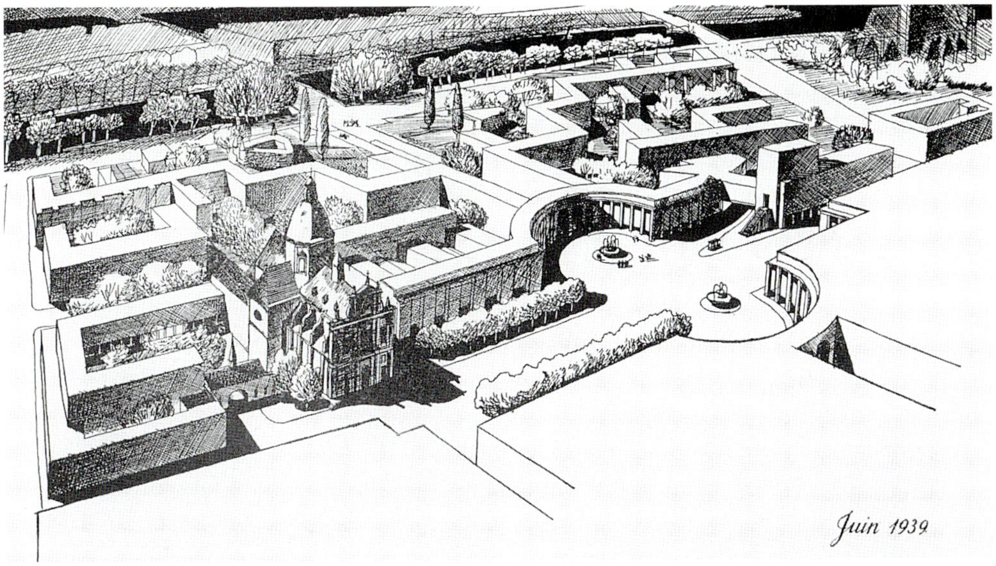

Les Architectes indépendants réunis, projet d'aménagement de l'îlot 16, perspective d'ensemble depuis la place Saint-Paul, 1939. (© Ville de Paris, bibliothèque Forney)

En bas : Asua, projet d'aménagement du Marais, 1939. (Fonds Robert Auzelle/ IFA/J.-C. Doërr)

Rénovation et patrimoine

C'est contre de telles dérives que le plan d'aménagement du Marais, étudié au sein de l'Atelier supérieur d'urbanisme appliqué (Asua) dirigé par Gaston Bardet, est conçu en 1939. Ses concepteurs, les architectes Robert Auzelle, Jean de Maisonseule, Manuel Marchant-Lyon et le juriste Henri Delcourt, n'intègrent pourtant dans leur projet qu'une infime partie de l'îlot 16 : parce que celui-ci doit faire l'objet d'un traitement spécifique, certes, mais aussi parce que le quartier historique du Marais tout entier est menacé par les projets de la Ville, à commencer par celui d'une percée entre la place de Thorigny et le boulevard Beaumarchais. Consciente que le Marais est en train de « pourrir sur place » du fait de la densification extrême de son tissu, l'équipe de l'Asua envisage une « opération de nettoyage » plutôt qu'une destruction. Son objectif est de préserver le tracé des voies que la Ville prévoit d'élargir et de rénover le bâti par curetage : les îlots, libérés de « tous les chancres dont on les a étouffés », ne sont plus bâtis qu'à 40 ou 50 % ; air et lumière y circulent abondamment. Quant aux constructions qui occupent les cours ou jardins des plus prestigieux hôtels particuliers, elles doivent être détruites de manière à restaurer l'espace originel du Marais. Reprenant un projet de Jacques Gréber publié dans le journal *Beaux-Arts* en juillet 1938, l'Asua propose un parcours à travers les jardins des hôtels et les cours et passages des îlots rénovés : « L'ensemble constituera une promenade touristique d'un caractère très particulier, unique dans Paris. » Jetant les bases d'une rénovation douce de certains quartiers parisiens, ce projet sera publié par Georges Pillement, en annexe de son ouvrage *Destruction de Paris*, paru en 1941.

1 Fonds C.-H. Besnard, IFA.
2 *L'Amour de l'art*, novembre 1937.

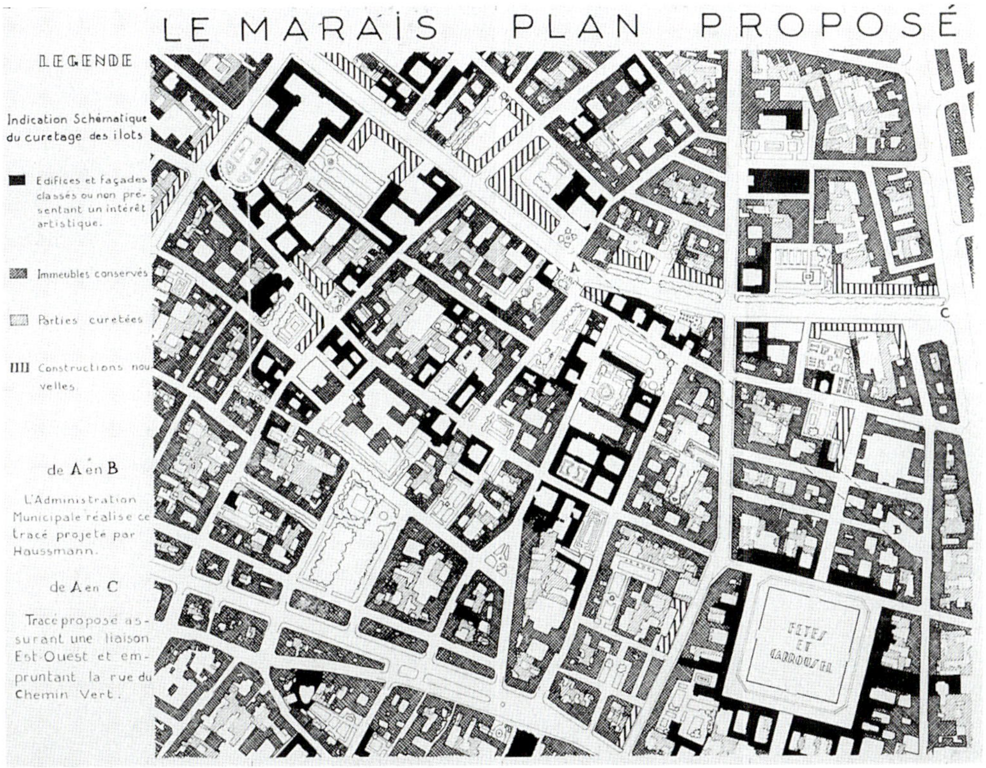

À défaut d'urbanisme : Paris Ville lumière

Illumination de la tour Eiffel par Citroën, vers 1930. (© Roger-Viollet)

« Je suis rentré à Paris dans la nuit. C'est sur la nuit que se rattrapent nos édiles. L'électricité coulait à flots sur l'Arc de triomphe, sur l'Obélisque, sur Notre-Dame. On ne voyait de Paris que ces trois monuments. Paris était parfait. Voici ce qu'ont fait de Paris ses conseils : une magnifique veilleuse[1]. » Ce jugement sévère de Jean Giraudoux, qui stigmatise l'absence de grand programme d'urbanisme pour Paris, dit aussi combien l'électricité a modifié le paysage nocturne de la capitale, dont les illuminations ne se limitent d'ailleurs pas, loin s'en faut, aux trois seuls monuments cités par l'écrivain.

La ville éclairée

Si l'éclairage public n'est pas nouveau dans Paris, le début du XXe marque des avancées décisives, avec le perfectionnement de l'éclairage au gaz à partir de 1910 (utilisation du gaz surpressé) et de l'éclairage électrique à partir de 1920 (apparition des lampes à incandescence à atmosphère gazeuse). Cette évolution s'accompagne d'un renouvellement du mobilier urbain, plus élevé et diffusant une lumière mieux répartie. L'éclairage électrique par projecteurs permet en outre la mise en valeur d'un nombre croissant de monuments publics. Le plus célèbre d'entre tous, la tour Eiffel, servira de support à une opération aussi spectaculaire que commerciale : de 1925 à 1934, le constructeur André Citroën illumine Paris des sept lettres de sa marque, placées entre les deuxième et troisième étages de la tour.

L'automobile veille sur Paris

L'industrie automobile anime d'ailleurs en d'autres lieux la nuit parisienne : les magasins de vente qui en sont les vitrines urbaines font en effet l'objet de traitements spécifiquement nocturnes. Rue Marbeuf, Albert Laprade et Léon Bazin exposent en 1929 la production des usines Citroën derrière une façade de verre de 19 mètres de large sur 21 de haut ; disposées sur des plateaux en fer à cheval, les automobiles apparaissent, de nuit, tels les spectateurs d'un théâtre dont le passant serait le principal acteur. « Il y a là un avant-goût des villes futures, un décor pour quelque *Métropolis* vivant sous le signe de la mécanique[2] », notera à ce propos Charles Duval. Au coin du boulevard des Italiens et de la rue du Helder, l'immeuble Ford élevé par Michel Roux-Spitz en 1931 renouvelle quant à lui le paysage des Grands Boulevards qui, indique l'architecte, « est évidemment constitué par les immeubles qui les bordent, par

À droite : Albert Laprade, immeuble de l'Office central électrique, boulevard Haussmann, 1932. (Fonds Albert Laprade/IFA)

Projet de dispositif permettant d'éclairer de larges surfaces découvertes au moyen de foyers lumineux puissants placés à grande hauteur, 1931. (© Ville de Paris, bibliothèque Forney)

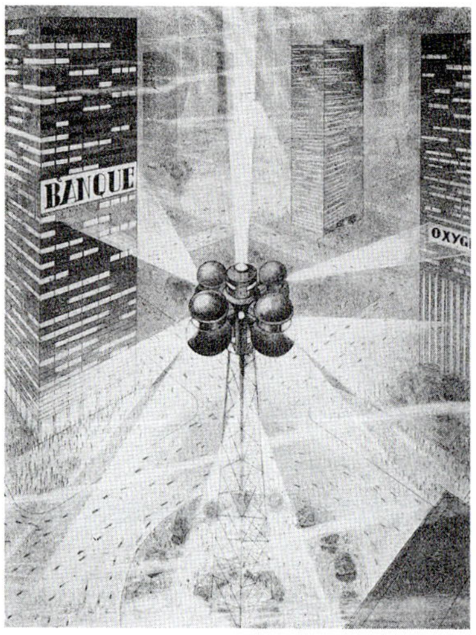

les enseignes qu'ils supportent et par les boutiques, mais l'ambiance est due non pas à l'architecture proprement dite, mais aux multiples aspects de la vie moderne (éclairage, publicité) auxquels se sont adaptés tant bien que mal les vieux immeubles[3] ». Le bâtiment repose sur quelques poteaux de béton armé, qui libèrent l'espace du magasin d'exposition au rez-de-chaussée ; mais cette transparence n'acquiert sa véritable dimension qu'avec le spectacle nocturne offert par la firme américaine : les panneaux de publicité lumineuse, dont la place était réservée dès le début du projet, deviennent, au même titre que les poteaux, des éléments à part entière de la structure.

À gauche : Oscar Nitzschké, projet de Maison de la publicité sur les Champs-Élysées, 1935. (© Ville de Paris, bibliothèque Forney)

Ci-dessous : le pont Alexandre-III décoré par Henry Favier pour l'Exposition de 1937. (Coll. S. Texier)

Un théâtre nocturne

L'architecture commerciale en appelle, d'une manière générale, de plus en plus fréquemment aux dispositifs lumineux, qui permettent une mise en scène permanente des magasins. Le concours pour les nouvelles façades des Galeries Lafayette, en 1930, suscite des projets des frères Perret, de Roux-Spitz, Henri Sauvage ou Pierre Patout – ce dernier sera lauréat –, tous fondés sur l'éclairage nocturne du bâtiment. Les cinémas d'actualité, notamment la chaîne Cinéac dont Pierre de Montaut et Adrienne Gorska conçoivent toutes les salles, participent, au moyen de tubes fluorescents, de manière plus massive encore à l'animation nocturne de Paris.

Il en est de même des sièges des grands quotidiens : la structure du nouvel immeuble du *Jour*, sur les Champs-Élysées (André Chatelain, 1933), est soulignée par de minces filets blanc rosé la nuit… Charles Siclis use quant à lui de l'artifice lumineux pour les façades des théâtres Saint-Georges (1928) et Pigalle (1930) qui, volontairement inexistantes le jour, deviennent, la nuit tombée, le prélude à une mise en scène complète, depuis la rue jusqu'à la salle. Cette intrusion de la typographie lumineuse dans le décor urbain atteint un point paroxystique avec le projet, non réalisé, de Maison de la publicité d'Oscar Nitzschké (1935), pour les Champs-Élysées, dont la façade se résume à une simple grille sur laquelle sont suspendues images et enseignes.

Après les fontaines lumineuses de l'Exposition coloniale de 1931, conçues par Roger-Henri Expert et André Granet, l'Exposition internationale de 1937 consacre définitivement la « fée électricité », célébrée par Raoul Dufy, au sein d'un pavillon construit sur le Champ-de-Mars par Robert Mallet-Stevens, lequel rêvait d'une ville éclairée la nuit « comme en plein jour… sans sources lumineuses[4] ! » Gendre d'Eiffel et architecte attitré de la tour, Granet imaginait un dernier feu d'artifice autour du symbole de la Ville lumière, tandis qu'Eugène Beaudouin et Marcel Lods enflammaient les rives de la Seine à l'occasion des Fêtes de la lumière et du son ; leur projet, intitulé Comète, était lourd de sens…

En bas : Eugène Beaudouin et Marcel Lods, les Fêtes de la lumière et du son sur la Seine, en 1937 : le dernier feu d'artifice de l'entre-deux-guerres. (Fonds Beaudouin et Lods/IFA, © Adagp, Paris 2004)

1 « Promenade de printemps », *Marianne*, 11 avril 1934.
2 *L'Architecture*, 15 mai 1929.
3 M. Roux-Spitz. *Réalisations, vol. I, 1924-1932*, Paris, Vincent, Fréal et Cie, 1932.
4 *L'Architecture d'aujourd'hui*, juin 1937.

Les mutations de l'espace public : une histoire parallèle

« *L'aspect du monde pour nous serait bouleversé si nous réussissions à voir comme choses les intervalles entre les choses – par exemple l'espace entre les arbres sur le boulevard – et réciproquement comme fond les choses elles-mêmes, les arbres du boulevard*[1]. »
Merleau-Ponty

Alors que, au XIXe siècle, l'espace public parisien avait bénéficié d'un traitement rationnel et unitaire, trouvant son sens dans le contrepoint qu'il opposait au domaine privé, il prend au XXe siècle un caractère particulièrement ambigu. Dans leur commune ambition de produire une ville aérée, les théories modernistes confèrent à l'espace libre un rôle prédominant au sein de la ville ; en revanche, en prônant une mobilisation complète du sol et des regroupements fonciers jamais réalisés jusqu'alors, elles tendent à brouiller la limite entre domaines public et privé. L'espace public, dès lors, perd paradoxalement de sa substance en devenant théoriquement omniprésent, et son traitement sera d'autant plus pauvre que ses contours seront flous. Après un demi-siècle d'évolution lente, l'espace public a subi pendant les Trente Glorieuses une rapide et massive dégradation ; à partir des années 1980, il fait au contraire l'objet d'une réhabilitation et d'investissements importants. Trois moments, trois doctrines urbaines dominantes : comme l'îlot ou la barre, l'espace public est le baromètre de la pensée sur la ville. Il en est aussi l'un des principaux enjeux.

Dernières places ?

Au cours de la première moitié du XXe siècle, l'espace public est, hormis les jardins, progressivement gagné par l'automobile. Dans ses *Études sur les transformations de Paris* (1903-1909), Eugène Hénard se fait le héraut précoce d'une pensée émergente : celle du triomphe de la voirie. En opposant les « places publiques d'autrefois » aux « carrefours modernes », Hénard prend ouvertement ses distances avec le plaidoyer, « un peu trop archéologique » à son goût, de Camillo Sitte, *L'Art de bâtir les villes* (1889), dans lequel le théoricien autrichien valorise avant tout les places médiévales[2]. Et si sa distinction, au sein des places modernes, entre place de circulation, place foraine et place de transbordement, ne retiendra guère l'attention des théoriciens français, en revanche, la gestion qu'il propose des « points de conflits » des carrefours sera reprise par les principaux auteurs de l'entre-deux-guerres. L'aménagement des places créées au niveau des boulevards des Maréchaux après le démantèlement de l'enceinte de Thiers sera, malgré une grande variété de formes, essentiellement fonction des flux de circulation attendus aux nouvelles portes de Paris. La place décorative, en revanche, défendue par Hénard critiquant la vocation exclusivement circulatoire des réalisations haussmanniennes, se fait de plus en plus rare : après l'abandon du projet d'aménagement de la Porte Maillot, seule la Porte de Saint-Cloud, dessinée par Robert Pommier et Jacques Billard en 1935, est l'occasion d'un traitement monumental avec les HBM des frères Guidetti et les fontaines de Paul Landowski. Cet investissement est d'ailleurs indissociablement lié à la création, dans le cadre du plan Prost (1934), de l'autoroute de l'Ouest pour laquelle Robert Danis conçoit, dans le même temps, un aménagement décoratif – le signal des Trois-Provinces – au triangle de Rocquencourt.

En haut : Eugène Hénard, le carrefour à giration des Grands Boulevards, 1906. (BHVP/Leyris)

Ci-contre : la place de la Porte-de-Saint-Cloud, aménagée dans les années 1930. (© Préfecture de police)

Les insuffisances de la voirie

Dans le centre de Paris, l'espace public devient synonyme de carrefour et, le plus souvent, de voirie : la Ville projette en effet une série d'élargissements ou de percées qui sont autant de concessions faites à l'automobile. Faute de crédits, peu de projets sont réalisés avant 1939 ; l'une des rares percées est d'ailleurs périphérique : l'avenue de la Muette, entamée en 1912 puis achevée entre 1924 et 1933, qui prend le nom de Paul-Doumer après l'assassinat du président (1932). René Mestais publie en 1937 une carte des voies de Paris, qui s'étendent alors sur 1 200 kilomètres et occupent 1 695 hectares, ce que le géomètre en chef juge largement insuffisant : Paris doit s'éclaircir au moyen d'espaces verts, par curetage des îlots surdensitaires, mais aussi grâce à la création de « larges voies de lumière [...] ouvertes parmi les bâtisses médiévales, cadavres de constructions qui ne sont plus soutenus que par les étais chancelants d'idées mortes[3] ! » Les projets de rénovation des îlots insalubres – Mestais présente les deux plus sensibles, l'îlot nº 3 à Saint-Séverin et l'îlot nº 16 à Saint-Gervais – consacrent la toute-puissance de la voirie, ce que Mestais confirmera dans son rapport de novembre 1943, intitulé *Projet d'aménagement de la ville de Paris. La voirie parisienne.*

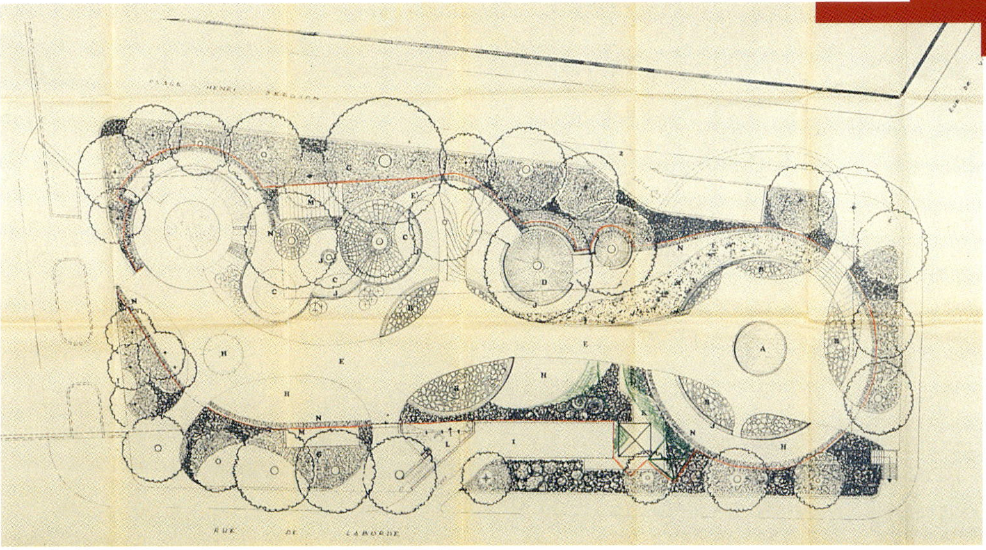

Allain Provost, nouveau dessin pour le square Henri-Bergson, devenu square Marcel-Pagnol, 1969. (© Apur)

René Mestais, carte des voies de Paris, 1937. (© Ville de Paris, bibliothèque Forney)

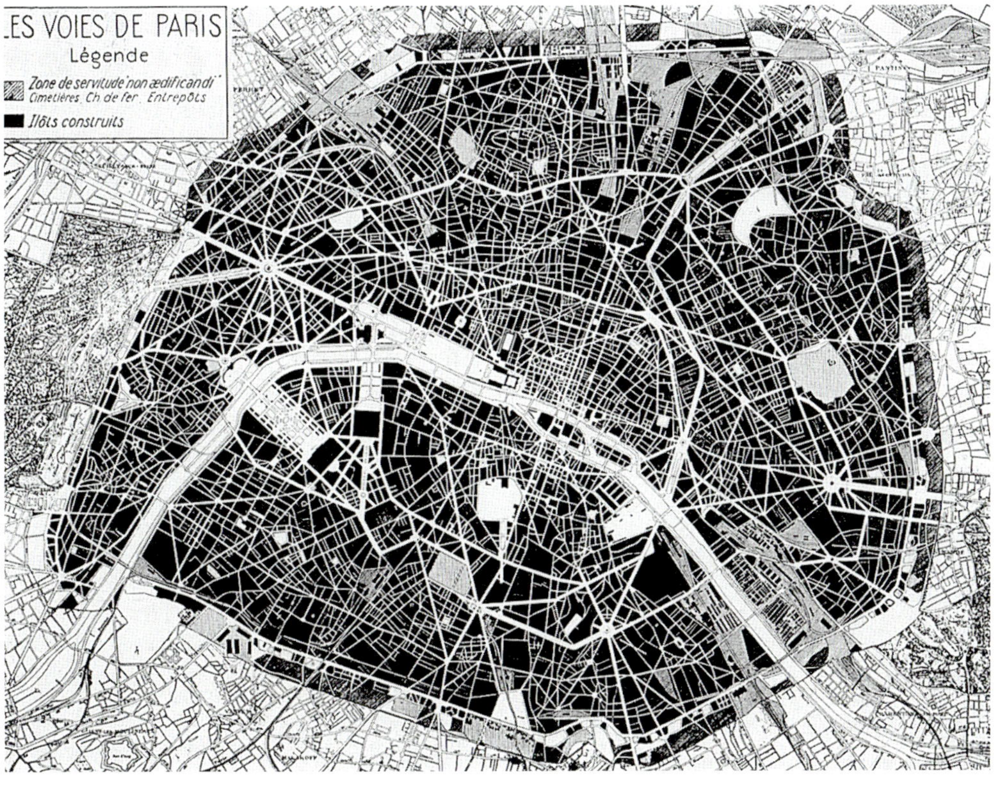

Développement du jardin privatif

L'après-guerre marque la plus importante mutation qu'ait jamais connue l'espace public, et la voirie n'est pas la seule à en hypothéquer le renouvellement. La distinction entre espaces public et privé commence à se brouiller dès les années 1950 avec l'accès, relativement aisé, aux jardins privés intégrés à de nouveaux ensembles d'habitation. La question de la jouissance de l'espace libre se pose alors en des termes nouveaux : l'adoption, au XIXᵉ siècle, du modèle britannique avait précisément été assortie d'une adaptation, non seulement botanique, mais surtout juridique, le square privé londonien se muant en square public sur le sol parisien. À cet âge d'or de l'espace public – d'autant plus sensible que disparaissaient dans le même temps de nombreux jardins privés – succède une monumentalisation de l'espace privatif, qui ne survivra cependant pas au principe de l'ouverture totale et de la minéralisation de l'espace libre. Au sein de quartiers modestement pourvus en parcs et jardins publics, tout invite donc – si ce n'est quelques panneaux d'interdiction... – à pénétrer, ne serait-ce que le temps d'une traversée (de la rue Armand-Carrel à la rue de Meaux ou de la rue de la Brèche-aux-Loups à la rue de Gravelle) dans ces espaces généreusement plantés.

1 M. Merleau-Ponty, cité par B. Queysanne, « Philosophie et/de l'architecture », *Cahiers de pensée et d'histoire de l'architecture*, nº 4, École d'architecture de Grenoble, février 1985.
2 E. Hénard, « Les voitures et les passants. Carrefours et carrefours à giration », mai 1906, in *Études sur les transformations de Paris*, Paris, L'Équerre, 1982.
3 R. Mestais, « Terrains nus, terrains bâtis », *L'Architecture d'aujourd'hui*, juin 1937.

La dalle des Olympiades, ou l'espace libre privé livré au public. (© S. Texier)

Un problème de limites

La distinction privé-public est encore plus floue dans les opérations de rénovation urbaine des deux décennies suivantes. Dans une ville ouverte, où l'immeuble volontairement isolé ne constitue plus une frontière entre deux domaines, comment marquer en effet la limite ? La décision la plus grave n'est-elle pas, finalement, celle d'avoir privatisé l'espace libre au détriment de tout espace de partage véritable ? L'urbanisme d'ensemble pousse jusqu'au bout la logique, aujourd'hui vécue comme contradictoire, de l'urbanisme d'îlot, qui, prétendant ouvrir la ville, la referme en autant de résidences. Ces deux approches, qui s'opposent au principe traditionnel de l'alignement en vigueur depuis Henri IV, prennent sens dès lors que la limite de propriété est, sinon fictive, du moins peu visible – tacite, en somme. Le bénéfice théorique de ces deux formes urbaines est alors une ouverture visuelle de la ville, que l'on retrouve au demeurant dans de nombreux immeubles alignés des années 1960-1970, dont les halls vitrés laissent deviner des jardins intérieurs. Hormis quelques superbes ensembles de grand standing, cependant, les principales opérations de logement souffrent d'un grave déficit en matière d'espaces libres – le plus souvent voués au parking automobile –, qu'aggrave le phénomène actuel de la résidentialisation ; par un marquage strict des limites de propriété, celle-ci ôte tout leur sens aux rares espaces libres « qualifiés ».

L'ambiguïté privé-public atteint son paroxysme avec l'aménagement des dalles : ces espaces piétons surélevés, conçus comme une alternative à la place traditionnelle devenue inutile compte tenu du poids de l'automobile, sont assimilés à de nouvelles agoras, des lieux de rencontre et de vie urbaine à mi-chemin entre l'espace de l'habitation et celui de la sociabilité, qu'elle soit commerciale, culturelle ou cultuelle. Facilement accessibles, les dalles sont aussi un lieu offert à la ville tout entière : celle des Olympiades, en partie occupée par des cafés et des restaurants, accueille ainsi une population qui dépasse largement celle des tours qu'elle dessert. Or, les dalles sont juridiquement des espaces privés, dont l'entretien ou la restauration revient en principe aux copropriétaires, ce qui, dans les faits, est inconcevable. La question se pose aujourd'hui de gérer cet héritage de l'idéal moderne, celui d'une ville à plusieurs niveaux, dont les usages ne correspondent pas à une réalité foncière.

Rétablir la hiérarchie

Le regain d'intérêt pour l'haussmannisme, à la fin des années 1970, ne se résume pas à la seule fascination pour les ordonnances. En prônant un retour à l'alignement des constructions, le POS de 1977 a également pour objectif d'instaurer de nouveau une hiérarchie entre espaces public et privé. Si la place est une figure peu pri-

À droite : la place Henri-Frenay, un exemple unique de place ordonnancée à la fin du XXe siècle. (© S. Texier)

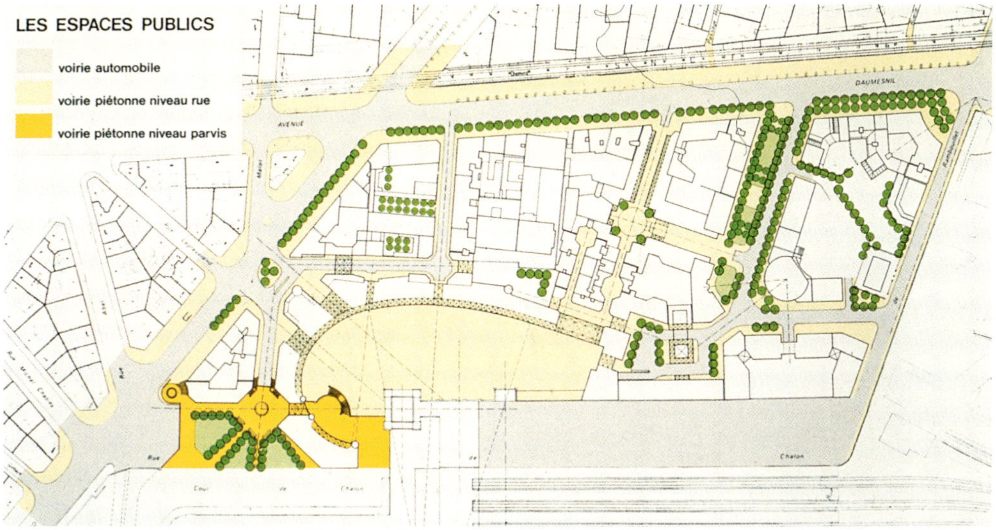

Plan de la ZAC Chalon, 1984, figurant la future place Henri-Frenay. (© Apur)

sée dans les ZAC – on lui préfère le jardin ou le mail, toujours insuffisants dans Paris –, l'espace public devient, à partir de 1981 principalement, l'élément autour duquel s'ordonnent toutes les nouvelles compositions urbaines. À Bercy et Cévennes-Citroën comme à Reuilly, Dorian ou Dupleix, c'est l'espace vert qui donne son identité au lieu, dépassant parfois largement le cadre local du jardin de quartier. Seul espace public minéral structurant une ZAC, la place Henri-Frenay est avant tout l'héritière d'un projet esquissé dès 1972 par Louis Arretche, dans le cadre d'un réaménagement complet de la gare de Lyon et de ses abords : elle était alors entièrement vouée à la desserte automobile de la gare. Conservée en 1984 dans le plan de la ZAC Chalon, la place est toujours ouverte sur la gare, mais entièrement piétonne, puis fait l'objet d'un concours en 1991 qui porte à la fois sur le bâti et les espaces publics. Stanislas Fiszer l'emportera en accordant une égale importance à l'ordonnance, teintée de baroquisme, des immeubles et au traitement de l'espace public, dont la légère déclivité renoue avec l'esprit des places italiennes.

Un nouveau savoir-faire

D'une manière plus générale, la nouvelle politique urbaine menée depuis les années 1980 tend à une requalification des espaces publics existants. La transformation de la place de l'Hôtel-de-Ville par Henry Bernard, en 1981, est symbolique à plus d'un titre. Plus qu'une cour d'honneur offerte au premier maire de l'époque contemporaine, elle consacre la réappropriation, par la ville et ses usagers, d'un espace jusque-là entièrement livré à l'automobile. Place-carrefour depuis le second Empire, elle se métamorphose en une esplanade couvrant un parking souterrain – la reconquête du sol est au prix d'une exploitation maximale du sous-sol… C'est d'ailleurs précisément au niveau du sol que l'essentiel du travail est mené : avec plus ou moins de bonheur, les services de la Ville – la Direction de la voirie et des déplacements en l'occurrence, qui associe à partir de 1986 des architectes voyers à ses ingénieurs – renouent avec un vocabulaire que le règne de l'asphalte avait empêché de réactualiser. La variété des matériaux, de même que les nombreux modes de découpe – le pavé scié fait son apparition – et d'assemblage contribuent à enrichir un répertoire formel dont les effets ne s'apprécient pas seulement visuellement : le « génie urbain » contemporain a aussi une dimension tactile. Les sols ont d'ailleurs tendance à être de plus en plus lisses, quand ce n'est pas glissants… C'est le cas dans le quartier Montorgueil, transformé en zone piétonne par Didier Drummond au début des années 1990, aménagement dont le but principal est de réaffirmer la vocation commerciale des rues concernées.

Requalifier et restaurer

Comme pour les jardins, la Ville s'ouvre à des concepteurs indépendants pour une partie de ses interventions sur l'espace public, les plus prestigieux mais aussi les plus difficiles à requalifier. Ainsi Bernard Huet se voit-il confier successivement la mise en valeur de la rotonde de

Bernard Huet, projet d'aménagement des abords de la rotonde de la Villette, 1988. (© Apur)

Ledoux et du bassin de la Villette à Stalingrad (1985), le « sauvetage » de l'avenue des Champs-Élysées (1990) et le réaménagement de la place des Fêtes (1991). Si tout oppose ces deux derniers sites, les interventions qu'ils occasionnent sont du même ordre : dans l'un et l'autre cas, il s'agit de redonner un sens et une lisibilité à des espaces malmenés pendant plusieurs décennies. Aux Champs-Élysées, la remise en valeur de l'espace public passait par la suppression du stationnement sur les contre-allées et par la création d'un parc de stationnement souterrain, la restitution de deux larges trottoirs (21,50 mètres), la plantation d'une seconde rangée d'arbres – disparue depuis les années 1870 – et la réorganisation, dans le sens d'une réduction, du mobilier urbain[4]. Jean-Michel Wilmotte sera chargé de ce dernier point, tandis que Bernard Huet intervient sobrement au niveau du sol, avec un granit gris clair dont les qualités esthétiques et la résistance assurent la pérennité de cet aménagement. Ce qui n'est pas le cas à Stalingrad, aménagement emblématique autour de la rotonde de Ledoux, mais dont l'état de vieillissement précoce impose de nouvelles études dès les années 2000. Place des Fêtes, au cœur d'une opération de rénovation urbaine mal conçue et inaccomplie, Huet renoue plus volontairement avec quelques thèmes fondateurs de la ville : un « cardo », un « decumanus », une galerie couverte, une terrasse plantée et, au centre de la place, une petite pyramide. Il en faudrait cependant bien plus pour que, entre les rues de Belleville et de Mouzaïa, l'espace public retrouve une cohérence.

L'intervention sur l'espace public adopte un caractère différent dès lors qu'est recherché un état antérieur. C'était partiellement le cas aux Champs-Élysées, auxquels il fallait restituer leur double rangée d'arbres. Place Vendôme, l'éter-

Avenue de Flandre, bassin de la Villette, avenue Jean-Jaurès : le trident de l'est parisien. L'avenue Jean-Jaurès a été réaménagée en 2006. (La Documentation française/Interphotothèque, Ph. Guignard)

Les Champs-Élysées après leur rénovation en 1990. (© S. Texier)

4 *Paris Projet*, n° 30-31 : « Espaces publics », Paris, Apur, 1993.

nelle question se pose également de contenir la puissance automobile tout en restaurant l'un des espaces les plus prestigieux de Paris. Une fois encore, pourtant, c'est la première qui a imposé l'essentiel des données du projet : l'extension, sous la place, du parc de stationnement créé en 1967, a en effet entraîné un rehaussement du sol, bombé autour de la colonne. Pour compenser cette altération et retrouver la planéité de la place, l'architecte en chef des Monuments historiques, Pierre Prunet, choisit en 1989 d'en supprimer tous les trottoirs ; il lui faudra pour cela disposer pas moins de huit cents bornes et potelets en béton recouvert d'inox ou en granit… Ce granit gris clair, inscrit dans la tradition de Paris, s'accorde-t-il d'ailleurs toujours avec la blondeur de la pierre de la capitale ? Rien n'est moins certain.

Ci-dessus : La place Vendôme, après réaménagement par Pierre Prunet. (© S. Texier)

Ci-dessous : Agence TVK, projet pour l'aménagement de la place de la République, 2010 : la circulation automobile est limitée aux pourtours de cet espace fondateur de l'Est parisien. (© Trévelo & Viger-Kohler architectes / my lucky pixel / photo Air-images)

La multiplication des signatures

Des nombreux types et procédures d'intervention sur l'espace public, il résulte finalement une variété de traitements qui, à l'inverse de l'unité chère à l'haussmannisme, travaille dans le sens d'une accentuation du caractère composite de la ville. Ainsi les grilles d'arbres du boulevard Richard-Lenoir, conçues en 1991 par David Mangin et Jacqueline Osty, s'inscrivent-elles dans le cadre d'une opération unique, s'harmonisant avec le dessin lui aussi unique des grilles de clôture et des passerelles. Avenue d'Italie, ce sont de la même façon des grilles d'arbres spécifiques qui participent au réaménagement de cette voie stratégique. Épine dorsale de l'opération Italie XIII et symbole du modernisme, l'avenue d'Italie, tout comme la rue de Flandre réaménagée par Marc Béri à partir de 1992 et renommée avenue de Flandre, portait tous les stigmates de la rénovation radicale et inachevée : voirie élargie, discontinuité du bâti due aux retraits d'alignement et surtout état d'abandon de l'espace public. Les travaux menés par Pierre Gangnet, avec le paysagiste Michel Corajoud et l'éclairagiste Laurent Fachard, entre 1996 et 2000, redonnent toute sa dignité à l'avenue.

L'espace public du XXIe siècle

Les deux mandatures de Bertrand Delanoë, à partir de 2001, ont inauguré une nouvelle période d'interventions fortes sur l'espace public parisien. Deux projets emblématiques se distinguent : le réaménagement du quartier des Halles (concours en 2004, début des travaux en 2010), qui comprend un dessin entièrement nouveau pour le jardin, et celui de la place de la République. Ce dernier a fait l'objet d'un

Nouvelle grille d'arbre, avenue d'Italie (Pierre Gangnet). (© S. Texier)

Ci-dessous : l'avenue d'Italie, un espace révélé par son réaménagement. (© S. Texier)

concours en 2010, remporté par l'agence TVK, qui propose la suppression de la circulation au centre de la place. Un projet à l'image des nombreuses réalisations menées par la Ville en vue d'un partage plus équitable de la voie publique : « quartiers verts » et « espaces civilisés » ont en effet pour objectif d'assigner de manière plus marquée une place à chaque usager (automobiliste, piéton, cycliste, autobus, etc.), au risque, il est vrai, de sectionner l'espace et de multiplier les éléments de mobilier urbain. Dernier chantier en date et symbole par excellence de la rupture avec l'urbanisme pompidolien, la transformation des voies sur berge est prévue pour 2012, aussi bien rive gauche, entre le musée d'Orsay et le pont de l'Alma, avec des quais bas entièrement piétonniers, que rive droite, où l'« autoroute urbaine » deviendra « boulevard humain, habité », que sillonneront voitures, vélos et piétons. De ce point de vue, le traitement de l'espace public traduit fidèlement l'évolution de la société, tout comme celle du débat démocratique.

1940 1974

Les métamorphoses de Paris

La tour Montparnasse et l'immeuble de la rue du Commandant-René-Mouchotte. (© S. Texier)

DES BESOINS SANS CESSE PLUS URGENTS, une conjoncture exceptionnellement favorable et une forte volonté politique permettent à Paris d'opérer les transformations projetées depuis le début du siècle. D'autant plus radicale qu'elle est tardive, cette mutation est contemporaine – en même temps que la cause principale – d'une baisse de la population parisienne, qui passe de 2,85 à 2,3 millions d'habitants entre 1954 et 1975, et voit son équilibre social profondément modifié : 120 000 ouvriers quittent la capitale entre 1954 et 1968, tandis que 54 000 cadres la rejoignent. En trente ans, Paris renouvelle son parc immobilier (logements et bureaux), s'adapte à l'ère automobile, se dote de grands bâtiments publics, mais au prix de nombreuses destructions et d'un sacrifice des espaces verts. Après les travaux d'Haussmann, c'est le Paris des arrondissements périphériques qui change de visage.

René Mestais, plan général des transformations de Paris, 1943. (Archives de Paris)

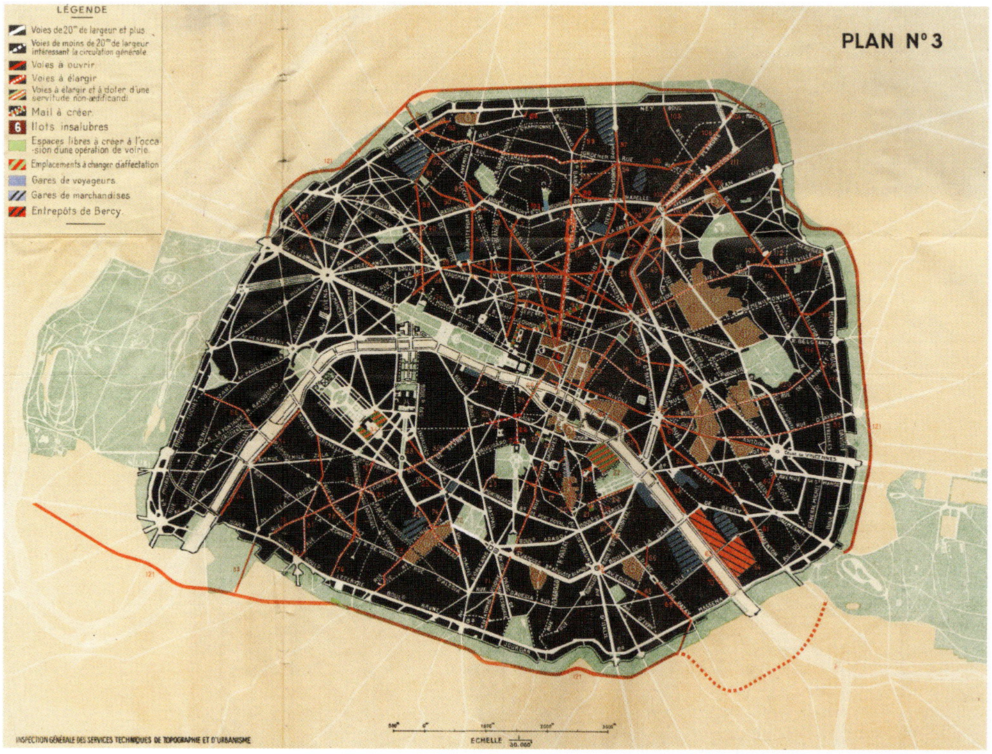

Urbanisme et pouvoir politique

Indissociable du politique et notamment du pouvoir national, l'urbanisme parisien a connu ses plus importantes transformations au tournant de la Ve République, dont l'instauration met un terme à plusieurs décennies de crise du pouvoir en France. Le renforcement progressif du politique dans le processus de décision sur la ville se fait d'ailleurs sentir dès les années 1950 : si les élus sont loin d'être absents du débat pendant l'entre-deux-guerres, leur contribution après 1945 est plus décisive, avec le rapport d'André Thirion en 1951, puis celui de Bernard Lafay en 1954, qui jettent tous deux les bases de la politique des rénovations urbaines. Quant à l'architecte qui a inspiré le plan Lafay, c'est aussi, dans la lignée de Le Corbusier, le plus fasciné par le pouvoir politique. Ainsi Raymond Lopez évoque-t-il sa visite de Brasilia avec le président Kubitschek : « Et nous d'être mis en face du fait politique qui doit toujours précéder l'œuvre d'urbanisme,

Le nord-est de Paris : à gauche, la résidence Grandcanal et les Orgues de Flandre ; à droite, la tour Pariphérique. (© S. Texier)

Ci-contre : l'hôtel de Sens et ses abords en cours de rénovation, vue aérienne, vers 1955. (Fonds Albert Laprade/IFA)

l'œuvre d'architecture : ce fait politique, cette option puis cette décision que les serviteurs de la collectivité publique que nous sommes, attendons le plus souvent vainement. […] On reste confondu de la conviction, de la violence du politique[1]. » Des injonctions de Jean Giraudoux dans *Pleins pouvoirs* (1939) à la nomination de Paul Delouvrier comme « ministre » de la Région parisienne (1961), la capitale a été prise en main par les hommes politiques.

Paris et le désert français

C'est pourtant un géographe, Jean-François Gravier, qui, avec *Paris et le désert français*, ouvrage publié en 1947, réédité et augmenté en 1958, joue un rôle majeur dans la prise de conscience du problème parisien. En pointant du doigt l'hypercentralisme de ce « monstre urbain », il fournit une caution scientifique aux urbanistes et aux politiques avides de reconquérir Paris. Construction en hauteur, aménagement d'espaces verts, élimination des industries au profit de l'habitation, circulation périphérique : telles sont les orientations proposées par Gravier pour « remodeler le centre urbain » et lui restaurer son rôle de ville-prestige, pour « décongestionner Paris vers la banlieue "utile" » et enfin « vertébrer la banlieue ». Son message sera entendu.

René Mestais, plan décennal d'aménagement de Paris, 1943. (Archives de Paris)

1 R. Lopez, « Brasilia, capitale du XXe siècle », *L'Architecte des collectivités publiques*, n° 33, novembre-décembre 1959, pp. 11-12.

1940-1959

VERS UN PROGRAMME D'ACTION

Durant cette petite vingtaine d'années, le paysage parisien change moins qu'il n'avait changé entre 1920 et 1940. Peu de grands chantiers sont mis en œuvre, et pour cause, durant les années 1940, tandis que la décennie suivante est dominée par les avant-projets et les textes préparatoires à un plan d'aménagement cohérent pour Paris et sa région.

Mais une mutation s'opère progressivement, dans deux domaines. Le premier est le zonage, invention prussienne de la fin du XIXe siècle, mais que les urbanistes français ont tardivement adoptée ; réclamée par les « modernes » (Le Corbusier, Lurçat, Sauvage), cette division de Paris selon les fonctions principales qu'il accueille apparaît avec le plan Prost en 1934 et devient plus explicite dans l'avant-projet d'aménagement de Paris de 1950, avant de s'imposer, sous l'influence de Raymond Lopez, et de devenir la clé de voûte des transformations engagées dans les années 1960. La question de l'îlot, quant à elle, fait l'objet d'un débat constant depuis le début du siècle. Michel Roux-Spitz définit pendant la guerre les grandes lignes d'un nouveau type d'implantation des bâtiments, largement adopté dans les années 1950. Une fois encore, les convictions de Lopez et sa position stratégique – il est le conseiller de Bernard Lafay – orienteront les projets d'aménagement vers les principes plus radicaux de la *Charte d'Athènes*, publiée en 1942 par Le Corbusier : l'îlot disparaît, en théorie, au profit d'un sol libéré sur lequel les bâtiments sont disposés librement. Trois rapports, respectivement rédigés en 1943, 1951 et 1952, témoignent de ce glissement de l'« haussmannisme amélioré » des années 1930 vers la ville fonctionnelle des années 1960.

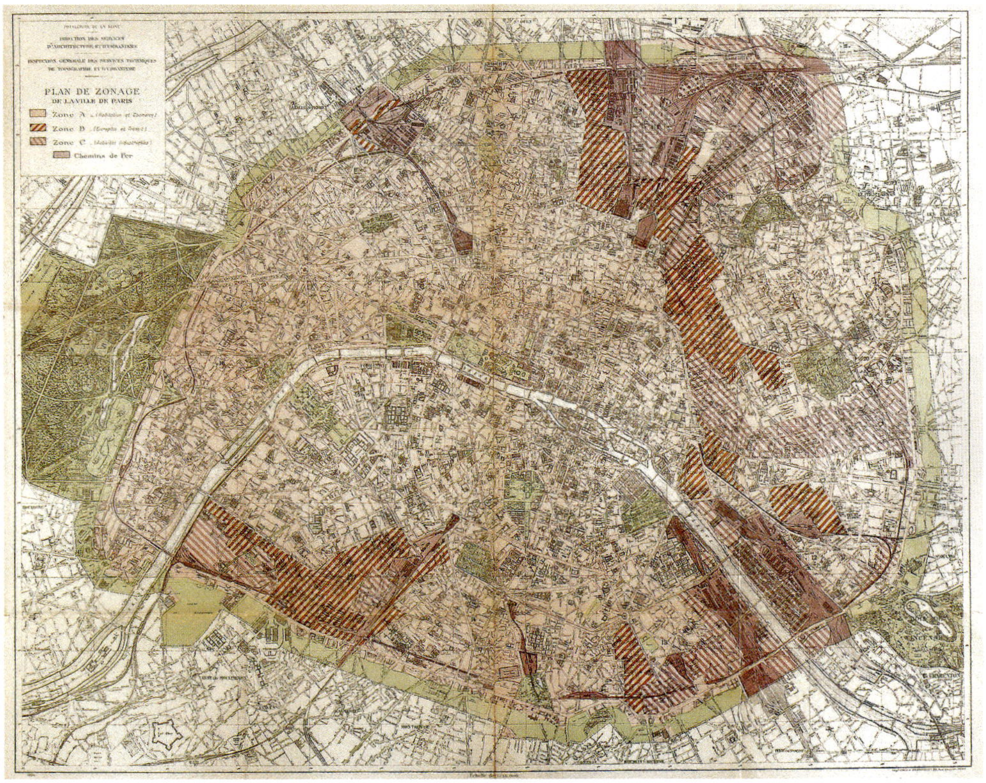

Place à la voirie

Le texte remis en 1943 par René Mestais, chef des Services techniques de topographie et d'urbanisme, s'inscrit dans la continuité de l'action qu'il a menée dix ans auparavant en tant que géomètre en chef de la Ville. Cible favorite des défenseurs du vieux Paris, Mestais ne jure que par la voirie : « La carence des voies maîtresses doit conduire à la création de quelques nouvelles artères très largement conçues, et le pullulement des voies-corridors, des voies-tranchées, doit conseiller un élargissement progressif des rues exiguës, en liaison avec le curetage méthodique des îlots[1]. » Voie intermédiaire entre une approche conservatrice de la rénovation et les projets radicaux d'Eugène Hénard et de Le Corbusier, la proposition de Mestais ne satisfait guère que sa hiérarchie ; elle cédera peu à peu la place aux visions autoroutières de Lopez et Lafay.

À gauche: avant-projet d'aménagement de la Ville de Paris, 1950 : plan de zonage. (Coll. S. Texier/J.-M. Drouet)

La Cité administrative du boulevard Morland (Albert Laprade, 1964) : un immeuble de grande hauteur pour le siège du pouvoir préfectoral. (© S. Texier)

Avant-projet d'aménagement de la Ville de Paris, 1950 : îlots devant faire l'objet d'un plan d'aménagement particulier. (Coll. S. Texier/J.-M. Drouet)

Le square d'Amiens, boulevard Davout (Jean-Marie Brandon, Florent Nanquette et Henri Storoge, 1950-1954). (© S. Texier)

Vers une rénovation du centre rive droite

Avant même que ce dernier ne publie sa brochure *Problèmes de Paris. La circulation* (1955), André Thirion avait, au nom de la Commission d'aménagement de Paris, présenté au conseil municipal, en 1951, un rapport ouvrant sur une résolution plus audacieuse des problèmes de circulation et sur une rénovation plus large des quartiers périphériques, sans pour autant plaider pour une division du territoire parisien. Bien moins dense que celui de Mestais, le programme de voirie se résume à « trois axes nord-sud de très grande circulation, formés par des voies de 50 à 60 mètres de large, susceptibles d'assurer une liaison très rapide entre quelques-uns des points les plus fréquentés de Paris » ; s'y ajoutent quelques élargissements et un boulevard périphérique dont Mestais avait lui-même donné l'esquisse. Hostile à toute délocalisation des activités et industries parisiennes comme à une concentration des administrations, Thirion propose en outre la création d'un quartier d'affaires au cœur de Paris, « à l'intérieur d'un triangle ayant pour sommets la gare Saint-Lazare, la gare du Nord et la place de la République[2] » ; près de la moitié de ce secteur serait occupé par un grand espace vert central, le « parc Lafayette ». Neuf autres parcs prendraient place dans les arrondissements périphériques, dont la reconstruction dépasse largement le cadre des îlots insalubres, tandis que tous les projets concernant le quartier Saint-Germain et surtout le Marais seraient annulés. La distinction entre un Paris historique et un Paris à remodeler commence à se dessiner.

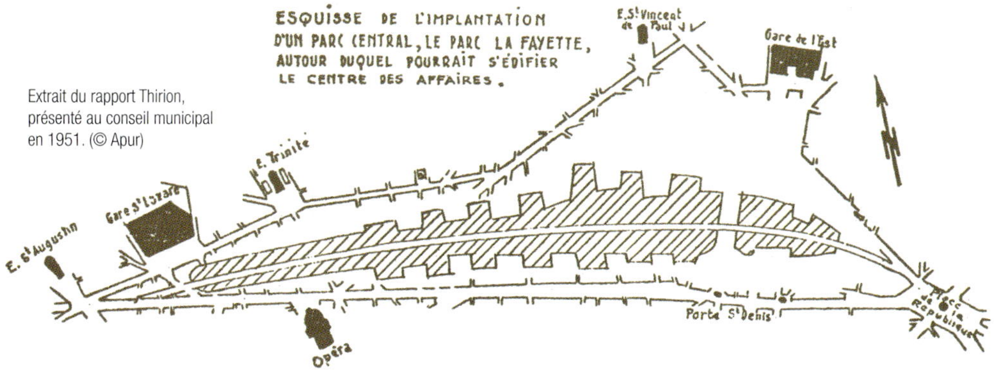

Extrait du rapport Thirion, présenté au conseil municipal en 1951. (© Apur)

Une esquisse de zonage

Conseiller technique auprès du Comité d'aménagement de la Région parisienne dépendant du ministère de la Reconstruction et de l'Urbanisme (MRU), Robert Camelot est notamment chargé d'examiner l'avant-projet du programme d'aménagement de la Ville de Paris, la loi d'urbanisme du 15 juin 1943 imposant un plan et un programme dans tout projet d'aménagement. Les avis qu'il délivre en 1952 constituent un nouveau pas dans le sens de la sectorisation de Paris : le zonage proposé n'est, selon lui, pas suffisamment clair, la zone d'habitation et de commerce concernant presque tout le territoire. Camelot suggère donc d'extraire le centre de Paris (les dix premiers arrondissements environ) du découpage en trois zones (habitation et commerce ; entrepôts et transit ; activités industrielles) et lui réserve un zonage particulier : quartier des écoles, des ministères, etc.[3] Les bases du Plan d'urbanisme directeur de 1959 sont désormais jetées ; il reste à y associer un pouvoir suffisamment fort pour le mettre en œuvre.

1 L'inspecteur général, chef des Services techniques de topographie et d'urbanisme, *Projet d'aménagement de la ville de Paris. La voirie parisienne*, Paris, 12 novembre 1943, p. 42, cité par J. Lucan, « Généalogie du regard sur Paris », *Paris Projet* n° 32-33, Paris, Apur, 1998, p. 22.
2 *Rapport présenté par M. André Thirion, conseiller municipal, au nom de la Commission d'aménagement de Paris, sur les opérations générales et locales de voirie, la répartition des espaces verts et l'affectation préférentielle qu'il convient de donner à certains quartiers […]*, Paris, 1951, p. 12.
3 R. Camelot et al., rapports dactylographiés, archives R. Camelot, DAF/IFA.

"Destin" ou "Destinée" de Paris ?

Couverture de *Destin de Paris* de Le Corbusier (éd. F. Sorlot, 1941) : un manifeste pour la mobilisation du sol de Paris. (BHVP/Leyris, © FLC/Adagp, Paris 2004)

À DEUX ANS D'INTERVALLE PARAISSENT deux ouvrages aux titres quasiment identiques, mais évoquant de manière radicalement opposée l'avenir de Paris : *Destin de Paris*, treizième publication de Le Corbusier, paraît en 1941 ; ouvrage collectif, *Destinée de Paris* est publié en 1943, sous la direction du critique et historien Bernard Champigneulle. Dans l'un et l'autre cependant, les auteurs voient dans le programme de révolution nationale du gouvernement de Vichy l'opportunité d'une véritable politique d'urbanisme pour Paris.

L'attente d'un pouvoir fort

Destin de Paris paraît chez Fernand Sorlot, qui édite les textes du maréchal Pétain et des auteurs proches du régime de Vichy. Le Corbusier n'y redit pas, fondamentalement, autre chose que dans *Urbanisme* (1925) ou *La Ville radieuse* (1935). Reprenant en préambule les termes de son rapport au Ve Ciam (Congrès international d'architecture moderne) de 1937, il annonce : « C'est par la création d'un logis nouveau que le second cycle de l'ère machiniste entre dans une période universelle de construction. » Pour ce faire, la grande industrie doit s'emparer du bâtiment, mais avec l'appui de « l'autorité ». Le sort de Paris, « monument dressé par deux mille années d'interventions fortes, situées dans l'époque et chaque fois révolutionnaires », est entre ses mains. Dans l'espoir, rapidement déçu, d'un recours de Vichy à la théorie de la Ville radieuse, Le Corbusier énonce de nouveau ses principaux arguments : Paris peut accueillir mille habitants à l'hectare, et ce, dans des immeubles sains, c'est-à-dire ensoleillés et aérés. Le « zoning » qu'il propose est le suivant : 245 hectares pour la zone historique, « à préserver et à améliorer par des nettoyages opportuns », 452 hectares pour la nouvelle cité d'administration, 130 hectares occupés par les parcs existants, 500 hectares pour l'artisanat urbain, enfin 120 hectares pour les magasins. « Il demeure sans affectation prévisible 3 320 hectares ! On est donc en droit d'affirmer que le sol de Paris n'est pas occupé. » De fait, il est, selon Le Corbusier, mal occupé. Le discours ne change pas sur ce plan ; en revanche, le programme social de Le Corbusier est plus qu'ambigu : Paris se composera de « un, deux ou trois millions d'habitants. La qualité de ces habitants réclame examen. Paris doit se débarrasser des foules inertes, de ceux qui n'ont véritablement rien à faire à Paris et dont la place est à la terre ou à des industries à transplanter ». L'annonce, par Vichy, d'une rénovation des îlots insalubres parisiens incite enfin Le Corbusier à reprendre son projet pour l'îlot 6 : parce que celui-ci est aussi l'occasion de projeter la « Grande Traversée est-ouest de Paris », l'autorité doit y trouver une raison de provoquer le « démarrage de Paris ».

« Ampleur progressive des conceptions urbanistiques... », *Destin de Paris* de Le Corbusier, 1941 : de la place Royale à la Ville radieuse. (BHVP/Leyris, © FLC/Adagp, Paris 2004)

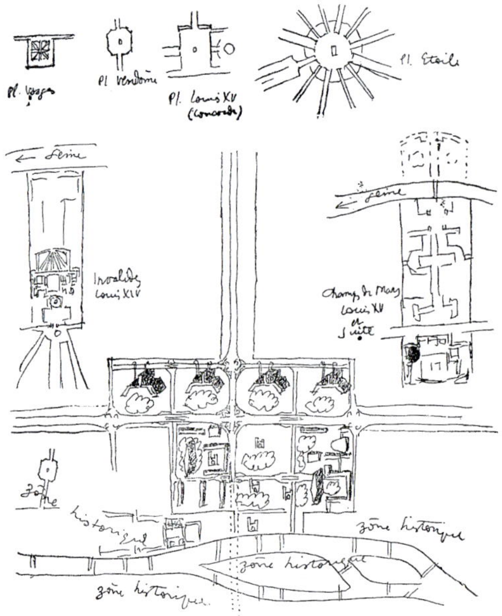

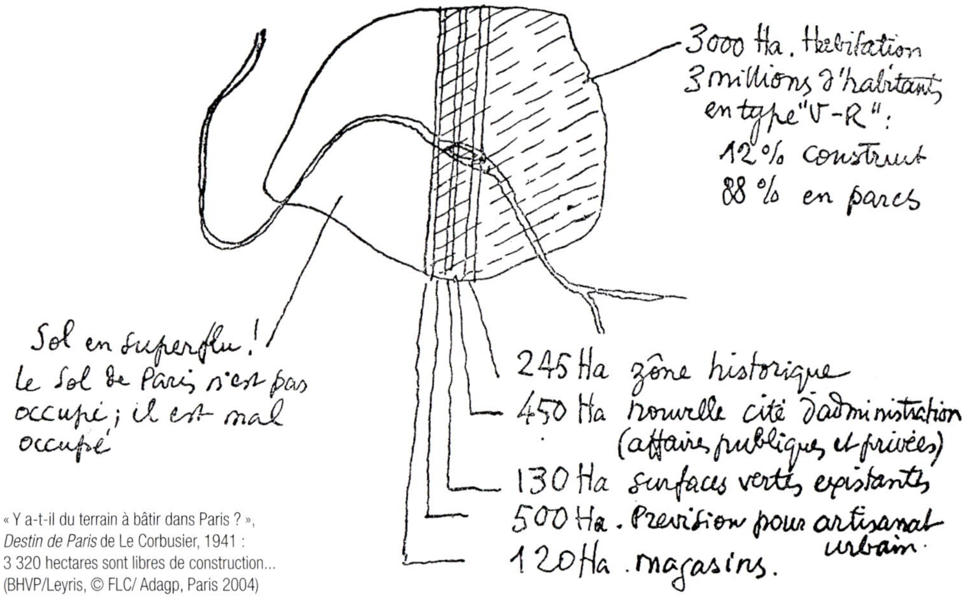

« Y a-t-il du terrain à bâtir dans Paris ? », *Destin de Paris* de Le Corbusier, 1941 : 3 320 hectares sont libres de construction... (BHVP/Leyris, © FLC/ Adagp, Paris 2004)

Couverture de *Destinée de Paris*, (éd. du Chêne, 1943) : un manifeste pour la conservation de Paris. (BHVP/Leyris)

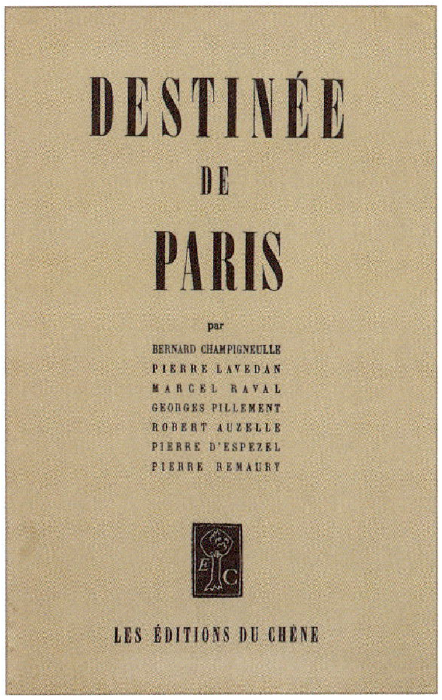

Robert Auzelle, « L'enchevêtrement des bâtiments parasitaires », *Destinée de Paris*, 1943. (BHVP/Leyris)

Rénover sans détruire

« Ces doctrines d'urbanisme révolutionnaire pourraient, malgré leur extravagance, trouver quelque audience en période de révolution », craint Bernard Champigneulle dans *Destinée de Paris*. Défenseur acharné du patrimoine parisien, affichant son mépris pour l'œuvre urbaine produite depuis 1850, jugeant enfin les îlots insalubres comme un prétexte à la destruction des quartiers pittoresques, Champigneulle considère au contraire le régime de Vichy comme la seule autorité capable de sauvegarder Paris : « Qu'il y ait à présent des conceptions plus saines, on ne saurait le nier. Une autorité sage et ferme remplace le tohu-bohu démocratique dont le désordre de nos rues était une des expressions caractéristiques. » Les six auteurs qui lui succèdent établissent, chacun à leur manière, le même constat. Pierre Lavedan analyse « les grandes entreprises d'aménagement avant Haussmann » ; selon lui, c'est avec Napoléon Ier que l'urbanisme, par son ambition, entre dans le domaine du vandalisme. Avec « Haussmann contre Paris », Marcel Raval dresse un réquisitoire désormais célèbre, qui s'achève sur une critique de la « nouvelle offensive haussmannienne » (les avenues de Matignon et Paul-Doumer ou le prolongement vers l'est de la rue Étienne-Marcel). Paris, « *nef* sans pilote », a besoin d'un « *capitaine* », et ce n'est pas Georges Pillement (« Démolitions présentes et futures ») qui le démentira. Alors qu'un nouveau projet pour l'îlot 16 voit le jour, l'historien demande à ce que l'on redonne au quartier « son caractère médiéval ». Contre la démolition, la méthode du curetage, expliquée par Robert Auzelle (« La rénovation des quartiers insalubres »), apparaît alors comme la plus satisfaisante : débarrassé de ses constructions adventices, l'îlot redevenu sain demeure délimité par des voies dont l'alignement n'a pas besoin d'être modifié. Dans « Illustration et défense du paysage parisien », Pierre d'Espezel énumère quant à lui les atteintes portées à la géographie de Paris : l'enceinte de Thiers, puis l'arasement de nombreux reliefs, le comblement de la Bièvre, jusqu'au palais de Chaillot, sont autant de négations de « tout l'aspect traditionnel de notre terroir ». Pierre Remaury, associé à Henri Prost pour le plan de la Région en 1934, en appelle enfin, pour l'aménagement de Paris et de sa région, à « l'autorité d'une direction unique ». Un tel projet « offre l'occasion de donner un exemple de réalisation de cet ordre nouveau dans le cadre de l'Urbanisme ».

Illustration parmi d'autres de la crise du régime parlementaire, les projets avortés ou les réalisations partielles qui précèdent la Seconde Guerre mondiale ont ravivé le désir d'un urbanisme autoritaire pour Paris.

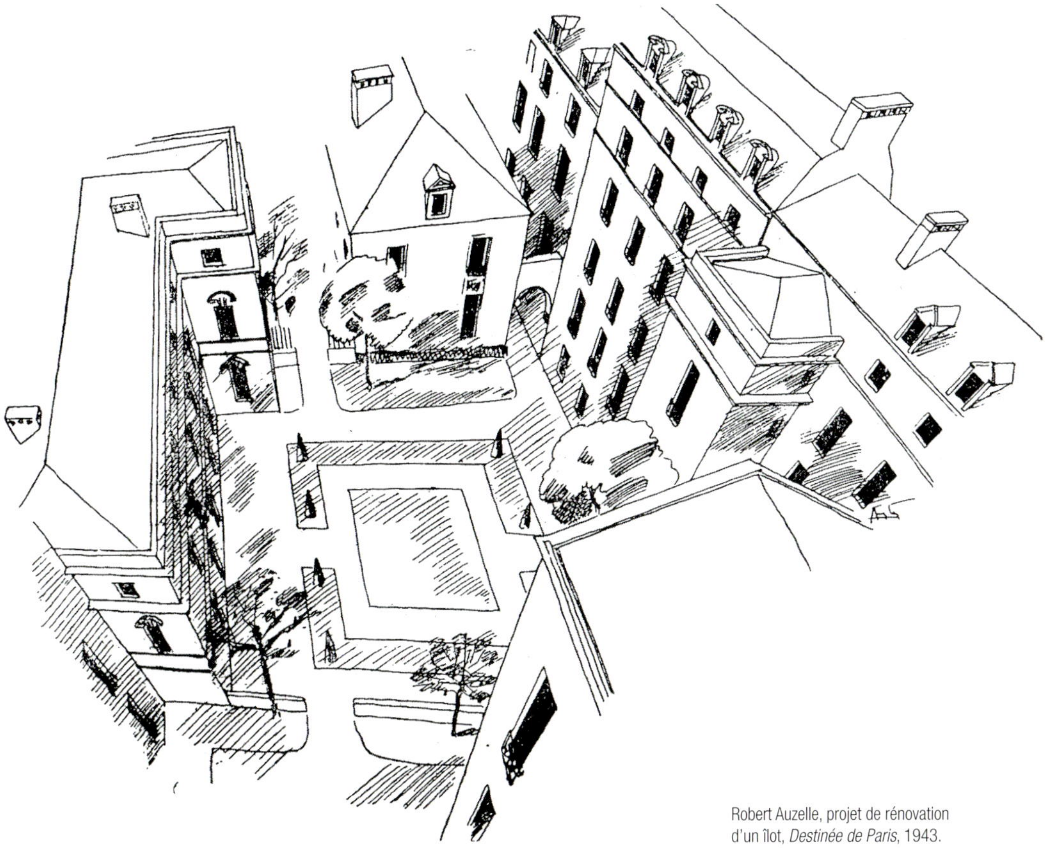

Robert Auzelle, projet de rénovation d'un îlot, *Destinée de Paris*, 1943. (BHVP/Leyris)

Le Paris de Vichy

Perret frères, avant-projet pour un parc olympique national au bois de Vincennes, 1943. (Fonds Perret frères/IFA)

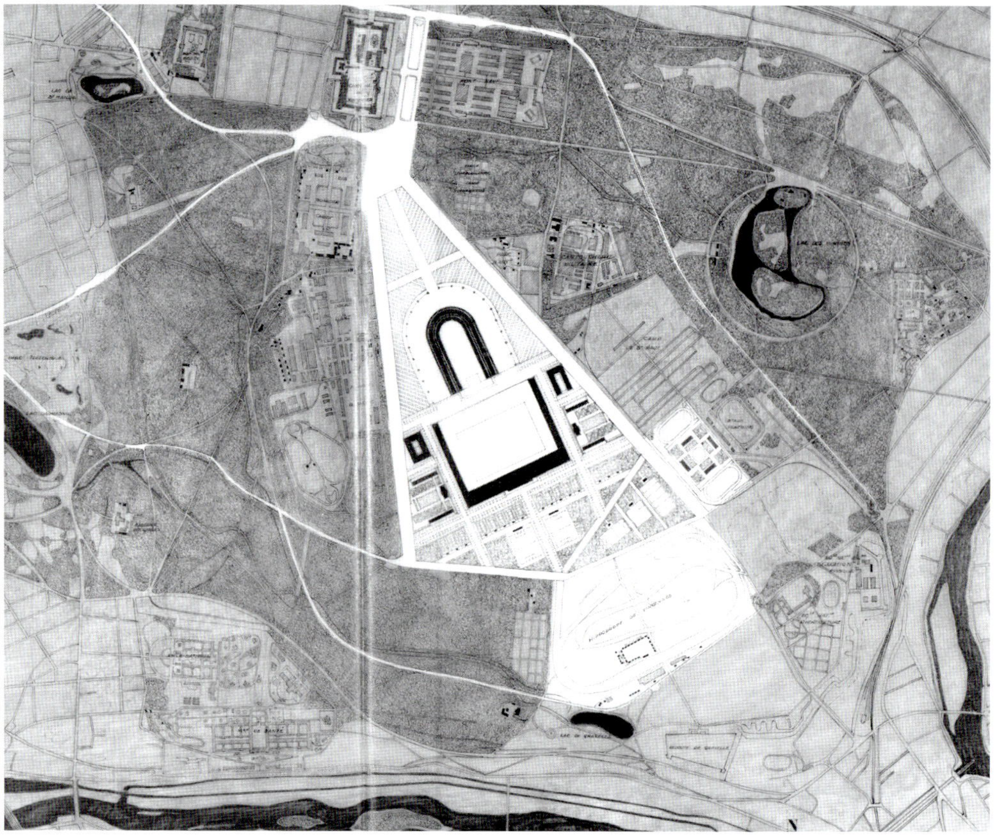

« Depuis quelque soixante ans, par la défaillance d'autorités qui ne savaient ni prévoir, ni vouloir, ni agir à temps, l'agglomération parisienne, continuant à s'étendre, s'est étalée en désordre toujours plus loin dans les campagnes environnantes, élargissant de proche en proche autour de la ville cette enceinte de misère et de laideur qui afflige à la fois le cœur et la raison. Il est temps que cela cesse. » Ainsi s'exprime, le 5 février 1942, le maréchal Pétain lors de la première séance de la Commission d'étude de la Région parisienne.

L'arsenal législatif

Ces propos font suite à un ensemble de mesures législatives destinées à promouvoir l'urbanisme comme l'une des armes de la révolution nationale : une loi du 28 août 1941 déclare notamment d'utilité publique le projet d'aménagement de la Région parisienne (plan Prost) approuvé en juin 1939. Elle augmente considérablement l'emprise de la région, qui englobe les trois départements de la Seine, de la Seine-et-Oise et de la Seine-et-Marne, ainsi que cinq cantons de l'Oise. Elle impose également l'établissement, dans un délai d'un an, du plan d'aménagement, d'embellissement et d'extension de la ville de Paris, de même que le projet de « toutes les modifications qu'il sera nécessaire d'apporter aux plans d'aménagement des communes de banlieue limitrophes de la ville de Paris pour assurer le raccordement et la subordination des plans communaux à celui de Paris ». Par arrêté du 25 novembre 1941, enfin, le Service technique du Plan de Paris se transforme en Services techniques de topographie et d'urbanisme (Paris et banlieue parisienne).

À gauche : projet de centre scolaire d'éducation physique sur l'ancienne gare du Champ-de-Mars, Jean-Baptiste Hourlier et Dommeng, *L'Illustration*, 20 février 1943. (BHVP/Leyris, © Adagp, Paris 2004)

À droite : dessin type d'une zone d'arrachement entre Paris et sa banlieue, *L'Illustration*, 20 février 1943. (BHVP/Leyris)

Une nouvelle doctrine urbaine

« Il est possible que Paris subisse à la longue une transformation profonde, que nous ne pouvons pas mesurer aujourd'hui[1] », déclare pour sa part Maurice Baudot, directeur des Services d'architecture et d'urbanisme de la préfecture de la Seine. Il est vrai que le régime de Vichy entend œuvrer sur plusieurs fronts : résorption des îlots insalubres, aménagement de la zone, mise en place d'un vaste réseau d'équipements sportifs et d'espaces libres. Ce programme est présenté, début 1942, au palais de Tokyo dans le cadre du Salon des urbanistes – un nouvel

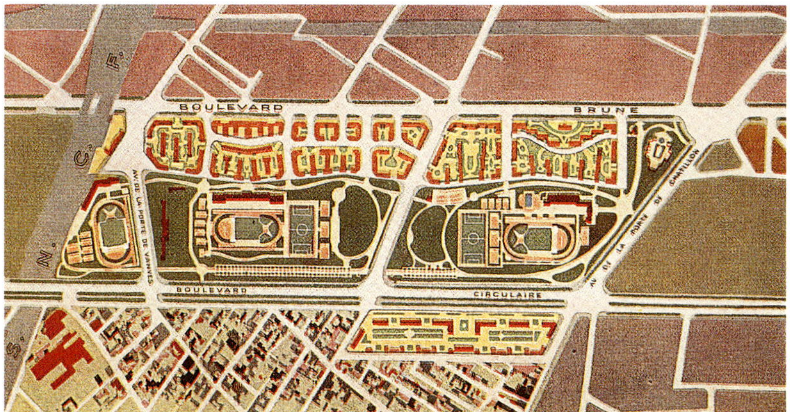

envoi sera organisé en 1943 : plans et maquettes, mais aussi graphiques et statistiques, fournissent un état des lieux et annoncent les grands chantiers à ouvrir. Certaines opérations devront traduire une doctrine urbaine en phase avec la politique générale du pays : aux « casernes » des HBM qui encerclent la capitale, on préférera ainsi le type « cité-jardin », même si le prix à payer en est plus élevé ; quant aux CSEP (centres scolaires d'éducation physique) de la ceinture, ils associeront terrains de sport sans tribune et vastes promenades plantées, le tout ponctué par une architecture aux forts accents régionalistes. Cependant, nombre de ces projets pour Paris et sa région s'inscrivent dans la lignée des plans établis depuis vingt ans, notamment pour ce qui concerne les parcs et jardins. René Mestais, ancien géomètre en chef et désormais chef des Services techniques de topographie et d'urbanisme, plaide comme avant-guerre en faveur d'une action massive en matière de voirie (percées mais surtout élargissements). Une nouveauté apparaît toutefois : la préfiguration du boulevard périphérique, traité à la manière d'un *ring* de verdure, et qui pourrait, indique Mestais dans son rapport de 1943, « être jalonné de hautes tours carrées, d'architecture symétrique, dont les couples marqueraient les grandes sorties de la capitale ».

Dans la lignée de 1937

Au point de vue architectural, le renouveau classique observé en 1937 se confirme. Le projet de parc olympique national comprenant un stade de 100 000 places au bois de Vincennes, confié en octobre 1943 à Auguste Perret, en constitue la meilleure illustration. Constant dans sa recherche d'un ordre du béton armé, Perret étudie longuement les façades extérieures de l'arène, tentant une synthèse inédite de l'entablement grec et du chapiteau égyptien. La même année, la préfecture de la Seine lance un « concours d'architecture d'ensembles urbains » ouvert à tous les architectes prisonniers de guerre[2]. Trois sites sont retenus : les abords de la porte Saint-Denis, la place de Clichy et les abords de l'hôpital du Val-de-Grâce. Pour le premier, le programme prévoyait l'élargissement de la rue du Faubourg-Saint-Denis, mais aussi la création d'un mail entre les rues d'Aboukir et de Cléry, un projet mis au point avant guerre. Au départ de la place des Victoires, le mail aurait eu pour point de mire la porte Saint-Denis, raison supplémentaire pour doter celle-ci d'un écrin digne du Grand Siècle. L'équipe lauréate, dirigée par Guillaume Gillet, lui donnera le nom de place de France – hommage au projet avorté d'Henri IV ? –, marquée par une imposante colonnade. L'équipe de Robert Lange, qui obtient le troisième prix, crée quant à elle un pendant au mail Aboukir-Cléry, en perçant une nouvelle avenue entre la place et le square du Temple. Si l'allusion au trident romain est ici évidente, c'est plutôt, d'une manière générale, à la Rome de Mussolini que les projets se réfèrent. Paradoxalement, le contexte politique n'en est pas la cause première. Depuis longtemps déjà, les architectes français s'intéressent aux projets urbains transalpins, ainsi qu'en témoigne le palais de Tokyo, né sous le Front populaire. Quant à l'architecture de Vichy, elle ne sera pas parisienne.

Concours pour l'aménagement de la place de Clichy, 1943 : projet Froux-Bienvenu. (BAVP/J.-C. Doërr)

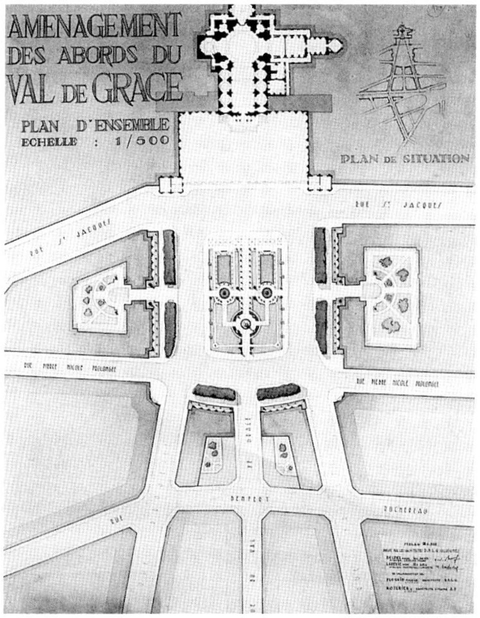

Projet d'aménagement des abords du Val-de-Grâce, 1943. (BAVP/J.-C. Doërr)

Concours pour l'aménagement des abords de la porte Saint-Denis, 1943 : projet Lange, Pinnet et Rousselet. (BAVP/J.-C. Doërr)

1 *L'Architecture française*, n° 17-18, mars-avril 1942.
2 *Ibid.*, n° 38, décembre 1943.

Michel Roux-Spitz redéfinit l'îlot parisien

AU LENDEMAIN DE LA SECONDE GUERRE mondiale, la situation parisienne en matière de logement et d'espaces libres semble plus que jamais préoccupante. Un seul des 16 îlots insalubres a été rénové : l'îlot 9, dans le 18e arrondissement, dont les surfaces plantées sont pour le moins discrètes.

Insalubrité et densité

La priorité accordée à la résorption de la crise du logement sera plus évidente encore à partir de 1945, d'autant que la tuberculose a considérablement progressé depuis 1939. Environ 100 000 logements manquent à Paris, 100 000 également en banlieue, note en 1946 Henri Vergnolle, président du conseil municipal de Paris, mais aussi architecte. André Le Troquer, son prédécesseur, constatait pour la région parisienne une densité démographique unique en Europe : 340 habitants à l'hectare, 42 % des Parisiens étant plus ou moins mal logés[1]. Dès lors, l'expérience des cités-jardins ne devait plus être qu'un souvenir, même si la banlieue, plus malléable que Paris, continuait de susciter un intérêt : « Pour l'hygiène et la vie familiale, il est infiniment préférable d'être logé en banlieue parce que là on peut disposer d'un jardin et on a beaucoup plus d'air », note Maurice de Fontenay au conseil municipal[2]. Tous les architectes ou presque en conviennent : il faut une doctrine, non seulement pour la reconstruction des villes sinistrées, mais aussi pour la rénovation de Paris.

Une modernité à la française

C'est à Michel Roux-Spitz que sont confiées, pendant la guerre, l'étude et la définition de nouveaux principes de construction. Marcel Flouret s'en expliquera dans un numéro spécial de la revue *L'Architecture française*, en avril 1946 : « La Ville de Paris, soucieuse d'être à l'avant-garde dans ce domaine, a voulu mettre au point un système de construction dont la conception et les modalités d'exécution soient modernes, mais qui soit en même temps exactement adapté au génie français, à nos possibilités industrielles et à nos disponibilités en terrains, tout en permettant d'abaisser au maximum le prix de revient sans aboutir à la mécanisation absolue. » Sans pour autant avoir fait l'expérience du logement collectif avant 1940, Michel Roux-Spitz partageait en tout point cette doctrine que le préfet de la Seine voulait au demeurant plus sociale qu'urbaine ; les éditoriaux de l'architecte dans *L'Architecture française* témoignaient de cette adhésion, Roux-Spitz rappelant en outre : « Tout ce qui éloigne l'homme de la nature, des espaces verts, de son jardin, doit être abandonné. »

Condamnant les excès décoratifs de certaines HBM de l'entre-deux-guerres, Roux-Spitz proscrit tout pittoresque, de manière à ne plus penser qu'en terme de proportions, « source sûre des effets les plus agréables, de ceux que l'on obtient par le simple jeu des pleins et des vides, des rythmes, par celui des masses des bâtiments et des jardins ». Par là même, l'architecte contribue à amorcer un cycle de la construction parisienne où, sinon la pauvreté, du moins la sobriété sera élevée au rang de vertu. Par souci d'économie, la disposition orthogonale des bâtiments doit dominer, de même que, pour l'organisation industrielle des chantiers, l'îlot ne devra pas mesurer moins de un hectare, 4 hectares étant le maximum pour une chaufferie centrale de 6 millions de calories. La pensée hygiéniste a progressé, et la projection d'îlots ouverts devient la règle absolue.

13-17, rue de la Fontaine-à-Mulard : HBM années 1910 et HLM années 1950. (© S. Texier)

M. Berry, maquette de l'ensemble HLM de la rue Jean-Leclaire, vers 1950. (Fonds Office public d'habitations à loyers modérés de la Ville de Paris/IFA)

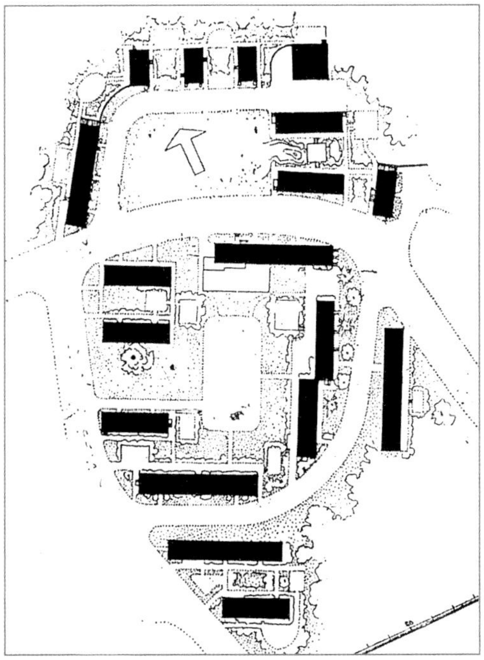

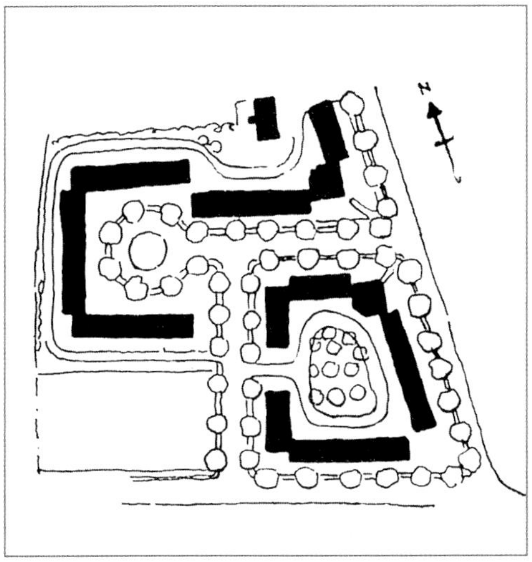

Michel Roux-Spitz, type de composition pour un grand ensemble (en haut) et plan de masse type pour une opération de petite taille (en bas). (Coll. S. Texier)

Porte de Vincennes, années 1950 : les immeubles parallèles alternent avec les compositions fermées. (Coll. S. Texier)

Un plan de masse type

Roux-Spitz suggère des compositions qui pourront varier à l'infini, pourvu que l'air et la lumière y circulent librement, pourvu aussi que les immeubles soient entièrement entourés de zones de verdure : « Il faut aussi que dans ces compositions d'ensemble soit abandonnée la proportion trop forte consacrée aux constructions. Les espaces libres doivent être autre chose que des cours cimentées ou des rues pavées où la verdure même en caissons, en boîtes, en cuves, même accompagnée de pergolas en bois, refusait systématiquement d'y prospérer tant y étaient néfastes les courants d'air, les poussières et le manque de soleil. » Une fois encore, les HBM sont ici explicitement condamnées. Le rapport surface construite-surface libre sera alors de 1 pour 4, voire de 1 pour 5. Proscrits également, les balcons et les terrasses, qui empêchent les habitants de profiter de la vue directe sur les jardins. En illustration de l'article de Roux-Spitz, le paysagiste Albert Audias, qui appellera en vain à une participation massive de sa profession au chantier de la reconstruction, présente plusieurs compositions de jardins intérieurs, chacun entouré de quatre immeubles. Le jardin et ses équipements varient ; le plan de masse, en revanche, semble définitivement fixé.

Proches des compositions proposées à la même époque par Robert Auzelle, ces figures associant lois de l'hygiène et souci du cadrage, seront remises en cause par le PUD en 1959. Dès 1951, cependant, le principe d'une stricte orientation des bâtiments en fonction de l'ensoleillement est préconisé par les architectes-conseils du Comité d'aménagement de la Région parisienne, Marcel Roux et Jean Le Couteur, pour lesquels le règlement parisien « est basé sur des notions que le monde entier reconnaît aujourd'hui comme périmées », à commencer par celle de l'alignement : « Les constructions ne devraient border les rues que lorsque l'orientation est convenable, ce qui est l'exception[3]. »

1 *L'Architecture française*, n° 57, avril 1946.
2 M. de Fontenay, cité par Ph. Nivet, « Le Conseil municipal face aux rénovations (1945-1977) », in *Eau et gaz à tous les étages. Paris, 100 ans de logement* (dir. J. Lucan), Paris, Picard/Pavillon de l'Arsenal, 1992, p. 120.
3 M. Roux et J. Le Couteur, « Note sur le programme d'aménagement et les règlements qui régissent la construction dans la Ville de Paris », s. d. (1951), archives R. Camelot, IFA.

Des logements et des arbres

Denis Honegger, ensemble de logements, 72-76, rue de Meaux, 1955-1958. (Coll. S. Texier)

Marcel Froux, ensemble de logements, rue Botha, 1955 ; au premier plan, le square Alexandre-Luquet. (© S. Texier)

Des oasis dans la ville

Totalement tributaires du plan de masse adopté, les espaces verts ne tarderont d'ailleurs pas à faire les frais de l'inéluctable densification des opérations de logement, et c'est à ce titre que les années 1950 doivent être vues comme un moment privilégié. On citera, à titre symbolique, ce descriptif enthousiaste, publié en 1962, des 125 HLM de la rue Botha (20e), construits par Marcel Froux : « Ce groupe apporte une impression d'oasis et d'évasion. D'oasis, parce que la composition des bâtiments, l'un en ligne, perpendiculaire aux rues des Couronnes et du Transvaal, l'autre sensiblement carré, a permis la réalisation d'espaces plantés qui se prolongent d'un côté par un talus parsemé de bouquets d'arbres et gravi par le pittoresque escalier Piat, l'un des cadres de *Ballon Rouge*, et de l'autre, par le terre-plein Alexandre-Luquet. D'évasion, parce que la disposition adoptée permet à presque tous les occupants de jouir d'un panorama splendide, comparable à une vue d'avion sur Paris et sur sa banlieue ouest[2]. »

Ensemble de logements, 72-76, rue de Meaux, plan de masse, 1955. (Coll. S. Texier)

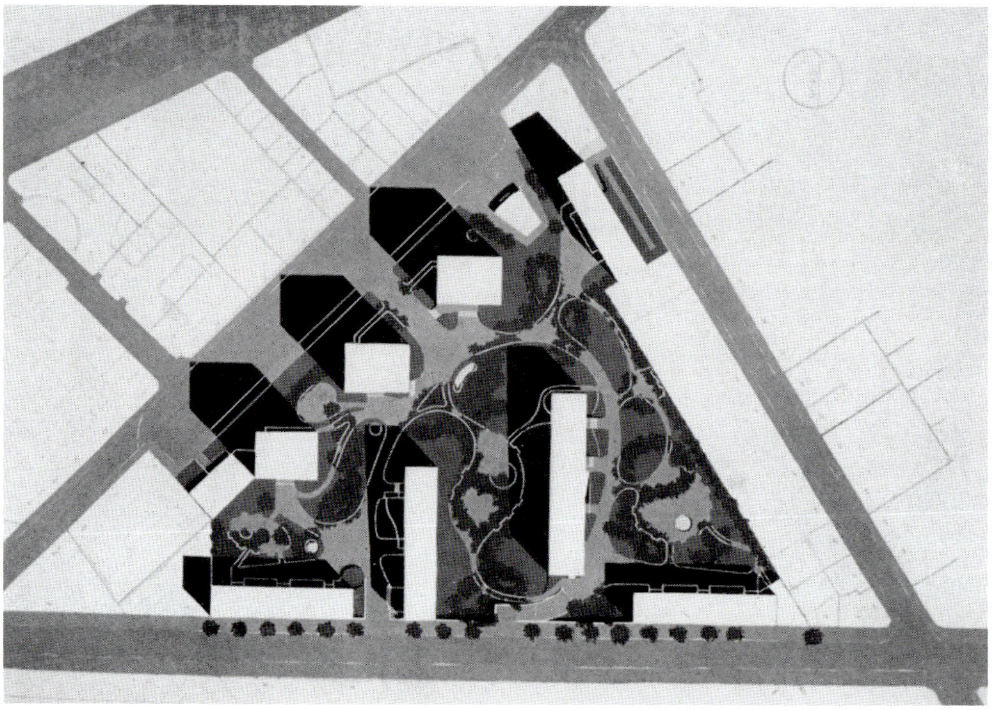

LES ENSEMBLES DE LOGEMENTS PARISIENS des années 1950 sont les témoins d'un épisode original dans l'histoire de l'urbanisme de la capitale. Si, dès 1946, une nouvelle doctrine paraît faire l'unanimité, elle ne constitue finalement que le prolongement logique, et parfois même timide, des recherches d'Augustin Rey ou de Tony Garnier pour le concours de la rue de Prague (1905). La décennie 1950 est précisément ce temps de transition entre les méthodes de l'entre-deux-guerres et la période radicale des rénovations. Inégale, cette production présente souvent de réelles qualités paysagères. En praticien et analyste lucide, Robert Auzelle, comme Georges Sébille vingt ans auparavant, imaginait même une ville sans jardins publics : « La ville vivrait alors dans un cadre naturel créé et entretenu par les habitants, au grand avantage des finances municipales dont les charges, dans ce domaine, se limiteraient à la voirie et aux espaces verts spécialisés[1]. »

Gustave Maline, ensemble de logements, 127-131, rue du Général-Michel-Bizot, 1950 : vue depuis le jardin. (© S. Texier)

Un urbanisme paysager

L'attention portée à l'implantation des bâtiments sur le terrain, autorisant ainsi l'aménagement d'un véritable jardin, est perceptible dans de nombreuses autres opérations : rues Dorian et de Picpus, avenue Michel-Bizot (12e) ou encore avenue de la Porte-de-Châtillon (14e), les ensembles réalisés par les architectes de l'agence de l'OPHLM (Jean Larroux, Jacques Lambert, Gustave Maline) se distinguent par le même souci de rompre les alignements des immeubles. Les photos d'époque révèlent des espaces peu accueillants, car tout récemment plantés ; ils ont, aujourd'hui, atteint leur maturité. De façon analogue, Denis Honegger, rue de Meaux (19e), ne livrera pas seulement 425 logements d'une parfaite qualité d'exécution ; ses études de plans de masse témoignent d'une patiente recherche sur le rapport espace construit-espace libre. Enfin, l'opiniâtreté de l'architecte pendant le temps de la mise en œuvre n'a pas peu contribué à la pérennité de son dispositif. Autres élèves de Perret, et par conséquent attachés à la notion de composition, Adrien Brelet et André Le Donné joueront peut-être plus difficilement des contraintes – tout autres au demeurant – de la pente qui sépare le boulevard Blanqui de la rue de Croulebarbe ; les deux grandes « cours-jardins » encadrant les deux bâtiments principaux n'en forment pas moins justement une structure paysagère, dans laquelle l'histoire aussi a sa place, la courbe de la grande allée répondant à celle du lit de la Bièvre. Résonances doublées de fenêtres ouvertes sur Paris, comme une réinvention du paysage…

Des tours dans un square

L'une des opérations les plus importantes de la décennie (496 logements rue Claude-Decaen, 12e), conçue à partir de 1950 et livrée en 1957 par un collectif d'architectes (Jacques Bourgeois, Joseph Bukiet, Jean-Baptiste Hourlier, Gilbert Lesou, Alfred Picard et Georges Tourry), est aussi l'une des plus remarquables du point de vue paysager. Comme dans tous les cas ou presque, la nature des espaces libres ne constitue pas, loin s'en faut, l'enjeu premier : le coût de l'opération, le plan des logements, le choix des matériaux de revêtement alimentent la discussion entre les architectes et l'administration. L'éventualité d'une hausse du nombre des logements à 600, impliquant la présence de près de 400 voitures, ne représente pas non plus le moindre des dangers pesant sur le dessin du jardin. Ici encore, les qualités du square Georges-Contenot, qui occupe avec quatre immeubles en Y le centre de cet ensemble, doivent autant au travail des six maîtres d'œuvre qu'à celui des jardiniers de la Ville.

Rue de Meaux ou rue Claude-Decaen, comme en maints autres sites, ces derniers ne semblent-ils pas perpétuer ou plutôt renouveler une conception « alphandienne » du jardin ? Après le renouveau classique des années 1930-1940, les arts plastiques ont fait la part belle à la courbe. Que son utilisation massive dans les jardins en soit une manifestation supplémentaire n'est pas impossible ; il est probable en tout cas que les pratiques du second Empire aient de nouveau eu les faveurs de la profession. Ultime hypothèse : quelle meilleure façon de se jouer des difficultés (d'implantation), si ce n'est en les contournant ? L'art de la courbe serait aussi l'art de l'esquive.

Square Georges-Contenot, 1950-1957 : 500 logements répartis dans et autour d'un espace vert. (© S. Texier)

1 *Technique de l'urbanisme*, Que sais-je ?, n° 609, 1953.
2 *Techniques et architecture*, n° spécial OPHLMVP, 1962.

Croulebarbe : l'esquisse d'une ville moderne ?

Adrien Brelet, rénovation du quartier Croulebarbe, perspective aérienne, 1955. (IFA)

Au nord du 13e arrondissement, au centre d'un quadrilatère tracé par les boulevards Arago et Blanqui, l'avenue des Gobelins et la rue Corvisart, se trouve un étrange pan de ville, où se côtoient monuments anciens, tours et jardins, l'ensemble étant implanté sur l'un des sites les plus spécifiques de Paris : le cours de la Bièvre.

Moderniser un quartier vétuste

Malgré son originalité géographique, le quartier Croulebarbe n'échappe pas aux velléités de modernisation. En 1950, son bâti n'est d'ailleurs guère plus salubre que celui de son voisin le quartier de la Gare ; le site bénéficie toutefois de l'aura que lui confère la présence de la Manufacture des Gobelins et du garde-meuble du Mobilier national, construit en 1936 par les frères Perret. À l'inverse, la forte déclivité entraînée par le cours de la Bièvre est considérée comme un handicap, un obstacle qu'il faudra vaincre plus qu'un élément avec lequel il serait intéressant de composer.

Emblématiques du quartier Croulebarbe, les tanneries de la ruelle des Gobelins. (© Harlingue/Roger-Viollet)

Urbanisme et géographie

Adrien Brelet, élève d'Auguste Perret, est chargé en 1953 par le ministère de la Reconstruction et du Logement de l'aménagement du quartier Croulebarbe. La première maquette qu'il réalise fixe les grandes lignes du projet définitif, mais ne prévoit encore aucune construction de grande hauteur ; l'avenue de la Sœur-Rosalie est prolongée par une vaste esplanade menant au jardin des immeubles de la rue de Croulebarbe. S'il ne paraît pas insensible à la nature du terrain sur lequel il intervient – le jardin des Gobelins double de superficie, les immeubles bordant la rue des Cordelières épousent le tracé sinueux de la Bièvre –, l'architecte tente néanmoins de le domestiquer dans sa globalité, condamnant toute intervention postérieure. Son deuxième projet fait en revanche figure de document historique : les trois immeubles-tours qui encadrent le square René-Le Gall sont en effet les premiers du genre à Paris ; au premier plan apparaît déjà, nettement, la tour Croulebarbe d'Édouard Albert, premier immeuble parisien de grande hauteur (1960). Adrien Brelet en donnera la description en 1958 : « Une liaison a été recherchée entre la place d'Italie et le garde-meuble […], par un ouvrage d'art qui prolongerait l'axe de l'avenue de la Sœur-Rosalie en surplombant le garage du métropolitain. À l'extrémité de cette plate-

Adrien Brelet, rénovation du quartier Croulebarbe : plan de masse, 1955. (IFA)

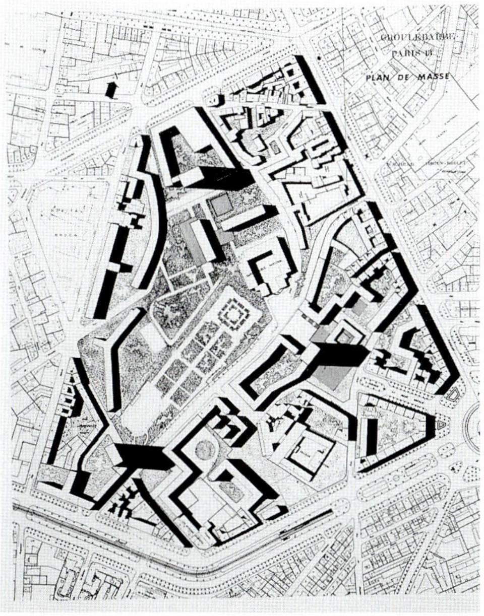

forme, l'emplacement d'un immeuble-tour de 22 étages a été défini. Au niveau de cette plate-forme, l'urbaniste a demandé que soit prévu, au sixième étage de cette tour, par rapport à la rue de Croulebarbe située en contrebas, un vaste portique d'où une vue panoramique se déploierait sur le square René-Le Gall et le garde-meuble. Dans la partie sud de l'îlot, un groupe d'immeubles sera disposé en bordure de la rue des Reculettes. Le couronnement de ces immeubles sera établi suivant une ligne horizontale rigoureuse rejoignant l'immeuble-tour au niveau du huitième étage. À l'extrémité sud de la rue des Reculettes, un second immeuble-tour de moindre importance (11 étages) équilibrera les volumes que présente cet ensemble. En bordure de la rue de Croulebarbe, toutes les dispositions seront prises en vue d'unifier la hauteur des immeubles qui devront, pour les opérations futures, s'élever à six niveaux[1]. »

Ainsi sont posées les bases d'une nouvelle approche de la ville, dont la mise en œuvre subira quelques modifications, mais dont les principes essentiels sont préservés. Entre la rue de Croulebarbe et le boulevard Blanqui, Adrien Brelet et André Le Donné, autre élève de Perret, construisent un ensemble de 284 logements. Un module unique de 1,43 mètre a permis, expliquent les architectes, « dans le cadre des normes HLM, de réaliser une grande variété de combinaisons, tout en donnant un caractère d'unité à cet ensemble ». En façade, les espaces compris entre les éléments de structure peuvent recevoir indifféremment une porte-fenêtre, un panneau de remplissage ou une fenêtre avec allège, « ce qui crée un jeu de pleins et de vides[2] ». Le remplissage est assuré par des éléments de béton préfabriqués, dans lesquels sont incrustés des carreaux de grès cérames rouge et noir.

Vue aérienne du quartier Croulebarbe : en bas à droite, la tour de la rue Corvisart ; au centre, la tour Croulebarbe et l'ensemble de logements d'Adrien Brelet et André Le Donné. (© La Documentation française/Interphotothèque, Michel Brigaud/Sodel)

1 *Construction et urbanisme dans la Région parisienne*, Paris, 1958.
2 *Techniques et architecture*, n° spécial OPHLMVP, 1962.

Édouard Albert, la tour Croulebarbe, dite « Gratte-ciel n° 1 », 1956-1961. (© S. Texier)

Trois tours

L'essentiel du programme et surtout sa nouveauté résidaient cependant dans la construction des trois tours : celle d'Édouard Albert en 1960 (33, rue de Croulebarbe), sobre structure de tubes métalliques remplis de béton, puis celle des 46-52, rue Corvisart, conçue en 1961 par l'agence CETBA, qui repose sur des poteaux en forme de V, enfin celle des 25-27, boulevard Arago et de la rue Émile-Deslandres. Cette dernière, qui s'intègre dans une opération plus vaste de 204 logements donnant sur le boulevard Arago, avait fait l'objet d'une demande de permis de construire, en 1964, par Adrien Brelet lui-même, avant que Gilles Gauthier et Pierre Milande ne reprennent l'affaire en 1966 ; ils ajouteront des bâtiments bas et un jardin intérieur. Imaginées comme trois constructions de forme et de gabarit identiques, les trois tours présentent finalement trois systèmes constructifs différents et trois modes d'implantation au sol différents. Faut-il y voir un prélude à la rénovation, le plus souvent mal contrôlée, des îlots insalubres ?

L'échec de la ceinture verte

Le boulevard Sérurier et l'église Sainte-Marie-Médiatrice en chantier, vers 1955 : la ceinture verte est encore possible. (Coll. part.)

La construction, pendant l'entre-deux-guerres, de plusieurs milliers de logements sur l'emprise des fortifications avait compromis le projet de ceinture verte imaginé au début du siècle. C'est désormais sur la zone *non ædificandi*, en grande partie occupée par les habitations précaires des « zoniers », dont l'expropriation est accélérée par une loi du 11 octobre 1940, que le troisième poumon de Paris doit voir le jour.

Un projet déjà cinquantenaire

La réalisation de la ceinture verte semble, au sortir de la guerre, d'autant plus probable que, pour assurer une liaison entre Paris et la banlieue, une « zone d'arrachement » d'une centaine de mètres est prévue sur les communes limitrophes ; même grevée d'une limitation à trois étages pour toute construction, elle offre des possibilités de relogement importantes pour les occupants des îlots insalubres. En 1948, le directeur des Parcs et Jardins de Paris, Robert Joffet, espère ainsi créer 290 hectares d'espaces verts, pour moitié aménagés en jardins et promenades, pour moitié en stades, terrains de sport et jardins d'enfants, le tout relié par des allées de circulation. Le besoin impérieux de logements dans Paris, auquel s'ajoute un brin de naïveté ou d'irresponsabilité de la part des pouvoirs publics, aura cependant rapidement raison de cette ambition.

La loi de compensation de 1953

« Il nous est donné maintenant de corriger ce qu'il y avait de trop systématique dans le dispositif dressé en application de la loi de 1919. Nous allons pouvoir construire des maisons sur la zone, qui nous procure de vastes terrains immédiatement utilisables[1] », écrit le préfet Paul Haag en 1954. Une loi vient en effet d'être votée (le 7 février 1953), dont l'article 13 autorise la construction sur 20 % de la zone ; en échange, les surfaces mobilisées seront affectées à des espaces verts dans les quartiers de rénovation. Assortie d'un projet de boulevard périphérique imaginé comme un *parkway* (boulevard planté) à l'américaine, cette loi dite « de compensation »

Édouard Crevel, aménagement de la ceinture verte sud, Porte de Bagnolet, 1956. (Fonds Robert Camelot/IFA)

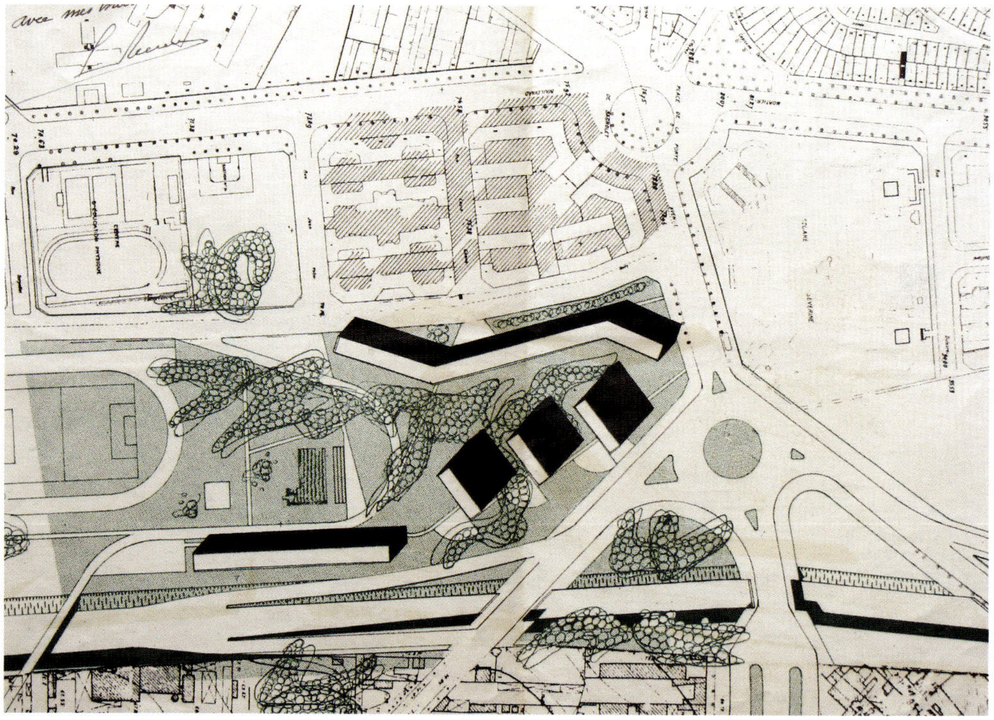

Pierre-Henri Bailleau (avec Legrand et Rabinel), les immeubles de la Porte de Vincennes, 1954-1960. (© S. Texier)

prélude au lancement d'un programme de 3 800 logements, à construire sur 25 hectares de la zone, divisée en sept secteurs. Un tel chantier est-il toutefois compatible avec le projet de ceinture verte ? Il en va désormais de la survie d'une idée désormais cinquantenaire, dont Bernard Lafay, président du conseil municipal de Paris, n'entend pas être le fossoyeur : « En vérité, ce n'est pas à la détérioration de la "ceinture verte" que nous allons assister, mais, au contraire, à sa naissance, à son aménagement rationnel, satisfaisant aux lois rationnelles de l'urbanisme moderne, permettant en outre de créer de nouvelles "taches de verdure" au cœur même de Paris, dans les "îlots" qui pourront peu à peu être réaménagés[2]. »

Il est vrai, noteront certains, que 80 % d'espaces verts et 20 % de bâti, cela représente un rapport flatteur. Ce fut précisément la grande erreur – ô combien paradoxale – de l'urbanisme des Trente Glorieuses que d'avoir minimisé le rôle de la voirie : respectivement étudiés par Robert Camelot, Germain Grange, Paul Herbé, Pierre-Henri Bailleau, Édouard Crevel, René Roux-Dufort et Robert Auzelle, les sept secteurs de la ceinture verte donneront lieu, pour la plupart, à des réalisations de type grands ensembles (barres et immeubles parallèles ou formant angle droit), souffrant de la même absence de traitement des espaces publics qu'en banlieue. Le plan de Bailleau pour la Porte de Vincennes contraste, de ce point de vue, avec les autres portes par sa symétrie et ses immeubles en pierre de taille ; le pendant oriental de la Porte Maillot imposait assurément un traitement spécifique.

Des liaisons compromises

L'anneau annoncé comme une « vivante charnière, une agréable transition entre Paris et sa banlieue, plutôt qu'une nouvelle barrière verte mais vide », selon le vœu de la Ligue urbaine et rurale en 1953, fera surtout les frais de la construction du périphérique. Au terme d'une « enquête préalable » répertoriant toutes les données inhérentes au site, Robert Auzelle, chargé du secteur situé entre la Porte de Pantin et la Porte des Lilas, y avait pourtant vu une occasion de procéder à la greffe de deux tissus, principalement grâce à une liaison des espaces verts entre eux. Robert Camelot avait, lui aussi, cherché à obtenir des coulées de verdure reliant Paris à la commune de Vanves. Après démission de ses fonctions, c'est au service de cette dernière, seule, qu'il mettra son plan… Quant à la loi de compensation, la logique capitalis-

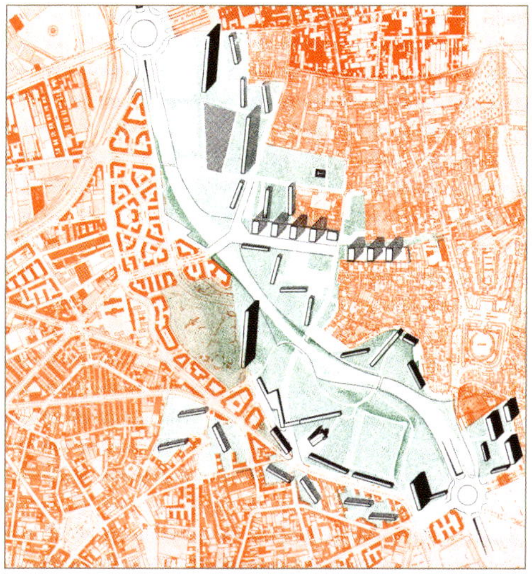

tique qui prévaudra lors de la reconquête de Paris la relèguera au chapitre, déjà long, des vœux pieux formulés par l'Hôtel de Ville : en 1956, les compensations n'étaient « ni réalisées ni même localisées avec précision[3] », déplorait la revue *Urbanisme*.

Dans un rapport sur « Le zonage », adressé à la Commission pour l'étude de l'avant-projet de la Ville de Paris (vers 1952), l'architecte Édouard Crevel soulignait la nécessité de prévoir un règlement commun pour les zones de même caractère et de même fonction, partant du principe que Paris trouvait « au-delà de ses frontières administratives son prolongement naturel sur les communes limitrophes[4] ». Déjà présente en 1919, cette idée ne survivra pas à l'ultime enceinte de Paris : un boulevard autoroutier.

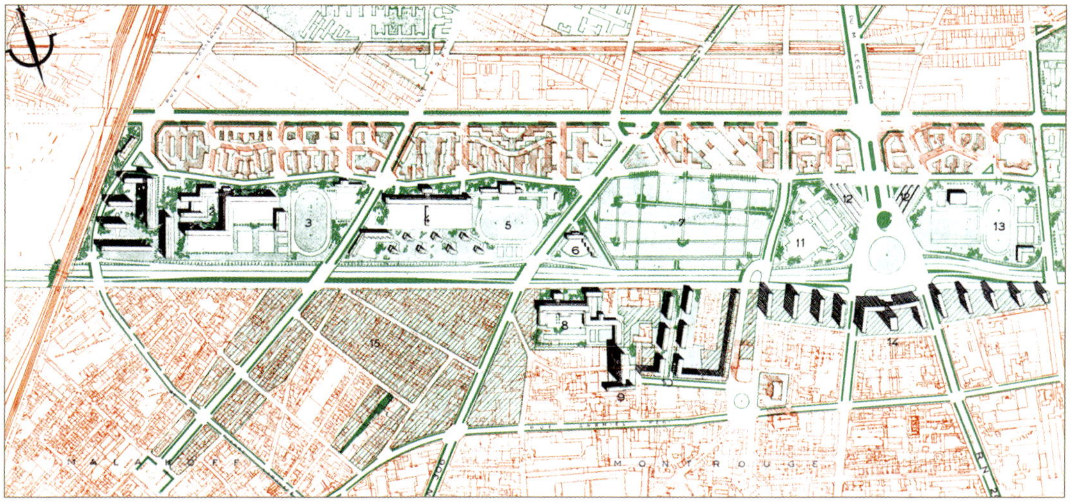

Ci-dessus : Germain Grange, aménagement de la ceinture verte, secteur 2 (Porte de Vanves - Porte de Montrouge), 1953. (Coll. S. Texier)

En haut : Robert Auzelle, aménagement de la ceinture verte, secteur 7 (Porte de Pantin-Porte des Lilas), 1953. (Coll. S. Texier)

1 *Urbanisme*, n° 35-36, 1954.
2 *Idem*.
3 *Urbanisme*, n° 51, 1956.
4. Fonds Robert Camelot, IFA.

La trilogie de l'îlot 16

À gauche : l'îlot 16 avant sa rénovation : un tissu dense et vétuste. (© Ville de Paris, bibliothèque Forney)

Ci-dessous : Albert Laprade, Michel Roux-Spitz et Robert Danis, plan de rénovation de l'îlot 16, 1943. (© Ville de Paris, bibliothèque Forney)

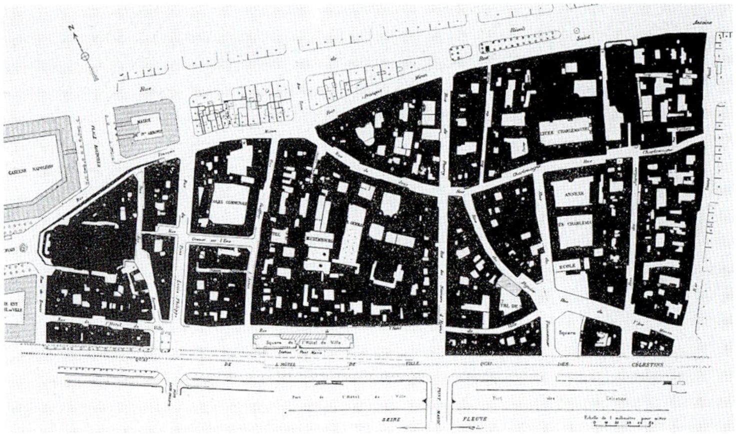

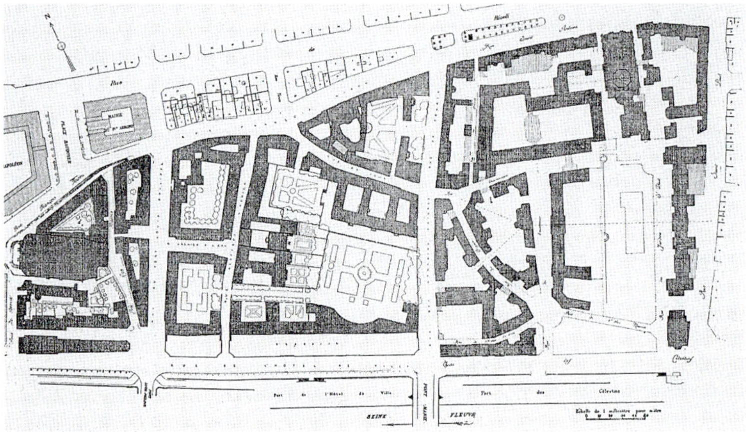

APRÈS AVOIR SUSCITÉ PLUSIEURS PROJETS contradictoires dans les années 1930, le Marais, et plus particulièrement l'îlot 16, voit son sort se jouer en grande partie durant la Seconde Guerre mondiale. S'il fait en 1943 l'objet d'un plan enfin consensuel, le plus célèbre des îlots insalubres va cependant donner lieu, après 1945, à trois chantiers totalement différents.

Trois architectes pour un îlot

En mars 1944, la revue *L'Architecture française,* alors dirigée par Michel Roux-Spitz, consacre, sous la plume de Jean-Marc Campagne et avec une préface du préfet et secrétaire général de la Seine Guy Périer de Féral, un long dossier à la « *Renaissance d'un vieux quartier* » ayant pour sous-titre : « De l'urbanisme, de la santé, du relogement sans massacre. » À titre de contre-exemple est tout d'abord publié un projet anonyme de 1941, aussi destructeur que celui d'André Hilt et d'Henri Bodecher en 1939, mais sans son ambition monumentale : un immense jardin est créé entre les rues Louis-Philippe et des Nonnains-d'Hyères, toutes deux élargies, complété par plusieurs squares et parterres plantés. Radical sans pour autant adopter les principes de l'urbanisme moderne, ce projet impliquait la suppression de nombreux immeubles et hôtels, y compris de leurs jardins, notamment ceux de la rue Geoffroy-l'Asnier, et l'isolement des rares édifices conservés. Le nouveau projet officiel, étudié depuis 1942 par Albert Laprade, Michel Roux-Spitz et Robert Danis, chacun étant responsable d'un secteur de l'îlot, renonce au contraire aux destructions massives pour privilégier le curetage, la création de cours intérieures plantées et la restauration des anciens jardins d'hôtels. Jadis promis à devenir une grande annexe de l'Hôtel de Ville, l'îlot 16 serait désormais, selon le préfet Périer de Féral, « tout indiqué pour servir au logement d'artistes et de savants ». La très contestée Cité des arts du quai de l'Hôtel-de-Ville ne verra le jour qu'en 1963… Entre-temps, le plan d'ensemble aura donné lieu à des opérations ponctuelles et, surtout, subi de profondes modifications.

Retrouver les jardins d'antan

Au centre de l'îlot 16, Roux-Spitz propose en 1944 de renouer avec le plan de Turgot : le jardin de l'hôtel d'Aumont est recréé et doit former avec ceux des hôtels de la rue Geoffroy-l'Asnier un grand jardin intérieur à la française, « centre de la composition où viennent s'adjoindre des surfaces libres complémentaires créées par démolition en arrière des immeubles démontés et construits le long de la rue de l'Hôtel-de-Ville, puis de ceux formant l'angle des rues Geoffroy-l'Asnier et de Jouy ». Paul Tournon succédera à Roux-Spitz dans les années 1950, se chargeant notamment de la restauration de l'hôtel d'Aumont puis, avec Olivier-Clément Cacoub, de la construction de la Cité des arts, mais ne parviendra pas à mettre en place un aménagement cohérent des espaces libres : la succession du square Albert-Schweitzer, du jardin fermé de l'hôtel d'Aumont et de la vigne vierge couvrant les pignons des immeubles qui le dominent, en est le piètre résultat.

Une cité-jardin dans le marais

Sur le secteur dit des Jardins Saint-Paul, Robert Danis prévoyait lui aussi de multiplier les espaces libres, mais en évitant de trop importants regroupements et en proposant la construction de bâtiments de très faible hauteur ; c'est même une sorte de cité-jardin qui devait s'organiser entre les rues du Figuier et du Fauconnier, tandis qu'un tronçon de l'enceinte de Philippe Auguste, en cours de dégagement, bordait une piscine découverte. Peu de parcelles seront aménagées suivant ce plan : les Jardins Saint-Paul, opération de réhabilitation par curetage de grande envergure menée tardivement par Félix Gatier (à partir de 1972), n'étaient pas prévus par Danis, qui préférait reconstruire entièrement cet îlot de un hectare. Après sa mort, en 1949, son fils Benoît et Robert Camelot hériteront de l'étude du secteur. Sans pour

Robert Camelot, immeubles de logement, rues des Nonnains-d'Hyères et du Figuier, 1952. (© S. Texier)

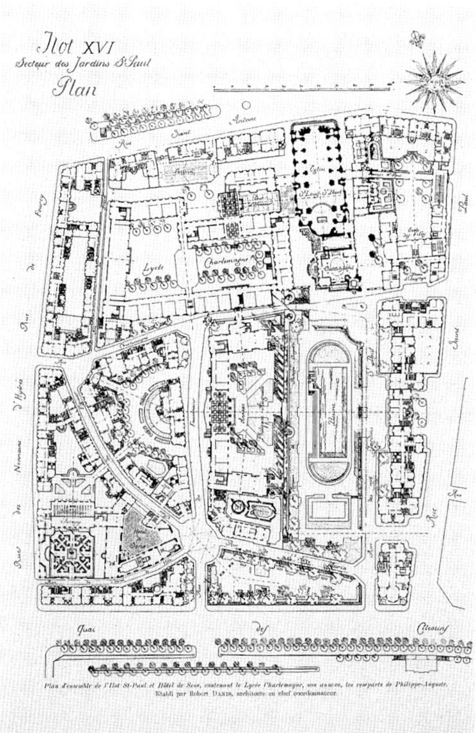

Robert Danis, plan d'aménagement de l'îlot des Jardins-Saint-Paul, 1943. (© Ville de Paris, bibliothèque Forney)

autant faire abstraction du parcellaire existant, les deux jeunes architectes conçoivent un petit morceau d'urbanisme ouvert au sein de l'îlot 16, entre la rue des Nonnains-d'Hyères et la rue Charlemagne, où l'espacement des bâtiments rend possible une petite coulée verte. Camelot fait encore remarquer que « le plan-masse de l'îlot prévoit d'importants espaces libres et qu'en conséquence il est possible en un point déterminé, de créer un bâtiment à étages multiples. Ce bâtiment a été conçu en forme de tour de dimensions relativement réduites ; d'autre part, un effet plastique a été volontairement recherché par le contraste d'un immeuble élancé à proximité de l'hôtel de Sens, tel un beffroi au voisinage d'un édifice du Moyen Âge[1] ». Ce projet ne verra pas le jour, mais Camelot et Danis construiront les immeubles revêtus de pierre de taille le long de la rue des Nonnains-d'Hyères ; l'hôtel de Sens, abondamment – ou abusivement ? – restauré, accueillera le Centre de documentation et d'urbanisme avant d'être affecté à la bibliothèque Forney.

Seul le secteur Saint-Gervais dirigé par Laprade a finalement été rénové comme prévu : le long de la rue des Barres et de la rue de l'Hôtel-de-Ville, l'architecte opère une rénovation douce des îlots, dégageant cours et jardins et mettant en valeur le chevet de l'église. L'îlot 16 aura bien été en théorie, puis dans les faits, le lieu de toutes les expérimentations.

La rue des Jardins-Saint-Paul avant destruction des immeubles. (Coll. L. Pitt)

La rue des Jardins-Saint-Paul et l'enceinte de Philippe Auguste mise au jour. (Coll. L. Pitt)

Ci-contre : Robert Camelot, projet de tour rue du Figuier, 1951 : un beffroi pour l'hôtel de Sens. (Fonds Robert Camelot/IFA)

1 Lettre au délégué départemental de la Reconstruction et de l'Urbanisme du département de la Seine, 24 juin 1951, fonds R. Camelot, IFA.

Claude Charpentier au secours de la butte Montmartre

Angle de la rue des Saules et de la rue de l'Abreuvoir : l'Art déco participe aujourd'hui d'un nouveau pittoresque. (© S. Texier)

Ci-contre : Claude Charpentier, projet de modification des façades rue Gabrielle, 1955. (Coll. S. Texier)

Vue aérienne de la butte Montmartre, côté ouest : les ordonnances post-haussmanniennes n'ont pas été arasées. (© La Documentation française/ Interphotothèque, Michel Brigaud)

LA VICTOIRE DES AMIS du vieux Montmartre contre le projet d'immeubles à gradins d'Henri Sauvage en 1929, puis la crise des années 1930 et le coût des fondations sur un sol fragilisé par les carrières avaient provisoirement écarté la menace de nouvelles opérations immobilières. Le processus de protection de la Butte était pourtant à peine engagé.

La sauvegarde d'un « village »

En 1942, l'architecte Claude Charpentier, neveu du compositeur Gustave Charpentier et fils du chef d'orchestre montmartrois Victor Charpentier, entame un combat qui prendra la forme d'un projet de pétrification du site de Montmartre. Avec l'appui énergique de Paul Yaki, président de la société archéologique Le Vieux Montmartre, il réussit, en mars 1949, à faire inscrire le site à l'inventaire des monuments naturels et légendaires. « Cette mesure de protection aurait dû mettre dans l'obligation ceux qui ont la charge de la conservation du site, de maintenir son caractère champêtre de petit village aux rues tortueuses[1] », écrit Charpentier. L'architecte poursuit en énonçant les grandes lignes de son projet : « Certaines contraintes esthétiques pourraient déjà être imposées. Les façades des maisons, par exemple, devraient être en pierre de taille ou en matériaux enduits au plâtre. Les briques apparentes ou la meulière, proscrites. Aucun badigeon de couleur, aucun mensonge tel que le faux pan de bois, les enduits patinés, les faux joints de briques ou de pierre. »

Un architecte écouté

La construction, en 1951, d'un immeuble dit Le Manoir de Montmartre, impasse Trainée, sur un terrain jusque-là affecté à l'aménagement d'un square offrant une vue panoramique exceptionnelle sur Paris, redonne au projet de Charpentier toute son actualité. L'urbaniste Henri Prost, chargé de l'examen du dossier, plaide pour un abaissement de la hauteur de six à trois étages, et suggère l'aménagement, en rez-de-chaussée, d'une loggia accessible au public[2]. Le préfet de la Seine avait auparavant admis que le projet de square était abandonné. Plus complexe qu'il n'y paraît, l'affaire mobilise néanmoins rapidement Le Vieux Montmartre, la Commission du Vieux Paris, la Ligue urbaine et rurale ou encore le Touring-Club de France qui, soutenus par une presse unanime, appellent à la création d'un plan de sauvegarde de Montmartre. Claude Charpentier vient de remporter une bataille décisive : son plan, établi depuis 1942, bénéficie d'une large publicité. « Ce plan, merveille d'intelligence et de clarté,

Claude Charpentier et Jacques Ogé, plan d'aménagement du site de Montmartre, 1956. (Coll. S. Texier)

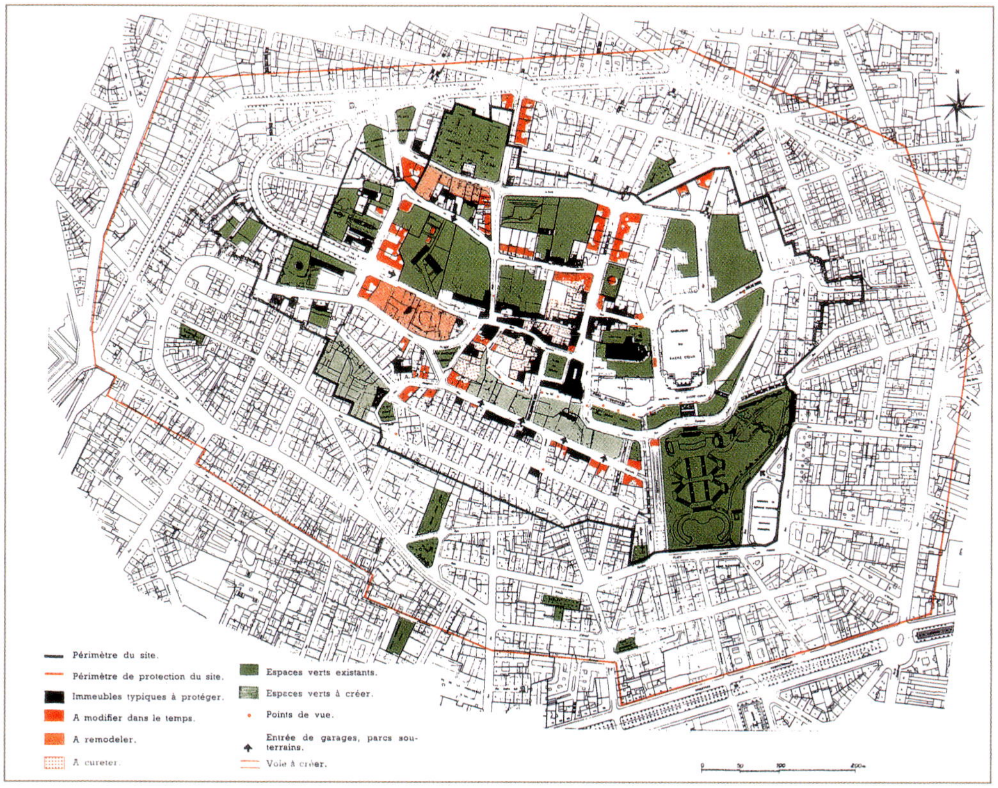

met en évidence les maisons et les espaces libres qui sont à respecter et les immeubles que leur laideur, leur manque de style ou leurs excessives dimensions condamnent à être détruits ou transformés », notait Paul Yaki en 1946 dans le bulletin *Le Vieux Montmartre*.

Un urbanisme autoritaire

En 1952, le préfet Paul Haag nomme Charpentier et son assistant Jacques Ogé architectes-urbanistes de Montmartre. Leur enquête minutieuse sur l'architecture montmartroise donne lieu à un nouveau plan d'aménagement, exposé en 1955 à l'Hôtel de Ville, aux côtés de deux maquettes représentant respectivement « Le Montmartre d'aujourd'hui » et « Le Montmartre de demain ». Une seconde présentation, un an plus tard, prélude au vote, à l'unanimité du conseil municipal, du projet d'aménagement (6 décembre 1956). À partir de 1959, enfin, la maison du 12, rue Cortot, restaurée par Charpentier, abrite le musée du Vieux-Montmartre. Dès lors, plus aucun permis de construire ne peut être accordé sans être visé par les deux architectes ; et le nombre des interdictions et des prescriptions prévues est impressionnant. Mais c'est dans la restauration d'un prétendu état ancien de la Butte que leur action est le plus contestable : « Rue des Saules, presque à l'angle de la rue de l'Abreuvoir, un simple ravalement au plâtre et l'adjonction de persiennes ont complètement modifié une façade de brique qui n'avait pas sa place à Montmartre[3] », rappelle Charpentier. À l'avenir, il prévoit même la « modification des façades des immeubles à l'angle de la place du Tertre et de la place de l'église Saint-Pierre et de l'affreuse construction, style 1925, rue des Saules, face aux vignes, dont la hauteur, les balcons, les loggias et les superstructures sont une insulte permanente au bon goût et au respect de la modestie qui doit être de règle dans cet endroit prestigieux ». Montmartre doit « rester un grand jardin qui abrite un village » et, pour ce faire, certains épisodes, récents, de son histoire doivent être effacés. Au nom d'une échelle à préserver, Charpentier projette en effet la destruction de dizaines d'étages d'habitation. L'arasement de la rue Gabrielle, la transformation d'ateliers 1900 en maisons de campagne comme du bâtiment néogothique au chevet du Sacré-Cœur sont autant de régressions qui s'inscrivent dans un projet de restauration d'un paysage n'ayant finalement jamais existé.

Une telle entreprise pourrait être considérée, avec indulgence, comme la réinvention pure d'un paysage, mais d'un paysage seulement : elle se limite en effet aux seules façades des maisons. Il est encore trop tôt pour que soient prises en compte les particularités morphologiques de Montmartre. Il est encore trop tôt, aussi, pour que l'on prête une quelconque attention au caractère pittoresque des autres faubourgs de Paris.

En haut : les vignes et le versant nord de la butte Montmartre depuis le musée du Vieux-Montmartre. (© S. Texier)

1 *Urbanisme*, 1951, n° 3-4.
2 Fonds H. Prost, IFA/AA.
3 *Sauvegarde de Paris*, Paris, APSAP, 1963.

Les prémices d'une reconquête : les territoires ferroviaires

Les voies menant à la gare Saint-Lazare et à la gare des Batignolles : une emprise longtemps convoitée. (© La Documentation française/ Interphotothèque, Michel Brigaud/Sodel)

Les chantiers menés par la préfecture de la Seine après la Seconde Guerre mondiale visent, en premier lieu, à endiguer la crise du logement et à doter la capitale d'infrastructures nouvelles, à commencer par un réseau routier toujours insuffisant. Pendant les Trente Glorieuses de l'automobile, la reconquête de Paris passe, notamment, par une récupération des emprises ferroviaires : si la désindustrialisation n'est pas encore à l'ordre du jour, il semble déjà possible, néanmoins, de rentabiliser certains secteurs.

Des cités d'affaires autour des gares

Le 19 septembre 1953, un rapport paru au *Journal officiel*, appuyant un décret pris la veille, préconise le regroupement, proche des centres d'affaires, des bureaux des principaux établissements et entreprises parisiens, publics ou privés, afin d'en libérer les locaux et de les affecter à la construction de logements. Pour ce faire, des emplacements favorables pourront notamment se trouver dans certaines emprises du domaine concédé à la SNCF (créée en 1937), la proximité des gares constituant un avantage évident pour les nouveaux ensembles de bureaux. Prenant acte de ce décret, les architectes Paul Herbé et Jean Le Couteur, associés aux urbanistes M. Gauthier, Marc Béri et L. Chatel, entreprennent une étude intitulée « M^2 reconquis ». Le réseau ferré parisien présente, selon eux, une qualité et un défaut majeurs : si le caractère rayonnant des voies de pénétration est un incontestable atout, leur étanchéité, sujet de débat depuis les origines des chemins de fer, est un handicap pour la ville tout entière. Elle cesserait de l'être si le réseau était couvert de dalles, « sur lesquelles des routes de pénétration directe pourraient être tracées, bordées de zones vertes et, par places, flanquées d'immeubles administratifs[1] ». Loin d'être prophétiques, les auteurs s'inscrivent ici dans la ligne officielle du nouvel urbanisme parisien – Paul Herbé est alors l'un des architectes les plus écoutés des pouvoirs publics –, et citent en exemple le projet de Bernard Lafay pour la couverture des voies de la gare Saint-Lazare, entre la verrière du hall et la place de l'Europe, ou encore celui de son bras droit, Raymond Lopez, qui proposait de construire sur le même site un parking pour 700 voitures. L'opération « M^2 reconquis » apparaît d'autant plus justifiée qu'elle anticipe le déplacement « à plus ou moins long terme des gares de grande ligne au-delà de boulevards extérieurs ». On sait qu'il n'en sera rien.

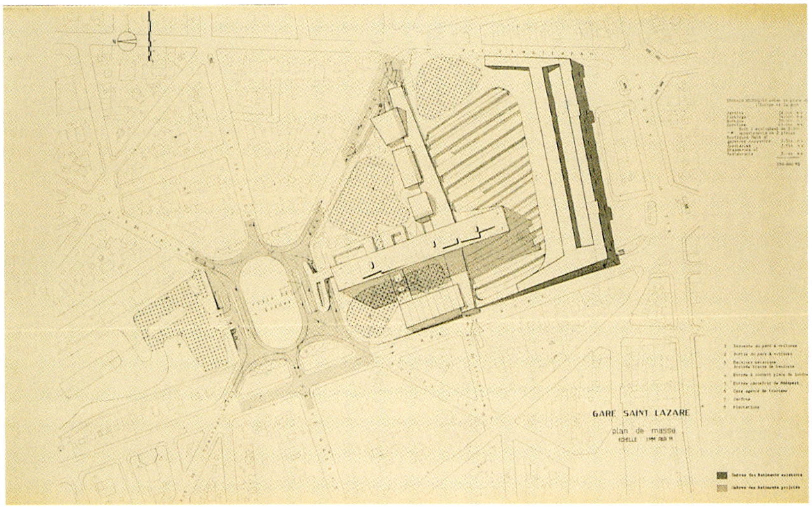

En bas, à gauche : Paul Herbé et Jean Le Couteur, projet de couverture des voies de la gare Saint-Lazare, 1953. (Fonds J. Le Couteur/IFA/J.-C. Doërr)

En bas, à droite : Raymond Lopez, projet de parking entre la gare Saint-Lazare et le pont de l'Europe, vers 1952. (IFA/J.-C. Doërr)

La gare de marchandises de Reuilly, bordée par la longue barre de Denis Honegger (avenue Daumesnil) et les deux immeubles de Jean Fayeton (rue de Reuilly). (© La Documentation française/ Interphotothèque, Michel Brigaud/Sodel)

Construire au-dessus des voies

À Saint-Lazare, près de 9 hectares serviraient à l'implantation, en longueur, d'un grand immeuble de bureaux, traversé en rez-de-chaussée par une galerie marchande orientée est-ouest, faisant écho à la salle des Pas-Perdus. Dans la longueur du bâtiment (nord-sud), un autre hall relie la place de l'Europe à la gare et ouvre sur des jardins. Au total (bureaux, parkings, jardins, services, boutiques, spectacles et restaurants), 180 000 m² seraient ainsi reconquis, soit un doublement de la surface – non utilisée jusqu'alors – prise en considération.

N'incarnant plus le rêve du départ mais le cauchemar de la congestion, la gare paraît plus que jamais indésirable au cœur de la ville. En 1956, Bernard Lafay, alors président du conseil municipal et ministre de la Santé publique et de la Population, demandait la libération de 450 hectares occupés par la SNCF ; Pierre Sudreau, commissaire à la Construction et à l'Urbanisme de la Région parisienne puis ministre de la Construction, plaidait pour le déplacement de la totalité de la gare Montparnasse, plus rentable et garant d'une meilleure circulation, tandis que le préfet de la Seine appuyait le projet de création, autour des gares, de nouveaux pôles d'activités.

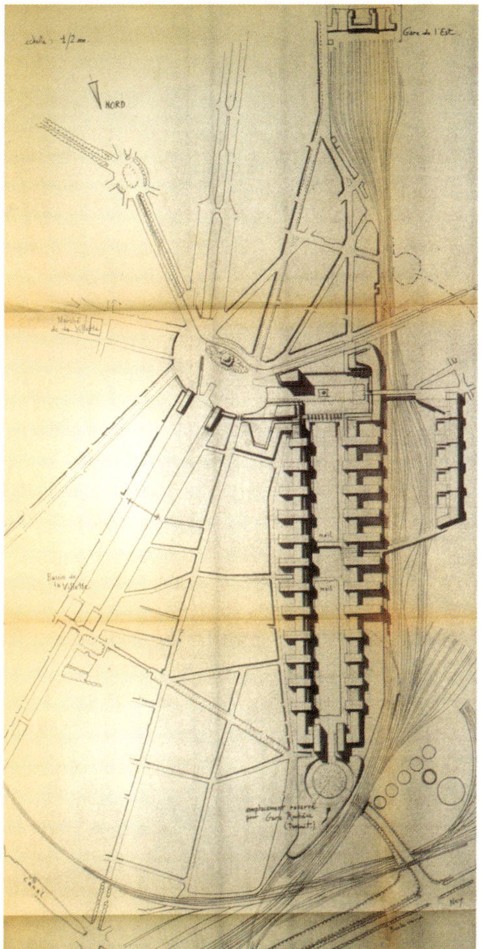

Ci-contre : Eugène Beaudouin, Urbain Cassan et Jacques Warnery, projet de pôle industriel le long de la rue d'Aubervilliers, 1955. (Fonds Eugène Beaudouin/IFA, © Adagp, Paris 2004)

Exploiter toutes les emprises

C'est cette dernière option qui, dans l'esprit du décret de 1953, sera conservée. Le bureau d'études créé par Edgar Pisani en octobre 1954, la Secdoc (Société d'études pour la construction sur les domaines concédés), participe à la programmation de Maine-Montparnasse, ainsi qu'à d'autres projets de reconquête du territoire parisien et de la banlieue. À la demande de la SNCF, Eugène Beaudouin, Urbain Cassan, deux des architectes de la tour Montparnasse, et Jacques Warnery mènent ainsi une étude à la Villette, sur un ensemble de voies affectées au trafic de marchandises. Entre les rues d'Aubervilliers, Riquet et du Département, un espace de 45 000 m² est en effet occupé par des halles vétustes. Au confluent des réseaux ferré et routier, ce site convenait à un grand bâtiment commercial, hôtel industriel avant l'heure, combinant transport, stockage et gestion des marchandises.

La rationalisation du commerce était une chose ; la pénurie de logements en était une autre, qui préoccupait davantage encore les responsables de l'urbanisme parisien : sur proposition de Pierre Sudreau, la Secdoc projettera en 1956, en accord avec l'Ocil, la construction d'immeubles de logement en bordure de la rue de Reuilly, sur l'emprise de la gare de marchandises du même nom. Les deux immeubles, livrés en 1960 (système de construction Fayeton-Quillery), accueillent 341 logements ; ils sont édifiés sur une plate-forme à six mètres au-dessus du niveau des voies, l'espace couvert servant d'entrepôt relié à la gare. On voit là s'esquisser le processus d'optimisation, puis de récupération des emprises ferroviaires, qui s'accélérera à partir des années 1980.

1 Fonds J. Le Couteur, IFA.

Les hommes du modernisme : Bernard Lafay, Raymond Lopez, Paul Delouvrier

L'URBANISME PARISIEN DE L'APRÈS-GUERRE porte l'empreinte de personnalités fortes, dont l'action a, certes, été facilitée par une conjoncture politique et économique particulièrement favorable. Henri Sellier et François Latour, Perret et Le Corbusier auraient pu en effet, dans d'autres circonstances, réaliser tout aussi largement leurs ambitions pour le Paris de l'entre-deux-guerres. Mais les structures politiques et administratives qui ont fait les Trente Glorieuses sont également issues de la Résistance – gaulliste ou non – et, de ce fait, fondées sur des amitiés durables ; cette fidélité à un passé a manifestement porté une génération vers la construction, ambitieuse et parfois naïve, d'un avenir radieux. Bernard Lafay, Raymond Lopez et Paul Delouvrier sont trois de ces acteurs et constructeurs d'un Paris moderne.

Un médecin au service de Paris

Bernard Lafay (1903-1977) compte parmi les personnalités politiques les plus importantes de Paris dans les années 1950-1970. Médecin de formation, résistant – pour De Gaulle, il « restera l'exemple du médecin pendant la Résistance » –, il est élu de Paris (17e arrondissement) de 1945 à sa mort, sur la liste du Parti radical dans un premier temps, puis sur les listes RPF, Centre républicain et Paris-Majorité. Ses détracteurs ironisent alors : « Il n'est pas le symbole du système, il est le système. » Plusieurs fois ministre sous les IVe et Ve Républiques, il est président du conseil municipal de Paris en 1954. Il saisit cette occasion pour présenter ses idées en matière d'urbanisme, centrées dans un premier temps sur les problèmes de circulation ; cette contribution jette les bases de la politique des rénovations entamée vers 1960. Lafay renoncera plus tard à son ambition de rénover Paris dans ses propres limites et soutiendra, en 1960, le projet de la revue *L'Architecture d'aujourd'hui* pour un Paris parallèle. En 1975, il publie une brochure intitulée *Schéma d'un plan vert pour Paris* (Paris, Club Paris 2000), dans laquelle il

Bernard Lafay en 1954, devant les plans de Raymond Lopez. (BHVP/Leyris)

milite notamment pour un accès visuel, par abaissement des murs de clôture, aux grands jardins ministériels ou conventuels. Une promenade créée en 1990, reliant pas moins de dix jardins entre la Porte des Ternes et la Porte d'Asnières, porte son nom et rappelle son action en faveur de la ceinture verte.

Un architecte au service du pouvoir

« Le technicien, il devrait modestement s'en douter, est mineur, sa tâche est d'aider sur le plan technique à la traduction d'une doctrine politique », déclarait l'architecte Raymond Lopez (1904-1966) en 1946[1]. Boursier Delano (Delano and Aldrich Scholarship), il fait en 1935 un premier séjour aux États-Unis, mais celui qu'il effectue en 1956 sera peut-être plus décisif encore : Lopez en revient profondément marqué par la pensée technique de Ludwig Mies van der Rohe et l'efficacité des grandes agences comme Skidmore, Owings & Merill. Également membre du Parti radical, Lopez devient rapidement le conseiller de Bernard Lafay sur les questions urbaines, esquissant les quelques figures illustrant la plaquette *Solutions aux problèmes de Paris* (1955). Assisté de Michel Holley, il exécute à grands traits le plan de modernisation de la capitale, devant lequel Lafay pose pour sa réélection aux législatives de janvier 1956. Son agence, en partie spécialisée dans la construction de bâtiments hospitaliers, devient dès lors le lieu où se dessinent les grands projets de modernisation de Paris, notamment le « plan Lopez » de 1957.

Raymond Lopez, projet de passerelle piétonne, place de l'Europe, 1958. (Coll. S. Texier)

Portrait de Raymond Lopez.

À gauche : Raymond Lopez, immeuble de logements, Porte Pouchet, 1958-1961. (© Pavillon de l'Arsenal)

Le plus souvent en association, l'architecte produit de nombreux immeubles de bureaux et de logements : les sièges de la Fédération nationale du bâtiment, rue La Pérouse (1951, avec Raymond Gravereaux), de la Caisse d'allocations familiales, rue Viala (1959, avec Marcel Reby), puis le centre d'affaires Paris Cap Nord place de l'Argonne (1966, avec Georges Tourry), ainsi que des tours de logement Porte Pouchet. Impliqué dans la conception de la tour Montparnasse et à l'origine de l'opération du Front de Seine, cet homme d'influence disparaît brutalement en 1966. Michel Holley poursuivra son action jusqu'au milieu des années 1970.

Un technocrate au service d'une région

Appuyé par un pouvoir politique fort, Paul Delouvrier (1914-1995) concrétise de manière plus décisive encore son action. Cet ancien de l'école des cadres d'Uriage, qui animera plus tard un maquis armé dans la région parisienne, retrouvera Paris en 1961, après avoir mis au point en Algérie un important plan de développement, le plan dit de Constantine. De Gaulle le nomme alors délégué général au District de la région de Paris, établissement public créé en 1961, chargé de l'aménagement des trois départements de l'agglomération parisienne (Seine, Seine-et-Oise, Seine-et-Marne). Au terme de trois années de travail, il présente le Schéma directeur d'aménagement et d'urbanisme de la Région parisienne (SDAURP) à De Gaulle le 27 juillet 1964. Ce document fixe les axes préférentiels de développement de la région, les sites d'implantation des villes nouvelles et les moyens de transport à mettre en place. Surnommé « ministre de Paris », Delouvrier a bénéficié de la totale confiance du président et de pouvoirs exceptionnels pour un haut fonctionnaire – le préfet de la Seine et le préfet de police lui sont hiérarchiquement inférieurs. Après la création, en 1966, de la Région de Paris, il en devient naturellement le préfet, jusqu'en 1969.

Paul Delouvrier devant une carte de la Région parisienne. (Coll. S. Texier)

Raymond Lopez et Georges Tourry, centre d'affaires Paris Cap Nord, place de l'Argonne, 1966. (© S. Texier)

1 « Politique d'abord », conférence prononcée en 1946, citée par É. Lapierre, *Identification d'une ville. Architectures de Paris*, Paris, Picard-Pavillon de l'Arsenal, 2002.

Le plan Lafay

« UN PROGRAMME “PROVISOIRE” a été établi en deux fragments, en décembre 1950, puis en mars 1953 par les élus municipaux. Malheureusement, il aurait fallu qu'il soit approuvé par le MRL et par l'administration préfectorale. Chacun imagine le résultat : ministère et préfecture jouent depuis cinq ans une gigantesque partie de tennis au ralenti avec le fameux projet. Le spectacle a assez duré. Au moment où, enfin, vient d'être nommé un commissaire responsable [Pierre Sudreau, en mai 1955], je crois que l'instant est venu de proposer aux Parisiens un véritable programme qui leur permette de reprendre courage et confiance en l'avenir. »

Un document fondateur

Ainsi Bernard Lafay, président du conseil municipal, introduit-il sa publication *Solutions aux problèmes de Paris. La circulation. Plan Bernard Lafay*, publiée en 1955 par le Comité du Nouveau Paris. Cette brochure, qui développe le projet d'une rocade intérieure doublée d'une radiale nord-sud reliée au boulevard périphérique, ainsi que la construction de plusieurs parkings souterrains, reprend le dernier chapitre d'un long rapport présenté par Lafay au conseil municipal le 18 décembre 1954 : *Problèmes de Paris. Contribution aux travaux du conseil municipal : esquisse d'un plan directeur et d'un programme d'action*. L'auteur y rappelle la lente gestation du plan d'aménagement de Paris, les obstacles politiques auxquels il s'est heurté, et surtout pose les bases d'une rénovation radicale de la capitale.

Les deux Paris de Lafay et Lopez

Secondé par Raymond Lopez, dont les dessins ponctuent le rapport, Lafay se rallie aux positions de la *Charte d'Athènes* et milite pour une libération du sol, distinguant à ce propos deux Paris : « Il existe un Paris “cristallisé”, solidement implanté et souvent bâti pour durer, auquel il est difficile – et parfois peu souhaitable – de toucher. Il correspond, grossièrement, au “centre de Paris” (sur les deux rives), au 16e arrondissement et à une partie du 17e arrondissement. En revanche, autour de cette zone se développe un vaste croissant où l'habitation est très souvent mal implantée et la vie urbaine en conséquence mal organisée. On y retrouve les plages où a abouti l'exode provoqué par les opérations d'Haussmann, et tous les îlots insalubres. » Il s'agit là de « petites cristallisations partielles » qu'il faut achever, en y associant « de nouvelles cellules urbaines vivantes, sous la forme d'*unités de voisinage*, par regroupement d'îlots remodelables, unités qui pourront compter de 6 000 à 10 000 habitants environ, réunies elles-mêmes en quartiers autour des points de cristallisation primitifs. Enfin, les *quartiers* ainsi constitués de façon rationnelle s'assembleront en *zones* qui, reliées au noyau central homogène et quasi inchangé, le continueront jusqu'aux limites de Paris et même au-delà, vers les banlieues qui devraient être le prolongement naturel, organique, de la cité. »

Solutions aux problèmes de Paris : étude de garage souterrain aux Champs-Élysées. (BHVP/Leyris)

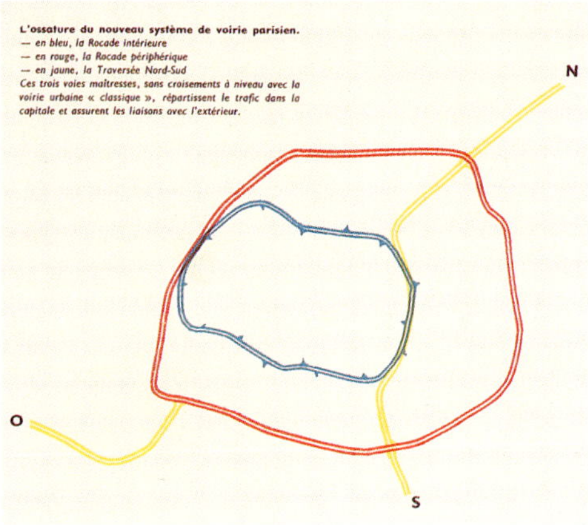

Solutions aux problèmes de Paris : l'ossature du nouveau système de voirie. (BHVP/Leyris)

Solutions aux problèmes de Paris : les nouvelles voies de grande circulation. Une voie circulaire délimite le Paris « historique ». (BHVP/Leyris)

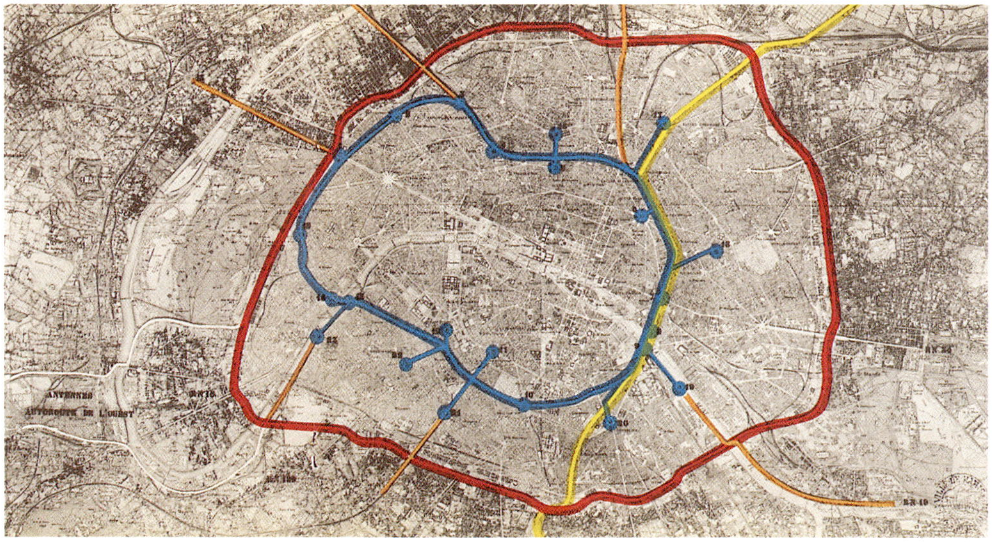

Étude de garage souterrain, place du marché Saint-Honoré et place Vendôme. (BHVP/Leyris)

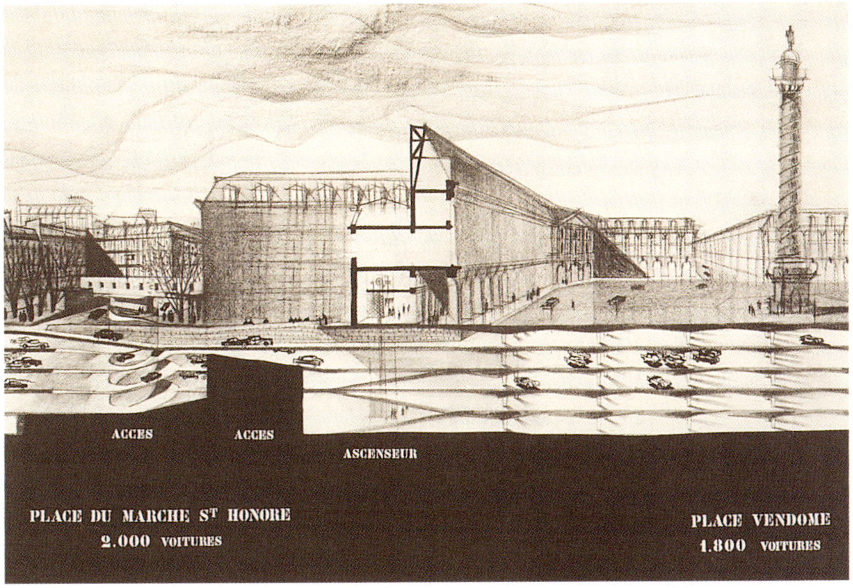

Ainsi, concluent Lafay et Lopez dans l'ultime chapitre du rapport (« Esquisse d'un plan directeur de Paris »), « au développement arbitraire de l'axe est-ouest qui ne peut se prolonger sans fin, serait substitué un développement d'ordre historique, cohérent et logique », Paris retrouvant alors « ce que les philosophes de la structure nomment une "bonne forme", une forme "prégnante", c'est-à-dire utile, efficace au maximum, apte à réaliser toutes les possibilités, pleinement adaptée à ses fonctions, et par là même – par surcroît, dirait Aristote – esthétique ».

Vers la ville radieuse

Quant aux méthodes à appliquer, elles ne peuvent plus être celles de l'entre-deux-guerres. Lafay juge dépassés les projets établis entre 1936 et 1939 par le service du Plan de Paris : « Ils aboutissent à une fragmentation trop grande des îlots, à un tracé de voies rectilignes à croisements multiples qui ne peuvent que nuire à la circulation, enfin à une diminution défectueuse des espaces verts. » Or, c'est bien d'une ville verte, radieuse, qu'il doit être question désormais, et « ceci suppose bien entendu dans les îlots insalubres, en raison de leur densité de population, l'édification d'immeubles suffisamment élevés pour que le sol soit libéré à plus de 50 % ». Les îlots nos 7 et 11, de part et d'autre de la rue de Ménilmontant, pourraient être aménagés dans un premier temps – le plan en a déjà été étudié par Émile-Louis Viret et Jean-Paul Dumont –, et inaugurer cet urbanisme d'ensemble que le PUD entérinera en 1959.

Lafay assortit son rapport d'un « programme d'action immédiate » et de son estimation financière : il comprend notamment des passages souterrains à Châtelet, Saint-Augustin et Concorde, la couverture de la tranchée du boulevard Pereire, le carrefour Mazas sur la rocade intérieure et la construction de plusieurs groupes scolaires. Le chantier attendra pour démarrer, mais la préparation de la reconquête de Paris s'accélère : Pierre Sudreau, nommé en 1955 commissaire à la Construction et à l'Urbanisme de la Région parisienne, propose d'emblée la destruction de 8 000 immeubles, non pas insalubres, mais « hors d'âge », que Raymond Lopez marquera d'une tache jaune sur le plan de Paris.

À gauche : *Problèmes de Paris,* esquisse d'un nouveau quartier sur les îlots insalubres nos 7 et 11, par Raymond Lopez. (BHVP/Leyris)

Ci-dessous : *Problèmes de Paris,* centre commercial d'un quartier remodelé, par Raymond Lopez. (BHVP/Leyris)

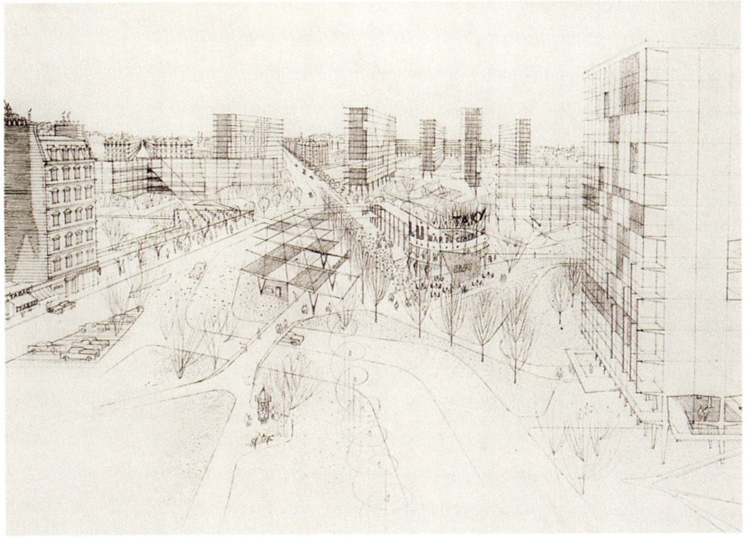

Le Centre de documentation et d'urbanisme de la Ville de Paris

La création, par arrêté préfectoral du 15 avril 1957, après délibération du conseil municipal du 22 novembre 1956, du Centre de documentation et d'urbanisme de la Ville de Paris, constitue un moment décisif dans le processus de reconquête de Paris. Comparable, à première vue, à la Commission d'extension de Paris instituée en 1911, le CDU, installé dans

l'hôtel de Sens, bénéficie d'un soutien politique bien plus important et, de ce fait, devient le lieu à partir duquel les rénovations des années 1960 et 1970 vont à la fois se dessiner et se décider. « Les données économiques et sociologiques permettent désormais de fixer le sens du développement urbain de l'agglomération parisienne, d'adopter une doctrine, d'établir un plan et de fixer une politique », se félicite le préfet de la Seine, Émile Pelletier, dans sa préface au numéro d'*Urbanisme* intitulé « Propos sur Paris » (1957).

Un nouvel outil de travail

Le CDU a reçu une triple mission : « Proposer les grandes lignes qui doivent permettre d'aboutir à la mise au point du plan directeur d'aménagement de Paris. Soumettre un programme d'opérations d'urbanisme à entreprendre dans le cadre d'un plan pluriannuel. Formuler un avis sur toutes les questions d'aménagement que les services municipaux seraient amenés à se poser. [...] Le Centre de documentation et d'urbanisme constitue ainsi un véritable carrefour d'idées où se rencontrent élus, administrateurs, urbanistes, sociologues, juristes, économistes, financiers appelés à confronter leurs idées sur l'aménagement de la Ville future », peut-on lire dans *Construction et urbanisme dans la Région parisienne 1957*, sorte d'annuaire publié, à deux reprises seulement, par le commissariat à la construction et à l'urbanisme pour la Région parisienne. Parmi les « hommes de l'art », figurent autour de Raymond Lopez, Marc Leboucher, Jacques Tournant, Albert Magot, Adrien Brelet, Géo Stern, Henri Madelain, Pierre Lefol ou encore Jacques Warnery, qui ont ou auront chacun en charge l'aménagement d'un quartier de Paris.

À gauche : inauguration du CDU à l'hôtel de Sens, le 20 juin 1957. (BHVP/Leyris)

Le plan Lopez 1957 : les taches jaunes indiquent les immeubles et îlots à reconstruire. (Direction de l'urbanisme/Ville de Paris)

L'enquête immobilière de Lopez et Holley

La principale étude menée par Lopez pour le CDU est une enquête immobilière, qui répond au vœu de Pierre Sudreau de recenser les îlots « mal utilisés », une expression proche de celle de Le Corbusier, lorsqu'il évoque un sol parisien « mal occupé ». Dans un texte qui se voulait fondateur, Sudreau annonçait en effet : « Dans les vingt prochaines années, la moitié des logements actuels devront être reconstruits en même temps que s'organisera la trame de la ville nouvelle[1]. » Après celle, sanitaire, réalisée sous la direction de Paul Juillerat au tournant du siècle, l'enquête de Lopez, secondé par Michel Holley et 42 étudiants de l'École des beaux-arts, avant tout économique, aboutit à la définition de 1 500 hectares susceptibles d'être reconquis, c'est-à-dire reconstruits et par conséquent rentabilisés – les îlots insalubres n'en occupent que 250. Outre leur confort et leur âge, c'est en effet la hauteur des immeubles qui importe, un minimum de quatre étages étant requis pour ne pas apparaître comme déficitaire. Un détail de l'étude, figurant le quartier de la Gare au sud-est de la place d'Italie, est publié dans *Construc-*

ment conventionnel. Dans ces secteurs se trouvent deux catégories de terrains, ceux qui se satisfont de l'urbanisme d'alignement (teinte grise), c'est-à-dire d'une réglementation courante, et ceux qui réclament un urbanisme d'ensemble (teinte jaune) où les tracés doivent être imposés, non plus par la trame des voies existantes ou la forme du parcellaire, mais par les conditions optima de confort et d'équipement des constructions à réaliser ». Le critère non avoué de cette distinction est celui qui, vingt ans plus tard, consacrera le second Empire comme modèle : l'ordonnancement. Tous les tissus haussmanniens et post-haussmanniens peuvent être préservés et simplement rénovés de l'intérieur. Les quartiers issus de lotissements plus anciens (la Butte-aux-Cailles ou le lotissement Violet à Grenelle) sont, eux, considérés comme insuffisamment cristallisés ou – le terme n'apparaîtra que dans les années 1970 – « constitués ». Le Plan d'urbanisme directeur de 1959 se fondera sur cette lecture simplifiée de la morphologie parisienne.

Détail du plan Lopez : le quartier de la Gare entre l'avenue d'Italie et la rue Nationale. (Coll. S. Texier)

Raymond Lopez : « Vue d'avenir. Ce que pourrait être Paris au voisinage de la rocade périphérique », *Solutions aux problèmes de Paris*. (BHVP/Leyris)

tion et urbanisme dans la Région parisienne 1958 : « Les parties jaunes représentent des terrains peu ou mal occupés dont le réaménagement peut donc être escompté dans des délais courts. Les parties noires sont au contraire les parties denses et en bon état de conservation. » En bleu vif sont représentés les bâtiments récemment construits ou en cours de construction (l'immeuble-proue de la place d'Italie, la tour Antoine-et-Cléopâtre, les logements de la rue George-Eastman et de la rue Nationale, etc.).

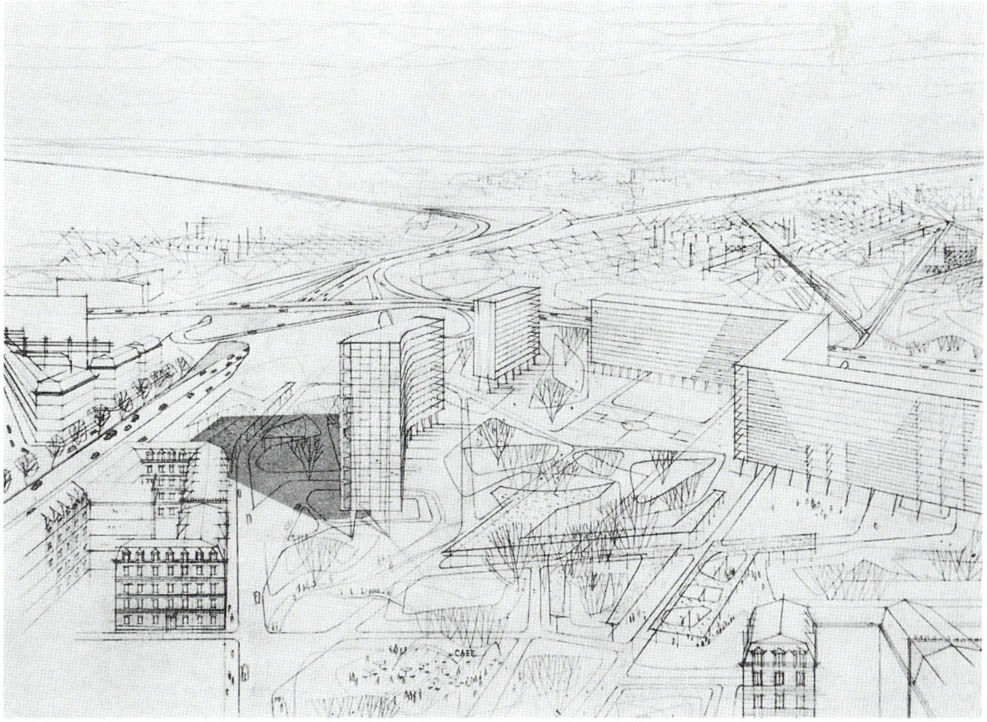

De nouvelles ordonnances urbaines

Les successeurs d'Haussmann prennent acte de la « cristallisation partielle » des faubourgs parisiens, ce que montrent plus clairement encore le plan signé par Lopez en 1957 – document disparu dont il ne reste que des clichés – comme la carte de synthèse mettant en évidence « les grands secteurs parisiens qui présentent une sorte d'individualité particulière, les divisions en arrondissements n'ayant qu'un caractère pure-

La désindustrialisation de Paris

PARIS ET SA PROCHE BANLIEUE sont, au début du XXe siècle, la première usine de France. Si la capitale elle-même a déjà vu émigrer vers la périphérie ses industries les moins salubres, elle demeure le théâtre d'une contradiction de plus en plus flagrante : le développement de son parc de logements, de ses infrastructures et l'ambition constante – même pervertie – de son embellissement sont incompatibles avec le maintien *intra-muros* de ses principaux outils de production. Souhaitée dès le début du siècle, la désindustrialisation de Paris s'opérera principalement après 1945.

Usines à gaz, rue de Tolbiac et avenue de Choisy. (BHVP/ J.-C. Doërr)

En bas : désaffectation de l'usine à gaz de Vaugirard, avant la création du square Saint-Lambert, 1929. (© Archives de Paris/J.-C. Doërr)

Abattoirs et usines à gaz d'abord

La recherche de terrains à libérer pour l'aménagement de nouveaux espaces verts avait naturellement conduit Louis Bonnier, dans la *Commission d'extension de Paris* (1913), à pointer du doigt quelques « services publics » susceptibles d'être déportés hors la ville. La décentralisation est, selon lui, « un mouvement irrésistible qui a fait disparaître dans ces cinquante dernières années les abattoirs du Roule, de Montmartre, de Ménilmontant, de Grenelle ». Cimetières, casernes, hôpitaux, halles doivent également suivre ce mouvement centrifuge, de même que les usines à gaz, qui seront les premières à quitter Paris, autour de 1930 : à Tolbiac, Vaugirard et rue de Lagny, leur départ donne lieu à la création du parc de Choisy et des squares Saint-Lambert et Sarah-Bernhardt. À Passy, le terrain libéré attendra jusqu'aux environs de l'an 2000 son affectation définitive…

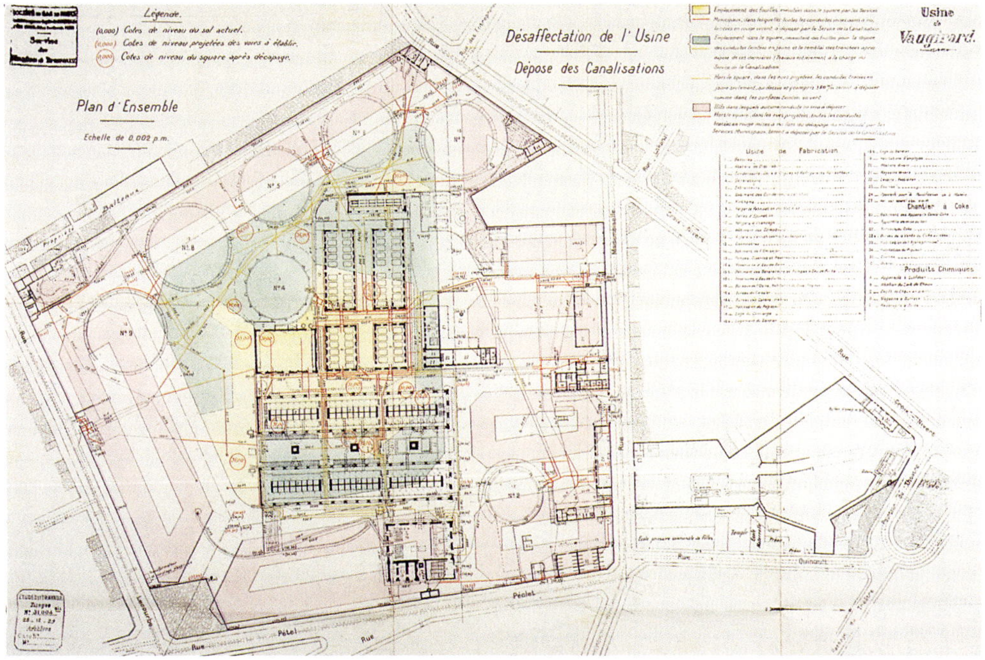

« Depuis quelques années, de nombreuses études ont été faites pour réduire l'importance industrielle du département de la Seine. Les événements actuels ont montré malheureusement le bien-fondé de ces préoccupations, au point de vue de la défense nationale et de la sécurité des habitants[1] », note Pierre Remaury en 1943. La perspective d'un nouveau conflit mondial avait en effet accéléré la réflexion sur les stratégies d'implantation et sur le programme de défense des principaux sites industriels ; *L'Architecture d'aujourd'hui* consacrait même, en novembre 1939, un dossier à la défense passive. Après guerre, la désindustrialisation de Paris prendra un caractère plus politique, le Parti communiste défendant régulièrement le maintien des grands sites d'activité et des populations ouvrières qui leur sont liées. Ainsi André Thirion, dans son rapport au conseil municipal de 1951, plaide-t-il pour une reconstruction sur place des pavillons des Halles, « en prenant soin de ne pas bouleverser un quartier si chargé d'histoire », de même que celle des abattoirs de la Villette.

Décentralisation et regroupement

Huit ans plus tard, le Plan d'urbanisme directeur (PUD) indiquait que « Paris est par nature le lieu d'élection des activités de direction. Il ne gagne rien à conserver les productions de masse qui seraient mieux situées à proximité des matières premières ou des sources d'énergie ». Les pôles de production devraient se limiter aux abords des secteurs ferroviaires : deux zones doubles, d'entrepôt et d'artisanat d'une part, d'activités industrielles d'autre part, prendraient place aux abords des gares de Lyon et d'Austerlitz ainsi qu'entre la Chapelle et la Villette. Et « comme ces zones sont destinées à recevoir les établissements jugés indésirables dans les autres zones, l'habitation ne sera admise que sous certaines conditions, voire exceptionnellement », précise le rapport de 1959. En renforçant certains secteurs à outrance, le PUD programmait implicitement le départ à terme des principaux lieux de production, ce qui n'était pas du goût d'Auguste Lemasson qui, au nom du groupe communiste, dénonçait la « désindustrialisation de Paris qui est envisagée au profit des affaires, des bureaux et de la construction d'habitations pour les classes aisées[2] ».

Les usines Say, rue Dunois, au début du XXe siècle. (BHVP/J.-C. Doërr)

Des usines aux tours, étude publiée par ADA 13, 1978. (IFA/ J.-C. Doërr)

Une mutation socio-économique

Ce phénomène se confirmera dans les années 1960 : plusieurs milliers de petites entreprises quittent la capitale, reconquise par l'habitation et les bureaux, l'industrie parisienne perdant ainsi 60 000 emplois pour la seule période 1962-1966. Et si le projet de Schéma directeur de Paris évoque en 1968 la « puissance industrielle que Paris doit conserver sous une forme adaptée », il n'en escompte pas moins le départ de 200 000 emplois industriels et l'arrivée de 300 000 emplois tertiaires à la fin du siècle[3]. Le 13e arrondissement, qui accueille majoritairement des entreprises de métallurgie et de bâtiment, est le plus touché. En 1968 déjà, 40 % des établissements de plus de 10 salariés l'ont quitté, suivis ensuite par les plus grosses entreprises : Panhard et Levassor, la Snecma, Labinal, Sainrapt et Brice, mais encore, dans d'autres domaines, les Grands Moulins de Paris, Say, Dunod ou Grammont se délocalisent ou disparaissent au profit de tours de logement ou de projets de grands pôles tertiaires (le projet Agora de Daniel Badani, Pierre Roux-Dorlut et Michel Homberg entre les Portes d'Italie et d'Ivry, sur le site des usines Panhard). Au centre de Paris, la Halle aux vins cède la place à l'université de Jussieu (1965) et est transférée à Bercy, un site lui-même reconverti, plus tard, en parc urbain, comme celui des usines Citroën et des abattoirs de la Villette : les années 1990 achèvent le processus de reconversion des sites industriels en jardins, laissant au XXIe siècle quelques hectares de friches ferroviaires à regagner.

Le quartier des entrepôts et de la gare de marchandises de Bercy, avant et après l'aménagement du parc. (Préfecture de police/Christian Crouzet)

1 *Destinée de Paris*, Paris, Chêne, 1943.
2 Conseil municipal de Paris, session extraordinaire des 26 et 27 octobre 1959, *Compte rendu des débats relatifs au Plan d'urbanisme directeur de Paris*, Paris, Imprimerie municipale, 1959.
3 *L'Express*, 19-25 février 1968.

1959-1974

LA RECONQUÊTE DE PARIS

Ci-dessous : mosaïque à l'entrée de l'immeuble 19-21, rue de Dantzig. (© S. Texier)

En bas : la rénovation de l'îlot 11 présentée à l'exposition du centenaire du Service de topographie et d'urbanisme de la Ville de Paris, 1957. (Pavillon de l'Arsenal)

Rarement constructeurs et décideurs auront été plus actifs et unis, dans une commune volonté de transformer la ville, qu'au cours des années 1960. Depuis la rédaction du Plan d'urbanisme directeur en 1959 jusqu'à l'arrêt brutal des politiques de rénovation urbaine sous la présidence de Valéry Giscard d'Estaing, Paris connaît en effet la plus spectaculaire métamorphose de son histoire. Rarement épisode aura, pourtant, été aussi douloureusement vécu et amplement critiqué, l'haussmannisme faisant en comparaison figure d'épiphénomène.

L'urbanisme de la Vᵉ République

La reconquête de Paris a, par définition, été menée par un pouvoir fort, un pouvoir dont le général de Gaulle a été largement investi en 1958. Et puisque l'urbanisme réglementaire n'a, jusqu'alors, pas réussi à résoudre les problèmes de Paris, il revient à l'autorité d'inventer, au sein d'un processus démocratique, une nouvelle méthode de réforme de la ville. Cet urbanisme volontariste repose en premier lieu sur l'attribution, à un nombre limité de personnes, des prérogatives les plus importantes ; cette centralisation permet de dépasser les écueils administratifs dont l'entre-deux-guerres avait été victime, mais aussi, et c'est en cela qu'elle sera combattue, d'outrepasser ou d'ignorer certaines étapes dans le processus de décision. D'un point de vue technique, la reconquête de Paris passe par un urbanisme d'opérations, c'est-à-dire séparant nettement conception et opérations.

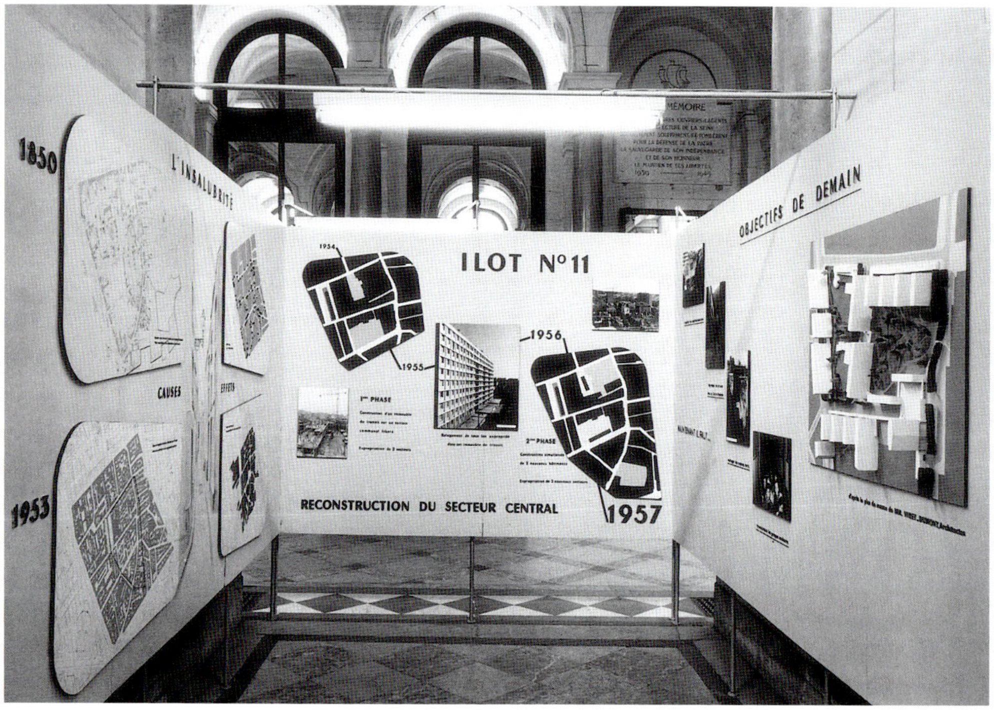

Cet urbanisme a été préparé par plusieurs textes de loi : un décret de mai 1955 posant le principe des opérations fractionnées et simplifiant les procédures d'approbation ; la loi-cadre sur la construction du 7 août 1957, qui introduit les notions de continuité des programmes, de coordination des équipements, d'ordre de priorité des opérations d'aménagement ; enfin, un décret du 31 décembre 1958, qui affirme la distinction entre plans d'urbanisme directeurs et plans d'urbanisme de détail : « Le plan directeur prévoit les tendances qu'on estime souhaitables pour l'intérêt général. Il engage solidairement les collectivités publiques responsables sur les dispositions essentielles concernant le zonage, les principales voies de circulation, les réserves d'intérêt général, la réglementation de l'usage du sol. Les plans d'urbanisme de détail constituent de véritables projets d'urbanisme[1]. »

Un consensus doctrinal

Qu'en est-il de la réflexion des architectes, généralement accusés d'avoir, pendant trente ans, adhéré sans discernement aux préceptes simplistes de la *Charte d'Athènes* ? Le fait est que, si un débat persiste – Pierre Dufau et Albert Laprade l'ont montré dans *Pour ou*

Immeubles de la rue de Charenton devant l'une des barres de l'îlot Saint-Éloi. (© S.Texier)

contre la destruction de Paris (1967) –, un consensus s'est cependant créé autour de quelques notions maîtresses, à commencer par la distinction entre un Paris historique et un Paris périphérique à remodeler. Jean Balladur s'en fait l'écho en 1960 : « Il n'est pas dans l'intention des architectes modernes de tuer le Paris historique, bien au contraire. Seulement cette piété respectueuse que nous devons aux quelques hectares du Paris historique que le travail de nos pères a façonné d'une manière admirable, nous nous refusons de l'étendre aux 1 500 hectares des quartiers récents de Paris, que le conseil municipal lui-même a pris la décision de rénover[2]. » Un débat animé par Bernard Champigneulle pour *Le Figaro*, en 1962, confirme le désintérêt des architectes (Guillaume Gillet, Bernard Zehrfuss et Claude Charpentier) pour la périphérie parisienne, mais aussi pour la gare d'Orsay, dont la destruction prévue alors ne soulève aucune objection. Et Champigneulle d'ajouter qu'il n'existe « pas d'incompatibilité entre le Paris historique et celui de demain » : « Nous avons un pré carré à sauvegarder, qui ne représente, somme toute, qu'une infime partie du Grand Paris[3]. » Le zonage de la capitale est désormais acquis : le « polygone sacré[4] » de Charpentier correspond à peu de chose près au « Paris cristallisé » de Raymond Lopez et de Michel Holley.

Une ville hiérarchisée

Il en ira de même lorsque, invité en 1962-1963 par le Centre de documentation et d'urbanisme à réfléchir sur l'avenir du paysage parisien, un comité composé d'une majorité d'architectes[5] débattra, parfois violemment, des moyens nécessaires à la réalisation du Grand Paris ; l'unanimité se fera en revanche rapidement sur un « postulat essentiel : le caractère intouchable et sacré du centre de Paris ». Le rapport issu de ces discussions proposera en conséquence de définir quatre zones : le centre historique et les bords de Seine, à protéger, puis, en périphérie, une zone sans limitation de hauteurs ni de densités, et, enfin, une zone dite d'action exceptionnelle, composée de six secteurs (La Défense, le centre de Boulogne et quatre secteurs à cheval sur Paris et la banlieue)[6].

Hall du 6-10, rue Guynemer (Jean Le Couteur, 1975) : vers la ville transparente. (© S. Texier)

Ce constat établi, une interrogation de taille demeure : pourquoi cette période souffre-t-elle d'un tel discrédit ? Probablement est-ce, comme le fera remarquer Pierre Randet à propos de l'opération Italie XIII, davantage dans ses procédures que dans ses objectifs et ses moyens que la politique de rénovation urbaine a en partie échoué.

Le Front de Seine, vu du pont de Bir-Hakeim. (© S. Texier)

À droite : carte schématique des projets d'urbanisme pour Paris, publiée dans *Paris Match*, 1er juillet 1967. (Coll. S. Texier)

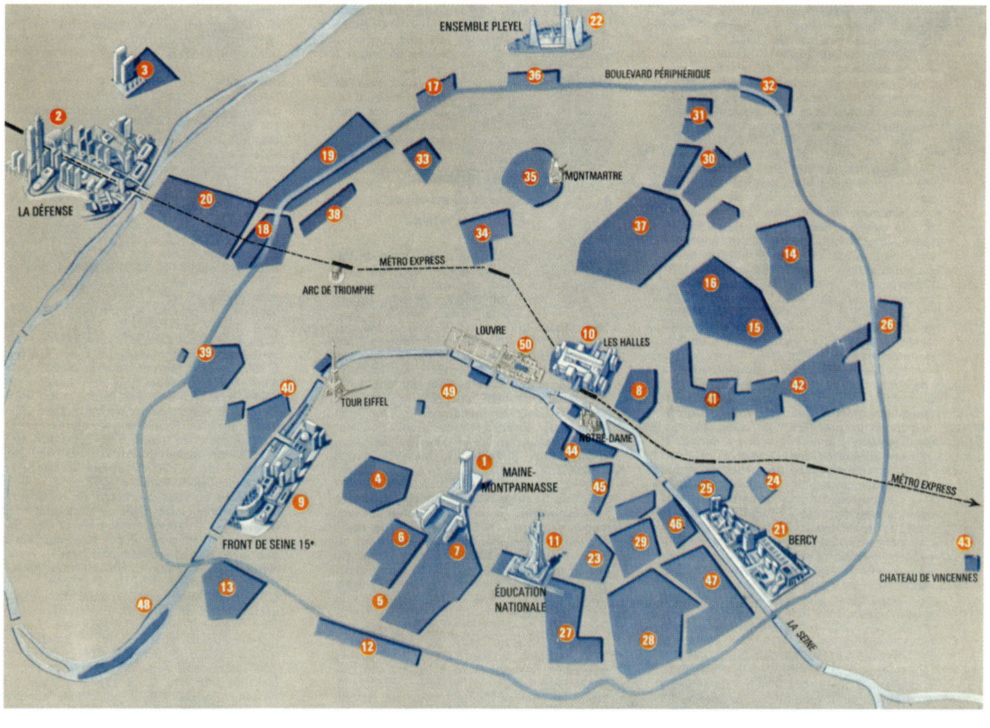

1 *Plan d'urbanisme directeur de Paris. Rapport*, Paris, Imprimerie municipale, 1959, p. 15.
2 J. Balladur, intervention à la conférence de l'Institut d'aménagement de la Région parisienne (3 novembre 1960).
3 « Aux quatre coins de l'opinion. Reconstruire Paris ? », *Le Figaro*, 18 avril 1962. Une retranscription intégrale du débat est conservée dans les archives de G. Gillet (IFA).
4 C. Charpentier, « Le polygone sacré », *Urbanisme*, n° 84 , 1964.
5 Notamment L. Arretche, J. Balladur, H. Bernard, E. Beaudouin, A. Brelet, R. Camelot, C. Charpentier, J. Dubuisson, G. Gillet, J. Ginsberg, A. Gutton, P. Herbé, A. Laprade, R. Lopez, J. Marrast et A. Remondet.
6 *Essai de mise en valeur de l'espace parisien*, Paris, CDU, 1964, p. 41.

Utopies ou projets ?

La reconquête de Paris par le sous-sol : dessin d'après Paul Maymont, publié dans *Paris Match*, novembre 1963. (Coll. S. Texier/J.-M. Drouet)

IL PEUT SEMBLER PARADOXAL que le moment le plus fécond en projets utopiques pour Paris ait été, précisément, celui où l'action des politiques et des urbanistes était la plus visible. Réaction contre les excès de la rénovation urbaine ou simple coïncidence ? Rarement, en tout cas, la limite entre utopie et projet aura paru aussi ténue, à tel point que le terme même d'utopie (« en aucun lieu ») a largement perdu de sa substance, ou plutôt son usage s'est-il élargi à toute proposition à caractère futuriste ou visionnaire.

Contre l'uniformisation

Le numéro que *L'Architecture d'aujourd'hui* consacre à Paris en juin-juillet 1968 est symptomatique de cette situation confuse ; évoquant les transformations récentes de la capitale, Marc Emery fait part, dans son éditorial, de ce désenchantement qui appelle d'autres visions urbaines : « Chaque quartier accentue

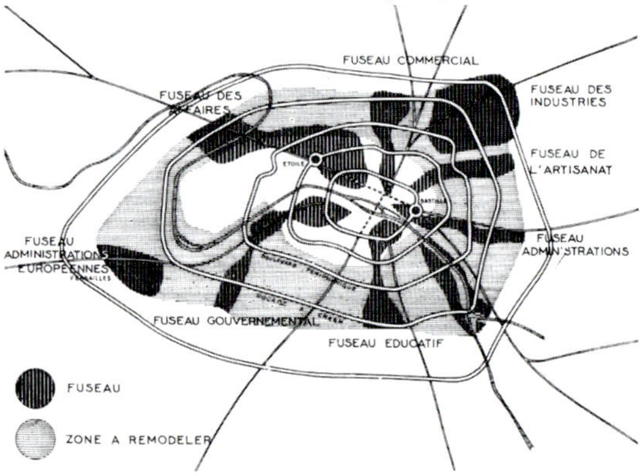

alors un caractère particulier. À une hétérogénéité d'activité, autrefois source de vie, s'oppose une juxtaposition de fonctions élémentaires. Des différences d'échelle apparaissent qui accusent les déséquilibres internes. Paris tend trop à devenir semblable à ces métropoles sèches et froides qui sont, paraît-il, l'expression la plus raffinée de notre développement technique. » La revue propose ensuite une série de plans de Paris, commentés par Noël Boutet de Monvel, auteur, en 1964, de l'ouvrage *Les Demains de Paris* : aux plans Jaussely, Voisin de Le Corbusier, Prost, puis Lopez succèdent les propositions de Serge Ménil (« Théorie des fuseaux urbains », 1957), de W. Feigelmann (Paris M3, 1945-1966), de Yona Friedman (« Pour un Paris spatial », 1961), de Jean Faugeron (projet de « ville fleuve », 1962), du Gecus (« Paris souterrain », 1937-1962) ou encore de Paul Maymont (Schéma d'organisation de la Région parisienne, 1966).

Utopies réalistes

Sont dans un dernier temps développées des contributions dont le degré de faisabilité ou le réalisme n'est pas le même : le « Paris majuscule » d'Henry Bernard, comme l'étude pour l'agglomération parisienne de Paul Herbé et Jean Preveral, s'inscrivent dans les recherches préalables à la rédaction d'un schéma directeur. Le « Paris parallèle » de *L'Architecture d'aujourd'hui*, étudié par Claude Parent entre 1959 et 1968, est d'abord un projet, avant de faire rapidement office de contre-projet lorsque le District annonce les grandes lignes d'un schéma directeur de la Région parisienne. Accusé de constituer un nouveau Brasilia, « Paris parallèle » est encore percu comme utopique et irréalisable dans l'immédiat. « Cette objection ne tient pas devant l'analyse technique et économique », répond Claude Parent. L'utopie est donc bien une notion à géométrie variable qu'il faudrait dans bien des cas remplacer par le terme hétérotopie : ce n'est pas d'un non-lieu ni d'un lieu idéal dont rêvent les architectes, mais d'un autre lieu.

À gauche : Serge Ménil, théorie des fuseaux pour le Paris de l'an 2000, 1957. (Coll. S. Texier)

À droite : Yona Friedman, projet pour un « Paris spatial », 1961. (Coll. S. Texier/J.-M. Drouet)

Les mégastructures de Paul Maymont et Yona Friedman

Comme « Paris parallèle », la « proposition pour Paris » de Paul Maymont et le « Paris spatial » de Yona Friedman relèvent bien de l'hétérotopie. Figures de proue de l'urbanisme visionnaire, Maymont et Friedman tentent de concilier deux notions apparemment incompatibles : technologie et écologie. Pour mettre fin à l'asphyxie et à la paralysie de Paris, dans la lignée de bien d'autres architectes, ils misent sur un urbanisme vertical. Révélé par un reportage publié dans *Paris*

Paul Maymont, projet de cité-tours pour Paris et ses environs. (Coll. S. Texier/J.-M. Drouet)

Match en novembre 1963, Paul Maymont développe le principe des cités-tours, mégastructures pyramidales de 200 à 300 mètres de haut, accueillant logements, loisirs et industries en sous-sol. D'abord conçues comme un moyen de libération du sol parisien, les tours sont disposées selon un axe nord-sud, entre Aubervilliers et Le Kremlin-Bicêtre, ainsi qu'à Saint-Denis, Bobigny, Bondy et sur la plaine de Montesson, où l'architecte projette un palais présidentiel flottant. Groupées autour de villes-circulaires de 100 000 habitants, elles doivent à terme former l'ossature d'un grand Paris. Quant au cœur de la capitale, Maymont en accroît la densité par la conquête du sous-sol : le lit de la Seine, aménagé sur 60 mètres de profondeur, offrira une surface nouvelle de 3 000 hectares pouvant accueillir 500 000 voitures, de même que les principaux établissements parisiens à l'étroit dans leurs murs (musée du Louvre, Palais de justice, Hôtel de Ville, hôpitaux, marchés, réserves). Le « Paris spatial » de Friedman se situe pour sa part à 30 mètres au-dessus du sol : une structure métallique superposée à la ville existante permet de tripler la densité de construction.

Les années 1970 verront se multiplier les propositions utopiques. S'ils ne concernent pas tous Paris, les projets de Claude Parent pour des villes obliques, la « ville totale » de Jean-Claude Bernard, la « ville en X » d'André Biro et de Jean-Jacques Fernier, la maison mobile de Guy Rottier, le village sous-marin de Jacques Rougerie ou la « tour-lumière cybernétique » de Nicolas Schöffer traduisent tous le même refus : celui de l'urbanisme d'ensemble à l'œuvre dans Paris et partout en France. À ces utopies progressistes viendra s'ajouter l'utopie régressive d'un retour à la ville pré-industrielle.

Claude Parent et André Remondet, projet de parkings pour la gare d'Austerlitz, 1971. (Fonds Claude Parent/IFA)

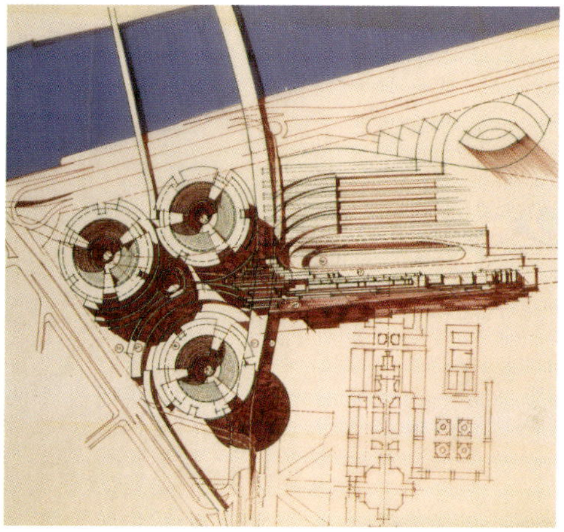

Le Plan d'urbanisme directeur de 1959

Le Plan d'urbanisme directeur de la Ville de Paris (PUD) rédigé en 1959 constitue le document fondateur de l'urbanisme opérationnel de la période 1960-1974. Appliqué à partir de juillet 1961, adopté par la loi foncière du 6 février 1967, il pose les bases d'une réorganisation en profondeur du tissu et des infrastructures de Paris. Nourri de plusieurs années de projets restés sans suite, il cristallise une série d'orientations pour la plupart déjà contenues dans le plan Lafay de 1954. Le PUD amorce de surcroît, selon le préfet Jean Benedetti, une nouvelle ère pour la Région parisienne tout entière, avec la création en 1961, effective en 1965, du District de la Région de Paris. « [C]'est Paris qui commande et tout s'ordonne autour et à partir de Paris[1] », précise-t-il.

Entre prospective et tradition classique

Associé à une rupture théorique et formelle radicale, le PUD témoigne certes d'ambitions et de moyens nouveaux, impliquant des procédures et des formes urbaines également nouvelles. Après le long cycle de l'urbanisme d'alignement, inauguré sous Henri IV, après l'urbanisme d'îlot de l'entre-deux-guerres, c'est l'ère de l'urbanisme d'ensemble qui doit s'ouvrir : « La trame urbaine n'est plus définie par les rues, mais par l'ordonnance des constructions, elles-mêmes guidées par des considérations fonctionnelles », indique le rapport du PUD. En revanche, le chapitre VII de ce dernier, qui évoque « Les directives générales pour l'aménagement de Paris », est moins novateur : Paris doit conserver son prestige et, pour cela, demeurer une capitale politique, économique et culturelle, rejetant à l'extérieur ses activités industrielles. Du point de vue formel, le site de la Seine devra conserver des bâtiments bas, tandis que les collines et les bords de la cuvette parisienne pourront recevoir des

Plan d'urbanisme directeur de la Ville de Paris, 1959 : document de synthèse. (IFA/J.-C. Doërr)

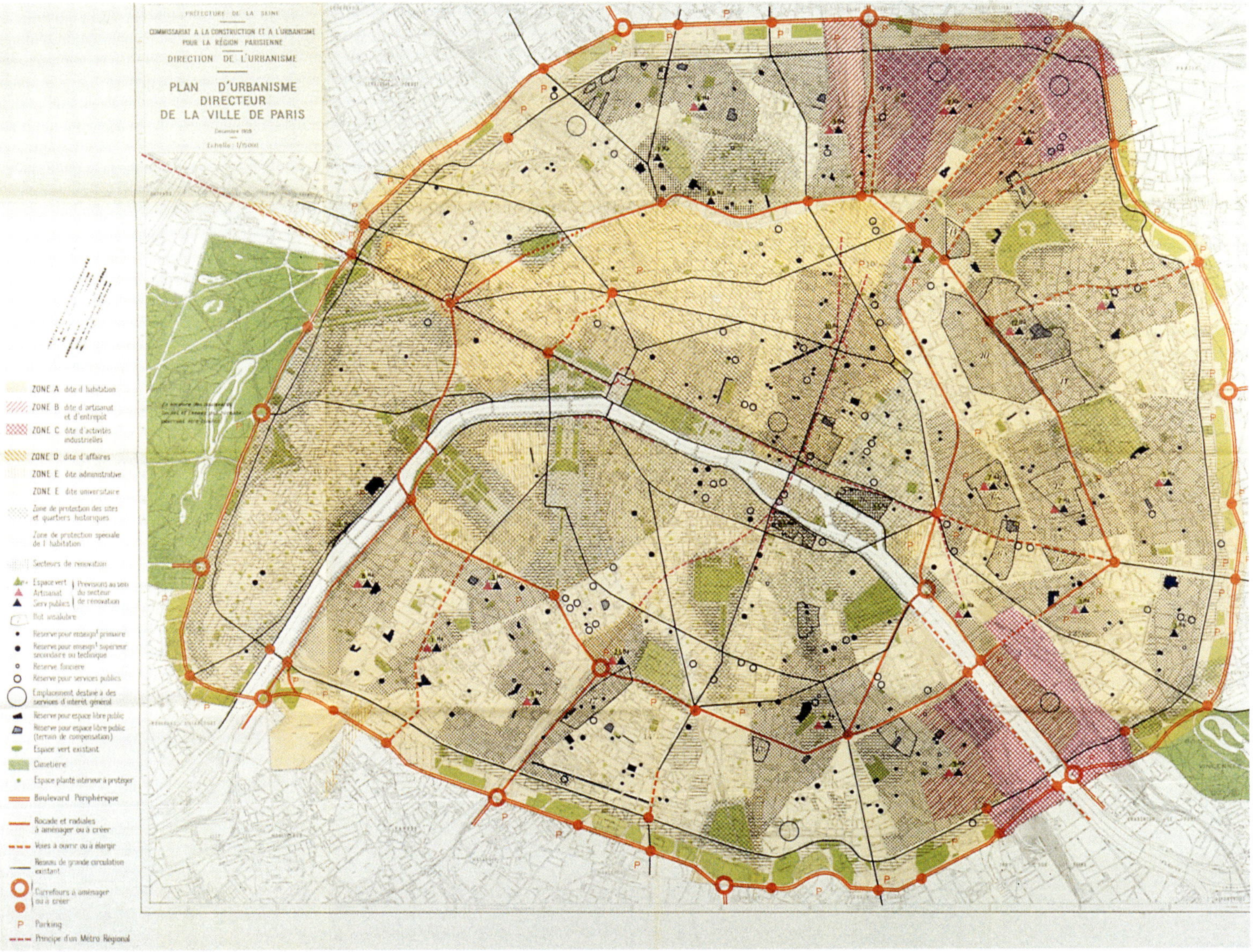

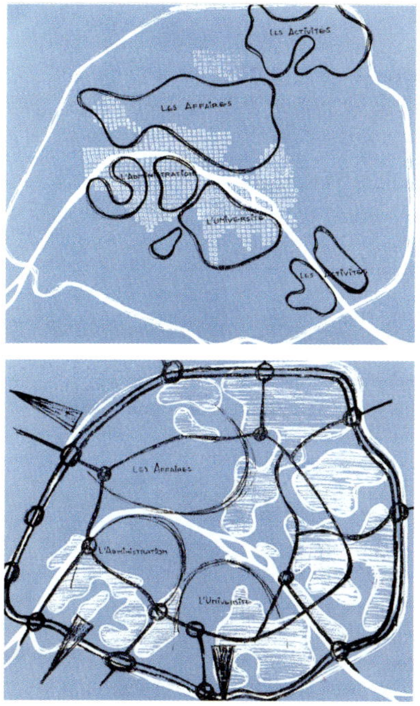

Le zonage de Paris et la création d'un réseau de type autoroutier sont deux des priorités du PUD. (Coll. S. Texier)

constructions hautes. Une vaste esplanade entre la Seine et les gares du Nord et de l'Est constituerait un nouvel axe historique nord-sud, de même qu'une composition devrait donner enfin sa dignité au grand axe allant du château de Vincennes à la terrasse de Saint-Germain. « Ainsi, un tracé cruciforme de prestige, accompagné d'un tracé radioconcentrique pour les circulations (celui-ci découlant tout naturellement des enceintes successives), le lien continu de la Seine accrochant les banlieues et quartiers de Paris sur un même thème de verdure, telle paraît être l'idée générale qui convient pour guider l'évolution plastique de Paris sans craindre de rupture trop brutale avec ce que les âges passés ont laissé pour notre joie. »

Le zonage de Paris

Parmi les zones d'affectation, trois zones « de tendances » sont définies : zone d'affaires (le centre et l'ouest de la rive droite, auquel s'ajoute l'opération Maine-Montparnasse), zone administrative (le quartier des ministères et le cœur de Paris) et zone universitaire (le quartier Latin). Deux zones doubles (zones d'artisanat et d'entrepôt et zones d'activités industrielles) se situent de part et d'autre de la Seine, au sud des gares de Lyon et d'Austerlitz et autour de la Villette. Le reste du territoire constitue la zone d'habitation. S'y ajoutent des zones de protection – des sites pittoresques ou de certains quartiers d'habitation. Le coefficient d'utilisation du sol est augmenté pour certaines zones, mais le gabarit des immeubles demeure le même qu'auparavant (31 mètres dans le centre, 37 mètres à la périphérie) ; ce n'est qu'à titre exceptionnel que des bâtiments hors gabarits, « mûrement étudiés et compatibles avec le paysage », pourront être élevés. « Comme on le voit, l'introduction de cette nouvelle règle est tempérée de tradition et ne risque pas de provoquer de violentes cassures », précise le rapport.

Prendre possession du territoire

Le programme destiné à faciliter la circulation dans et autour de Paris est, en revanche, particulièrement ambitieux. Il comprend l'achèvement du boulevard périphérique, une rocade intérieure empruntant les boulevards issus de l'enceinte des Fermiers généraux, une liaison nord-sud reliant la place d'Italie à Stalingrad, ainsi que diverses « voies radiales de jonction » (la radiale Vercingétorix, par exemple), de même que la préfiguration d'un métro régional et l'organisation d'un réseau de parcs de stationnement. Enfin, le rapport du PUD insiste sur la nécessité de rénover les îlots insalubres (dits « îlots taudis »), tout comme les « îlots mal utilisés ». Les premiers seront « déficitaires », dans la mesure où le nombre d'habitants devra y être inférieur au nombre actuel, les seconds « bénéficiaires », puisque se substituant à des dépôts, des hangars ou des ateliers. Fidèle aux principes essentiels de la *Charte d'Athènes*, le PUD préconise un « contrôle de la densité de construction » et promet d'importantes surfaces affectées aux jardins et terrains de sport : 12 hectares à Belleville (îlots insalubres n°s 7 et 11), 8 sur le site du futur Front de Seine, 7 dans l'îlot insalubre n° 6 comme autour de la rue Léon-Frot, ou encore 6 autour du carrefour Championnet-Vauvenargues. Pour la première fois depuis longtemps, la ceinture n'assure plus, seule, la mission d'aérer la ville : si 100 hectares de jardins et terrains de sport y sont encore prévus, 140 hectares sont situés à l'intérieur de Paris. La reconquête de la capitale doit, le centre historique excepté, s'opérer sur l'ensemble de son territoire.

Plan simplifié du PUD : aux projets de squares de la Commission d'extension de 1913 succèdent des promesses de « tâches vertes », provisoirement représentées par des triangles. (Coll. S. Texier)

1 *Plan d'urbanisme directeur de Paris. Rapport*, Paris, Imprimerie municipale, 1960.

Michel Holley, rénovateur

ARCHITECTE ET URBANISTE, MICHEL HOLLEY est au cœur du dispositif des rénovations urbaines à Paris. Né à Düsseldorf en 1924, diplômé de l'École des beaux-arts, il fait la connaissance de Raymond Lopez en 1951 ; cette rencontre avec l'un des architectes les plus influents de la scène parisienne sera décisive. Associé à la conception du siège de la Caisse centrale d'Allocations familiales de la Ville de Paris, rue Viala (1952-1959), il y expérimente la construction métallique et le mur-rideau suspendu. Il sera dès lors impliqué, comme associé de Lopez, dans la plupart des grandes opérations d'urbanisme : Maine-Montparnasse, dont il dessine la première version de la tour – photographiée par Brassaï et approuvée par Malraux –, le Front de Seine, dont il énonce le principe de zoning vertical, puis, après la mort de Lopez en 1966, le quartier Italie XIII et les hauts de Belleville. Au Centre de documentation et d'urbanisme, il coordonne l'équipe chargée d'enquêter sur le bâti parisien, qui aboutira au « plan Lopez » de 1957.

Portrait de Michel Holley. (Coll. S. Texier)

Ci-contre : projet pour la tour Maine-Montparnasse, 1958 : Michel Holley y participe en tant qu'associé de Raymond Lopez. (Fonds Eugène Beaudouin/IFA)

En bas : Michel Holley, *L'Espace parisien*, 1960 : un territoire conçu comme une fleur. (BHVP/Leyris)

Réflexion sur l'espace parisien

Sa contribution la plus personnelle à la théorie urbaine demeure cependant *L'Espace parisien,* brochure qu'il rédige, pour le compte du CDU, en 1960. Cette étude est consécutive à une série de voyages aux États-Unis (New York, Philadelphie), en Hollande, en Italie, en Grande-Bretagne et en Russie. Au terme d'une analyse comparée des grandes métropoles occidentales, Holley s'approprie les principales conclusions énoncées par Bernard Lafay dans *Problèmes de Paris* (1954) : « La cuvette primitive, premier abri des Parisiensis, entre le mont Martre, le Panthéon, les Invalides, forme un triangle sacré où nulle marque du présent n'est tolérable » – la faculté de médecine de la rue des Saints-Pères apparaît de ce point de vue comme une atteinte à l'intégrité du site. « C'est au-delà et autour qu'une nécessaire liberté laissera se dresser les élans d'une vitalité trop longtemps refrénée, contemplant et bordant ce site privilégié. »

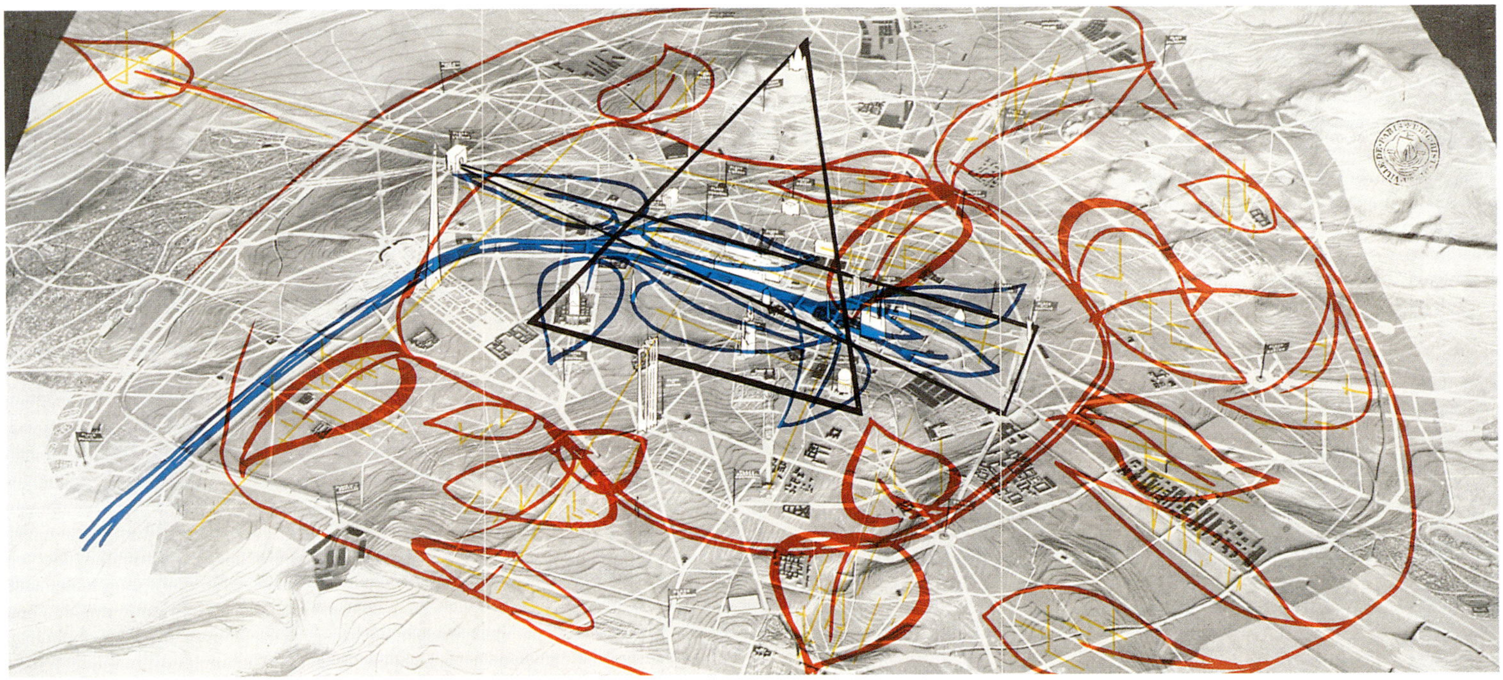

Manhattan, ses pôles de développement, ses zones de rénovation. (BHVP/Leyris)

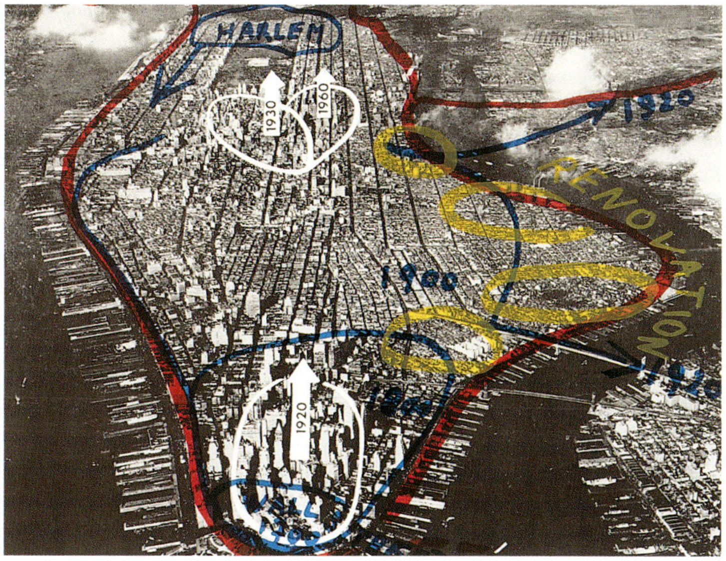

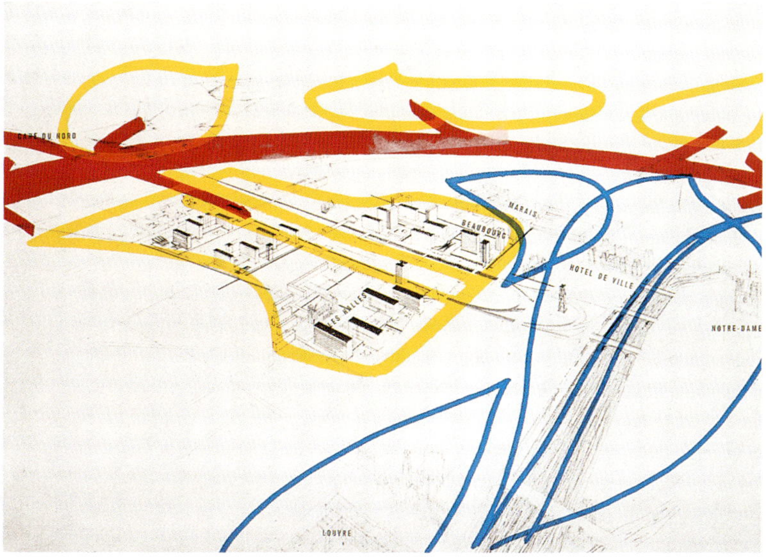

Les grands secteurs de rénovation : le centre rive droite et les faubourgs ; en rouge, la rocade des Fermiers généraux. (BHVP/Leyris)

Conserver l'homogénéité du paysage

L'originalité de sa pensée porte essentiellement sur deux points : la lecture du paysage et le renversement du zoning. La rénovation des arrondissements périphériques doit, en premier lieu, contribuer à dessiner un paysage urbain homogène. Michel Holley juge « indispensable que des plafonds communs soient trouvés à l'échelle des nouveaux quartiers pour conserver l'ancienne impression d'unité de Paris, si ce n'est pour son ensemble, du moins pour chaque tour d'horizon visible simultanément du sol, quelle qu'en soit l'ordonnance ponctuelle et linéaire ». Des « bouquets de tours » doivent émerger de l'ancien plafond existant, mais en harmonie avec l'échelle de la cuvette parisienne : « Entre la Seine et Montmartre, les Buttes-Chaumont, les collines du sud, il y a environ 100 mètres de hauteur ; il semble qu'une cote légèrement inférieure doit être imposée aux ensembles d'immeubles pour ne pas détruire le site et cette impression de reposer au creux de la main que l'on ressent au cœur de Paris, sauf en des points choisis pour orienter cette ville qui, en certaines parties, sud, sud-est, nord-ouest, manque de points de repère, laissant la primauté à cette tour Eiffel qui doit rester le point haut. » Inutile, donc, de monter à 300 mètres, mais des tours de 200 mètres sont envisageables dans l'axe de l'avenue d'Italie – Holley projettera la tour Apogée –, à Bercy ou aux Batignolles.

Le zoning vertical

Toutefois, note Holley, la caractéristique fondamentale des quartiers périphériques est la « coexistence d'activités et d'habitat, de circulation et de commerce. Il est bien évident que leur état actuel est aussi peu fonctionnel, hygiénique, économique que possible, mais c'est une remise en ordre qui s'impose, non une exclusion de toutes activités, non plus que leur regroupement en périmètres horizontaux ». Naît ainsi le point fondamental de son étude : la nécessité d'un zoning, non plus horizontal comme le préconisait la *Charte d'Athènes*, mais vertical. Le zoning horizontal, « bon pour les espaces vierges, les pays neufs, distend les rapports humains et ne peut résoudre sur place les problèmes de nos vieilles cités. La cité verte, formule trop simpliste, ne peut s'appliquer à Paris : sous prétexte de jardins, elle provoque des chutes de tension urbaine et des vides négatifs ». On ne saurait plus explicitement remettre en cause les projets de Le Corbusier. Holley propose ainsi de conserver la contiguïté de l'habitat et du travail au moyen de leur superposition, « trames mécaniques, espaces intérieurs sans parois, espaces publics couverts s'interpénétrant, pour nous faire participer au maximum au spectacle innombrable » de la ville contemporaine.

Michel Holley développera par la suite un système de programmation des opérations, nommé « urbanigramme », outil scientifique dont l'expression graphique trahit cependant l'influence grandissante de l'art abstrait sur sa pratique. Cette dérive vers l'abstraction constitue probablement le premier écueil des rénovations urbaines, dont Michel Holley, spécialisé dans la « technologie des hautes densités[1] », donnera à Bobigny l'une des versions les plus radicales.

1 M. Holley, « Technologie des hautes densités », *Urbanisme*, n° 98, 1967.

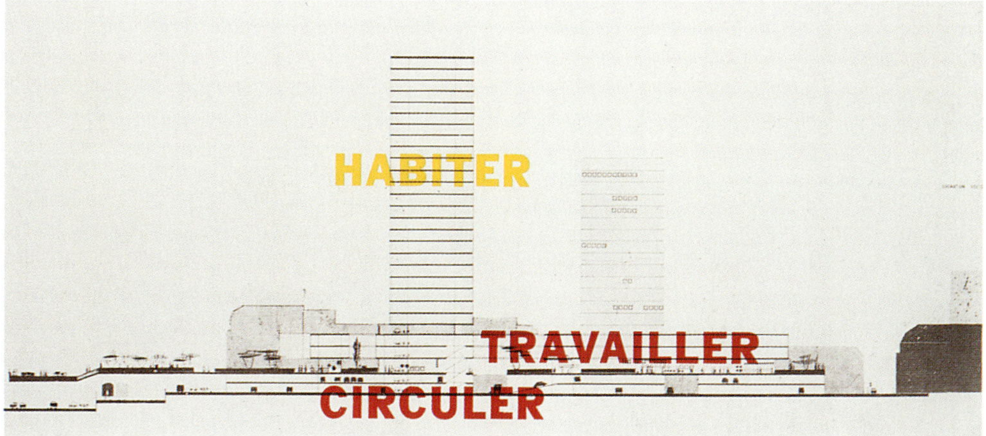

Le zoning vertical : un schéma qui inspirera l'aménagement du Front de Seine. (BHVP/Leyris)

Maine-Montparnasse et le Front de Seine

Ci-dessous : le chantier de l'opération Maine-Montparnasse en 1966, avant la destruction de l'ancienne gare. (Photo Henrard, © PMVP)

La tour Montparnasse depuis le quartier de Plaisance. (© S. Texier)

Opérations phares de la rénovation urbaine dans Paris, Maine-Montparnasse et le Front de Seine sont aussi les emblèmes de deux méthodes différentes de modernisation de la ville.

Le reflet des temps modernes ?

Entamée en 1957, l'opération Maine-Montparnasse s'étend sur 8 hectares. Elle s'inscrit d'abord dans un programme ferroviaire : si sa partie la plus visible sera bien un gratte-ciel, la rénovation de la gare, esquissée en 1934 par Raoul Dautry, alors directeur des Chemins de fer de l'État, en est la priorité : il s'agit en l'occurrence de repousser la gare, historiquement située au débouché de la rue de Rennes, vers le sud, au niveau de l'avenue du Maine. « Conditionnée par des éléments juridiques et financiers, l'opération consiste à affecter aux remaniements ferroviaires le produit des terrains libérés par la SNCF, ces terrains se trouvant valorisés par une opération d'urbanisme de grande envergure », indiquent les architectes (Jacques Warnery, Eugène Beaudouin, Urbain Cassan, Raymond Lopez assisté de Michel Holley, Louis Hoym de Marien, Jean Saubot et Rodolphe Sasportès, avec Abel Donizeau, ingénieur[1]). Pour autant, ajoutent-ils, « elle consiste moins à vendre des mètres carrés de plancher pour financer la construction d'une gare qu'à profiter de remaniements nécessaires, en tout état de cause, pour créer un ensemble urbanistique susceptible de rendre vie à tout un quartier et de porter témoignage d'une forme moderne de civilisation urbaine ». De fait, les études menées pour le compte de la Semamm (Société d'économie mixte pour l'aménagement de Maine-Montparnasse), maître d'ouvrage de l'opération, concernent avant tout le « geste architectural » que sera la tour et tendent à occulter l'image de la nouvelle gare, qui ne doit plus apparaître comme un monument, mais comme l'un des éléments d'un ensemble qui la dépasse. La gare ne marque plus la limite entre la ville et le réseau ferré, mais associe ce dernier à l'automobile qui, en pénétrant dans la gare, affirme son pouvoir croissant, impose à un type architectural et spatial une redéfinition quasi complète de ses fonctions.

Rapidement dominés par un gratte-ciel de 209 mètres achevé en 1972, les immeubles formant un U autour de la gare, inaugurée en 1969, paraissent plutôt modestes. Ils introduisent pourtant dans le quartier de la Gaîté, très peu haussmannisé, une rupture d'échelle d'une violence extrême ; les photographes de l'époque n'ont d'ailleurs pas manqué de saisir le contraste entre les dernières maisons de faubourg et les immeubles de logements de Jean Dubuisson, boulevard Pasteur et rue du Commandant-René-Mouchotte (1964 et 1965).

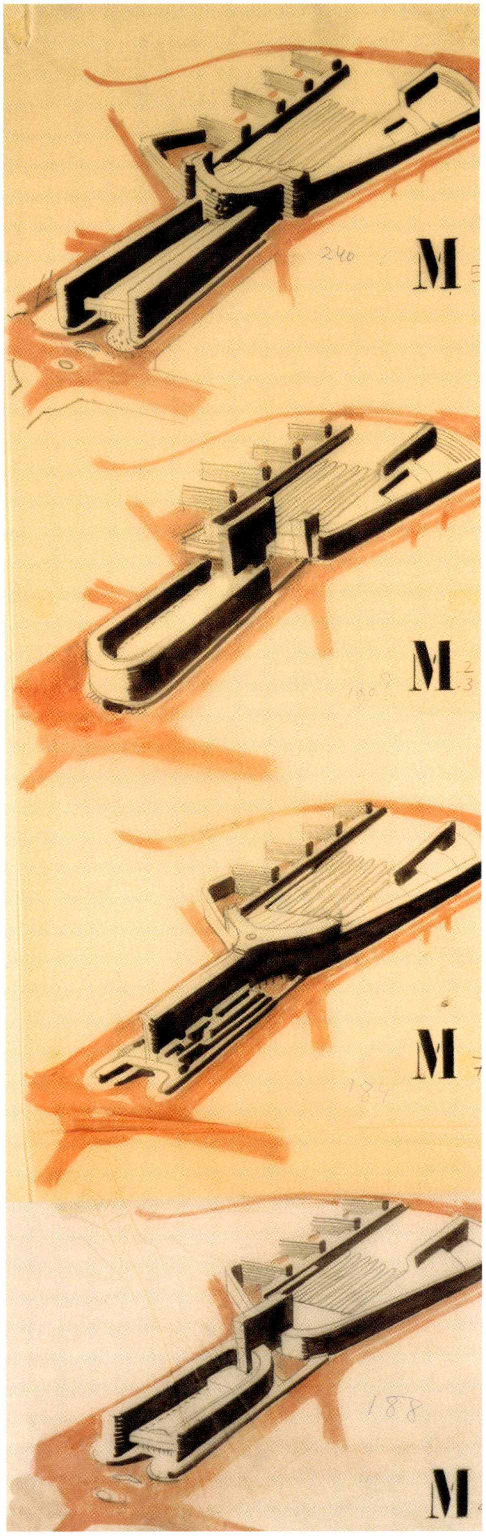

Eugène Beaudouin, esquisses pour l'opération Maine-Montparnasse, 1957 : un projet complexe dont la tour émergera rapidement comme le principal « geste architectural ». (Fonds Eugène Beaudouin/Académie d'architecture/IFA)

Un nouvel ordre urbain

« En regard de telles opérations, des ensembles comme Maine-Montparnasse, simplement "plaqués" au milieu d'un quartier demeuré inchangé, apparaissent, avant même qu'ils soient entrepris, comme singulièrement dépassés », juge Michel Ragon dans *Arts* à propos du Front de Seine (ou Beaugrenelle), dont la maquette est présentée à l'exposition « Demain… Paris », au Grand Palais (1961). Votée la même année au conseil de Paris, l'opération menée par la Semea XV et conçue par Raymond Lopez, Henri Pottier et Michel Proux comprenait une quinzaine de tours de 100 mètres de haut environ – une dérogation est d'abord accordée pour 85 mètres, au lieu des 31 imposés par le règlement de 1958. Le principe urbanistique, défini un an auparavant par Michel Holley dans sa brochure *L'Espace parisien*, est le zoning vertical : logements, bureaux et équipements ne sont pas cantonnés dans des quartiers distincts, mais regroupés sur un seul et même secteur d'opération. Les niveaux de circulation, eux, sont superposés : le sol naturel est réservé à la circulation automobile, au stationnement et à la desserte de service des immeubles d'habitation et des locaux commerciaux, tandis que le premier niveau est destiné au stationnement des véhicules de tourisme. Les piétons évoluent pour leur part sur une dalle, un sol artificiel surélevé de 6 mètres, sur lequel sont tracés et aménagés des rues, des places et des squares ; la dalle donne sur les logements, les bureaux ainsi que sur tous les équipements (commerciaux, culturels ou cultuels).

En haut : le Front de Seine représenté pour le numéro de *Paris Match*, 1er juillet 1967. (Coll. S. Texier)

Ci-dessus : les tours du Front de Seine, vues du pont Mirabeau. (© S. Texier)

Le Front de Seine en chantier : la désindustrialisation massive du 15e arrondissement commence. (© La Documentation française/ Interphotothèque, ph. Michel Brigaud/Sodel)

L'impossible unité architecturale

Le principe des tours, qui répond aux exigences d'une importante surface de logements comme de bureaux, devait encore, selon Lopez, par l'occupation de 12 % seulement du sol, éviter de créer un front proprement dit et dégager les vues tant du côté de la plaine de Grenelle que de la colline de Passy. « Nous sommes partis du principe que nous devions créer un quartier qui, prolongeant le quai d'Orsay, permettrait au Paris plus ou moins traditionnel d'atteindre la banlieue d'Issy-les-Moulineaux. » « Vers les franges, nous rejoignons peu à peu le gabarit normal de la Ville de Paris. Le Front de Seine n'est pas un morceau de composition architecturale qui va s'étendre[2] », ajoute Henri Pottier. Sur les terrains libérés petit à petit par les ateliers et les usines du quai de Grenelle, les tours apparaîtront rapidement comme un ensemble architecturalement inégal mais surtout hétérogène, desservi par une dalle le plus souvent déserte.

1 Semamm, *Maine-Montparnasse*, plaquette de présentation, fonds E. Beaudouin, IFA.
2 *L'Architecture d'aujourd'hui*, n° 118, 1964-1965.

Paris 13e : une ville neuve dans Paris

Les tours des Olympiades vues de la rue de Tolbiac : une nouvelle échelle urbaine. (© S. Texier)

Le 13e arrondissement est celui qui, entre 1955 et 1975, a connu les transformations les plus importantes : après l'aménagement du quartier Croulebarbe, la rénovation de l'îlot insalubre no 4 et l'opération Italie 13 – auxquelles il faut ajouter, à l'ouest, les restructurations de l'îlot no 13 et de l'îlot Bièvre – en ont renouvelé pour moitié le paysage urbain.

Une nouvelle échelle d'intervention

Délimité par la place d'Italie, l'avenue de Choisy, les rues de Tolbiac et Nationale, les boulevards Masséna et Kellermann, les rues Damesme, Henri-Roussel, du Moulin-des-Prés et Bobillot, le secteur d'aménagement concerté Italie 13 s'étend sur 87 hectares. Il concerne 18 400 logements (16 400 à construire et 2 000 conservés) et prévoit la réalisation de 150 000 mètres carrés de surfaces commerciales et de bureaux. Le conseil de Paris en a approuvé le projet le 13 janvier 1966 et le plan d'urbanisme de détail le 11 juillet 1969. L'opération sera interrompue en 1975. Confiée par la Ville au secteur privé, elle comporte 24 îlots à l'intérieur desquels ont été créées des associations foncières urbaines (AFU), réunies au sein de la Fédération Italie 13, chargée des rapports avec l'administration parisienne. L'Atelier de rénovation urbaine d'Italie 13 est composé d'Albert Ascher et de Michel Holley, architectes et urbanistes ; Gérald Brown-Sarda, Daniel Mikol et Léo Solotareff, architectes ; Jacques Guillet, architecte associé. D'autres architectes, plus réputés, interviendront sur des îlots précis : Jean Sebag sur l'îlot Panhard, et Maurice Novarina, avenue d'Italie.

L'ambition des auteurs du plan est de « retrouver, au sud de Paris, un quartier de type "capitale" avec la totalité de ses fonctions ». Les principes fondamentaux en sont les suivants : superposition des fonctions – caractéristique, selon eux, des quartiers les plus vivants de Paris –, élargissement de l'avenue d'Italie, et construction, sur dalle, de tours de 30 étages. « Ces bouquets d'immeubles entourent de petites places de quartier comportant tous les commerces, bureaux, parkings. Les placettes seront reliées entre elles et avec leurs équipements complémentaires : écoles, jardins situés en périphérie, par des passerelles et des terrasses formant la toiture des deux niveaux commerciaux. L'axe de voie rapide nord-sud en élévation puis plongeant sous la place d'Italie ne constituera donc pas une barrière et sera franchi à des niveaux différents. Trois places administratives et des services borderont l'avenue ainsi qu'un immeuble de très grande hauteur, signal d'entrée dans Paris. Un plafond continu limitant les immeubles d'habitation perpétuera la tradition parisienne qui, depuis Henri IV, a fait la particularité de notre capitale : l'unité de hauteur, mais à l'échelle nouvelle, celle de notre temps[1]. »

Les Olympiades

Seul ensemble réellement achevé au sein de l'opération Italie 13, la dalle des Olympiades (1969-1974), aménagée par Michel Holley au-dessus de la gare de marchandises des Gobelins, constitue une expérience urbaine unique dans Paris : unique – le Front de Seine excepté – par son ampleur et sa densité (5 hectares, 8 tours de 100 mètres de haut, 3 barres de 50 mètres, soit 3 098 logements), unique par sa situation et sa

Ci-contre : Michel Holley, tour Antoine-et-Cléopâtre, 189, avenue de Choisy et 17-21, avenue d'Italie. (© S. Texier)

À droite : maquette de l'opération Italie 13 : les tours sont principalement regroupées le long de l'avenue d'Italie. (Coll. S. Texier)

Les tours du boulevard Masséna, les Olympiades et la rue Nationale (îlot nº 4) ; à droite, quelques restes du tissu ancien. (© La Documentation française/ Interphotothèque, Marcel Hamelle)

morphologie (un plateau surélevé, réservé à la circulation piétonne), mais encore par ses transformations : cet espace privé devenu public pose, comme peu d'autres, la question du statut des dalles. Ni cour, ni rue, elle est un lieu d'exception dans la perception de la ville. Investie par la communauté asiatique – heureux hasard : les pagodes des commerces ont été construites avant 1975 –, elle apparaît enfin, d'un point de vue sociologique, comme une transition entre la rue de Tolbiac et le quartier dit chinois de l'avenue d'Ivry.

Disparition d'un quartier : l'îlot nº 4

L'îlot insalubre n°4 ou îlot des Deux-Moulins (entre le boulevard Vincent-Auriol et les rues du Château-des-Rentiers, Jeanne-d'Arc et Clisson) est, quant à lui, rénové par la RIVP, entre 1957 et 1972. Entamée dans les années 1930 avec la destruction de la cité Jeanne-d'Arc (entre la rue du même nom et la rue Nationale), cette rénovation avait été projetée à deux reprises par les services de la Direction du Plan de Paris, en 1936 et 1941. Le bâti hétérogène, l'habitat défectueux (il pleut au dernier étage passage des Hautes-Formes ; rue Nationale, l'îlot le mieux équipé n'a des salles de bains ou des douches que dans 8 % de ses logements), les tensions sociales provoquées par l'accroissement de la densité dans les habitations à bon marché (au 159, rue du Château-des-Rentiers, la moyenne d'habitants par pièce est de 1,7 contre une moyenne parisienne de 1,1) sont autant de raisons qui ont motivé la totale refonte du quartier. Le plan de masse, conçu par Marc Leboucher et Albert Magot, rompt délibérément avec l'alignement des bâtiments sur rue ; quant à leur architecture, c'est davantage par son hétérogénéité que par sa médiocrité qu'elle se distingue : en quinze ans, les architectes se sont succédé en développant chacun leur propre syntaxe. En quinze ans, le 13e arrondissement est devenu un musée grandeur nature des nouvelles formes urbaines.

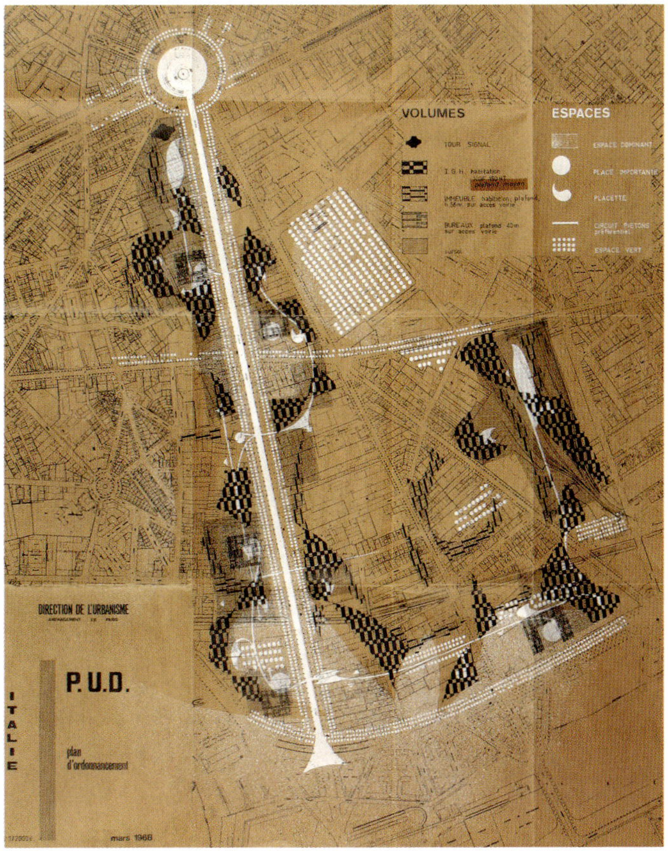

Michel Holley, plan d'ordonnancement du secteur Italie, mars 1968 : une nouvelle manière de représenter l'urbanisme. (Coll. S. Texier/J.-M. Drouet)

1 M. Holley, « Technologie des hautes densités », *Urbanisme*, n° 98, 1967.

Des tours par dizaines

Les émergences dans Paris ne sont pas nouvelles. Depuis le Moyen Âge, la ville est ponctuée de tours et de clochers dont la signification est avant tout symbolique, qu'elle soit religieuse ou politique. Les tours de logements et de bureaux qui s'élèvent dans le Paris des années 1960 et 1970 ne peuvent avoir la même vocation. Érigés au nom d'une modernité triomphante et des impératifs de la densité sur le sol de la capitale, ces dizaines de nouveaux signaux urbains n'ont, pour l'essentiel, pas réussi à former autour d'eux un espace urbain véritablement qualifié. Leur architecture inégale est, il est vrai, largement tributaire de critères économiques : dès lors que l'objectif n'est pas seulement la rentabilité, les tours peuvent devenir des bâtiments forts, mais aussi des éléments structurants dans la ville.

Construire sur les hauteurs

Un consensus s'est rapidement établi à propos des sites à privilégier pour la construction des immeubles de grande hauteur. Réservés aux quartiers périphériques, ils devront aussi, dans la mesure du possible, accentuer les reliefs. Pierre Dufau, dans *Pour la démolition de Paris*, exprime cette pensée dominante : « Paris étant une cuvette, il est plus indiqué de construire les immeubles les plus hauts sur les collines, parce que ces superstructures exacerbent la qualité du site, que de les implanter au centre et dans les parties basses. Le Sacré-Cœur n'est supportable que parce qu'il est en haut d'une colline et que, malgré son style déshonorant, il s'adapte à une forme naturelle en épousant un site. Élevé à la place des Invalides, nous serions obligés de le démolir. À la lumière de cette même constatation de fait, nous n'aurions pas dû barrer la colline de Montparnasse d'une massive construction horizontale qui va au rebours du paysage et à qui heureusement la construction de la tour redonnera une échelle convenable[1]. » Montmartre et la montagne Sainte-Geneviève étant exclus, la géographie parisienne n'offrait que les hauteurs de Belleville à la construction. On projettera et construira finalement des tours partout où cela sera possible, avec l'accord d'une Commission des sites, perspectives et paysages le plus souvent acquise à ce principe, car entièrement soumise à la volonté du préfet de la Seine : le premier immeuble de grande hauteur – et le seul avec la tour Zamansky de Jussieu – construit dans le centre de Paris, le centre administratif du boulevard Morland (Albert Laprade, 1964), n'est-il pas destiné à accueillir les services de la préfecture ?

Pièces urbaines

S'il est difficile de proposer une typologie ou une classification des tours parisiennes, on peut en revanche distinguer celles à qui l'esthétique constructive et l'implantation par rapport à la rue – deux qualités rares – donnent le statut de pièces urbaines. Les trois tours du quartier

À droite : une piscine et un belvédère au sommet de la tour Super-Italie. (IFA/J.-C. Doërr)

De gauche à droite :

La tour Zamansky de Jussieu (Albert, Cassan, Coulon et Richard, 1971), depuis la rue des Écoles. (© S. Texier)

L'ensemble Plein Ciel, 25-27, boulevard Arago (Gilles Gauthier et Pierre Milande, 1969), depuis la rue des Cordelières. (© S. Texier)

La tour Super-Italie, 121, avenue d'Italie (Maurice Novarina, 1972) : la seule tour ronde de Paris. (© S. Texier)

Croulebarbe, nous l'avons vu, s'inscrivaient dans un projet urbain cohérent, bien que conçues par trois agences différentes. Premier IGH de Paris, la tour d'Édouard Albert (1960) est avant tout remarquable pour son système de construction et sa composition – une terrasse placée au sixième étage interrompt l'élévation. L'opération Plein Ciel aux 25-27, boulevard Arago (Gilles Gauthier et Pierre Milande, 1966-1969), qui achève le quartier Croulebarbe, est celle dont l'insertion urbaine est la plus marquée : en raccordant à la tour de 22 étages un immeuble à R+5 fermant la composition du côté de la rue des Cordelières, en plaçant un immeuble de moyenne hauteur en bordure du boulevard – lequel ouvre sur un jardin dominé par la face nord de la tour –, les architectes ont su faire jouer les échelles pour mieux intégrer la hauteur.

Ci-contre : les tours de Paris-Italie (1974), entre les Portes de Choisy et d'Ivry. (© S. Texier)

À droite : les Orgues de Flandre (Martin Van Treeck, 1972-1976), redécouverte trop tardive du modèle américain. (© S. Texier)

Une architecture inégale

Avec le Périscope de Paris et la tour Super-Italie, avenue d'Italie (Maurice Novarina, 1970), la tour Le Nouveau Monde, rue Dunois (Philippe Deslandes, 1971), ou encore les trois tours des rues Nationale et du Château-des-Rentiers (Maurice Favette, 1962), le 13e arrondissement compte plusieurs IGH dont la qualité compense la médiocrité d'ensemble. Toujours proches de la voie publique, pourvus de halls dignes des meilleurs immeubles de rapport, ces bâtiments

introduisent dans la ville une dimension monumentale qu'il faut désormais prendre en compte. Les tours jumelles de la rue Vitruve (Jérôme Delaage et Fernand Tsaropoulos) ou de la Porte de la Chapelle (André Remondet, 1968), celle de la rue Duvergier (Cochin, 1969), tout comme la tour Boucry (Jean-Robert Delb, 1969-1972), illustrent en revanche les dangers de la construction en hauteur. Pour cette dernière, par exemple, l'architecte ne dépose pas moins de cinq demandes de permis de construire : après proposition d'un ensemble de trois tours, la plus haute atteignant 36 étages, le projet est réduit à une seule tour de 37 étages, accueillant 244 logements ; la version définitive se résume à un bâtiment de 28 étages, mais contenant 456 logements. Il en résulte un objet isolé, dont l'exceptionnelle épaisseur hypothèque toute possibilité d'élancement.

C'est précisément de cet élancement, inspiré des gratte-ciel Art déco américains, que les tours de Martin Van Treeck dans l'îlot Riquet (Les Orgues de Flandre, 1976) tirent leur élégance. Ce sont les dernières tours de logement élevées dans Paris, qui comptait alors près de 160 immeubles de grande hauteur, c'est-à-dire supérieurs à 16 étages environ.

Ci-contre : la tour Boucry, 8, rue Boucry (Jean-Robert Delb, 1972) : la hauteur sans imagination. (© S. Texier)

À gauche : les tours Le Nouveau Monde (Philippe Deslandes, 1969) et Chéops (Jérôme Delaage et Fernand Tsaropoulos, 1974), 69 et 74-76, rue Dunois. (© S. Texier)

Ci-dessous : entrée de la tour 170, rue Nationale (Maurice Favette, 1962). (© S. Texier)

1 P. Dufau, *Pour la destruction de Paris* et A. Laprade, *Contre la destruction de Paris*, Paris, Berger-Levrault, collection « Pour ou Contre », 1967.

Une nouvelle esthétique urbaine ?

À droite : le Lever Building sur Park Avenue à New York, conçu par Gordon Bunshaft pour l'agence SOM, 1952 : un modèle pour l'Europe entière. (© S. Texier)

En bas : Raymond Lopez et Marcel Reby, siège de la Caisse d'allocations familliales, 10, rue Viala, 1959. (Fonds Robert Auzelle/IFA)

Immeuble de logements Maine-Montparnasse II, 24-34, rue du Commandant-René-Mouchotte (Jean Dubuisson, 1964) : la « trame écossaise » anime la façade. (© S. Texier)

LE DÉCRET DU 6 FÉVRIER 1967 approuve et met en révision le Plan d'urbanisme directeur rédigé en 1959 ; on sait toutefois que, depuis 1961, la doctrine urbaine proposée dans le rapport est appliquée dans plusieurs secteurs de la capitale. Si la principale innovation réside dans la possibilité qui est offerte aux constructeurs d'augmenter le nombre d'étages des bâtiments dès lors qu'un retrait suffisant est respecté par rapport à la voie publique, une nouvelle esthétique apparaît dès la fin des années 1950, qui n'implique pas nécessairement la hauteur.

Le modèle américain

Le rapport du PUD annonçait, de manière on ne peut plus claire, l'avènement d'une nouvelle architecture : « La gangrène désolante des lotissements, le mauvais goût architectural de l'époque "Arts décoratifs", l'envahissement croissant des véhicules mécaniques, le besoin physiologique accru d'espace et de verdure, et aussi les exigences de l'industrialisation du bâtiment ont progressivement orienté les projets vers les constructions à grande hauteur, aux lignes volontairement dépouillées, avec un souci d'orientation et d'unité de composition. » Cet esprit est déjà présent dans les dessins que produit Raymond Lopez pour illustrer les propos de Bernard Lafay : immeubles diaphanes, représentés au moyen des traits les plus sobres, inscrits dans un environnement d'une absolue clarté. Un voyage organisé en Amérique du Nord par L'Aluminium français, en novembre 1956, conforte Lopez dans ses choix : le Lever Building de Skidmore, Owings & Merrill à New York est, selon lui, « le meilleur immeuble de bureaux du monde et probablement la première œuvre architecturale de ces dernières années. [...] Et nous ne nous lassâmes pas d'admirer cette architecture toute de transparence : structure acier, façades en acier inoxydable et verre, qui à chaque heure du jour et de la nuit s'enrichit des reflets du ciel et des nuages ». Lopez se révèle tout aussi enthousiaste devant l'Illinois Institut of Technology de Ludwig Mies Van der Rohe, « tout pur de structure violemment affirmée, beau de proportions et délectable de sereine atmosphère », et la General Motors d'Eliel Saarinen[1].

Angle Charonne-Ledru-Rollin : le choc des règlements urbains. (© S. Texier)

Immeubles, 25 (Louis Miquel, 1965) et 31-35, rue Saint-Ambroise (Roger Anger, Mario Heymann et Pierre Pucinelli, 1969) : une esthétique du béton. (© S. Texier)

De verre et d'acier

Cette esthétique n'est nulle part mieux affirmée que dans le siège de la Caisse centrale d'allocations familiales de la Ville de Paris, rue Viala (1952-1959), construit par Lopez avec Marcel Reby, assistés de Michel Holley. Tout, dans ce bâtiment, contribue en effet à renouveler les conceptions architecturales du moment : l'ossature métallique, avec ses grands profilés laminés, est entièrement montée « à sec », mais surtout complétée en façades par l'un des premiers murs-rideaux suspendus au plafond du dernier étage. Le volume principal, orienté nord-sud, est totalement indépendant de la voirie – une liberté que seul Le Corbusier, avec la Cité de refuge de l'Armée du Salut (rue Cantagrel, 1932), avait prise auparavant. Toutefois, un savant assemblage de bâtiments bas assure la liaison avec les limites de la parcelle. Vaisseau amarré à son socle, la CAF est le manifeste d'une architecture sobre, légère, débarrassée des contraintes d'implantation tout en étant inscrite dans le gabarit imposé par le règlement. Cette idée est développée, de manière différente, par d'autres architectes, tous soucieux d'allier performance technique et innovation esthétique : Jean Balladur (Institut Curie, rue d'Ulm, 1962), Jean Dubuisson (immeuble Maine-Montparnasse II, rue du Commandant-René-Mouchotte, 1964) ou Marcel Lods et Henri Beauclair (Maison des sciences de l'homme, boulevard Raspail, 1968).

Une esthétique de la rupture

Maurice Rotival énoncera pour sa part, en 1964 dans son *Essai sur le centre de Paris*, les principes d'une « nouvelle architecture, celle du soubassement ». Il faut selon lui « modeler le sol » et non conquérir le sous-sol, et « s'élever par plates-formes successives[2] ». Comme Le Corbusier et Lopez, Rotival, qui n'a pas seulement fait le voyage aux États-Unis, mais y travaille, milite pour une ville stratifiée, aux circulations hiérarchisées. Cependant, le règlement de 1967 ne favorisera pas tant une nouvelle esthétique qu'un nouveau rapport d'échelle entre l'architecture contemporaine, d'une part, et le bâti comme la voirie existants, d'autre part. Si un tel changement trouve sa cohérence dans des opérations impliquant la refonte d'îlots entiers, la multiplication des constructions au sein de tissus traditionnels entraîne, du fait de retraits systématiques, une série de ruptures ponctuelles qui bouleversent la trame urbaine. L'un des exemples les plus frappants se situe à l'angle de la rue de Charonne et de l'avenue Ledru-Rollin, où un immeuble de 1902 précède un bâtiment des années 1970 placé quinze mètres en retrait, et lui présentant de surcroît, avec autant de cynisme que de subtilité, des ersatz de pierres d'attente. Souvent grotesques et destructrices, ces conséquences du règlement de 1967 sont aujourd'hui autant de plaies à panser, mais également des aubaines pour l'aménagement de micro-espaces publics.

1 *L'Architecture d'aujourd'hui*, n° 70, février 1957.
2 *Urbanisme*, n° 84, 1964.

L'empire automobile : du périphérique aux voies sur berges

LE POIDS CROISSANT DE LA CIRCULATION automobile dans Paris avait suscité avant guerre plusieurs projets d'ensemble, émanant d'architectes et d'ingénieurs comme des pouvoirs publics, les trois possibilités étant l'élargissement de certaines artères stratégiques ou la création de nouvelles voies, soit en surface, soit en souterrain. La matérialisation de ces projets dans les années 1960 sera d'autant plus radicale qu'elle fut tardive, Paris évitant de peu d'être traversé par des autoroutes urbaines.

La dernière enceinte

Imaginé par René Mestais en 1943, le « boulevard périphérique » ne devait pas seulement faciliter la desserte de Paris, mais encore marquer une limite symbolique avec une banlieue décidément impropre à se fondre dans le tissu des faubourgs parisiens : « Il importe d'éviter à tout prix que Paris ne "coule" dans une banlieue qui l'enliserait à nouveau pour un siècle. Paris, grand salon de l'Europe, requiert des soins, des

Le périphérique entre deux souterrains, à proximité de la Porte d'Auteuil. (© S. Texier)

sacrifices et des égards particuliers et il doit être défini d'une manière élégante et précise, afin que les étrangers, abordant l'Ile-de-France, puissent dire : "Voici Paris", sans le confondre avec Levallois, Aubervilliers, Pantin, Vitry ou Malakoff. Ce sera le rôle dévolu au boulevard périphérique de sertir de ses belles lignes de peupliers, d'ormes et de platanes, le territoire parisien[1]. » Ce projet est repris par Bernard Lafay dans son rapport présenté au conseil municipal le 18 décembre 1954, partiellement publié en 1955 sous le titre *Solutions aux problèmes de Paris, la circulation. Plan Bernard Lafay*. Le principe de deux rocades, l'une au niveau des boulevards de l'enceinte des Fermiers généraux, l'autre au niveau de la ceinture, et d'une transversale empruntant le tracé du canal Saint-Martin, implique, du fait de leur construction au-dessus du niveau de la voirie, des coupures irrémédiables, que la Ville n'est pas encore prête à concevoir.

Pensé comme un boulevard urbain, le périphérique sera finalement un boulevard autoroutier. Sa construction entre 1960 et 1973 s'inscrit en effet dans une politique à échelle nationale, tout autant que régionale et municipale – il est financé par l'État, le District et la Ville de Paris. Sur 35 kilomètres, dont 9 en remblai, 13,5 en tranchée ouverte, 6,5 en viaduc et 6 en tranchée couverte, il referme la ville sur elle-même, confortant ainsi l'idée qu'il existe bien un Paris fini, en même temps qu'il ouvre la capitale sur le territoire. Si les 82 ouvrages d'art qui constituent le boulevard le hissent sans conteste parmi les chefs-d'œuvre de l'ingénierie française,

À gauche : schéma des voies de grande circulation prévues dans le PUD en 1959. (Coll. S. Texier)

Ci-dessous : inauguration du dernier tronçon du périphérique. (© Keystone)

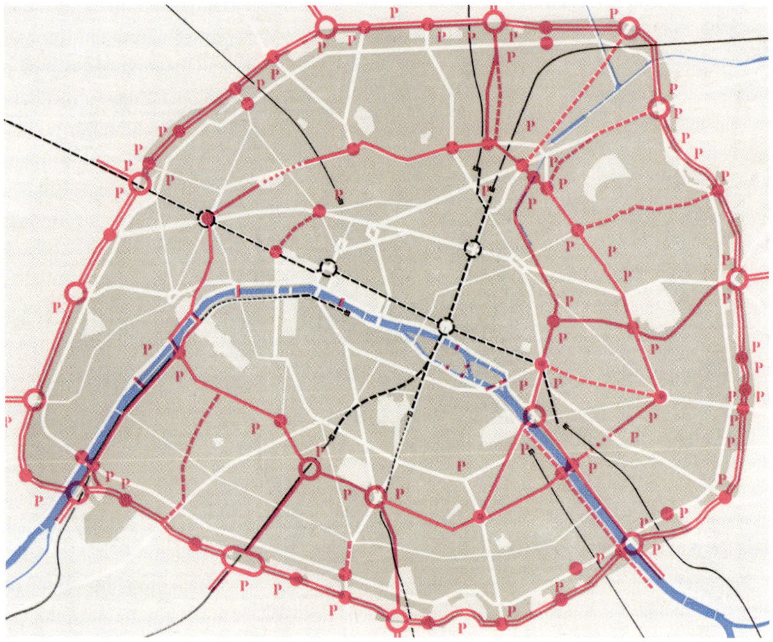

Le passage du périphérique au-dessus des voies de la gare de Lyon. (Ville de Paris/Direction de la Voirie)

Les voies sur berges (voie Georges-Pompidou) à l'aval du pont de Bir-Hakeim. (Pavillon de l'Arsenal)

si les bénéfices pour la circulation parisienne se font immédiatement sentir (il absorbe 30 % du trafic total de la capitale dès 1971), le potentiel de nuisances (sonores, olfactives, visuelles) qu'il représente est rapidement dénoncé, d'autant plus que, comme les logements dans les années 1920-1930, le périphérique répond lui aussi à une logique sociale : les passages souterrains sont exclusivement aménagés à l'ouest…

Une autoroute urbaine

Inscrite parmi les projets de voirie dans le Plan d'urbanisme directeur de 1959, considérée comme un « moteur extrêmement puissant » de rééquilibrage de Paris vers l'est, la transversale nord-sud, assurant une jonction rapide entre la Porte d'Aubervilliers et la Porte d'Italie, s'est heurtée à des oppositions telles qu'elle sera purement et simplement abandonnée. Le tronçon aménagé en couverture du canal Saint-Martin, entériné en décembre 1963, laisse notamment craindre aux riverains le passage d'une véritable autoroute urbaine ; à ces inquiétudes, le directeur de la Voirie, André Herzog, répondait que « l'axe nord-sud ne saurait être considéré comme une voie de transit dans Paris, mais comme une voie structurante[2] ». Une étude de l'Atelier parisien d'urbanisme (Apur), en 1970, apportera des éléments à charge contre le projet, jugé « néfaste » au point de vue esthétique et incompatible avec un programme de parcs de stationnement.

Le périphérique au niveau de la Porte de Saint-Cloud. (Ville de Paris/Direction de la Voirie)

Rive droite, rive gauche

Retardé par les travaux du périphérique, finalement abandonné en 1974 – comme le sera en 1977 la radiale Vercingétorix entre la Porte de Vanves et Montparnasse –, l'axe nord-sud n'a pas bénéficié du même appui politique qu'une autre réalisation d'envergure : les voies sur berges rive droite, ardemment défendues par le Premier ministre Georges Pompidou qui leur donna son nom. Réalisés entre l'été 1964 et novembre 1967, les 12,8 kilomètres de voie (5 sur les quais hauts, 5 au niveau de la berge et 2,8 en souterrain) offrent, selon Pompidou, « quelques-unes des plus belles satisfactions qu'un homme public puisse avoir au point de vue esthétique, comme par exemple quand il sort du tunnel devant le Louvre et qu'il débouche sur le Pont-Neuf et l'île de la Cité[3] ». Le projet de voie express rive gauche, son « complément naturel », suscita en revanche l'une des polémiques les plus passionnées de l'après-guerre : son passage à proximité de Notre-Dame, notamment, ne fit que légitimer l'opposition d'un nombre croissant d'associations à un urbanisme entièrement soumis à l'automobile. Un contre-projet de l'Apur, présenté en 1972 et largement publié dans *Paris Projet* l'année suivante, prévoyait la mise en souterrain de plusieurs tronçons. Mais la mort de Pompidou et l'hostilité manifestée par son successeur dès la campagne présidentielle aboutirent logiquement à son abandon en 1974. Un abandon que déplorera toujours le premier maire de Paris.

1 L'inspecteur général, chef des Services techniques de topographie et d'urbanisme, *Projet d'aménagement de la ville de Paris. La voirie parisienne*, Paris, 12 novembre 1943.
2 Mémoire au conseil municipal, 6 juin 1967, cité par M. Flonneau, *L'automobile à la conquête de Paris, 1910-1977*, thèse de doctorat, Université Paris I, 2002.
3 Discours du 18 novembre 1971, cité *ibid.*

Paris en danger : critique des rénovations

Les tours des Olympiades et les ruines des immeubles avoisinants. (Pavillon de l'Arsenal)

LES PREMIERS ENSEMBLES DE TOURS et de barres à peine sortis du sol, les limites et les abus de la politique des rénovations font l'objet de vives critiques et de nombreuses analyses.

Naissance de la sociologie urbaine

Sociologiques, tout d'abord : après que Jacqueline Gauthier eut étudié « L'espace social et la vie quotidienne dans un quartier prolétarien » pour l'ouvrage dirigé par Paul-Henri Chombart de Lauwe, *Paris et l'agglomération parisienne*[1], Henri Coing choisit pour sujet de thèse les transformations de ce même quartier, et publie en 1966 son célèbre ouvrage *Rénovation urbaine et changement social. L'îlot n° 4 (Paris 13e)*[2]. L'auteur émet l'hypothèse que « la rénovation ne bouscule pas seulement des murs et des rues, elle affecte profondément un groupe humain, provoque ou accélère une mutation des structures locales ou sociales », et pointe du doigt la migration forcée d'une population ouvrière qui doit céder la place à des jeunes gens issus des classes moyennes. L'îlot 4 n'est pourtant pas le plus touché de ce point de vue, puisque 60 % des habitants ont été relogés sur place. Henri Coing n'en constate pas moins une nostalgie des relations anciennes et une tendance au repli sur soi. Et de conclure : « Au sortir d'une telle étude, deux convictions s'imposent : la nécessité, l'urgence de la rénovation ; et le besoin, pour la mettre en œuvre, d'hommes qui sachent voir et écouter. » Quelques années plus tard paraît *La Rénovation urbaine à Paris : structure urbaine et logique de classe*, enquête dirigée par Francis Godard[3]. Celui-ci émet l'hypothèse – vérifiée – que dans le processus de « re-production » propre à la rénovation, il s'agit de la « re-production sur l'espace ainsi visé d'un certain contenu social dominant dans la ville mais pas encore dans le secteur ainsi transformé ». Sa conclusion est sans appel : « Les grandes opérations de rénovation sont la marque la plus nette de la production de la ségrégation par l'urbanisme. »

La critique politique

Cette analyse est relayée au niveau politique par la gauche parisienne, qui voit dans la rénovation urbaine le moyen pour le pouvoir de consolider son assise bourgeoise. Ainsi le PSU (Parti socialiste unifié) diffuse-t-il en 1972, en même temps que Marcel Cornu publie *La Conquête de Paris*, enquête sur le « néo-Paris du néo-capitalisme », une brochure intitulée *La Rénovation à Paris. Livre noir*. Cette dernière est un réquisitoire contre les « officines de vol légalisé que sont les agences de logement », contre la rénovation qui « choisit ses quartiers, en expulse les habitants pour en installer de nouveaux », enfin contre la spéculation, « qui est la logique d'un système bien rodé : celui du profit ». La ville est l'affaire de tous et le PSU appelle à la création de comités de quartier permettant d'établir un « contrôle populaire » des rénovations. L'association ADA 13 (Association pour le développement et l'aménagement du 13e arrondissement), fondée en 1964, est de celles qui, précisément, contribueront à introduire l'idée d'un aménagement concerté. Henri

Le secteur de rénovation Saint-Éloi (Marc Leboucher, urbaniste) et les immeubles de la rue Erard (Roger Anger, Mario Heymann et Pierre Pucinelli, 1969). (© La Documentation française/ Interphotothèque, ph. Michel Brigaud/Sodel)

Coing avait à ce propos noté que, si la RIVP (Régie immobilière de la Ville de Paris) ne dédaignait pas informer des projets sur l'îlot 4, elle le faisait avant tout sur un mode défensif, en tentant de convaincre, de justifier, voire de démentir, davantage qu'en proposant d'y associer la population.

Des plans inaboutis

Mais la remise en cause des rénovations est aussi technique. Un rapport de l'ingénieur Pierre Randet au ministre de l'Équipement et du Logement, *Enquête sur le déroulement de l'opération dite : « Secteur Italie XIII » à Paris 13e arrdt.* (1972), dénonce paradoxalement le manque de clarté, voire d'audace, du plan d'urbanisme de détail de 1969 : « Enfin le PUD, s'il innove en prévoyant la construction d'une dalle pour piétons, conserve la trame ancienne de la voirie, qu'il se borne à élargir systématiquement, sans aucune recherche d'amélioration du dessin des îlots ; on ne saurait proposer en modèle une conception aussi périmée. » Il met également en évidence la surdensification de l'opération Italie 13 – le coefficient d'occupation du sol y est de 6,6 dans certains îlots contre une moyenne parisienne de 3 – mais encore la logique capitalistique qui la motive. Son équilibre financier passe en effet par une construction massive de logements et de bureaux, au détriment des équipements et des espaces verts, moins rentables. En dépit de son caractère social, la rénovation de l'îlot 4 a, d'une manière analogue, pâti des contraintes budgétaires : le déficit d'exploitation présenté par la RIVP, partiellement couvert par la Ville, l'a conduite à augmenter les loyers à partir de 1968[4].

Une nouvelle génération d'architectes, celle du Paris des années 1980-2000, refusera elle aussi de cautionner l'épisode du modernisme. Ainsi Paul Chemetov, sous le titre « Bagatelles pour un massacre » : « Cette machine de guerre contre le Paris familier est là maintenant, échouée au flanc de ma ville comme les bunkers d'un nouveau mur de l'Atlantique, d'une nouvelle barrière douanière. […] Quand démolira-t-on ces trophées hideux du consumérisme, de la colonisation de notre vie, de notre ville, le pourra-t-on ? C'est impossible. Nous voilà condamnés à vivre avec cette épine au pied, cette plaie à notre flanc[5]. »

Les tours du secteur Vandrezanne : le résultat d'un urbanisme contesté par les architectes et les ingénieurs eux-mêmes.(© S. Texier)

À gauche : la rénovation de l'ancien îlot 7, entre la rue de Ménilmontant et la rue des Couronnes. (© La Documentation française/Interphotothèque, ph. Michel Brigaud/Sodel)

1 Paris, PUF, 1952.
2 Paris, Éditions ouvrières, 1966.
3 Paris-La Haye, Mouton, 1973.
4 *Le Monde*, 28 février 1969.
5 *Techniques et architecture*, décembre 1977.

Paris parallèle ou cités satellites ?

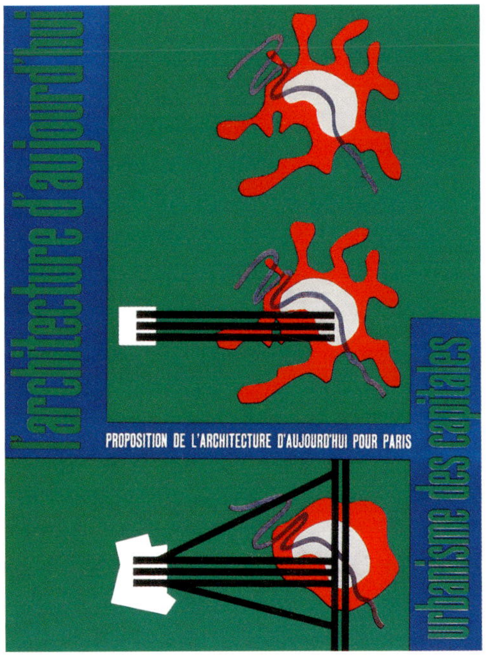

Couverture de *L'Architecture d'aujourd'hui*, mars 1960. (Coll. S. Texier)

ENTRE LE VOTE DU PADOG (Plan d'aménagement et d'organisation générale de la région parisienne), le 6 août 1960, et la publication officielle du SDAURP (Schéma d'aménagement et d'urbanisme de la région parisienne) le 10 juillet 1965, le débat s'intensifie sur les modalités d'extension de la Région. Le premier était destiné à enrayer sa croissance ; le second prendra acte de son inévitable expansion. Devant l'incapacité chronique des pouvoirs publics à clarifier les rapports entre centre et périphérie et, partant, à définir les structures d'une Région parisienne, la fuite vers l'ouest apparaît toujours, notamment auprès des architectes, comme la meilleure solution.

La ville sans limites

À l'occasion de la naissance, en 1961, du District de la Région de Paris, le journaliste Jean Grandmougin prédisait avec emphase la fusion de Paris et du département des Yvelines, bannissant toute idée de limite : « Quiconque a encerclé Paris de murs a toujours été débordé. [...] En l'an 2000, un second Paris sera né. Non ailleurs, à côté. [...] Paris n'aura plus de barrières. Plus de portes, de Clignancourt ou de Vanves. On sortira de Paris sans passer par une porte. [...] Paris commencera à Notre-Dame ; mais nul ne saura où il finit[1]. » Cette idée de déplacement du centre progresse dans les années 1960, d'autant plus que les plans d'aménagement successifs sont perçus comme autant de compromis, voire de régressions. Ainsi Édouard Albert cherche-t-il en vain, dans le Padog, « la "classe" qui émane, par exemple, de la carte dite des Chasses Impériales, vieille d'un siècle et demi et première pièce du dossier[2] ». Première pièce, effectivement (1764-1807), du mouvement de Paris vers l'ouest, qui entérinait la position centrale de Versailles.

Paris parallèle ou en forêt ?

Condamnant la croissance radioconcentrique de l'agglomération parisienne – induite dans la création de cités satellites –, tout en s'opposant à la reconquête du centre à laquelle en appelaient Le Corbusier ou Pierre Sudreau, les membres du comité de rédaction de *L'Architecture d'aujourd'hui*, soutenus par Bernard Lafay, militent dès 1960 pour un « Paris parallèle ». Ce projet vise à « grouper dans un ensemble cohérent et assez important pour le soustraire à l'attraction de l'ancien noyau, le plus grand nombre de programmes de construction de logements de la Région parisienne, y créer les lieux de travail et toutes les structures nécessaires ; relier si directement et rapidement la nouvelle ville à l'ancienne qu'il devienne possible de les considérer comme deux parties d'un même corps. » Claude Parent poursuivra, jusqu'en 1968, l'étude de cette ville située à 30 kilomètres à l'ouest de la capitale, convaincu que, transformée en « espace de rencontres privilégiées, lieu d'enseignement et de culture, la ville ancienne pouvait courir sa seconde chance[3] ».

Son aîné Georges-Henri Pingusson avait, lui, esquissé en 1964 une variante du projet. Comme « Paris parallèle », « Paris en forêt » se tournait irrémédiablement vers l'ouest, et là résidait sans doute leur défaut commun : les deux propositions, prenant acte du caractère industriel et nocif de l'est parisien, contribueraient ce faisant à accentuer les déséquilibres dont souffrait la région. Reprenant à son compte les analyses comparées de Paris, Moscou, Londres et Berlin dues à Eugène Hénard, Pingusson constatait la forte radioconcentricité des deux premières, qui constituait une « gêne pour le développement de la cité et une congestion de la circulation urbaine[4] ». La configuration

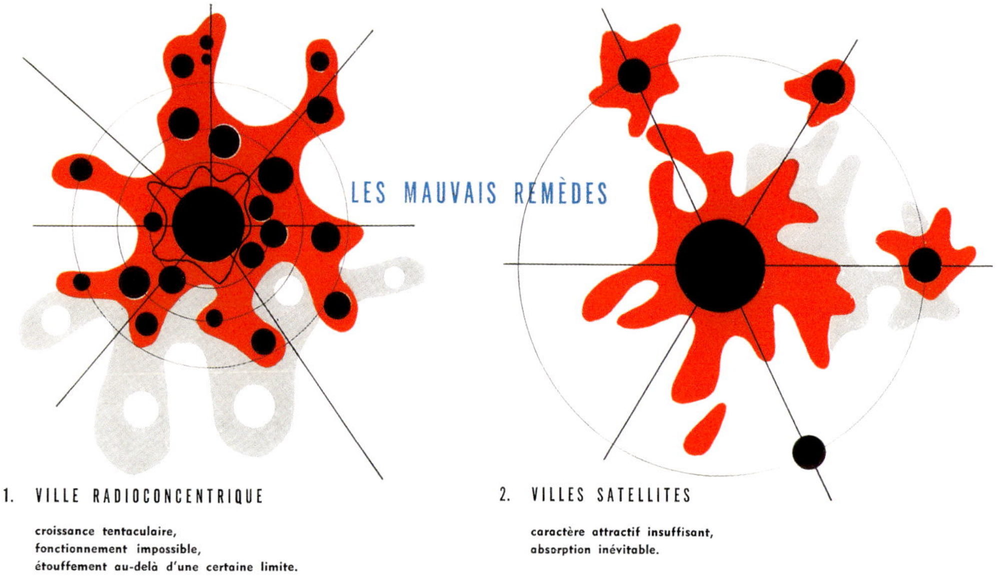

Schémas comparatifs de la ville radioconcentrique et des villes satellites. (Coll. S. Texier)

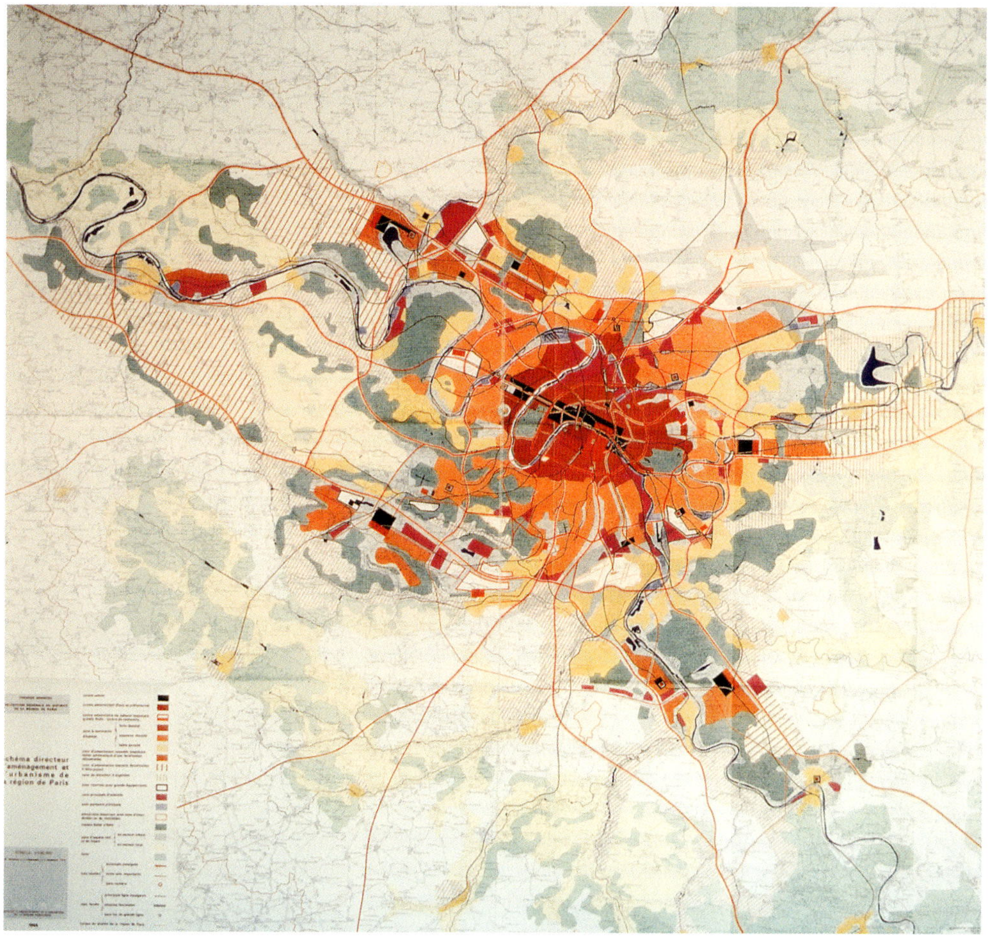

Schéma directeur d'aménagement et d'urbanisme de la Région de Paris, 1965. (Coll. part.)

En bas : Georges-Henri Pingusson, projet pour Paris en forêt, 1964. (Fonds Georges-Henri Pingusson /IFA)

linéaire propre aux secondes devait inspirer l'aménagement d'une barrière verte qui, de Maisons-Laffitte à Palaiseau en passant par Versailles, protégerait Paris. Consacrant l'acropole du mont Valérien comme nouveau mont des martyrs et siège du gouvernement, La Défense comme principal centre d'affaires et nouveau cœur du Grand Paris, Pingusson envisageait une extension massive de l'agglomération (7 710 000 nouveaux habitants, d'après les prévisions des spécialistes, selon une densité décroissante) de part et d'autre de la forêt. Pontoise au nord et Rambouillet au sud délimiteraient cette zone saine, flanquée de deux pôles industriels que les aéroports du Bourget et d'Orly borderaient à l'est ; quant au tiers oriental de la région parisienne, il paraissait sans aucun avenir – Pingusson en prévoyait l'extension à l'horizon 2050…

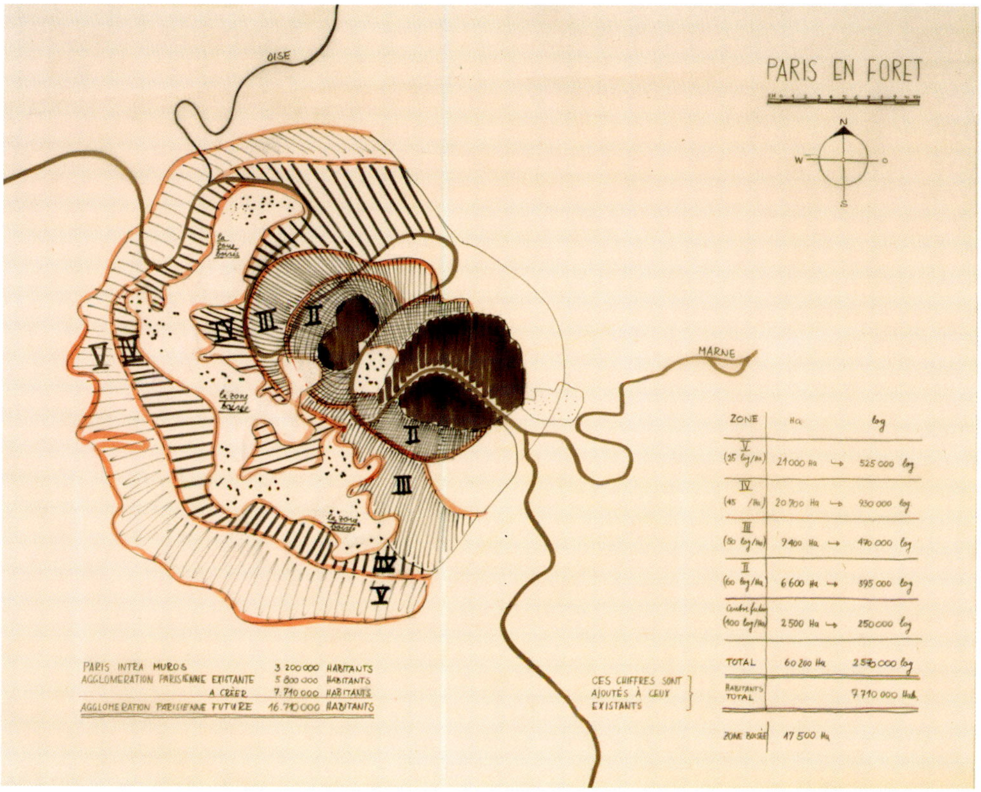

Vers les villes nouvelles

Un an plus tard, le SDAURP établi sous la direction de Paul Delouvrier, définit au contraire un grand axe sud-est/nord-ouest, le long duquel naîtront cinq villes nouvelles : Évry, Cergy-Pontoise, Marne-la-Vallée, Melun-Sénart et Saint-Quentin-en-Yvelines. D'une manière générale, le SDAURP incitera à une multipolarité sans cesse renforcée jusqu'à nos jours, tertiarisation et mobilité s'imposant d'autre part comme deux phénomènes majeurs de la fin du siècle en Ile-de-France. La baisse du taux de natalité et la décentralisation auront enfin pour conséquence immédiate une révision sensible des prospectives : le nouveau schéma (SDAU) de 1976 ne prévoit plus que 12 millions de Franciliens pour l'an 2000, mais surtout envisage enfin la requalification d'un est parisien qui, au demeurant, a connu la plus importante construction de logements dans la capitale, et ce, dès 1962.

1 « Paris ville ouverte », *Le District de la Région de Paris*, Paris, Friedland, s.d.
2 *L'Architecture d'aujourd'hui*, n° 90, juin-juillet 1960.
3 *Ibid.*, n° 138, juin-juillet 1968.
4 Fonds G.-H. Pingusson, IFA.

Le "Paris majuscule" d'Henry Bernard

À L'EXCEPTION DE LA MAISON DE LA RADIO (1963), Henry Bernard (1912-1994) a peu construit dans Paris ; sa participation à la mise en œuvre des rénovations urbaines est, elle aussi, extrêmement mince. L'architecte n'a pourtant cessé de contribuer aux réflexions sur le devenir et les transformations de la capitale.

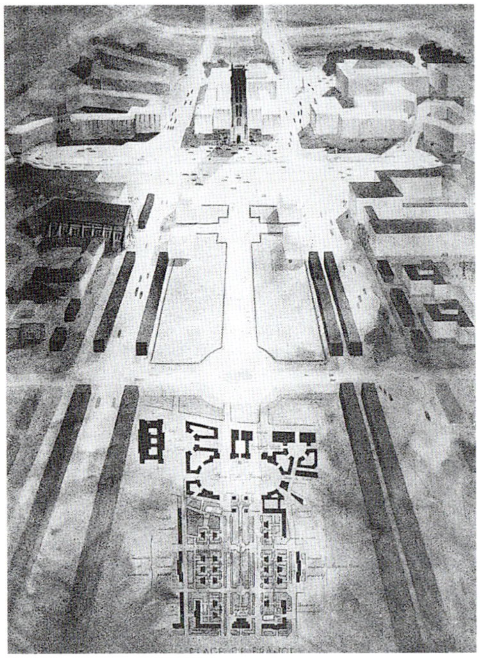

Henry Bernard, projet pour la place de France et « l'esplanade des chambres des métiers », 1943. (© Ville de Paris, bibliothèque Forney)

Le goût des grandes ordonnances

Premier Grand Prix de Rome en 1938, ce disciple de Paul Bigot livre ses premiers projets pour Paris en qualité d'architecte prisonnier de guerre, lors de sa détention en Prusse-Orientale : au printemps 1943, il participe aux programmes proposés par les Services d'architecture de la Ville de Paris, sur les sites de la porte Saint-Denis et du Val-de-Grâce. Ses dessins témoignent d'un goût prononcé pour les grandes ordonnances classiques, mais encore pour les projets d'ensemble, ce qu'il traduit dans une proposition spontanée, intitulée « Essai sur la croisée de Paris[1] ». Henry Bernard y souligne le rôle fondateur de l'axe nord-sud dans le développement de Paris et en suggère la mise en valeur par une « esplanade des chambres des métiers », bordant le boulevard de Sébastopol et ouvrant sur une place monumentale : la place de France, qui empiète à la fois sur les Halles et sur le plateau Beaubourg. Pour assurer la sauvegarde du Louvre et des Tuileries, qu'il délivre entièrement de toute circulation automobile, l'architecte conçoit un viaduc souterrain reliant le boulevard Raspail à l'Opéra.

Quinze ans plus tard, alors qu'il a essentiellement œuvré pour la ville de Caen – il y a construit l'université puis l'hôpital –, Henry Bernard publie plusieurs articles dans la revue *La Nation française*, sous le pseudonyme d'Eupalinos. Dans « Pour une architecture de Paris. La mise en valeur du passé par le présent » (31 décembre 1958), il réitère ses ambitions pour la capitale en se réjouissant que « les conditions semblent revenues d'un État digne de ce nom, c'est-à-dire d'un État qui anime et qui arbitre », avant d'exprimer le souhait que Paris devienne une « exposition permanente de la France ». Il dira plus tard son espoir de voir, avec Maine-Montparnasse, naître enfin une approche d'ensemble de l'urbanisme, puis s'entretiendra avec Raymond Lopez sur les moyens de la reconquête de « Paris, ville malade, qu'il faut sauver » (2 avril et 25 novembre 1959).

Utopie ou projet ?

Conseiller de Paul Delouvrier pour le Schéma directeur de la Région de Paris, Henry Bernard participe en outre, en 1966, à plusieurs réunions de préparation du Schéma directeur de la Ville. Il y fait part d'un projet d'ensemble, auquel la séance du 10 novembre est entièrement consacrée. Bien qu'apprécié pour l'ampleur de ses vues, celui-ci apparaît cependant à tous inapplicable, parce que trop ambitieux. Le préfet Andrieu se fera l'interprète de ce sentiment mêlant admiration et impuissance : « Il remarque une fois de plus qu'on en revient tou-

À gauche : Maurice Doublet et Henry Bernard devant la carte de l'autoroute nord-sud, *Paris Match*, juillet 1967. (Coll. S. Texier)

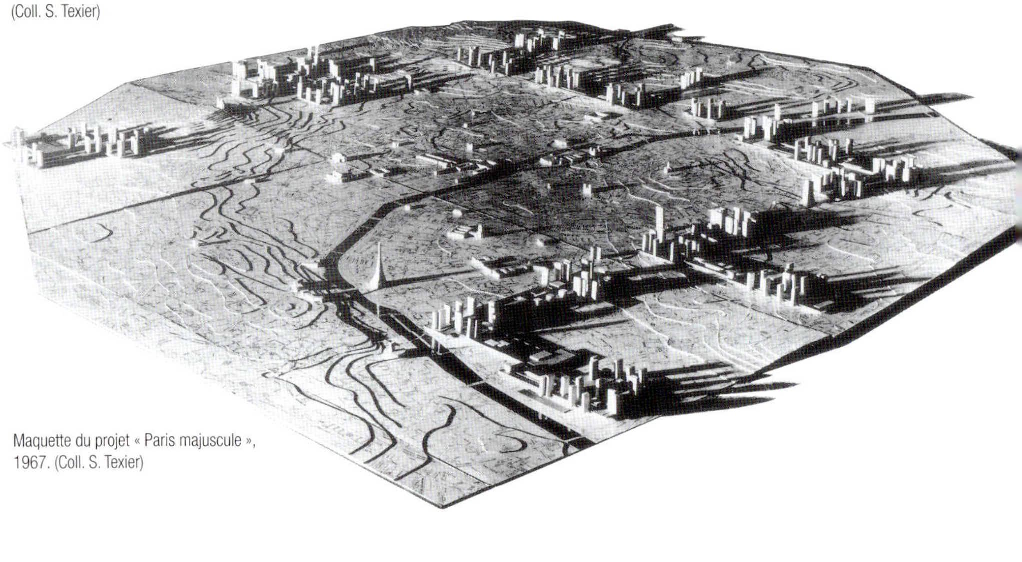

Maquette du projet « Paris majuscule », 1967. (Coll. S. Texier)

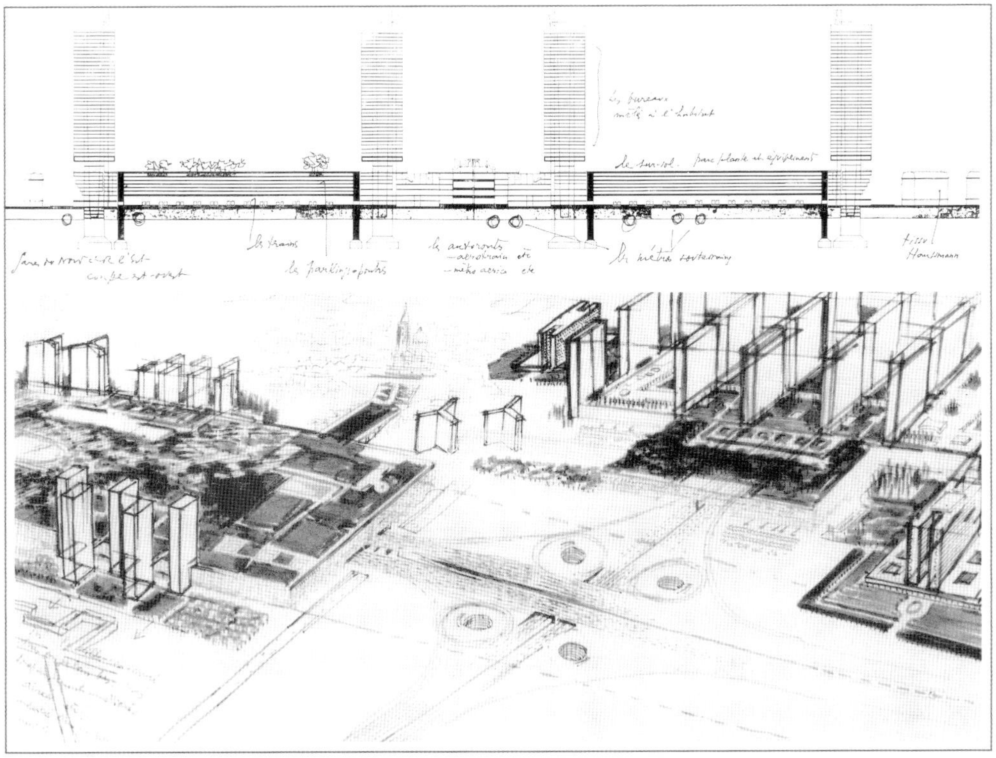

L'un des principes clés de « Paris majuscule » : la liaison entre bâti et voies de circulation. (Coll. S. Texier)

jours au même problème et qu'il va falloir trancher. Personnellement, il est partisan d'un urbanisme opérationnel mais il y a aussi l'urbanisme à long terme, préconisé par monsieur Henry Bernard, et qui exprime la volonté de déterminer une politique d'avenir à très longue échéance[2]. » Menées depuis 1964 avec l'assentiment d'André Malraux, les études d'Henry Bernard sont présentées au général de Gaulle sous la forme d'un « Album bleu », que l'architecte fait suivre en 1967 d'un « Album rouge », publié sous le titre *Paris majuscule*.

Autour du Paris historique

Partisan d'une rénovation globale de Paris, Henry Bernard se distingue de ses confrères par son attachement au rapport entre voies de circulation et immeubles. L'ossature des « voies maîtresses » doit donc être soulignée, certaines devenant autoroutes urbaines, d'autres voies de décompression ou voies de répartition dans le trafic primaire ; les plus importantes cumulent les trois fonctions et assurent l'unité du réseau routier régional. Associant logements et bureaux – il rejoint en cela Michel Holley –, l'architecte préconise de ponctuer les arrondissements périphériques d'ensembles de tours, comme des « grappes d'accents réunis en chapelets, et qui viennent vertébrer les quartiers anonymes. Sur le plan plastique, ces grands volumes rythmés autour de l'espace central constituent des propylées, et comme un péristyle autour de la cella. L'infrastructure enrobant les autoroutes est recouverte d'un parc formant une immense promenade ininterrompue remplie de verdure et d'équipements de loisirs, qui, à trois siècles de distance, renouvelle les grands boulevards créés par Louis XIV ». Cette promenade surélevée relie tous les nouveaux quartiers, « situés généralement aux points de rupture de charge », c'est-à-dire près des gares. La carte de synthèse figure ainsi un grand U entourant le Paris historique, orienté sud-est/nord-ouest. Cette nouvelle ossature parisienne s'inscrit, logiquement, dans un processus de réorganisation de la région tout entière.

Au-delà du discours, pour le moins emphatique et daté, Henry Bernard livre avec *Paris majuscule* une proposition d'ensemble cohérente, à l'évidence plus ambitieuse que celles de Raymond Lopez, mais moins pragmatique : il ne s'agit ici que d'une ossature ; qu'en est-il alors du remplissage ?

« Paris majuscule » : une ville nouvelle autour du Paris historique. (Coll. S. Texier)

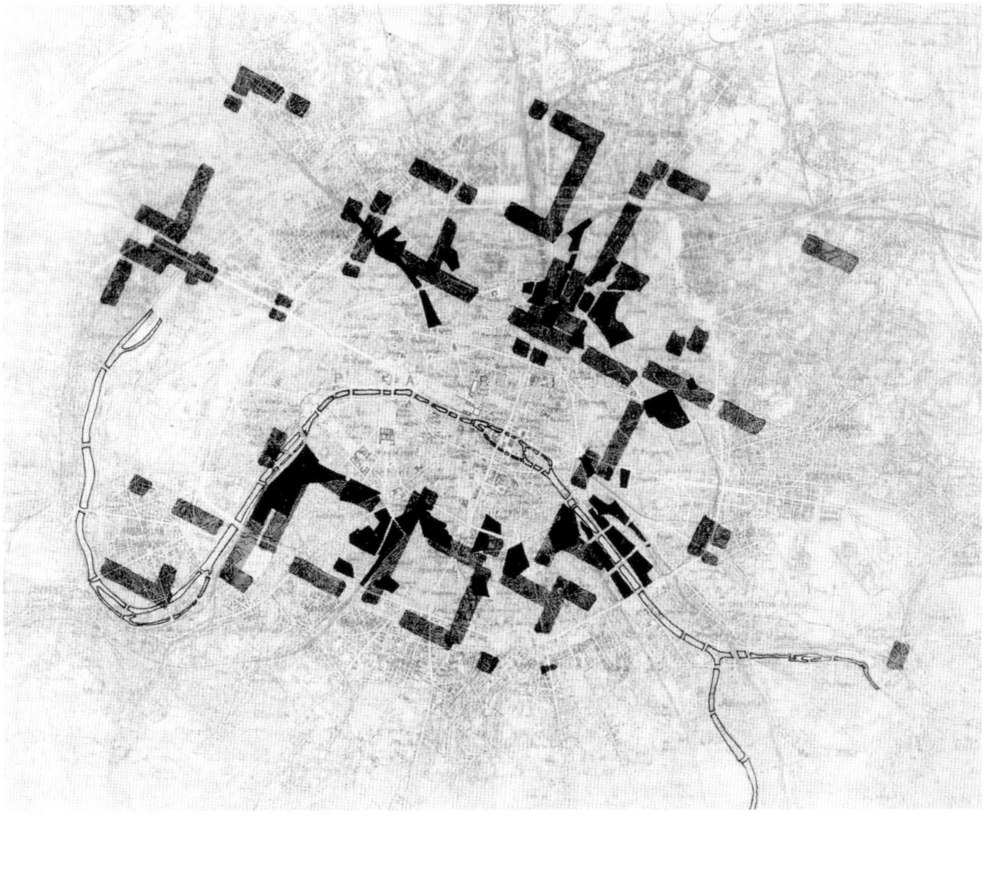

1 *L'Architecture française*, n° 38, décembre 1943.
2 Fonds H. Bernard, IFA/AA.

La Défense : une annexe de Paris ?

La tour Nobel (Jean de Mailly et Jacques Depussé, 1966), symbole de la première génération de tours à La Défense. (© S. Texier)

ENVISAGÉ DÈS 1912, L'AMÉNAGEMENT de la zone de La Défense, à cheval sur les communes de Courbevoie et de Puteaux, est à tout point de vue l'opération la plus spectaculaire qu'ait jamais connue le Paris contemporain ; et ce, précisément parce que Paris *intra-muros* n'est qu'indirectement concerné par cet immense chantier. Comme la ceinture en son temps, La Défense est en effet le lieu où l'on met ce que Paris ne peut contenir. La Défense est à la fois la preuve de l'existence d'un Grand Paris – sa conception est contemporaine de l'arrêté ministériel portant sur le Plan directeur d'aménagement de la Région parisienne (12 janvier 1956) – et, par son caractère d'exception, le signe flagrant d'une anomalie dans le développement de la capitale. Concrétisation tardive de son extension vers l'ouest, elle n'en représente de surcroît qu'un fragment.

La cité d'affaires de la capitale

En 1951, le conseil municipal avait rejeté le projet d'un nouveau centre des affaires au nord-est de Paris. Il sera finalement accepté en 1955 et les études entamées par Paul Herbé en 1956, puis Robert Auzelle en 1959, respectivement architecte et urbaniste conseils, et Robert Camelot, Bernard Zehrfuss et Jean de Mailly, architectes chefs de groupe. En septembre 1958 naît l'Épad (Établissement public pour l'aménagement de la Région de La Défense), dirigé par André Prothin, chargé d'assurer la coordination entre le travail des architectes et celui des ingénieurs et des administrateurs. Plusieurs années d'études seront nécessaires à la mise en place d'un plan de masse définitif, lequel intègre des données techniques d'une rare complexité. Le premier parti fut de profiter de la différence de niveau – 22 mètres – entre le rond-point de La Défense et le pont de Neuilly, pour concevoir un sol artificiel suivant une pente constante et créer sans terrassement un important volume de sous-sol pour les voies de circulation. Quartier d'affaires et de résidence, La Défense est aussi, voire avant tout, un lieu de passage : si le premier plan prévoit l'implantation de bâtiments de part et d'autre du grand axe existant (l'avenue du Général-de-Gaulle, qui deviendra esplanade), les suivants seront conditionnés par l'aménagement d'un réseau routier destiné à contourner le quartier et d'un parc de stationnement de 20 000 places. Cette prééminence de la voirie sera cependant provisoire, puisque sa mise en souterrain permet la création d'une dalle entièrement affectée aux piétons : 20 hectares de jardins sont alors prévus.

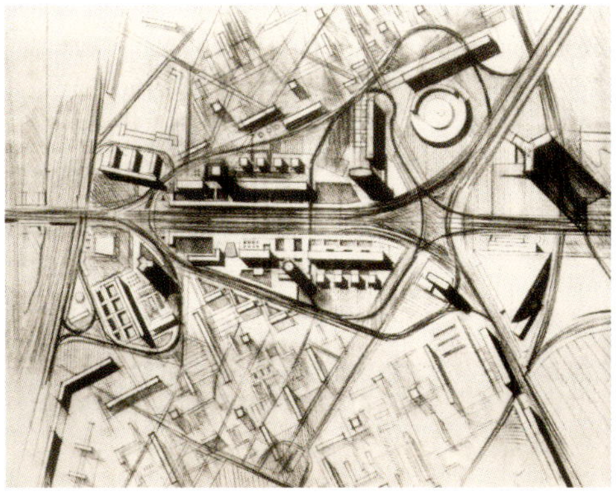

Un ensemble composé

Le programme initial prévoit la création de 700 000 m² de planchers de bureaux, 4 000 logements environ (du HLM pour les habitants expropriés au logement de standing pour les nouveaux cadres), plusieurs centaines de commerces et des équipements publics, dont le premier préexiste d'ailleurs au plan d'aménagement : le Cnit (Centre national de l'industrie et des techniques), chef-d'œuvre de construction en béton armé conçu par Camelot, Zehrfuss et De Mailly, achevé dès 1958. Le zonage

Robert Camelot produit de très nombreuses esquisses pour La Défense entre 1956 et 1958 ; le « point fort » qui doit faire pendant au Cnit laisse la perspective ouverte. (Fonds Camelot/ IFA)

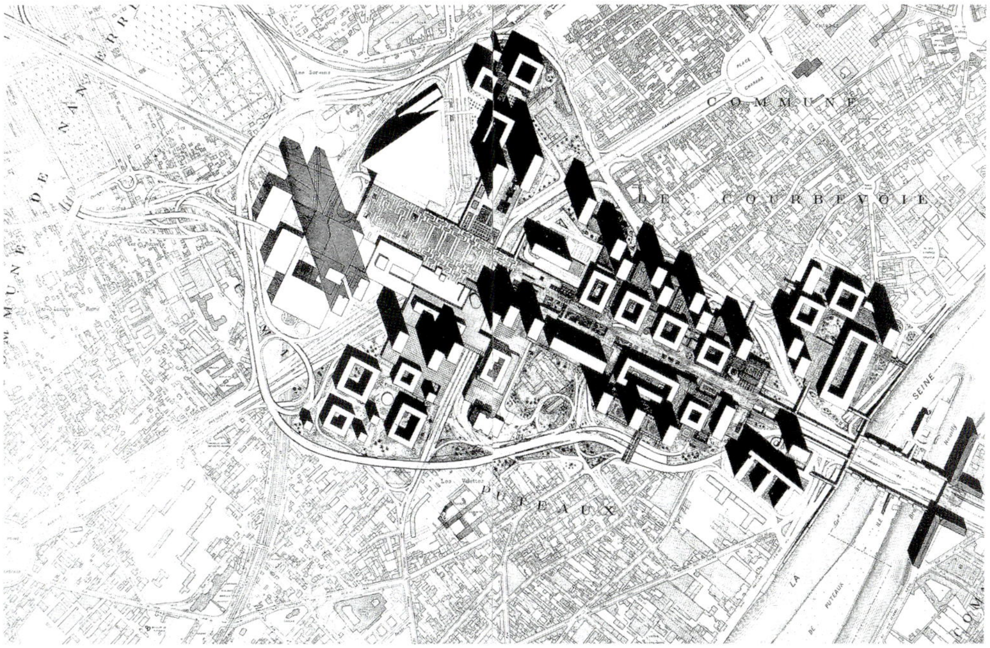

Le plan d'aménagement de La Défense en 1960, expression d'un urbanisme moderne à la française. (Coll. S. Texier)

prévoit l'implantation des bureaux en bordure des grandes voies périphériques et celle des logements, en quatre ensembles distincts, le long de l'esplanade centrale. L'ordonnancement architectural comporte pour sa part un « ordre majeur », constitué de tours de bureaux de 25 étages et d'une tour-signal de 150 ou 200 mètres faisant face au Cnit, un « ordre moyen » composé d'immeubles de logements de 5 à 12 étages – formant des ensembles fermés autour de jardins intérieurs –, enfin un « ordre bas » correspondant aux commerces. Ainsi que le professe en 1960 l'Épad dans un album de présentation, La

Ci-dessous : le CNIT (Robert Camelot, Bernard Zehrfuss et Jean de Mailly, 1958). (© S. Texier)

Défense sera un « ensemble monumental, se développant sur une longueur comparable à celle des Champs-Élysées, ponctué de bâtiments plus hauts que l'Arc de triomphe, éclatant sur un parvis aussi grand que la place de la Concorde, ensemble de bâtiments enchâssés dans un cadre de verdure[1] ».

Une position ambiguë

Dans la continuité des plus prestigieuses réalisations architecturales et urbaines, La Défense est-elle apparue comme l'ensemble cohérent et ordonnancé prévu par ses concepteurs ? Première expérience d'urbanisme moderne à grande échelle « à la française », elle n'a pas résisté au développement quasi naturel d'un quartier d'affaires, affranchi des contraintes d'un plan de masse figé. Parmi les premiers bâtiments figurent des réalisations majeures de la période, à commencer par la tour Nobel de Jean De Mailly (1962), construite en collaboration avec Jean Prouvé. Mais la multiplication des tours, de hauteur et de qualité très inégales, ainsi qu'une tendance à la minéralisation des espaces publics feront de La Défense un quartier peu convivial que le film *Buffet froid*, de Bertrand Blier (1979), dépeindra avec une féroce ironie. Reliée au centre de Paris par la ligne A du RER, La Défense entretient avec la capitale un rapport complexe, et probablement unique, de dépendance et d'autonomie : dépendance humaine, financière et technique ; autonomie architecturale et urbaine. Cette double identité ne sera jamais plus sensible qu'en juillet 1972 : la tour Gan, alors en chantier, devient visible depuis la place de la Concorde, entrant définitivement, par-delà l'Étoile, dans le paysage parisien.

Le quartier de La Défense « achevé », présenté par Tanguy dans *Paris Match* en 1967. (Coll. S. Texier)

1 Album de présentation, fonds B. Zehrfuss, IFA/AA.

Les Halles et le problème du centre

Vue aérienne des Halles en 1966. (Archives SEM Paris Centre)

Les Halles et l'église Saint-Eustache au début du XXe siècle. (Archives SEM Paris Centre)

ALORS QUE LES REGARDS DES RÉNOVATEURS se portent essentiellement sur les faubourgs de Paris, le centre paraît toujours souffrir de vétusté et, de ce fait, perdre de sa vitalité. Aux yeux des pouvoirs publics comme de certains architectes, les Halles centrales, construites par Victor Baltard sous le second Empire, sont les principales responsables de cette pesanteur : « L'importance prise par les Halles semble avoir réduit le quartier à la seule fonction urbaine de marché de gros en denrées périssables [...] En effet, bien que situé au cœur de Paris, le quartier des Halles n'apparaît pas aux yeux des Parisiens comme le centre de leur ville. D'après le résultat de récentes enquêtes, celui-ci se confond soit avec l'espace situé entre l'Opéra, la gare Saint-Lazare, la Madeleine et la Chaussée-d'Antin, soit avec l'Hôtel de Ville, la place de la République, la place de la Bastille ou bien encore Notre-Dame ou les Champs-Élysées, mais jamais avec le quartier des Halles[1]. »

Un départ programmé

Comment moderniser ce que l'on nomme alors le « centre rive droite » – la rive gauche, quartier des écoles et des universités, n'appelle alors aucun projet de réforme ? En déplaçant les Halles, tout d'abord : trop à l'étroit dans les pavillons Baltard, elles devront rejoindre le site de Rungis, choisi en 1960. Le déménagement, effectif en mars 1969, excepté pour la viande, qui doit être implantée à la Villette, constituera un moment crucial dans l'histoire de Paris. La transplantation de ce marché huit fois centenaire aura en effet des incidences à tous les points de vue : social, économique, politique, patrimonial. Avant cela, la décennie 1960 aura été l'occasion de réfléchir sur la question du centre d'une grande capitale.

Des projets de modernisation radicale

En 1961, la préfecture de la Seine confie à l'urbaniste Maurice Rotival, ainsi qu'aux architectes Raymond Lopez et Michel Holley, une étude prospective sur l'aménagement du centre

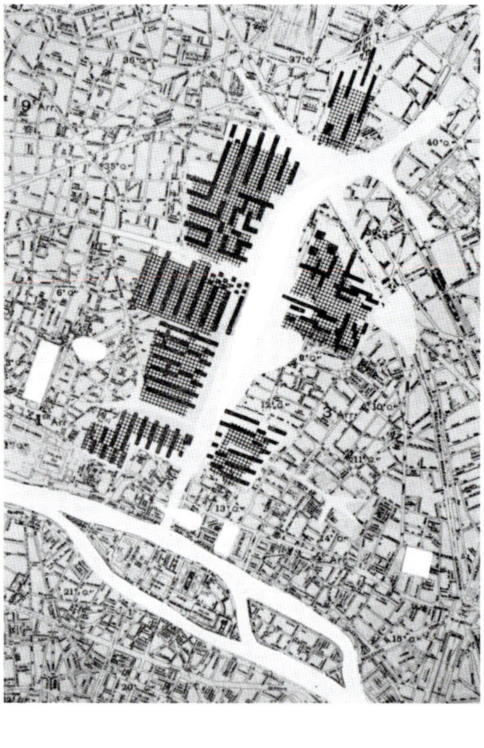

Raymond Lopez et Michel Holley, plan d'aménagement architectural du centre de Paris : les blancs expriment les vides, les noirs, les points forts à l'altitude élevée. (Coll. S. Texier)

de Paris. Selon Rotival, le centre vivant, actif, se situe entre la place de l'Opéra, la gare Saint-Lazare, la butte Montmartre, les gares du Nord et de l'Est, le canal Saint-Martin, la gare de Lyon, enfin les îles et les berges de la Seine. Fasciné par la permanence des grands axes, il propose de les renforcer en reliant le Palais-Royal au Marais et le Louvre à l'Hôtel de Ville, en implantant un centre des affaires à la croisée des Grands Boulevards et du boulevard de Sébastopol, et enfin en créant une gare centrale à la place des gares du Nord et de l'Est. Quant au secteur des Halles, entouré d'arcades, il formerait un nouveau Palais-Royal. L'étude architecturale de Lopez et Holley, publiée en 1963 dans la brochure *Centre Paris*, se limite pour sa part aux franges du boulevard de Sébastopol (nommé « secteur VI *bis* » dans le PUD de 1959) : comme dans les quartiers périphériques, la régénération de ce secteur passe par la hiérarchisation des voies de circulation (voies rapides, circulations locale et piétonne) et la construction de grands immeubles sur dalles, de part et d'autre d'un mail planté.

Quels projets pour les Halles ?

La préfecture de la Seine (*Contribution aux études sur l'avenir du centre de Paris*, vers 1965), la Société d'études pour l'aménagement des Halles créée en 1963 (*Données actuelles du quartier des Halles*, 1966), puis de nouveau la préfecture avec l'Atelier parisien d'urbanisme (*Étude sur l'évolution et les options d'urbanisme du centre rive droite de Paris*, 1968), tenteront elles aussi de définir les termes d'un urbanisme répondant aux besoins et aux fonctions du site. Si le principal constat qui se dégage de ces études est la neutralisation du centre par l'unique activité d'approvisionnement, il reste à concevoir un programme qui, après le départ des Halles, suscitera une animation analogue. De ce point de vue, le projet pour un nouveau ministère des Finances aura trop peu d'atouts pour être maintenu. Un programme mixte, associant commerces, loisirs et culture, fait davantage consensus et, en 1967, est soumis par la préfecture à cinq équipes d'architectes (Louis Arretche, Claude Charpentier, Jean Faugeron, Louis Hoym de Marien et Michel Marot, auxquelles André Malraux ajoute l'AUA), dont les maquettes alimenteront la chronique pendant plusieurs mois. Les projets de Faugeron et Hoym de Marien, qui ont les faveurs du général de Gaulle, ne frappent pas uniquement par l'esthétique brutaliste de leur architecture, mais aussi par leur complexité, leur manque d'évidence. Ce premier épisode de l'aménagement des Halles n'est donc pas seulement emblématique d'une manière peu démocratique de concevoir l'avenir de Paris – aucun concours n'est organisé ; si les projets ont été abandonnés dès 1968, c'est avant tout parce que le programme imposé était d'emblée irréalisable : près d'un million de mètres carrés de surface de plancher à aménager sur un site de 35 hectares, que l'on prévoyait d'aérer… Les Halles, comme le Champ-de-Mars en 1910, deviennent le lieu providentiel pour pallier les insuffisances de Paris. Le débat s'oriente alors vers des questions plus architecturales qu'urbaines, plus techniques aussi, puisque, depuis 1967, il est prévu d'aménager aux Halles l'interconnexion entre les deux lignes du RER, une réalisation attendue depuis longtemps et qui entraînera d'importantes conséquences sur l'évolution du quartier.

À droite : les architectes de la consultation de 1967 posent devant leur maquette pour *Paris Match*, juillet 1967. (Coll. S. Texier)

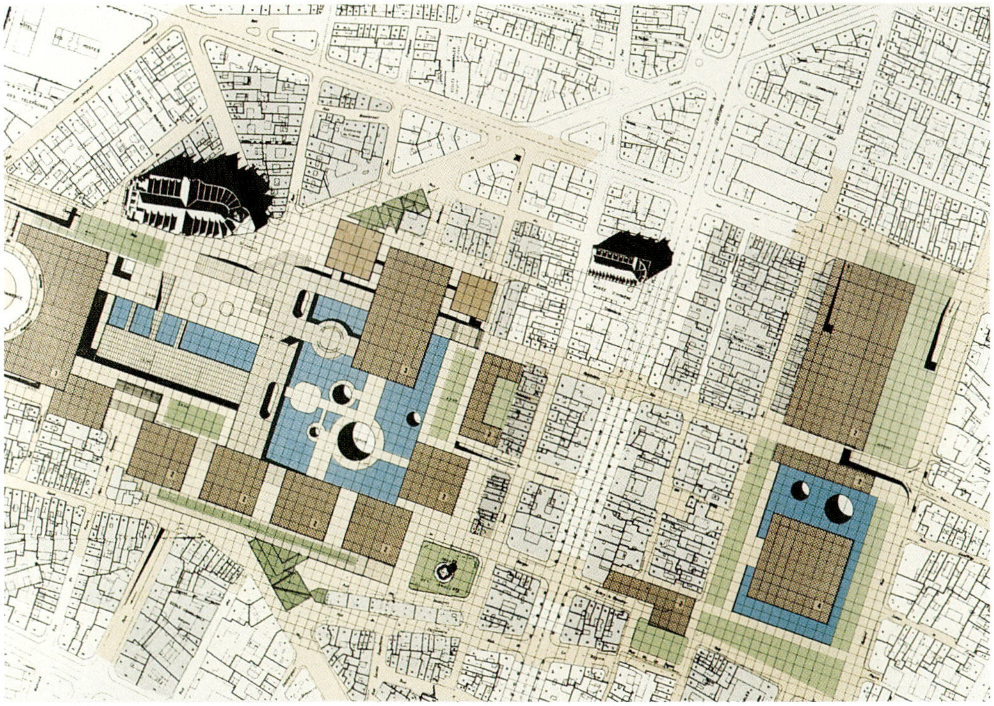

En bas : projet de l'Apur pour l'aménagement des Halles et du plateau Beaubourg, 1969. (© Apur)

1 *Données actuelles du quartier des Halles*, Paris, SEAH, juin 1966.

Le RER : la seconde naissance d'une région

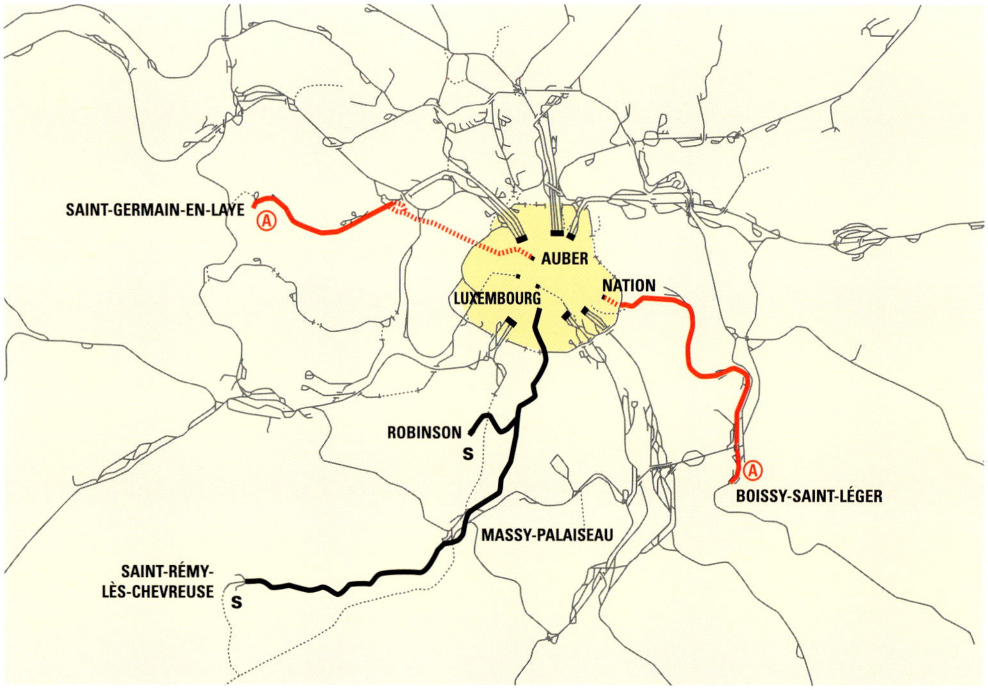

Les trois sections isolées du réseau régional, octobre 1972.

La mise en service des trois lignes du RER (réseau express régional) entre 1972 et 1979 constitue une étape majeure dans le développement de Paris et de sa région, étape d'autant plus décisive qu'elle est tardive – le projet d'une traversée continue de Paris avait été formulé bien avant le métro. En plaçant plusieurs centaines de milliers de Franciliens à une demi-heure du centre de la capitale, ce nouveau moyen de transport a, en effet, sensiblement influé sur la géographie humaine de la région.

L'échelle régionale, enfin

Alors que de nombreux ingénieurs (Paul Haag, Jules Brunfhaut, etc.) avaient, dès les années 1880, proposé l'aménagement d'un réseau à grand gabarit, assurant l'interconnexion entre les grandes lignes de chemin de fer, c'est un métro strictement municipal qui est créé en 1898. Ni la volonté du conseil général de la Seine de renforcer le réseau existant, ni des propositions plus ambitieuses telles que le projet Ruhlmann-Langevin (1939), qui visait à créer trois lignes transversales desservant la banlieue en passant par Paris, n'aboutiront à une modernisation du réseau. La notion de « métro express » apparaît avec la création, en 1949, de l'Office régional des transports parisiens : le futur RER figure dès lors dans les plans d'aménagement de la Région parisienne (PARP, puis Padog en 1960). Le prolongement de la ligne de Sceaux, qui aboutissait au Luxembourg en 1891, jusqu'à Châtelet, de même que la jonction entre les gares d'Orsay et des Invalides, distantes de quelques dizaines de mètres seulement, font partie des tracés souhaitables. Plus globalement, c'est un réseau en croix, constitué de deux transversales (nord-sud et est-ouest), avec interconnexion à Châtelet, qui s'impose rapidement.

Une nouvelle géographie

Mis en œuvre à partir de juillet 1961 avec le tronçon reliant Nanterre-La Folie à la place de l'Étoile en passant par La Défense, le RER devient un véritable enjeu régional au sein du Schéma directeur d'aménagement et d'urbanisme de la Région parisienne (SDAURP), en 1965 : la création de 250 kilomètres de voies est désormais indissociable d'un projet global de maîtrise de l'urbanisation, intégrant notamment les villes nouvelles. Les difficultés techniques et financières rendent cependant particulièrement long le

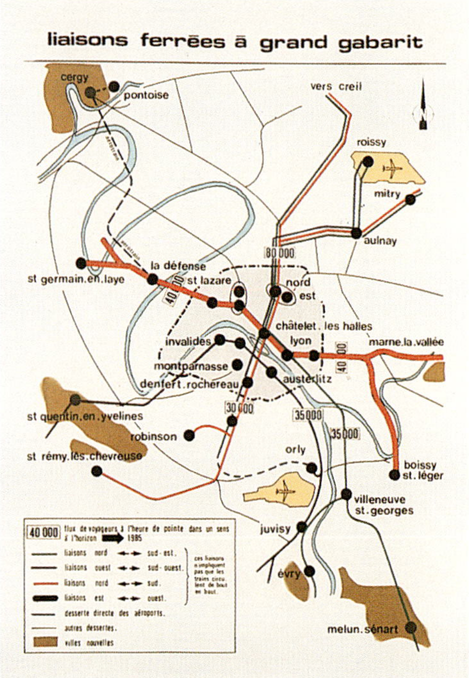

Les liaisons ferrées à grand gabarit de la région parisienne, 1977. (Archives SEM Paris Centre)

Le décor pop de la station Auber dans les années 1970. (© RATP)

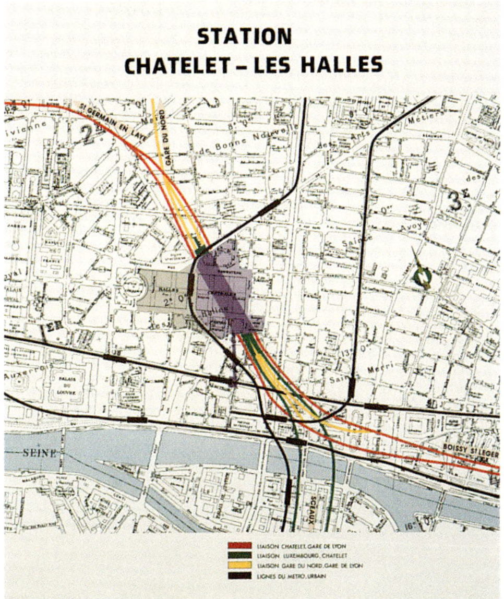

chantier de la ligne A, d'ailleurs remis en question par le gouvernement Debré en 1969. Le premier tronçon, Étoile-Défense, est ouvert en mars 1970, prolongé jusqu'à Auber en 1971 puis jusqu'à Saint-Germain – il emprunte pour cela une ancienne ligne SNCF – en 1972. La RATP confie la conception de chacune des stations parisiennes à un architecte : Henri Vicariot à La Défense, Pierre Dufau à Étoile, André Wogenscky à Auber et Alain Bourbonnais à Nation – il y conçoit d'étonnants sièges en forme de stalle –, impriment sur les murs, voûtes, couloirs et mezzanines de la ligne A une esthétique typiquement 70 (matières plastiques, motifs géométriques, couleurs chaudes, éclairages cinétiques).

Après la jonction avec la branche orientale de la ligne A, qui dessert la ville nouvelle de Marne-la-Vallée, le fait le plus marquant sera, en 1977, l'interconnexion à la gare d'échanges de Châtelet-Les Halles avec la ligne B, qui assure à partir de 1981 la desserte des deux aéroports d'Orly et de Roissy. Quant à la ligne C – ou « transversale rive gauche » –, entièrement gérée par la SNCF, elle n'est mise en chantier qu'en 1973 et est ouverte en 1979. Nonobstant des difficultés techniques au niveau du pont de la Concorde, cette ligne tardive apparaît aussi comme la plus naturelle : le prolongement, en 1900, de la ligne d'Orléans jusqu'à la gare d'Orsay et celui de la ligne des Moulineaux jusqu'aux Invalides pouvaient-ils ne créer que deux éternels terminus ? La belle image publicitaire conçue par la SNCF – une main posant un rail entre deux gares – témoigne de l'évidence de cette jonction.

Effets pervers

Saint-Rémy-lès-Chevreuse, Dourdan, Étampes, Boissy-Saint-Léger, Torcy-Marne-la-Vallée, Mitry-Claye, Roissy-Charles-de-Gaulle, Montigny-Beauchamp, Argenteuil, Cergy, Poissy, Saint-Germain-en-Laye, Versailles, Saint-Quentin-en-Yvelines, et plus tard Gonnesse, Melun et La Ferté-Alais (ligne D) : le RER consacre la naissance du Grand Paris. Cela aura cependant des effets pervers : la convergence des voies vers Paris, et plus particulièrement l'interconnexion aux Halles, accentue encore la force d'attraction de la capitale. Le sociologue Claude Soucy prédisait dès 1970 la congestion du centre – dont il craignait cependant à tort l'invasion par les bureaux – et réclamait un réseau tangentiel reliant Auber et Nation non par les Halles, mais par les gares du Nord et de l'Est, doublé ensuite d'une liaison par Austerlitz, Montparnasse, le Front de Seine et l'Étoile[1]. Quant à la mobilité que le RER autorise, elle tend à accroître, voire à créer de nouveaux déséquilibres en Ile-de-France, non seulement parce que certaines villes sont désormais intimement liées à Paris, mais aussi parce que les transports entre communes périphériques demeurent largement insuffisants. En effet, 80 % des Franciliens vivent dans la petite et la grande couronne ; or, les transports en commun n'assurent que 10 % de leurs déplacements…

À gauche : la station Châtelet-Les Halles, centre de la Région parisienne. (Archives SEM Paris Centre)

Sur le quai de la station Nation. (© RATP)

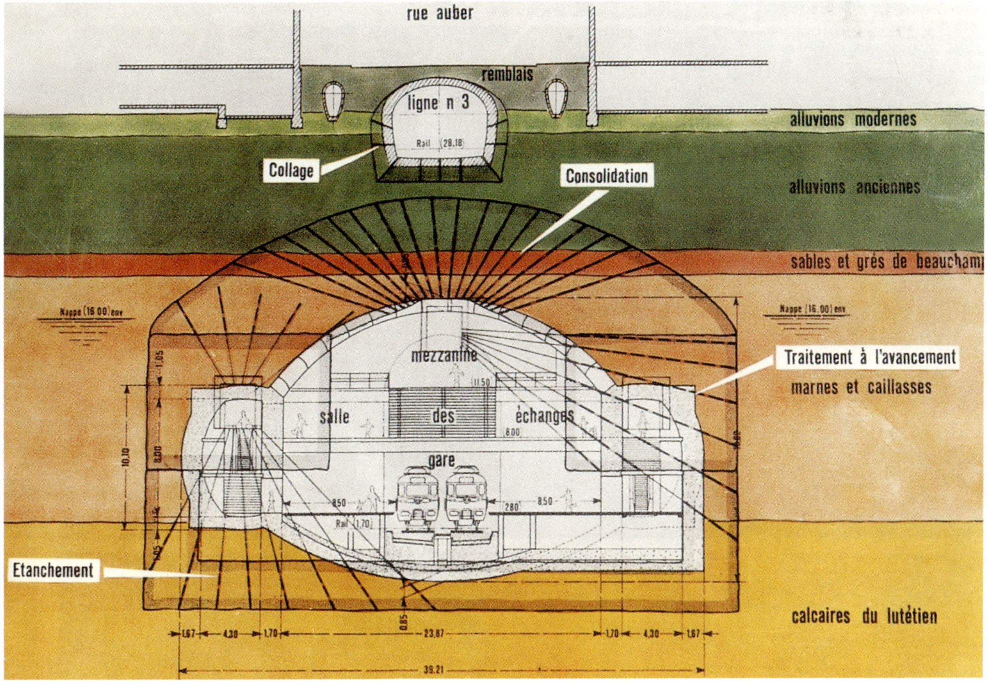

Coupe de la station de métro et de RER Auber. (Coll. S. Texier)

1 « Le RER et le centre de Paris », *Urbanisme*, n° 120-121, 1970.

Des rénovations douces aux secteurs sauvegardés

LES OPÉRATIONS DE RÉNOVATION DITES « bulldozer » ont été menées dans les quartiers périphériques en même temps que s'organisait, dans le centre, un vaste mouvement de conservation du Paris historique. Le principe du curetage, adopté pour d'anciens îlots insalubres comme dans le cadre d'un plan de sauvegarde et de mise en valeur, a cependant montré ses limites : la destruction d'un bâti ordinaire et la disparition d'activités artisanales aboutissent en effet à la création d'espaces pittoresques mais désincarnés.

Le curetage au secours du patrimoine

La méthode du curetage, théorisée dès 1913 par l'Italien Gustavo Giovannoni, trouve un écho en France autour de 1940, avec le projet de Robert Auzelle pour le Marais (1939) et son texte paru dans *Destinée de Paris* en 1943, ainsi que dans les articles d'Albert Laprade et de Jean-Charles Moreux dans *L'Illustration*, en mai 1938 et mai 1941. Moreux parle pour sa part d'« évidements intérieurs », et suggère en certains cas la destruction totale des immeubles, à l'exception de la façade – une formule pleine d'avenir. En 1941, enfin, l'écrivain Marcel Raval adresse une « Requête à Monsieur le maréchal Pétain » à propos de l'îlot nº 16 : « Le quartier Saint-Gervais subit en ce moment un assaut destructeur qui en fera disparaître, sans nécessité, l'atmosphère poétique et médiévale. L'îlot insalubre qui s'y trouve enclavé pouvait, en bien des cas, être assaini par la méthode du "curetage" (partout appliqué sauf en France). » De nombreuses personnalités signeront cette pétition : Paul Valéry, François Mauriac, Colette, et, parmi les architectes, Perret, Laprade et Bardet[1]. Le numéro 55 de la revue *Urbanisme*, paru en 1957 et intitulé « Propos sur Paris », témoigne du pas franchi dans la double réflexion sur les rénovations de Paris : la reconquête de la capitale et de sa région y est annoncée par Jean Royer et Pierre Sudreau, tandis que Claude Charpentier publie son plan de sauvegarde du village de Montmartre et qu'Albert Laprade milite pour une mise en valeur des quartiers historiques. Si le Marais, dont Laprade poursuit la rénovation autour de l'église Saint-Gervais, concentre l'essentiel des regards, le cas de l'îlot insalubre n° 3 (Maubert-Saint-Séverin) est bien celui où, pour la première fois, l'ensemble du bâti fera l'objet d'une rénovation par curetage.

Le tissu dense de l'ancien îlot insalubre n° 3. (© S. Texier)

La rue des Barres, rénovée par Albert Laprade. (© S. Texier)

Un nouveau pittoresque

Le projet du Service du Plan de Paris, exposé en 1937, comme ceux d'architectes indépendants – G. Teisseire vers 1935, Leprestre et Henri en 1939, Pierre Fournier pendant la guerre – visaient chacun, à des degrés divers, le remembrement de l'îlot nº 3. Claude Charpentier, responsable du quartier avec Albert Laprade, considère au contraire que son passé et le « cadre exceptionnel » dans lequel il s'inscrit, justifient « une étude spéciale ». « Berceau de l'université, sur son tracé d'origine remontant

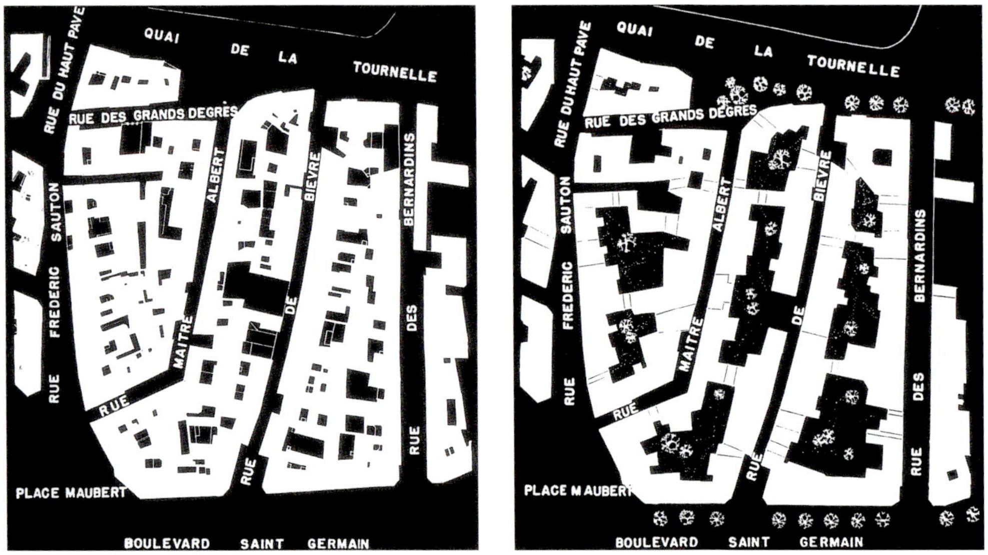

Claude Charpentier, le quartier Maubert avant et après curetage, 1961. (Coll. S. Texier)

au XIIIe siècle, d'une rare homogénéité par ses constructions, son architecture et son histoire, ce quartier semble réunir toutes les conditions souhaitées pour servir de test à l'étude d'un curetage et d'une restauration à l'identique[2]. » Création d'espaces verts en cœurs d'îlots, cheminements pour piétons, circulation automobile reléguée à la périphérie du secteur sont les trois axes majeurs de cette restauration, auxquels Charpentier ajoute la « création de rues touristiques et de rues commerçantes ». Longtemps reportée, la rénovation de l'îlot n° 3 est engagée à partir de 1964, et donne lieu, Montmartre excepté, à la création du premier et unique quartier entièrement fondé sur la notion de pittoresque.

Louis Arretche, Bernard Vitry, Michel Marot et Maurice Minost, plan de sauvegarde et de mise en valeur du Marais, 1964. (© Apur)

Sauvegarde et mise en valeur du Marais

La loi du 4 août 1962, dite loi Malraux, autorise la création de secteurs sauvegardés « lorsque ceux-ci présentent un caractère historique, esthétique ou de nature à justifier la conservation, la restauration et la mise en valeur de tout ou partie d'un ensemble d'immeubles ». Le 16 avril 1965 naît ainsi le secteur sauvegardé du Marais – avec 126 hectares, c'est le plus vaste de France –, dont le « plan permanent » est confié à Louis Arretche, Bernard Vitry, Michel Marot et Maurice Minost. Il sera adopté par le conseil municipal le 22 septembre 1980, peu après celui du 7e arrondissement créé en 1972. Désormais, les démolitions sont strictement réduites aux opérations de dégagement du centre des îlots, l'objectif étant, au-delà de la restauration des façades et toitures, de reconquérir des espaces libres. « Exceptionnellement, et en des points précis, nous avons indiqué que des démolitions sont simplement souhaitables, eu égard à l'importance et à la solidité de constructions parfois récentes, dont le caractère, le hors-d'échelle, portent préjudice à l'homogénéité du quartier », indiquera Minost en 1970. Parmi les « régions » que comprend le Marais, c'est la « région Carnavalet » qui constitue le secteur opérationnel n° 1, à titre de test. L'aménagement de la place de Thorigny par Michel et Nicole Autheman, très contestable, en est la partie la plus visible. Et, dans l'ensemble, l'intégration d'une architecture contemporaine totalement bridée par le souci de ne pas jurer avec l'existant est un échec. La création de par-

kings souterrains recouverts de dalles-jardins – l'un des objectifs du plan – donnera également lieu à des aménagements maladroits : pour éviter un engorgement de la circulation dans ce quartier au potentiel touristique immense, ce ne sont en effet pas moins de 12 000 places de stationnement qu'il faut créer…

Ci-dessus: la place de Thorigny, opération « test » de la sauvegarde du Marais. (© S. Texier)

1 Fonds J.-C. Moreux, IFA.
2 *L'Architecte des collectivités publiques*, mai-juin 1961.

Paris hors les murs : Orly, Roissy, Rungis, nouvelles portes

Passage de la nationale 7 sous l'aérogare d'Orly. (© Photos-Laboratoire ADP)

L'IMPOSSIBLE EXTENSION DE PARIS n'en a pas moins contraint la capitale à implanter, en dehors de ses portes, ses infrastructures les plus lourdes : il en va ainsi naturellement des aéroports – encore que des projets d'aéroports-relais pour Paris *intra-muros* aient été proposés, comme l'Aéroparis d'André Lurçat sur l'île des Cygnes (1932) –, mais aussi du marché central de Paris, qui quitte les Halles de Baltard pour Rungis.

Orly et Roissy, symboles nationaux

L'aéroport du Bourget, doté en 1937 d'une nouvelle aérogare construite par Georges Labro, reçoit 140 000 passagers en 1938 ; avec 600 000 voyageurs en 1953, l'aéroport atteint cependant les limites de sa capacité. C'est au sud de Paris, à 14 kilomètres, que le transport aérien se développe alors : l'aérodrome d'Orly, créé à des fins militaires en 1914, devient le premier grand aéroport parisien en 1960, accessible directement de Paris par la nationale 7, qui passe sous la nouvelle aérogare, et par l'autoroute du Sud, dont une branche est spécialement conçue à cet effet. L'imbrication du grand axe autoroutier et du bâtiment de 200 mètres de long conçu par Henri Vicariot, qui symbolise la parfaite symbiose entre les deux réseaux, constitue l'une des images les plus fortes et les plus emblématiques de la France contemporaine. Après avoir abrité les spectaculaires hangars pour dirigeables d'Eugène Freyssinet (1923, détruits en 1944), Orly accueille un nouveau bâtiment à structure métallique de 300 mètres de long, dans lequel peuvent loger huit Caravelle. Avec 765 hectares de surface, soit l'équivalent du bois de Boulogne, 12 kilomètres de voies de circulation, un réseau d'égouts comparable à celui d'une ville de 20 000 habitants, l'aéroport tient de la cité à part entière. « Mais il se pose dès maintenant un autre problème dont les services de l'aéroport ne sont pas responsables. Dans la perspective d'un Paris de demain, l'aéroport va-t-il se trouver enserré dans une ville tentaculaire qui lui laissera seulement un couloir de circulation, ou bien une deuxième ville parallèle va-t-elle nécessiter, à 50 kilomètres de Paris, la naissance d'un autre aéroport[1] ? » Le débat sur un « Paris parallèle » vient d'être lancé, mais c'est encore près de la ville-centre qu'ouvrira un second aéroport, celui de Roissy-Charles-de-Gaulle, en 1974. C'est désormais sur 3 000 hectares, soit le tiers de la surface de Paris, que s'étendent les installations. Déjà loin du prisme pur métallique d'Orly, les aérogares (Roissy 1, puis Roissy 2) construits par Paul Andreu et l'agence Aéroports de Paris constituent chacun, outre leur ingéniosité programmatique, un aboutissement dans la mise en œuvre et l'expression du béton brut. Reliés l'un et l'autre à Paris par la ligne B du RER, Orly et Roissy deviennent les deux principales portes de la capitale.

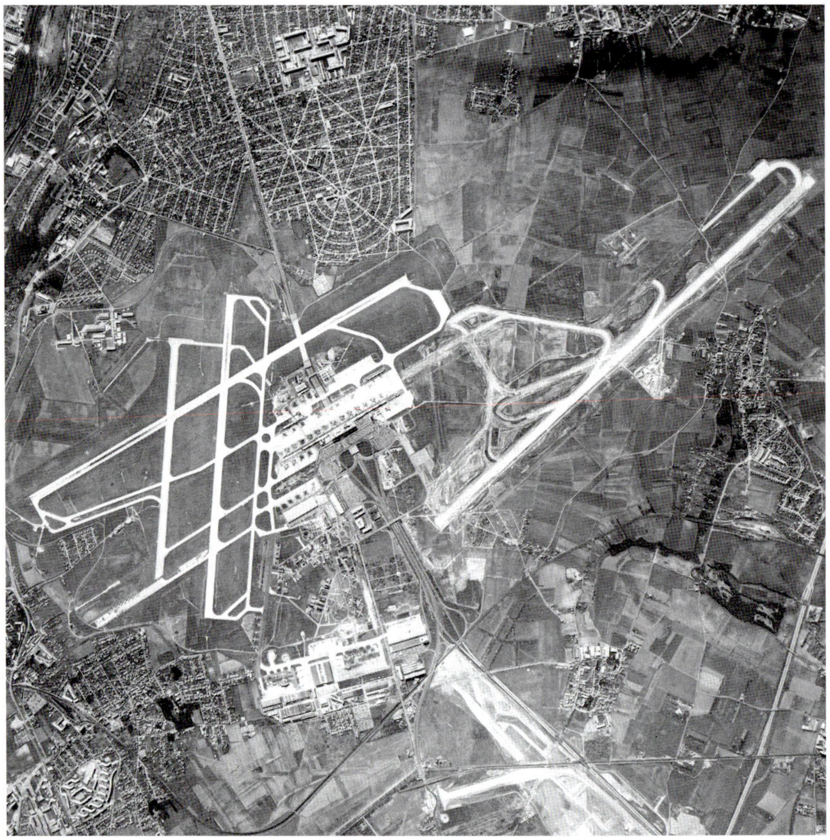

L'aéroport d'Orly et le réseau routier en cours d'aménagement. (© Photos-Laboratoire ADP)

Rungis : changement d'échelle

Alors qu'on inaugure Orly, un site distant de quelques centaines de mètres au nord, desservi par l'autoroute et un important réseau ferré, est choisi le 14 mars 1960 – contre Pantin, Bercy, Argenteuil et Valenton – pour succéder aux Halles centrales de Paris. Le marché d'intérêt national de Rungis est créé le 13 juillet 1962 et, le 24 décembre 1965, un décret décide le transfert des Halles à Rungis, la viande devant pour sa part rejoindre le nouveau marché de la Villette, qui fera faillite en 1974. Le déménagement aura lieu du 3 au 5 mars 1969. Programmé depuis plusieurs décennies, ce départ crée – avant d'alimenter une polémique mémorable autour des pavillons de Baltard – un vide immense au cœur de la ville : celui-ci respire enfin, certes, mais il a perdu une grande partie de son âme. La volonté de déplacer hors la ville certaines fonctions urbaines est pourtant une tradition séculaire, l'hôpital Saint-Louis en étant le plus célèbre exemple. Cependant les années 1960 et 1970 auront été, dans ce domaine, un moment particulièrement marquant. La décentralisation – assurée par la Datar, créée en 1963 – et la désindustrialisation y deviennent en effet des priorités : tout ce qui encombre Paris, tout ce qui nuit au rétablissement de son prestige international (politique, culturel ou financier) doit trouver sa place à la périphérie, voire en province. L'enquête menée par le District de la Région de Paris auprès de 91 personnalités, condensée dans l'ouvrage *Paris en question* (1965), est à cet égard révélatrice du consensus qui se dessine autour de cette question. Certains militent même pour un desserrement massif du centre, dont la première opération serait le regroupement, hors de Paris, de tous les organes du pouvoir[2].

Loin de la congestion du centre de Paris, les nouvelles halles de Paris-Rungis. (© Roger-Viollet)

L'aéroport de Roissy-Charles-de-Gaulle et son premier terminal. (© Photos-Laboratoire ADP)

Une ville seulement fonctionnelle ?

Il n'est jusqu'aux cimetières que l'on ne prévoie de déplacer : reprenant un projet d'Haussmann (la création d'un cimetière unique à Méry-sur-Oise), le rapport du PUD de 1959 avance l'idée de désaffecter les principaux cimetières parisiens, afin de les transformer en parcs publics, « même si les tombeaux de personnages historiques doivent y être maintenus ». De telles ambitions trahissent une lecture purement fonctionnelle de la ville ; or, non seulement les cimetières seront bientôt considérés comme des éléments paysagers de premier plan, et par conséquent assimilés à des espaces verts, mais encore la logique de récupération d'emprises foncières va-t-elle se reporter sur des sites industriels plus nuisibles à la ville. La reconquête de Paris passera par la désindustrialisation, non par le déplacement de tous ses lieux de mémoire.

1 J. Montignac, « Orly, premier ensemble architectural du Paris de demain, ne doit pas être étouffé par la ville tentaculaire », *Le Journal des arts*, 1960.
2 J. Maze, *Paris à l'heure du choix*, Paris, Flammarion, 1965.

Paris automobile : des garages aux parkings

Les décors d'André Granet pour le Salon de l'automobile de 1929 au Grand Palais. (© Fonds André Granet/IFA)

À droite : Albert Laprade et André Bazin, le garage Marbeuf, 1928. (Coll. S. Texier)

L'ACCROISSEMENT DU PARC AUTOMOBILE à partir de 1900, continu jusqu'aux années 1970, a imposé des aménagements de divers ordres dans Paris. Plusieurs mesures sont prises dès le début du siècle pour adapter la rue parisienne au nouveau mode de locomotion : création en 1907 du sens giratoire (place de l'Étoile, puis, en 1910, carrefours giratoires aménagés place des Ternes, de l'Opéra et de la Concorde), création du sens unique en 1909 (rue de la Chaussée-d'Antin et rue de Mogador), instauration de la priorité à droite en 1917. Ces esquisses de régulation de la circulation doivent cependant être complétées par une gestion simultanée du stationnement sur la voie publique, qui fait l'objet d'une première interdiction – « à moins d'absolue nécessité » – dès 1893, puis en 1910 : interdiction de stationner à l'angle de deux rues et obligation de stationner dans le sens de la circulation. La question du garage des automobiles se pose pour sa part en des termes différents, puisqu'elle implique un véritable programme de construction et pas seulement d'aménagement de l'espace public ; elle n'a pourtant pas attendu la croissance des Années folles pour être traitée par les architectes, et restera un sujet de débat et de réflexion jusqu'aux dernières décennies du XXe siècle.

Des emblèmes de l'éclectisme

« S'il est un programme dont l'étude doive tenter un architecte épris de modernisme [...], c'est bien celui du garage pour automobiles[1] », note Edmond Uhry en 1908. Et, de fait, les nuisances causées par les garages dans les habitations particulières, mais encore les difficultés de leur aménagement pour des engins encore peu maniables imposent la construction de bâtiments collectifs. Implantés dans les quartiers les plus aisés de la capitale, ils sont particulièrement nombreux autour des Champs-Élysées, là où se tient, également, le Salon de l'automobile créé en 1898 : les spectaculaires mises en scène dont il fait l'objet dans le Grand Palais à partir de 1901, signées Gustave Rives puis André Granet à partir de 1909, placent l'automobile au cœur

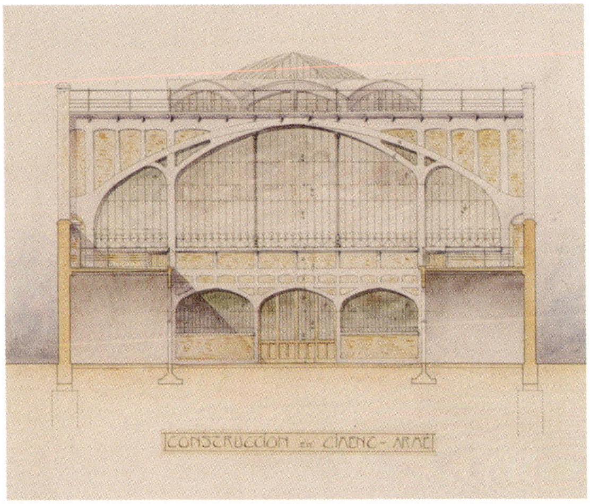

À gauche : Paul Genuys, projet de garage automobile aux Champs-Élysées, vers 1905. (© Fonds Paul Genuys/IFA)

Ci-contre : la place Vendôme transformée en parking. (Coll. S. Texier)

de l'imaginaire comme de la réalité parisiens. Les architectes de l'éclectisme finissant s'emparent ainsi d'un programme dont le traitement est encore sujet à quelques ambiguïtés : si son aménagement intérieur est tout entier régi par l'efficacité et la fonctionnalité, le garage ne saurait exposer une façade indigne de son quartier. Rue La Boétie (Édouard Arnaud), rue d'Anjou (Jacques Hermant), rue Saint-Didier (Gaston Dupommereulle), le garage apparaît encore sous la peau d'un hôtel particulier ou d'un immeuble de rapport. Avec celui de la rue de Ponthieu, construit en 1907 par les frères Perret, ou encore dans le projet de Paul Genuys pour le « garage des Champs-Élysées », la façade de béton brut et de verre, même dessinée selon les lois de composition classique, se démarque nettement de son environnement. Cette tendance ira en s'accentuant dans l'entre-deux-guerres, garages et magasins de vente devenant de véritables emblèmes de la modernité : Robert Mallet-Stevens construit le garage Alfa Romeo rue Marbeuf, en 1925, auquel vient s'accoler, trois ans plus tard, le magasin de vente Citroën d'Albert Laprade et Léon Bazin. Sur des parcelles moins exposées aux regards, les constructeurs se montreront en revanche moins soucieux d'esthétique : c'est le cas rue Capron et surtout rue Campagne-Première, où Henri Sauvage conçoit en 1926 un immense entrepôt en béton brut.

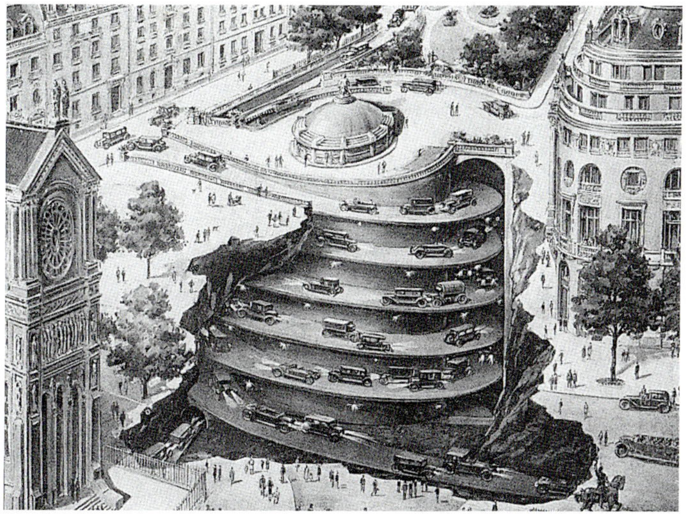

Louis Plousey, projet de garage souterrain près de l'église Saint-Augustin, publié dans *L'Illustration*, 9 mars 1929. (© Ville de Paris, bibliothèque Forney)

La conquête du sous-sol

Le garage-parking de la place du Marché-Saint-Honoré, reconstruit en 1958 au sein d'un ensemble commercial et administratif, a montré par sa pauvreté architecturale les risques qu'encourait Paris à tout céder à l'automobile. Après les études sans suite menées par Louis Plousey à partir de 1928, Édouard Utudjian et le Gecus dressent en 1953, à l'attention de Bernard Lafay, président du conseil municipal, une liste de 41 garages-parkings souterrains susceptibles d'accueillir 54 000 voitures. Des concours sont organisés en 1955, sous le jardin du Carrousel, les squares Émile-Chautemps, du Temple, Louvois, de la Trinité, les Champs-Élysées, le cours Albert-Ier, le plateau Beaubourg et le parc Monceau, mais il faut cependant attendre 1963 pour que le conseil municipal adopte le principe d'un programme de construction de 100 000 places. En 1970, 24 parcs de stationnement en souterrain sont ainsi créés, pour la plupart sous des espaces verts haussmanniens dont le sort alimentera quelques polémiques – si le square Montholon est reconstitué par Allain Provost (1971), le paysagiste conçoit un dessin entièrement nouveau pour le square Marcel-Pagnol (1969). La pression de résidents et d'associations aboutira en revanche à l'abandon de certains projets (square du Temple et square Jean-XXIII, en 1970), tandis qu'Henry Bernard, très impliqué dans la mise en œuvre d'un urbanisme souterrain à grande échelle, attire l'attention de la municipalité sur le danger que courent les vestiges du parvis de Notre-Dame ; mis au concours en 1963, le parc de stationnement entre en service en 1971 seulement, quelques années avant, toutefois, l'ouverture de la crypte archéologique. Programme architectural, le garage automobile est devenu l'une des questions d'urbanisme les plus sensibles de la fin du XXe siècle.

Le parking souterrain de la place Vendôme en cours de construction ; à droite, le parking de la place du Marché-Saint-Honoré, 1969. (© La Documentation française/Interphotothèque, ph. Michel Brigaud/Sodel)

1 E. Uhry, « Garages automobiles », *L'Architecte*, avril 1908, pp. 27-30 et mai 1908.

1974_2010

Paris aux cent visages

Le Centre Pompidou émergeant du centre rive droite. (© S. Texier)

Le sud-est parisien (Ivry, Tolbiac, Bercy) en 1975 : un territoire de reconquête pour la fin du XXe siècle. (© La Documentation française/ Interphotothèque, Marcel Hamelle)

L'ÉLECTION DE VALÉRY GISCARD D'ESTAING en 1974, puis celle de Jacques Chirac à la mairie de Paris en 1977 entraînent l'interruption brutale des rénovations dans la capitale.

Métamorphoses parisiennes

L'essentiel des problèmes reste pourtant à résoudre : logements, équipements, jardins manquent dans la plupart des quartiers. Après quelques années de tâtonnements et de transition, un nouvel urbanisme se met en place, fondé sur une plus grande attention à l'existant. Les ZAC (zones d'aménagement concerté) deviennent le principal outil de l'intervention urbaine, tandis que les Grands Travaux de François Mitterrand remettent sur le devant de la scène une notion banalisée par les Trente Glorieuses : le monument-symbole. Tout en redécouvrant l'échelle du quartier, Paris parvient enfin à s'inscrire dans une perspective régionale en tissant des liens avec les communes limitrophes. En ce sens, on peut parler de métamorphose[1] : la seconde en un demi-siècle. Toutefois, si le politique joue, de nouveau, un rôle majeur dans les nouvelles orientations urbaines, il semble qu'un phénomène de fond ait aussi pesé lourdement dans les prises de décisions : sentiment d'exaspération ou simple prise de conscience, le besoin d'un regard renouvelé sur la ville relève de la sociologie, voire de l'anthropologie, tout autant que du politique.

À gauche : le quartier Saint-Blaise en 1975 : une variété de paysages, entre chaos et pittoresque. (© La Documentation française/ Interphotothèque, Marcel Hamelle)

Un nouveau regard sur la ville

Parce qu'elle conditionne toutes les actions menées sur la ville jusqu'à la fin du XXe siècle, la décision majeure prise à la fin des années 1970 est bien celle de mettre un terme à l'opposition entre un Paris cristallisé, à conserver, et un Paris périphérique, à rénover. Aux origines même de l'urbanisme, la notion de zonage (*Zonung,* en allemand) a fini par symboliser les dérives ou les péchés de jeunesse d'une discipline encore balbutiante. La période qui s'ouvre avec l'arrêt des rénovations, qui correspond également au début d'un long cycle de crise économique, est celle d'une redécouverte de Paris, comme s'il avait fallu la menace d'une destruction totale de certains de ses aspects pour que la ville tout entière acquière enfin de la valeur. Après s'être focalisé sur un Paris historique enclos dans les limites de l'ancienne enceinte des Fermiers-Généraux, le regard se porte sur le Paris d'Haussmann, les villas et hameaux, puis sur les anciens faubourgs, dont le parcellaire transmet une histoire particulière. Si les deux documents fondateurs de ce moment, le POS (Plan d'occupation des sols) et le SDAU (Schéma directeur d'aménagement et d'urbanisme), accordent en 1977 la priorité au logement et à la limitation du développement de nouveaux programmes tertiaires, ils ont également pour but d'« éviter une dissociation trop marquée entre les diverses fonctions de la ville ».

Dans cette perspective, la réintégration de l'échelle parcellaire est un événement important, aussi important que le retour en grâce de la rue. Cette structure élémentaire de la ville n'avait plus sa place dans un urbanisme d'îlot, et encore moins dans un urbanisme d'ensemble ; dans une relecture de chacune des parties de Paris comme au sein des secteurs opérationnels que sont les ZAC, elle retrouve sa signification, jusqu'à devenir parfois le prétexte à une fossilisation de la capitale.

Ci-dessus : à l'aube du XXIe siècle, le chantier du RER E (Éole) consacre le rôle structurant de l'urbanisme souterrain. (© Emmanuel Gaffard)

1 Y. Hervaux, *Le Paris d'un maire. 1977-1995 : la métamorphose*, Paris, Albin Michel, 1995 ; B. Fortier (dir.), *Métamorphoses parisiennes*, Paris, Pavillon de l'Arsenal/Liège, Pierre Mardaga, 1996.

1974-1983

RETROUVER PARIS

Le centre rive droite et les gares de l'Est et du Nord : un enjeu majeur au cœur de Paris. (Préfecture de police)

Décennie charnière comme ont pu l'être les années 1950, la période 1974-1983 est avant tout celle d'une rupture : Paris ne peut plus continuer d'être rénové comme il l'est depuis quinze ans, sauf à perdre définitivement son visage et son âme. Il reste toutefois à définir les termes d'une nouvelle politique urbaine, qui attendra plusieurs années à trouver sa cohérence. On peut à ce propos considérer qu'en 1983 l'essentiel des outils mis en application jusqu'à l'an 2000 est défini : Paris dispose d'une nouvelle doctrine et d'un nouveau programme d'aménagement, au sein duquel la Ville et l'État vont, pour la première fois, œuvrer de concert plutôt que se neutraliser.

Un territoire recomposé

En 1974, paraît un atlas intitulé *Vingt ans de transformations de Paris*, dont l'objectif est une évaluation purement quantitative de ces transformations[1]. En 1954, Paris comprenait 79 100 parcelles, formant 5 136 îlots. En vingt ans, 9 820 parcelles (12,4 %) ont été concernées par au moins une opération de démolition ou de reconstruction (1 200 hectares au total), soit 24 % du sol des parcelles parisiennes ; il s'agissait en général de parcelles qui sont le double de la moyenne. Sur les 9 820, 5 770 ont été incorporées dans un remembrement pour en former 1 340 nouvelles (quatre fois plus grandes). Le parcellaire parisien s'est ainsi simplifié, la capitale perdant 4 430 parcelles sur 79 100, soit 5,6 % – on en compte 74 670 à la fin de l'année 1974. Les surfaces de voies publiques ont pour leur part augmenté de 250 hectares : 35 hectares de voies privées devenues publiques, 72 hectares de voies nouvelles dans les îlots de rénovation, d'élargissements après modification de l'alignement, création de voies latérales, rétrécissements de trottoirs ; enfin 143 hectares de voies rapides (périphérique et voies sur berges).

L'échangeur de la Porte de Bagnolet et la Campagne à Paris : un paysage contrasté à l'est de la capitale. (Préfecture de police/Danet)

Une ville toujours plus dense

D'autres enquêtes statistiques conduisent les auteurs aux conclusions suivantes : le nombre de logements a augmenté de 209 400 ; les surfaces de planchers ont augmenté de 16,8 % (+ 22 % pour les bureaux, + 13 % pour les services publics, -28 % pour les industries et les garages). Avec une augmentation de 14,7 millions de mètres carrés de plancher (+ 12,3 %), Paris, déjà dense, s'est encore densifié, grâce à un gain en hauteur de 12 mètres environ en moyenne pour les immeubles d'habitation récents par rapport à ceux remplacés ; la population résidente, en revanche, a diminué de 9 %. Ces deux facteurs ont convergé en faveur d'un desserrement très net de la population résidente par rapport à la surface au sol et plus encore de plancher, la moyenne de mètres carrés de plancher par habitant passant de 29 à 38 m^2.

Une nouvelle rupture

Ces données objectives se traduisent cependant socialement et architecturalement, et c'est sur ce deuxième point que l'élection de Valéry Giscard d'Estaing, en 1974, marque une rupture, avant même l'arrivée, trois ans plus tard, de son ancien Premier ministre, Jacques Chirac, à la mairie de Paris. La même année, de surcroît, le PUD est révisé, le Plan d'occupation des sols est appliqué par anticipation et les grandes lignes d'un Schéma directeur sont exposées dans le n° 10-11 de *Paris Projet*, intitulé « L'avenir de Paris ». Le sort de la capitale, redevenue le 31 décembre 1975 commune de plein exercice après plus d'un siècle de tutelle étatique, demeure une question nationale. En l'occurrence, les élections présidentielles de 1974 et 1981 constituent toutes deux des tournants en matière d'urbanisme et d'architecture : la première, par l'arrêt immédiat de la politique moderniste des rénovations urbaines ; la seconde, par la mise en place d'un programme de projets architecturaux sans précédent depuis le premier Empire. Il convient de noter d'autre part que les outils de la réforme urbaine étaient forgés avant 1977, en grande partie par l'Atelier parisien d'urbanisme, qui avait publié par exemple, dès 1970, une étude intitulée « Pour une politique des espaces verts à Paris[2] ». Celle-ci suggère de mettre un terme au grignotage des jardins privés et à l'élargissement des voies sacrifiant des rangées d'arbres, et évoque une possible revalorisation des espaces naturels ; la désaffectation d'emprises industrielles permettra surtout la création de nouveaux jardins et de « pénétrantes vertes ». Paris doit encore tirer la leçon new-yorkaise de la transparence : la connexion des jardins et des cours intérieures avec les rues avoisinantes « est à encourager par tous les moyens réglementaires concevables. » Encore marquée par la logique d'ouverture de la ville moderniste, cette étude transitoire annonce, par son caractère global, la politique des espaces verts des années 1980.

25 mars 1977 : le dernier préfet de Paris, Jean Taulelle, annonce l'élection de Jacques Chirac à la mairie de Paris. Désormais, la capitale sera dirigée par un élu, non plus par un fonctionnaire. Deux documents fondamentaux prévus par la loi foncière du 30 décembre 1967 viennent d'être approuvés : le Plan d'occupation des sols (POS) le 28 février et le Schéma directeur d'aménagement et d'urbanisme (SDAU) le 17 mars. La nouvelle municipalité n'y apportera que quelques modifications de détail ; en revanche, elle agira de manière particulièrement énergique pour atteindre certains objectifs du SDAU.

Les Orgues de Flandre, Martin S. Van Treeck, 1972-1976. (© S. Texier)

En bas : les jardins des Halles, au centre des choix politiques pour Paris. (Archives SEM Paris Centre/Laurent Rousseau)

1 *Vingt ans de transformations de Paris* (dir. J. Bastié), Paris, Association universitaire de recherches géographiques et démographiques, 1974.
2 Étude réalisée par F. Divorne, publiée sous le titre « Espaces verts dans Paris », *Paris Projet*, n° 4, Paris, Apur, 1970, pp. 9-39.

La fin des tours : La Défense et Apogée

DANS UN NUMÉRO de *L'Architecture d'aujourd'hui* entièrement consacré aux gratte-ciel, Robert Auzelle déplorait que l'on ne voulût « voir dans l'immeuble en hauteur que l'intérêt immédiat de la densité pour le terrain du promoteur, sans prendre en considération l'ensemble de l'environnement. Or, si l'on souhaite que les tours ne se nuisent pas les unes et les autres, il faut bien respecter certaines règles d'écartement. Et l'application de ces règles font *[sic]* qu'en définitive, il eût été possible, sur une surface d'une certaine importance, de produire le même nombre de mètres carrés utilisables avec un immeuble de cinq ou six planchers[1] ». Parmi les rares urbanistes à avoir avancé des arguments contre la construction des tours – bien qu'il en dirigeât lui-même la conception –, Auzelle avait notamment tenté, pour Maine-Montparnasse et La Défense, d'apporter la preuve que des bâtiments horizontaux pouvaient garantir la même densité que des IGH. C'est précisément – et paradoxalement – à La Défense que se situe le tournant dans l'histoire des tours parisiennes.

Proposition de Robert Auzelle pour un développement horizontal de La Défense, 1967. (Coll. S. Texier)

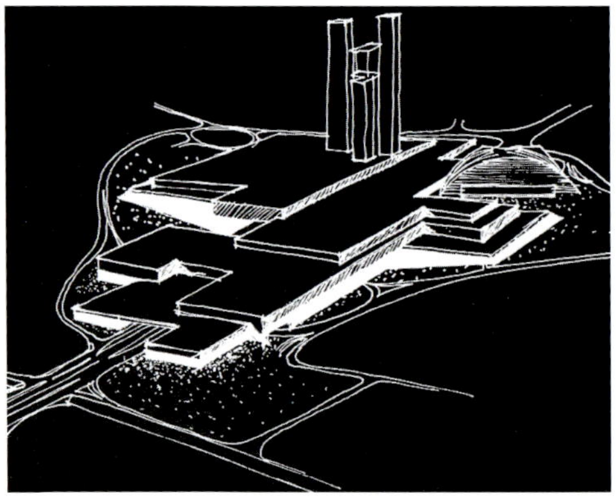

Le chantier de la tour Maine-Montparnasse : une entreprise unique dans Paris. (© La Documentation française/ Interphotothèque, Michel Brigaud/Sodel)

Une prise de conscience tardive

De 1956, date de ses premières esquisses de plans de masse, jusqu'en 1973, Robert Camelot, chargé avec Auzelle de l'aménagement de La Défense, n'a cessé de défendre le principe d'une émergence. Il conseillait ainsi d'« ériger dans l'axe, au point haut, un signal ponctuant la composition générale, mais sans l'arrêter. L'axe monumental de Paris [...] ne peut aboutir qu'au pied de la terrasse de Saint-Germain-en-Laye, obstacle infranchissable[2] ». Ce projet de tour-signal fit longtemps l'unanimité, mais c'est une banale tour de bureaux qui déclenchera le scandale : le chantier de la tour Gan inaugurait en effet une seconde génération de tours dans la cité d'affaires, plus hautes et plus massives que les précédentes. Et de fait, en juillet 1972, le public de la place de la Concorde découvre avec stupeur que les 170 mètres de sa structure émergent de l'Arc de l'Étoile. Ce dernier ne serait plus le seul monument visible depuis Paris. Dans un entretien accordé au *Monde* le 17 octobre, le président Pompidou déclare néanmoins : « J'estime qu'il y a une bonne chance pour que le résultat soit meilleur si l'Arc de triomphe se détache sur une forêt de tours. » La tour Fiat et plusieurs autres suivront effectivement, en dépit de la demande du ministre des Finances, Valéry Giscard d'Estaing, de réduire leur hauteur à 100 mètres. Et deux ans plus tard, c'est en tant que président de la République que ce dernier fera prononcer l'arrêt de mort de la tour Apogée : la tour Maine-Montparnasse n'aura pas de rivale.

Les tours de La Défense depuis les Tuileries. (© S. Texier)

La chute d'Apogée

Au sein du secteur Italie 13, l'opération Vandrezanne (Albert Ascher, urbaniste ; Gérald Brown-Sarda, Daniel Mikol, Michel Holley et Jacques Guillet, architectes) comprenait à l'origine 1 200 logements, un parking de plus de 3 000 places, le plus grand centre commercial de Paris, mais surtout la plus haute tour de bureaux d'Europe. Sur le Plan d'urbanisme de détail approuvé en 1971 figure, place d'Italie – le premier site envisagé avait été la Porte d'Italie –, une tache noire avec la mention « tour signal », sans aucune indication de hauteur. Michel Holley et la SCI Italie-Vandrezanne la fixeront à 176 mètres ; le préfet de Paris devait, pour cela, prendre un arrêté de dérogation au règlement même du secteur Italie, qui sera jugé illégal. Figure de proue de l'urbanisme pompidolien, la tour Apogée fera les frais du revirement giscardien. Le 23 août 1974, le secrétaire d'État à la Culture indique : « Toute étude nouvelle de la tour ne doit pas, à mon sens, dépasser la cote limite à partir de laquelle elle serait visible depuis le centre historique de la capitale et notamment depuis les berges de la Seine[3]. » Après études à partir de photomontages, une hauteur maximale de 106 mètres est proposée, bien que 120 mètres aient été en fait visuellement « tolérables ». Mais ni les études de l'Atelier parisien d'urbanisme pour la construction de cinq tours accolées de hauteur décroissante à partir de 120 mètres, ni les variantes proposées par Michel Holley (une tour nommée Sisyphe, en 1978), ni, enfin, les conseils d'un rapporteur évoquant le gouffre financier qu'occasionnerait son abandon ne pourront sortir le projet de l'impasse. En 1980, le tribunal administratif condamne l'État à verser au promoteur près de 470 millions de francs, pour s'être dédit d'un permis de construire dûment délivré.

Dernières tours ?

De nouvelles tours émergent du plafond parisien en 1974 : les hôtels Sheraton à Montparnasse (Pierre Dufau) et Concorde à la Porte Maillot (Guillaume Gillet), puis les tours Mercuriales à la Porte de Bagnolet, enfin, en 1976, les Orgues de Flandre entre l'avenue de Flandre et la rue Curial. Sans en interdire formellement la construction – il est encore possible, au sein d'un plan d'ensemble, d'obtenir des dérogations –, le POS de 1977 achève la brève histoire des tours parisiennes, ouverte en 1960 avec le « gratte-ciel n° 1 » de la rue de Croulebarbe.

L'hôtel Sheraton à Montparnasse (Pierre Dufau, 1974). (© S. Texier)

L'hôtel Concorde et le Palais des Congrès, Porte Maillot (Guillaume Gillet, 1974). (© S. Texier)

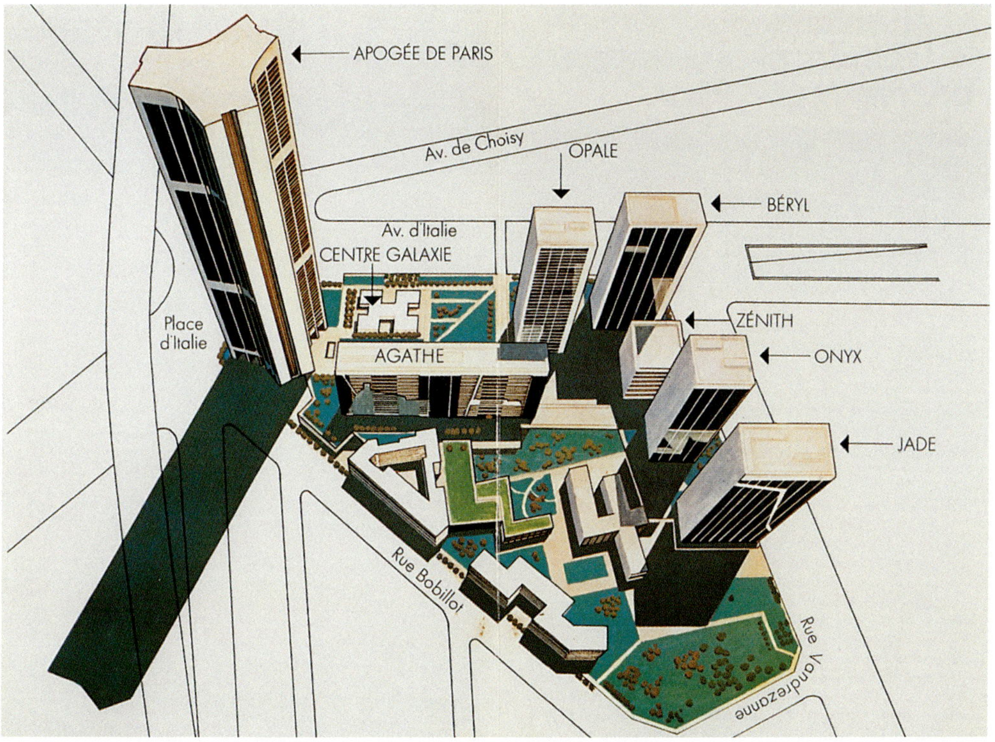

Ci-contre : la tour Apogée à la pointe du secteur Vandrezanne, place d'Italie. (IFA/J.-C. Doërr)

1 « Oui, mais… », *L'Architecture d'aujourd'hui*, n° 178, mars-avril 1976.
2 Fonds R. Camelot, IFA.
3 Fonds ADA 13, IFA.

Le retour des quartiers ?

Maquette du quartier de l'Horloge : la fabrication d'un nouveau pittoresque. (© Urphot/Apur)

Le rejet d'un urbanisme fait de tours, de barres et de dalles a suscité un regain d'intérêt pour les notions constitutives de la ville traditionnelle, parmi lesquelles le quartier figure en bonne place. Mais comment concevoir un quartier nouveau dans le Paris contemporain, comment préserver l'âme de ces petits ensembles urbains qui, plus que jamais, semblent former la mémoire – fragile – de la capitale ? La construction du Quartier de l'Horloge, au cœur de Paris, et la réhabilitation du Village de Charonne, à la périphérie, représentent à cet égard deux cas extrêmes.

L'Horloge : un pittoresque de transition

En 1970, l'historien britannique Antony Sutcliffe publie sa thèse, menée en France à partir de 1966, sous le titre *The Autumn of Central Paris. A defeat of town planning, 1850-1970.* L'auteur s'y étonne de voir le centre de Paris quasi inchangé depuis les travaux du second Empire : sa conservation et son dépeuplement constituent selon lui les signes d'un déclin imparable du centre rive droite, l'auteur pariant en conclusion sur une amplification de son « ossification » et de sa « détérioration ». Or, le 1er arrondissement est, avec la création de la ZAC des Halles, à la veille d'une phase de transformation intense. Délimité par les rues Rambuteau, Beaubourg, Saint-Martin et du Grenier-Saint-Lazare, l'îlot Rambuteau-Saint-Martin appartient à l'ancien îlot insalubre n° 1 : en majorité occupé par des immeubles vétustes, il fait l'objet d'un plan de rénovation étudié en concertation avec les propriétaires et les locataires des lieux. « Le choix initial reposait sur la volonté de créer, à l'échelle d'un petit quartier, un nouvel élément du centre de Paris, adapté dans sa volumétrie et sa morphologie à l'environnement existant, retrouvant par un jeu de cheminements piétonniers et une architecture vivante, ainsi qu'une diversité d'occupation, les qualités d'ambiance et d'aspect du tissu urbain traditionnel. Effectué dès 1970 et approuvé en juillet 1972 par la Ville de Paris, ce choix qui peut paraître aujourd'hui assez évident ne l'était cependant pas à un moment où les conceptions d'urbanisme restaient encore, et pour quelque temps, dominées par des objectifs de recomposition beaucoup plus profonde du paysage urbain[1] », note la revue *Paris Projet* en 1985. Il est vrai que l'îlot Rambuteau-Saint-Martin, futur Quartier de l'Horloge, marque le retour à l'alignement des constructions, à des volumes homogènes et à un vocabulaire architectural traditionnel. Il marque aussi l'apparition du façadisme : les façades de onze immeubles de la rue Saint-Martin sont protégées en 1974,

La « piazza » Beaubourg et les immeubles de la rue Rambuteau, ouvrant sur le quartier de l'Horloge. (© S. Texier)

façades derrière lesquelles le bâti est totalement reconstruit. Confiée à Jean-Claude Bernard, l'opération, réalisée entre 1974 et 1982, donne lieu à un important travail sur l'espace public – il s'agit cependant officiellement d'un espace privatif – : l'architecte cherche à y créer des effets de surprise, à introduire du pittoresque dans le cheminement, à « donner l'apparence du déjà vécu[2] ». Convergeant vers une placette située au centre de l'îlot, le réseau piéton parvient cependant difficilement à rivaliser avec la « piazza » aménagée devant le Centre Pompidou. Destiné à devenir le cœur d'un nouveau quartier et un lieu d'animation urbaine, l'îlot Rambuteau-Saint-Martin souffre au contraire de son introversion.

La place des Grès, centre du nouveau quartier-village de Charonne, et l'église Saint-Germain-de-Charonne, point de mire du paysage recomposé. (© S. Texier)

Charonne : village ou quartier ?

Dans le même temps, l'ancien village de Charonne est le théâtre d'un aménagement visant à préserver l'identité de son aspect traditionnel. La ZAC de 3,1 hectares qui porte son nom, créée en novembre 1975, est d'ailleurs la seule dont le plan ne subira aucune modification dans le cadre de la « politique nouvelle de la rénovation urbaine » menée par la Ville à partir de 1978. Opération de rénovation et de réhabilitation sans précédent dans un quartier périphérique, elle concerne deux îlots situés de part et d'autre de la rue Saint-Blaise ; confiée à la SAERP (Société d'aménagement et d'équipement de la Région parisienne), elle donne lieu entre 1976 et 1990 à la restauration-réhabilitation de 419 logements sur 508. À proximité des deux lourdes tours de la rue Vitruve, prolongeant vers le nord la ZAC Saint-Blaise – première du genre et parmi les plus discutables –, la ZAC Ancien Village de Charonne perpétue, voire réinvente un paysage : la place des Grès achevée en 1994, tout comme le tronçon piétonnier de la rue Saint-Blaise, bordé d'immeubles ne dépassant pas quatre étages, conduisent inexorablement le promeneur vers le point ultime de cette mise en scène urbaine : l'église médiévale Saint-Germain-de-Charonne. Pour autant, la mutation sociologique qu'entraîne une telle opération, notamment du fait de la transformation d'anciens commerces en officines plus attrayantes, ne peut empêcher la disparition d'un quartier.

Si la notion de quartier refait précisément son apparition dans le discours des décideurs et des architectes, il est encore essentiellement question de décor, qu'il soit créé de toutes pièces au centre du Quartier de l'Horloge, préservé à l'extérieur sur la rue Saint-Martin ou bien partiellement reconstitué à Charonne.

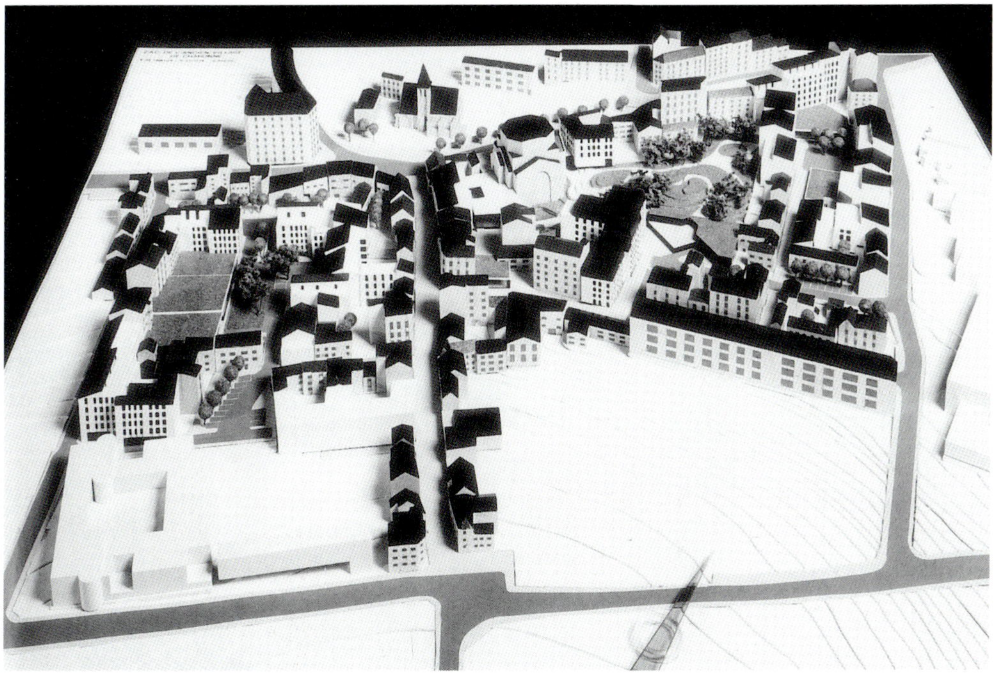

Maquette pour la rénovation de l'ancien village de Charonne, 1978. (Pavillon de l'Arsenal)

1 *Paris Projet*, n° 25-26, 1985.
2 Cité *ibid.*

Une nouvelle idée de ville : l'Atelier parisien d'urbanisme

La ZAC Gare de Charonne : un morceau de ville isolé entre la Petite Ceinture et le boulevard Davout. (© Apur)

En bas : immeubles de logement dans la ZAC Évangile, un retour hésitant à une architecture « parisienne ». (© S. Texier)

L'Atelier parisien d'urbanisme (Apur) naît tout juste six mois après qu'a été pris le décret du 6 février 1967 approuvant le PUD de Paris. Si cette année marque un second départ pour la politique des rénovations urbaines, les principes développés par l'Apur vont petit à petit constituer la base théorique de leur remise en cause.

Une réflexion globale

Association loi de 1901, l'Apur, dirigé par Lucien Petit pendant un an, puis par Pierre-Yves Ligen jusqu'en 1984, doit être l'interlocuteur privilégié des grands acteurs de la ville : la municipalité, l'État et la Région Ile-de-France (ses principaux bailleurs de fonds), et plus tard la chambre de commerce et d'industrie et la chambre des métiers de Paris, la RATP et la Caisse d'allocations familiales. Officiellement créé pour mettre en forme le Schéma directeur d'aménagement et d'urbanisme (SDAU) de la Ville de Paris et son Plan d'occupation des sol (POS) – l'un et l'autre adoptés en 1977 –, l'Apur est aussi un observatoire de la ville et un lieu de prospective. Son objet était, rappelle Nathan Starkman, directeur de 1989 à 2000, « d'apporter une réflexion globale sur l'urbanisme de Paris, par opposition à la démarche ponctuelle qui prévalait jusqu'alors. Il s'agissait de constituer un organisme capable de produire une vision d'ensemble cohérente dont on sentait le défaut, depuis déjà plusieurs années[1] ». De fait, l'urbanisme d'ensemble pratiqué depuis le début des années 1960 ne répondait pas à une vision globale : en dépit des pouvoirs qui leur étaient conférés, les plus hauts responsables de la capitale se heurtaient, dans leur tentative d'application d'une politique cohérente de rénovation urbaine, à des obstacles à la fois juridiques et financiers ; les zones d'aménagement concerté (ZAC) seront présentées comme une alternative à cette impasse.

Des outils sans précédent

Ce que Raymond Lopez avait été à Bernard Lafay, l'Apur le sera à la Ville de Paris, mais avec une force d'action, une pluralité de points de vue et une garantie de travail dans la durée tout autres.

Avec trois sections d'études et de recherches (analyse des données urbaines, politique urbaine, aménagements urbains), ses investigations dépassent très largement le cadre architectural : population, emploi, logement, commerce, circulation, sont autant de sujets d'enquêtes régulièrement actualisées. Un traitement méthodique des informations permet ainsi une connaissance fine de la ville, dont toutes les composantes sont désormais prises en compte. Une partie des études menées par l'Apur et des réflexions qui en découlent, fait l'objet d'articles publiés dans la revue *Paris Projet* (les quatorze

Plan de la ZAC Évangile, engagée en 1983. (© Apur)

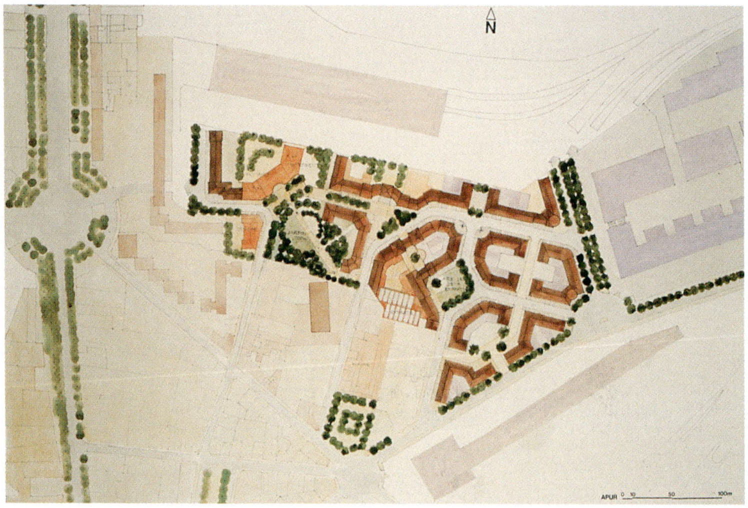

1 *Le Débat*, n° 85, 1995.

Couverture de *Paris Projet*, n° 13-14, 1975. (© Apur)

À droite : La rue de la Butte-aux-Cailles, un village à l'ombre des tours du secteur Vandrezanne. (© S. Texier)

premiers numéros portent le sous-titre « Aménagement Urbanisme Avenir »), créée en 1969. La première livraison, consacrée aux Halles, présente à la fois le schéma d'aménagement conçu par l'Atelier et une étude sur les transformations du quartier à travers l'histoire. Au même moment, une équipe du CNRS animée par André Chastel menait une enquête de fond sur le quartier des Halles, inspirée des premières publications italiennes consacrées à Padoue et à Venise.

La rue, l'îlot, la parcelle

Cette attention portée à l'histoire dans la conception du projet urbain, cette considération du parcellaire et des spécificités morphologiques de Paris, connaissent une résonance nouvelle avec le numéro 13-14 de *Paris Projet*, paru en 1975 et intitulé « Le règlement du POS et le paysage de Paris ». L'urbaniste Jean-Louis Subileau y consacre un long texte aux « éléments constitutifs du paysage parisien : la rue, l'îlot, la parcelle ». Cette analyse introductive marque, symboliquement, la rupture avec la politique des rénovations – c'est d'ailleurs à cette même date que l'opération Italie 13 est arrêtée. Au-delà, ce sont les bases d'une nouvelle approche de la ville qui sont jetées, notamment à travers l'émergence de la notion de « tissus constitués », qui s'ajoute à celle de « Paris historique », jugée trop restreinte dans le cadre d'un système de protection. Les tissus constitués « présentent un assez fort degré d'homogénéité du parcellaire, une nette spécificité et une bonne lisibilité du paysage ». Ils comprennent les hameaux, villas et cités, les tissus proches du système parcellaire rural, les tissus « organiques » à bordures continues et, enfin, les tissus « systématiques » haussmanniens et post-haussmanniens, à bordures ordonnancées, alors en cours d'étude par l'historien de l'art François Loyer.

La redécouverte d'un urbanisme de lotissement et d'alignement prépare la préservation de quartiers entiers, parmi lesquels la Butte-aux-Cailles, le quartier Mouzaïa et la Campagne à Paris, ou encore la rue des Haies et les franges sud du Père-Lachaise, qui compteront parmi les 185 hectares de la zone UL inscrite au POS de 1977. Le choix de ces ensembles, qui ne se veut

pas conservateur, a plutôt pour objectif de « guider les rénovations futures », lesquelles devront prendre en compte les qualités de chaque lieu d'intervention. « Il ne s'agit pas de figer Paris dans son domaine immobilier souvent vétuste, il s'agit de déterminer les conditions d'une évolution cohérente des paysages de la capitale. » Une page est bien alors en train d'être tournée.

À gauche : rue Michal à la Butte-aux-Cailles : un tissu urbain protégé. (© S. Texier)

Ci-dessous : boulevard de Magenta, l'ordonnance haussmannienne réhabilitée. (© S. Texier)

Rénover autrement ?

Au lieu d'une rocade, une « coulée verte » le long de la rue Vercingétorix. (© S. Texier)

À gauche : immeuble à l'angle des rues Vercingétorix et de Gergovie (Jean Castex, Philippe Panerai et Alain Payeur, 1983). (© S. Texier)

LE NUMÉRO 21-22 DE *PARIS PROJET*, qui paraît début 1982, est entièrement consacré à la présentation de la « politique nouvelle de rénovation urbaine » dans Paris, dont les principes et les procédures ont été définis entre mars 1978 et juin 1980. Il s'agit de reprendre une à une, à l'exception de l'Ancien Village de Charonne, les 19 zones d'aménagement concerté (ZAC) engagées. Certaines, en voie d'achèvement, ont été peu remaniées, d'autres complètement repensées : c'est le cas des ZAC Guilleminot-Vercingétorix, Saussure, Belleville et Amandiers.

Une nouvelle volumétrie

Parmi les décisions adoptées par la municipalité, deux grands principes marquent le changement avec l'urbanisme des années 1970 : le retour à une volumétrie « mieux accordée aux caractéristiques de l'environnement existant », d'une part ; un « plus grand respect de la trame existante », d'autre part. Mais la rupture ne doit pas être trop brutale ; aussi la diminution des hauteurs s'accompagne-t-elle d'une « volonté de diversification et d'intégration au paysage urbain. Les constructions prévues auront généralement une hauteur se situant entre quatre et huit étages, modulées pour permettre un raccordement architectural avec le secteur avoisinant ou afin d'éviter l'"encagement" de certains équipements publics et en particulier d'espaces verts. Tantôt abaissés en bordure de voie pour retrouver l'échelle traditionnelle de la rue, les bâtiments peuvent monter progressivement pour se raccorder aux immeubles élevés voisins. C'est ainsi que les hauteurs modérées de la ZAC Guilleminot-Vercingétorix s'élèvent, par paliers, aux points de contact avec l'opération Plaisance-Vandamme, d'une part, avec l'avenue du Maine, à l'opposé, et que des "pointes" en tout état de cause sont admises dans la ZAC Gare de Vaugirard pour assurer la transition avec l'opération Falguière. »

Des raccords difficiles

Cette louable intention a, certes, contribué à harmoniser les nouvelles opérations avec les précédentes, encore que le principe de la rupture d'échelle ne soit pas, par nature, une erreur d'urbanisme. Pour autant, les nouveaux morceaux de ville sont-ils parvenus à se greffer aux tissus qui les entouraient, tissus parfois très différents d'une extrémité à l'autre d'un secteur ? Les ZAC créées sur des emprises ferroviaires, regroupées dans un premier temps en une seule entité nommée ZAC des Gares, témoignent au premier chef de la grande variété des situations et, surtout, de l'extrême difficulté de raccorder des quartiers les uns aux autres. Longiligne, coincée entre les voies de la Petite Ceinture et le boulevard Davout, la ZAC Gare de Charonne ne pouvait s'intégrer à un environnement dont elle devait, avant tout, se protéger pour exister. À Vaugirard et Saussure, c'est le cul-de-sac vers les voies de chemin de fer qui empêche un raccord autre que par un seul côté. Point commun à ces trois secteurs, un cheminement piéton permet d'introduire une hiérarchie entre espaces libres et espaces construits, mais ces voies ne suffisent pas à assurer la continuité avec les autres.

Immeubles rue de Tlemcen et rue des Amandiers (Michel Andrault et Pierre Parat, 1985). (© S. Texier)

Plan de la ZAC Saint-Charles, approuvé en 1977. (© Apur)

À droite : plan de la ZAC Baudricourt (1977), sur l'ancien secteur de rénovation Italie. (© Apur)

Le choc des générations

Passage de témoin entre deux générations d'architectes, la fin des années 1970 voit les constructeurs des Trente Glorieuses contraints de se plier à une doctrine urbaine en complète opposition avec leur répertoire. C'est le cas de Michel Holley, architecte des Olympiades puis de la ZAC Baudricourt, de Bernard Zehrfuss, auteur des tours de Super-Montparnasse puis d'un immeuble très urbain au sein de la ZAC Saint-Charles. Il est encore édifiant d'observer successivement, au sein de la ZAC Guilleminot-Vercingétorix, les immeubles de Maurice Novarina construits en 1975-1978 entre les rues des Suisses et Raymond-Losserand, et ceux par lesquels il achève l'opération du Moulin-de-la-Vierge, postérieurs d'à peine cinq ans : les gabarits ont diminué de moitié et les espaces publics sont davantage structurés ; quant au vocabulaire architectural, il intègre les quelques figures traditionnelles (toits en pente, frontons, enduits ocre) emblématiques de l'architecture dite urbaine. Le 18, rue de Gergovie est plus particulièrement révélateur : Novarina dépose un premier permis de construire en 1977 pour un immeuble de seize étages, mais est contraint d'en réduire le nombre à huit et d'édulcorer son style puriste en y ajoutant quelques références, avant d'obtenir un second permis en 1980.

Périlleux exercice de liaison, par paliers – plus escaliers, passerelles et voies piétonnes –, entre les hauts gabarits des années 1970 et des constructions à venir plus basses, les ZAC Guilleminot-Vercingétorix et Jean-Zay apparaissent comme des musées grandeur nature des années 1980, rassemblant modernes « enfin » soumis (Maurice Novarina, Daniel Badani), hérauts de l'« architecture urbaine » (Antoine Grumbach, Philippe Panerai), champion de la rénovation post-moderne (Jean-Claude Bernard) et promoteur d'un baroque social (Ricardo Bofill). De jeunes architectes (Philippe Alluin et Jean-Paul Mauduit, Didier Berger) y ont fait leurs débuts ; leurs constructions côtoient celles de Jean Dubuisson, Louis Arretche, Pierre Dufau ou Rémi Le Caisne, figures de proue du Montparnasse moderne. Cacophonie ou symphonie ? Il est possible que le temps, cette figure centrale de la ville, fasse de ces juxtapositions une sorte de concerto pour solistes multiples.

Ci-contre : immeuble rues Vercingétorix et de Gergovie (Maurice Novarina, 1980). (© S. Texier)

À droite : des rénovations à l'architecture urbaine : la ZAC Guilleminot-Vercingétorix. (© S. Texier)

Le concours de la Petite-Roquette

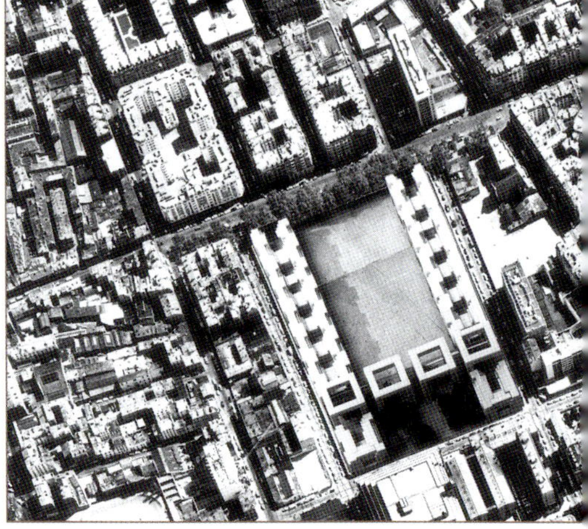

Le concours d'idées organisé, en 1974, par la Ville de Paris sur le site de la prison de la Petite-Roquette constitue dans l'histoire de l'architecture parisienne et française l'un des moments fondateurs de l'« architecture urbaine ». Ce concours, qui prévoit la construction de logements, d'équipements et d'espaces publics a, en outre, signifié l'émergence d'une nouvelle génération d'architectes, dont certains ont depuis acquis une audience européenne, tout comme l'émergence d'une nouvelle critique : au moment où Bernard Huet donnait à *L'Architecture d'aujourd'hui* un souffle nouveau, Patrice Noviant, Olivier Girard et Jacques Lucan faisaient d'*AMC* (*Architecture, Mouvement, Continuité*) la tribune privilégiée de ce renouveau. Le premier numéro de la nouvelle formule de la revue (*AMC-l'Autre*), entièrement consacré au concours de la Petite-Roquette, présentait en effet des projets mal classés, qui rompaient délibérément avec le modernisme finissant préféré par le jury.

Disparition d'une prison

La valeur exemplaire de ce concours doit encore au bâtiment qu'abritait le terrain délimité par les rues de la Roquette, Servan, Duranti et Merlin : une prison de femmes sur plan panoptique, chef-d'œuvre de l'architecture carcérale construit par Hippolyte Lebas entre 1825 et 1836. L'intérêt croissant porté à l'architecture du XIXe siècle et les propositions de reconversion ne suffirent pas à sauver la prison de la destruction. En revanche, certains projets présentés à l'occasion du concours entendaient en rappeler l'existence, et c'est bien là le premier indice d'une réflexion sur le lieu et ses antécédents : « les gestes s'adresseront longtemps à l'espace disparu » ; « gardons la porte de la prison », proclamaient certains concurrents, qui jugeaient son départ « inacceptable[1] ».

À gauche : Hippolyte Lebas, la prison de la Petite-Roquette et son plan panoptique, 1836. (Pavillon de l'Arsenal)

Formes urbaines, architectures cultivées

L'histoire apparaît alors fréquemment comme un objet de défoulement pour des architectes que la *tabula rasa* opérée par leurs aînés a rendu avides de références. Ainsi la « grande serre » de Manfredi et Bourri associe-t-elle la basilique palladienne (côté rue) à des gradins à la Sauvage mais inversés (côté jardin) ; cependant, l'arcade semble gratuite, et le bâtiment, loin de structurer le quartier, se referme sur lui-même. Au chapitre des références, le passage couvert bénéficie largement de l'intérêt croissant pour l'histoire urbaine, qu'accompagne une soudaine fascination pour la complexité. L'équipe de Roland Castro – qui invoque en outre Palladio, John Wood, Ledoux et Sauvage – est la seule à revendiquer ouvertement cet élément, mais les trois projets (Édith Girard, ACT et Castro) présentant une rue transversale ne rendaient-ils pas aussi hommage aux passages du XIXe siècle ? Dans le même temps, cependant, cette percée adoptait l'allure d'une « blessure symbolique », d'une écorchure ou d'une cicatrice : la faille, qui sera l'un des poncifs des années 1980, apparaît comme une manière d'expiation, d'exorcisme : avant de raccommoder la ville, il faudrait l'ouvrir une dernière fois. Et comme pour mieux signifier la rupture opérée avec l'ère des rénovations, une date s'impose :

Ci-dessous : Projet de l'équipe Castro-Driss-Duval-Maggio : une accumulation de références.

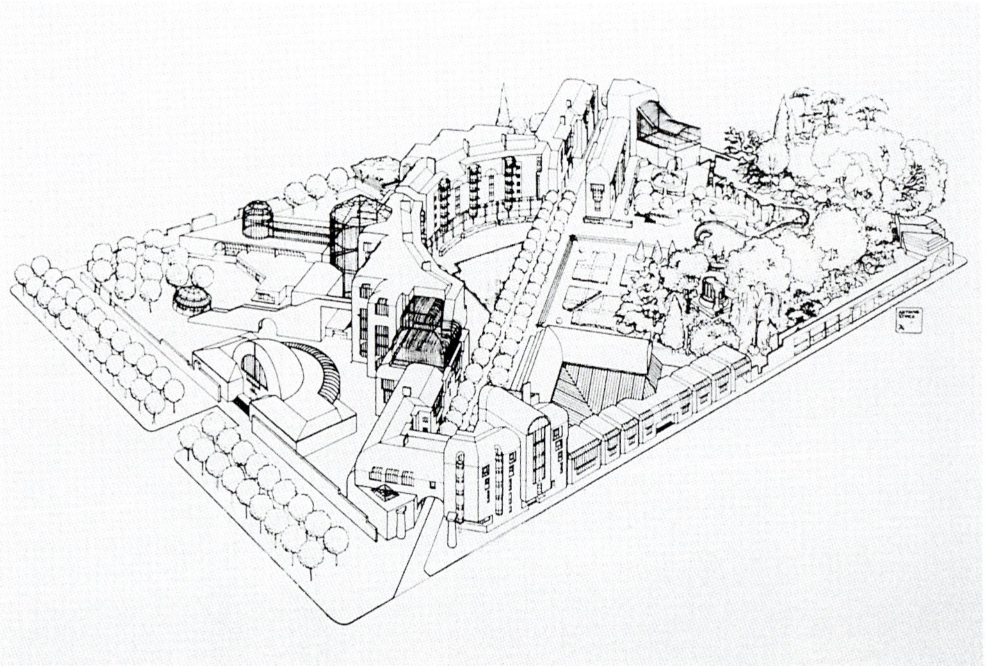

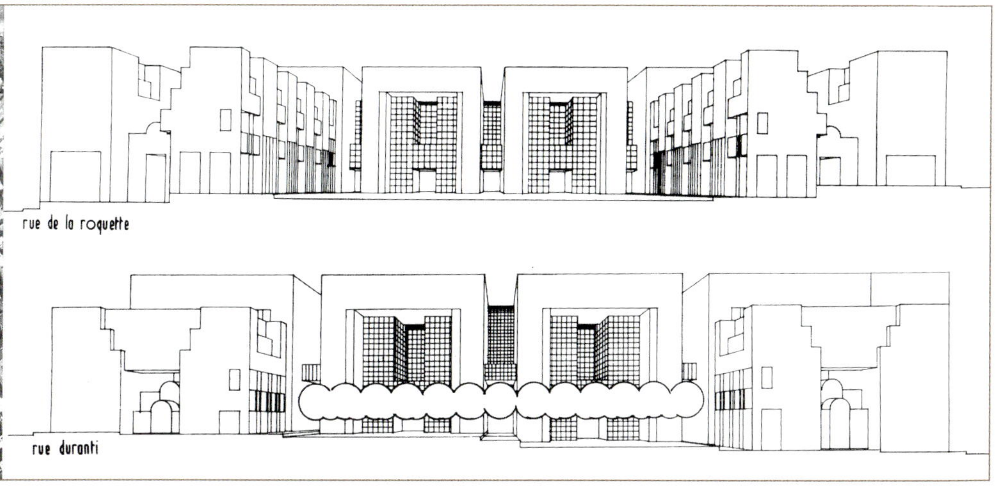

« Ce projet a été fait en septembre 1974 », indique l'équipe Castro. Ailleurs, on prévoit plus sereinement de créer une nouvelle rue, de retrouver une typologie parisienne en reprenant alignement, continuité des façades, position entre rue et cour, entresol et arcade.

Cette surattention à l'histoire trouve toutefois un contrepoint dans trois projets au caractère plus intemporel. Allan Levitt, Yves Lion et Pisu proposent une « grande place, *in memoriam*, et un jardin d'hiver », le tout scandé par une architecture monumentale ; Jacques Lucan, « metteur en scène » du numéro d'*AMC-l'Autre*, suggère pour sa part le mariage de deux figures essentielles de l'après-guerre, Fernand Pouillon et Édouard Albert, et revendique une monumentalité à la fois moderne et originelle. Quant à Christian de Portzamparc, il entend « architecturer l'espace dans la ville, au lieu d'assembler des objets architecturaux, [...] opérer un renversement, faire dominer l'effet de présence de l'espace », en groupant les bâtiments autour d'un « monument végétal » ; ce schéma renvoie en premier lieu au Palais-Royal, mais se veut plus ambigu. Portzamparc refuse en effet l'histoire et lui préfère un temps fondateur : celui de la plantation du mât, du totem ou du menhir.

Projet de l'équipe Levitt-Lion-Pisu : le retour de l'espace public et du monumental, ou l'urbanisme napoléonien réhabilité. (© Ateliers Lion)

À droite : l'unique vestige de la prison, l'entrée du square de la Roquette. (© S. Texier)

La fin des « proliférants »

Le programme du concours, « démentiel », avouait un membre du jury (Lanfranco Virgili), était-il responsable du silence des concurrents concernant les logements ? Le fait est que seule une équipe donna le descriptif des appartements. Les recherches en matière d'habitat laissaient la place à des manifestes urbains, à tel point que c'est à la rue, à l'alignement des logements sur elle, que l'on s'en remettait pour remédier à la crise de l'« habiter ». Lauréat du concours et architecte, avec Roger Salem, des 80 logements le long de la rue Merlin, Jacques Kalisz voulait, comme ses jeunes confrères, retrouver « l'esprit des cours intérieures » et,

« au-delà des fonctions, des "formes" qui animent les volumes construits ». Mais cette architecture faite de volumes proliférants, encadrant un jardin au dessin trop complexe et aux fonctions trop nombreuses, ne trouve pas réellement de cohérence. Occasion manquée ou parfaite illustration d'un urbanisme en mutation, l'opération de la Petite-Roquette aura en tout cas, par son concours, été l'une des premières occurrences d'une réconciliation des architectes avec la ville traditionnelle.

Ci-dessus : square de la Roquette : vers la fin de l'urbanisme fonctionnaliste. (© S. Texier)

Ci-contre : projet Christian de Portzamparc. (© Atelier Christian de Portzamparc)

1 Cités dans *AMC-l'Autre, journal d'architecture*, n° 1, février 1975. Idem pour les autres citations.

L'affaire des Halles

Après l'échec de la consultation de 1967 et surtout le traumatisme causé par la destruction des pavillons de Baltard en août 1971, l'avenir du quartier est entièrement à inventer. Le « trou des Halles » incarne alors, et ce pendant plusieurs années, l'échec d'une certaine politique urbaine.

Un enjeu politique

En 1973, alors que le dernier pavillon métallique est démonté pour être reconstruit à Nogent-sur-Marne, un projet de forum est présenté par la société Serete et ses architectes, Claude Vasconi et Georges Pencreac'h. Bien que modifié, il sera réalisé et inauguré en septembre 1978. Il restait cependant à programmer l'aménagement de la partie occidentale du secteur (devant la Bourse du commerce), depuis longtemps promise à un centre français de commerce international. L'élection de Valéry Giscard d'Estaing à la présidence de la République, en 1974, est rapidement suivie de l'annulation du permis de construire du CFCI, tandis que Michel Guy, secrétaire d'État à la Culture, entreprend une consultation qui conduit au choix de Ricardo Bofill pour le plan du jardin et de ses abords. Le conseil de Paris refuse de l'adopter, et trois équipes, coordonnées par Émile Aillaud, présentent en avril 1975 leurs projets : Ricardo Bofill avec Claude Vasconi, Georges Pencreac'h et Allain Provost, Bernard de La Tour d'Auvergne avec Russel Page, enfin Jean-Claude Bernard avec Arc Architecture et l'Apur. L'incapacité des dirigeants à choisir un projet conduit finalement à la mise au point d'un plan de masse par un collège d'architectes (Henry Bernard, Ricardo Bofill, Bernard de La Tour d'Auvergne et Marc Saltet), mais l'intervention de Jacques Chirac en 1978 entraîne un nouveau revirement : le maire de Paris décide en effet d'interrompre le chantier de l'immeuble de Ricardo Bofill, à l'angle des rues Rambuteau et de Turbigo, et présente en mars 1979 un nouveau projet pour les Halles, adopté au conseil de Paris. En réaction, le Syndicat de l'architecture lance en avril une consultation internationale, portant sur la définition d'un « contre-projet » pour l'aménagement du secteur ; 600 équipes y participeront, mais n'empêcheront pas la réalisation d'un ensemble architecturalement médiocre et spatialement pauvre.

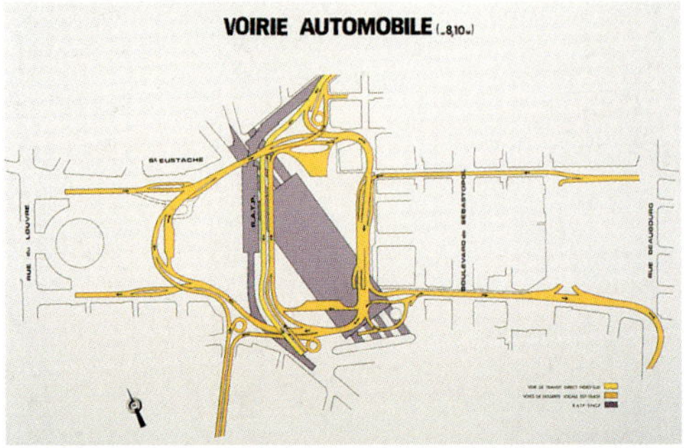

Schéma de voirie automobile sous les Halles. (Archives SEM Paris Centre)

Le chantier du RER : le sacre de l'urbanisme souterrain. (Archives SEM Paris Centre/Laurent Rousseau)

Un centre régional

L'opération de rénovation des Halles avait pour objectif de redonner au quartier une place centrale dans Paris ; elle a en fait contribué à fabriquer un paradoxe : les Halles sont le centre d'une agglomération (la Région parisienne), mais pas de la ville-centre (Paris). L'une des causes principales de ce phénomène est la conception, à l'origine du projet, d'un nœud de transports en commun unique par sa densité : l'interconnexion de deux, puis trois lignes de RER, et de quatre, puis cinq lignes de métro. La station Châtelet-Les Halles devient ainsi l'un des points de passage incontournables dans les trajets des Parisiens, et plus particulièrement des Franciliens. En second lieu, la considérable sur-

La destruction des pavillons de Baltard en août 1971. (Archives SEM Paris Centre/Laurent Rousseau)

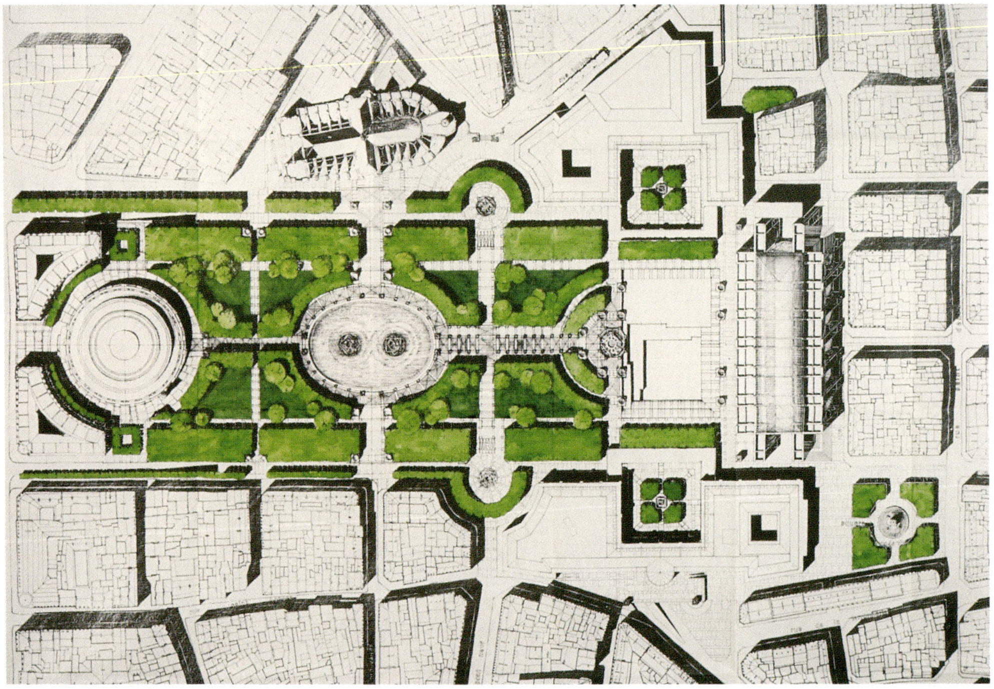
À droite : Ricardo Bofill, projet de jardin pour le quartier des Halles. (© APUR)

Aldo Rossi, projet n° 714, consultation internationale pour l'aménagement du quartier des Halles, 1979. (IFA)

Un jardin sans références ?

Le jardin, lui aussi, est conçu dans cette logique d'ouverture, mais est-il l'espace public central de Paris ? Entre jardin à la française et parc urbain, le jardin des Halles, « à même la ville », « doit se prêter aussi bien à la promenade et aux jeux des enfants du quartier qu'à l'accueil de fêtes ou d'événements de toute nature, en ce point le mieux desservi de tout Paris », indique la revue *Paris Projet* en 1985. Son principal concepteur, Louis Arretche, juge pour sa part inutile de revenir aux ordonnances classiques, du fait même de leur proximité et de leur célébrité, comme au modèle haussmannien, anachronique dans un environnement aussi profondément rénové. L'architecte préfère insister, pour mieux souligner le caractère disproportionné de la polémique suscitée par le choix du projet, sur les dimensions modestes de l'espace aménagé, ainsi que sur les lourdes contraintes imposées par son sous-sol – il est constellé de bouches d'aération…

RER, forum, jardin : ces trois éléments principaux du quartier des Halles, indissociables, à l'origine de l'un des chantiers parisiens les plus importants du siècle, sont pourtant d'une discrétion impressionnante si l'on ne considère que les volumes émergeant du niveau du sol. C'est donc bien une nouvelle manière de construire la ville qui est ici à l'œuvre, emblématique de la remise en cause de l'urbanisme moderniste.

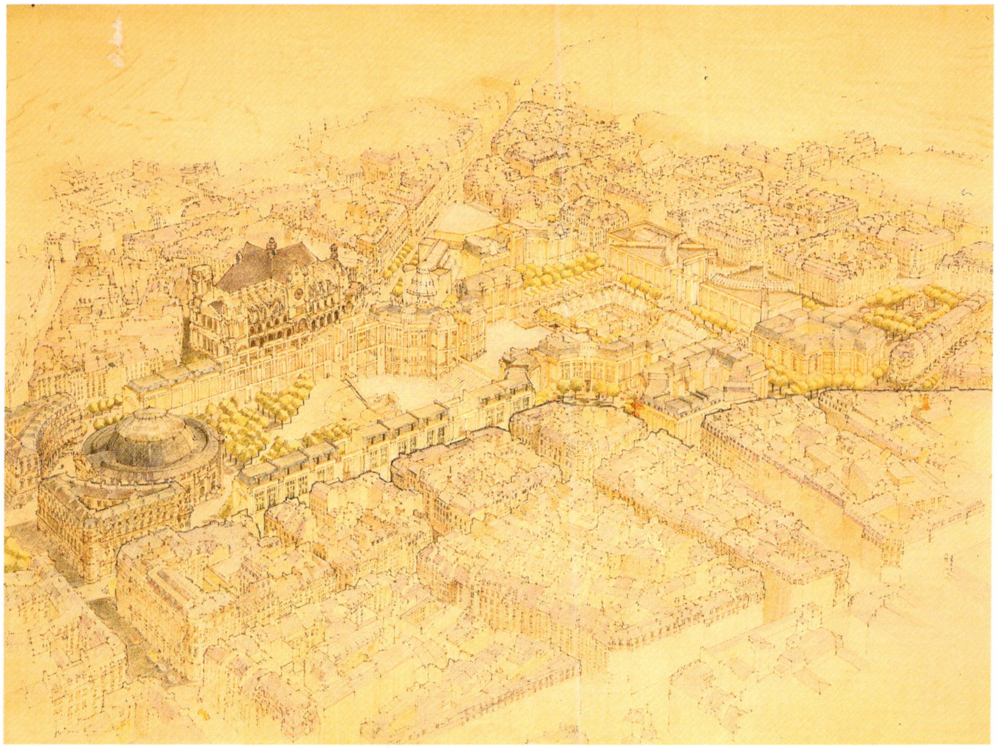

Consultation internationale pour l'aménagement du quartier des Halles, projet n° 219, 1979. (IFA)

face commerciale du forum exerce une force d'attraction nouvelle, même si elle n'est pas sans équivalent dans la Région parisienne ; de ce point de vue, l'idée que l'on se dirige vers un centre, pas seulement commercial mais aussi historique, constitue probablement un atout. Le forum répond-il toutefois aux attentes de ses utilisateurs ? N'a-t-il pas été conçu, au cœur de Paris, comme on concevait les espaces centraux des villes nouvelles ? Le simple terme de forum (comme celui d'agora, utilisé pour Évry) est emblématique. Il est d'ailleurs employé dans toutes les études des années 1960 ; ainsi dans la *Contribution aux études sur l'avenir du centre de Paris*, publiée par la préfecture de la Seine, à propos de l'expression architecturale du nouveau centre : « Renonçant aux colonnades antiques ou aux portiques de l'ère classique, elle devra créer le "forum" de la fin du XXe siècle, largement ouvert sur le tissu environnant dans lequel il pourra s'étendre ultérieurement, par une progressive reconquête. »

Le Forum des Halles, vu du jardin. (© S. Texier)

De l'échangeur Pasteur-Château à la place de Catalogne

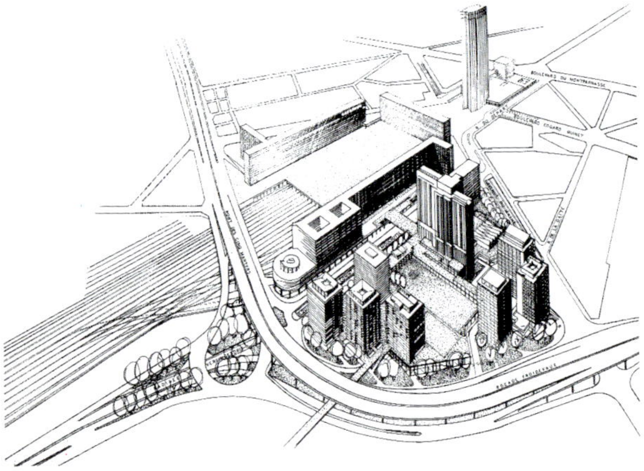

L'échangeur Pasteur-Château, entre le secteur de rénovation Plaisance-Vandamme et Maine-Montparnasse. (Pavillon de l'Arsenal)

« PLUTÔT QU'À DE NOUVELLES VOIES de circulation à caractère autoroutier, qui favorisent l'accroissement de la circulation automobile, la préférence doit être donnée à des avenues urbaines améliorant les commodités de la circulation et l'agrément des quartiers », indique le 17 septembre 1974 le président Valéry Giscard d'Estaing, dans une lettre à son Premier ministre, et futur maire de Paris. L'échangeur Pasteur-Château qui, depuis la rédaction du PUD de 1959, devait constituer l'un des nœuds du réseau autoroutier parisien, allait ainsi se métamorphoser en place baroque, sans pour autant renoncer à sa vocation circulatoire.

Un secteur partiellement rénové

Le secteur de rénovation Plaisance-Vandamme est une opération qui n'a, à vrai dire, jamais réellement commencé. L'objectif fixé en 1960 par l'organisme rénovateur, la Semirep, était triple : éradiquer l'îlot insalubre n° 17, développer les équipements publics et créer une voie routière de dégagement rapide (dite « radiale Vercingétorix »), destinée en premier lieu à alimenter le pôle d'activités tertiaires de Maine-Montparnasse. Le projet des architectes

La place de Catalogne et la fontaine de Shamai Haber. (© S. Texier)

et urbanistes (Bilet, L'Huillier, Maître et Tournant) s'inscrivait alors dans une « zone d'action exceptionnelle », où aucune limitation de plafond ne devait restreindre les possibilités architecturales. Mais faute de crédits publics et, par conséquent, d'une entière maîtrise du sol, le plan de masse présenté en octobre 1962 ne sera que très partiellement mis en œuvre. Le secteur sera ensuite divisé en deux ZAC : Guilleminot-Vercingétorix au nord et Jean-Zay au sud.

Un double registre

Le carrefour des rues du Commandant-René-Mouchotte et du Château et du pont des Cinq-Martyrs-du-Lycée-Buffon était, à l'origine, le point névralgique vers lequel convergeaient tous les réseaux, tandis que sa fonction autoroutière le rendait hermétique au secteur de rénovation. Cette ambivalence n'a jamais été réellement dépassée. Après l'abandon du projet de radiale en 1977, les études réalisées par l'Atelier parisien d'urbanisme souligneront certes son caractère fédérateur, mais aussi – déjà – la capacité qu'auraient ses façades méridionales, en se retournant sur elles-mêmes, à jouer sur un double registre : « Cet espace [...] devra être marqué par un traitement architectural d'ensemble des constructions qui viendront s'implanter à l'alignement défini par le plan. [...] Ainsi une transition très marquée est-elle créée entre l'architecture récente du complexe Maine-Montparnasse et les réalisations futures d'échelle et de composition traditionnelles du reste du projet », indique la revue *Paris Projet* en 1982. L'ensemble de logements conçu par Ricardo Bofill en 1983-1985 – l'architecte catalan s'était vu confier

Ricardo Bofill, perspective aérienne de la place de Catalogne, vers la rue du Commandant-René-Mouchotte. (© Apur)

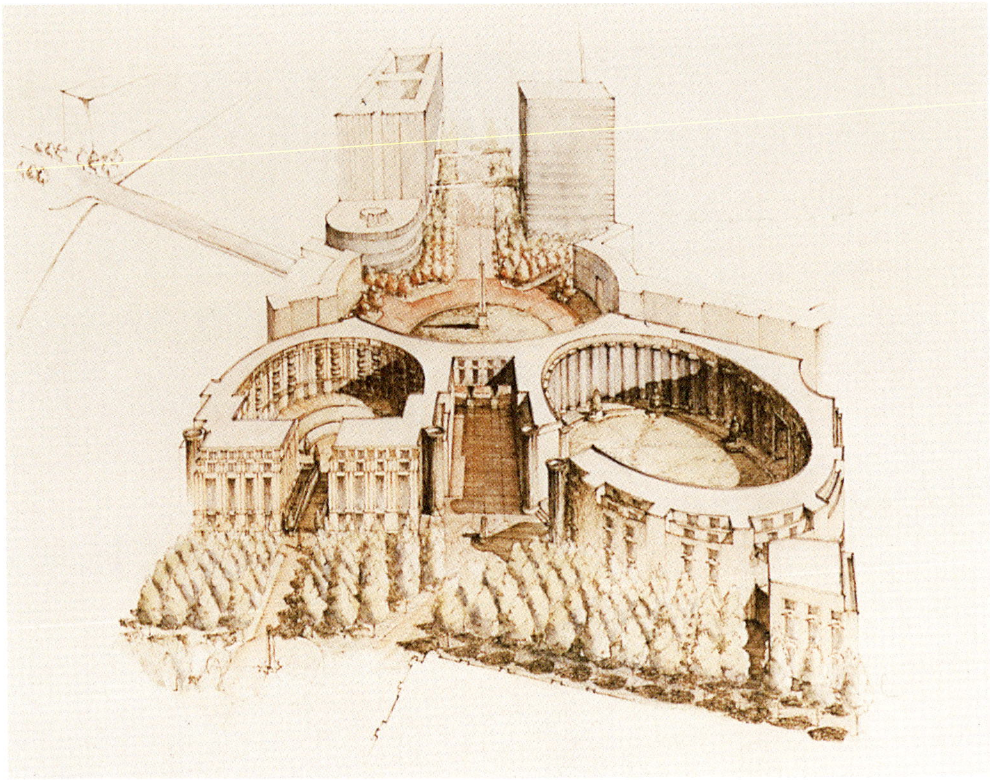

l'opération en compensation de son projet pour les Halles – ne domine pas seulement la place de Catalogne, mais s'articule, à l'intérieur, autour des places de Séoul et de l'Amphithéâtre. Amplement commentées et critiquées, ces imposantes ordonnances (le « Versailles du peuple ») sont souvent perçues comme arrogantes et fallacieuses. Elles sont aussi, du fait de leur introversion, d'une rare complexité. Les appartements étant traversants, on ne peut en effet qualifier l'une ou l'autre façade de simple parure ; ce sont d'authentiques Janus que, à la demande de l'Apur, Bofill doit concevoir, et très probablement des inédits : combien de logements donnent en effet sur deux places différentes ?

Apur, plan masse de la ZAC Guilleminot-Vercingétorix (© Apur)

La place de Séoul depuis la rue Vercingétorix. (© S. Texier)

Espace privé, espace public

Excepté le travail de l'architecte, plus subtil qu'on ne l'a dit, sur l'espace du logement et sur les techniques constructives, le plan de masse de l'opération pose deux questions simples et fondamentales : où est la ville et où est la vie ? De ce point de vue, force est de constater que, au-delà du vocabulaire classique qui peut irriter, l'ensemble présente une incontestable originalité morphologique. Comme au Palais-Royal, tout est conçu pour que l'animation ait lieu côté jardin – on aura d'ailleurs noté le savant mélange sémantique : le jardin des Colonnes et la place de Séoul ne font qu'un –, à cette différence près que le Palais-Royal ne résulte pas d'une introversion, mais d'une simple inversion. De cette ambiguïté sur les échelles domestiques et urbaines naissent quelques paradoxes : la façade monumentale sur la place de Catalogne, vitrine de l'œuvre à l'échelle urbaine, n'apparaît en plan que comme l'un des côtés de chacune des deux figures. La situation de la place elle-même l'empêche de devenir un lieu investi, si ce n'est par les seules automobiles ; son dessin, aussi : espace minéral et impénétrable, elle est tout entière occupée par la fontaine *Le Creuset du temps* de Shamai Haber. Mais là n'était-il pas précisément le but : conserver la fonction de ce carrefour stratégique tout en lui conférant une légitimité urbaine, adosser des espaces conviviaux à un réseau de circulation ? Comme l'échangeur qu'elle remplace, la place de Catalogne semblait ainsi condamnée à demeurer, avant tout, une frontière.

La place de Catalogne et la ZAC Guilleminot-Vercingétorix, vue aérienne. (Préfecture de police/Denis Lesage)

Beaubourg et Orsay : des symboles paradoxaux

Le 2 août 1971 commence la destruction des Halles centrales de Paris ; deux semaines auparavant, le 19 juillet, était jugé le concours pour le Centre national d'art et de culture voulu par Georges Pompidou, celui-là même qui, quelques semaines plus tôt, refusait de revenir en arrière sur le sort réservé aux pavillons de Baltard. Quelques mois plus tôt, en avril, le permis de construire d'un grand hôtel à la place de la gare d'Orsay avait été refusé. Trois étapes majeures dans l'histoire du centre de Paris venaient de se jouer, qui allaient enfanter deux monuments symboles éminemment paradoxaux : le Centre Pompidou et le musée d'Orsay.

Racheter l'erreur des Halles

Achevé en 1977, l'année du POS, par Renzo Piano et Richard Rogers, avec le bureau d'études Ove Arup, le Centre Georges-Pompidou instaure un nouvel ordre architectural et urbain dans le centre de Paris. Robert Bordaz, président du jury, justifiait son choix en rappelant les qualités non seulement programmatiques du projet – des plateaux entièrement libérés autorisant une flexibilité des aménagements –, mais également techniques et urbaines : « En utilisant au mieux les moyens techniques de l'époque, ce projet peut s'intégrer au quartier. Si le bâtiment de 140 x 50 mètres, et de 50 mètres de hauteur, occupe le long de la rue du Renard plus de 2/5 de la superficie de la place Beaubourg, il en laisse libre près de 3/5. Entre les maisons restaurées de la rue Saint-Martin et le Centre se placeront quelques installations détachées du Centre, au milieu desquelles les piétons pourront aisément circuler. On peut espérer que l'ensemble vivra d'une manière intense et entraînera s'il en était besoin un nouvel essor des Halles et du Marais[1]. »

L'attraction du centre rive droite

Objet unique, sans descendance, cette usine culturelle exhibant ses « tripes » tout autant que son squelette, clôt magistralement un cycle moderniste dont on connaît les dérives. Son succès – prévu pour accueillir 5 000 visiteurs par jour, le Centre Georges-Pompidou en recevra le double, puis le quadruple – a contribué en outre à créer une distinction sans cesse accrue entre les deux pôles de la ZAC des Halles. Créée en mars 1971, celle-ci comprend 10 hectares sur le secteur des Halles proprement dit et 5 hectares autour du plateau Beaubourg (ancien îlot insalubre n° 1). Malgré cette partition géographique, l'opération devait, selon le président de la Semah (Société d'économie mixte pour l'aménagement du quartier des Halles), Christian de la Malène, relever d'une « pensée unique d'urbanisme ». Le boulevard de Sébastopol, ouvert en 1859, constitue pourtant une frontière que l'ère de l'automobile a rendu de plus en plus sensible, et seule une liaison souterraine des Halles

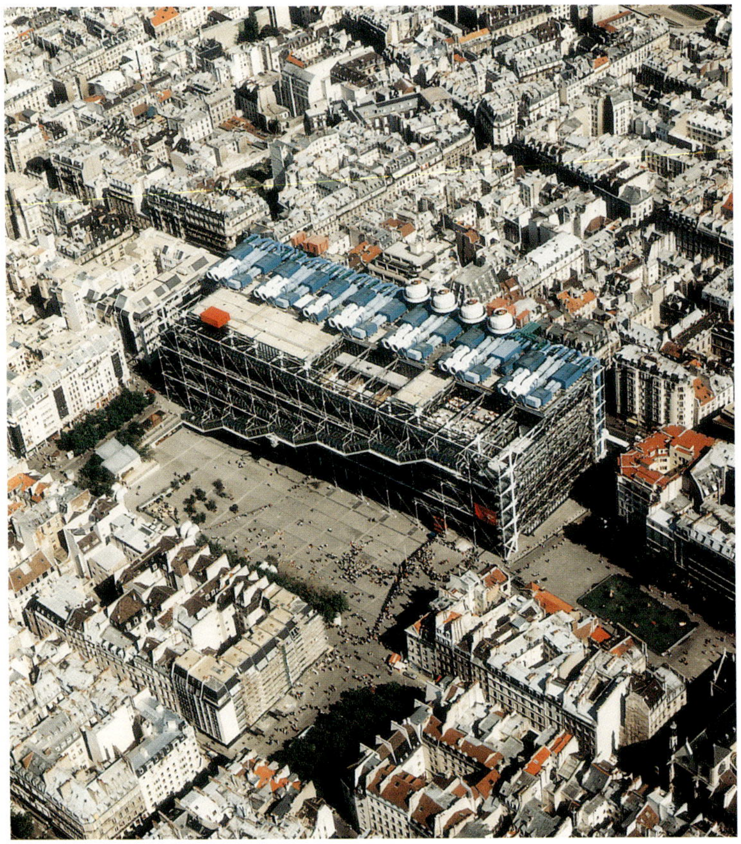

À gauche : le plateau Beaubourg (ancien îlot insalubre n° 1) en 1969. (Préfecture de police)

À droite : Renzo Piano et Richard Rogers, le Centre Georges-Pompidou (1977) et la « piazza » Beaubourg. (Préfecture de police)

Le Centre Georges-Pompidou, temple de l'art contemporain et nouveau cœur du centre rive droite. (© S. Texier)

à Beaubourg, prévue par l'Atelier parisien d'urbanisme en 1969, ou un passage des voitures sous le boulevard pouvaient assurer l'unité de l'opération. Si le flux des piétons de la rue Berger est aussi important de part et d'autre du boulevard Sébastopol, les offres et les fréquentations respectives ne sont pas les mêmes. Le souci de mélanger les activités au sein du quartier des Halles, motivé par le constat d'échec de la monofonctionnalité du marché central, n'a pas conduit à une réelle mixité : ainsi la Bibliothèque publique d'information (BPI), programmée dans un premier temps aux Halles, sera-t-elle intégrée au Centre Pompidou. En cristallisant l'essentiel de l'offre culturelle du quartier, mais encore en suscitant la curiosité par son architecture provocante et en incitant au rassemblement sur sa « piazza », le Centre Pompidou n'a pas peu contribué à déséquilibrer le projet de rénovation du centre rive droite. Tandis que les Halles incarnaient la mauvaise conscience de Paris, que la succession des architectes et des décisions contradictoires entamait le crédit du projet, Beaubourg symbolisait l'audace et le pari réussi.

Orsay : un siècle retrouvé

Ainsi les poutres et les « gerberettes » d'acier (de l'ingénieur Heinrich Gerber) de Beaubourg rachetaient-elles la disparition des colonnes de fonte des Halles. Dans le même temps, on décidait de sauvegarder la halle Janvier de la Villette et de classer la gare d'Orsay parmi les monuments historiques (15 mars 1978). Ce n'est plus seulement l'haussmannisme que l'on redécouvre alors, mais tout le XIXe siècle. Si Beaubourg fut le symbole paradoxal du pompidolisme – le président regrettait d'ailleurs le choix du jury –, le musée d'Orsay sera le symbole paradoxal du giscardisme : si l'on y ajoute le projet de Cité des sciences à la Villette, le président élu en 1974 a bâti ses deux grands projets d'architecture sur des structures existantes. Là où, en 1961, Le Corbusier proposait d'élever un prisme pur de 105 mètres de haut, où Guillaume Gillet et René Coulon, lauréats d'un concours lancé en 1963, s'apprêtaient en 1970 à construire un vaste hôtel de luxe, le chef-d'œuvre longtemps inconnu de Victor Laloux allait finalement accueillir un « musée d'art et de civilisation français du XIXe siècle ». Un

XIXe siècle dont il marquait en 1900 l'apogée tout autant que la complexité, et que ses murs, réaménagés par ACT-Architecture et Gae Aulenti, devaient précisément exprimer. Ces deux nouveaux temples de l'art que sont Beaubourg et Orsay auront finalement, chacun, été inaugurés par le successeur de leur initiateur.

Guillaume Gillet et René Coulon, projet pour un grand hôtel sur l'emplacement de la gare d'Orsay, 1963. (© S. Texier)

En haut : ACT-Architecture et Gae Aulenti, le musée d'Orsay (1987), symbole de la réhabilitation du XIXe siècle. (© S. Texier)

1 « Conférence de presse. Exposé de M. Bordaz », s. d., fonds de *L'Architecture d'aujourd'hui*, IFA.

Christian de Portzamparc, des Hautes-Formes à Masséna

Les immeubles des Hautes-Formes, vus de la placette intérieure : une préfiguration de l'îlot ouvert. (© N. Borel)

PEU D'ARCHITECTES ONT, comme Christian de Portzamparc, accompagné de manière aussi continue les mutations urbaines de Paris depuis trente ans. Ses réalisations parisiennes ne se contentent pas d'être nombreuses ; elles apportent chacune une contribution – parfois très contestée – au débat sur la ville.

Éloge de la complexité

Après son projet remarqué au concours de la Petite-Roquette (1974), suivi d'une proposition analogue dans le cadre du Plan architecture nouvelle (PAN) en 1975, Portzamparc effectue une entrée en force sur la scène française en 1979, avec l'ensemble de 209 logements sociaux des Hautes-Formes, réalisé avec Georgia Benamo. Cette réalisation, qui remplace une impasse vétuste décrite par Léo Malet dans *Brouillard au pont de Tolbiac*, signe un véritable tournant dans l'histoire de l'architecture parisienne. À proximité des tours des Olympiades et de la récente faculté de Tolbiac (Michel Andrault et Pierre Parat, 1973), l'architecte décide de construire huit immeubles là où deux tours étaient initialement prévues. Le concours est organisé par la RIVP en 1975. Les bâtiments sont disposés de part et d'autre d'une rue intérieure et d'une placette, qui permettent un cheminement entre les rues Baudricourt et Nationale. Le percement, par endroits, de fenêtres monumentales instaure un rapport d'échelle entre le logement, le bâtiment et la ville. Dans le projet pour la Petite-Roquette (un îlot fermé autour d'un jardin) comme aux Hautes-Formes, « le même concept de l'espace en creux est au travail[1] », fait remarquer Portzamparc. De fait, ni dans l'un ni dans l'autre, l'architecte ne semble réellement renouer avec la rue, c'est-à-dire avec l'alignement ; les Hautes-Formes préfigurent ainsi, d'une certaine façon, la théorie de l'îlot ouvert qu'il développera ultérieurement.

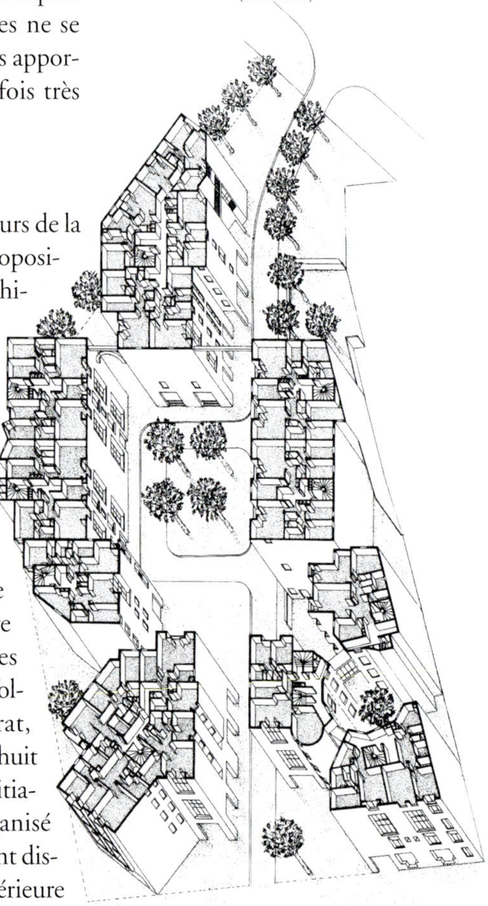

Les Hautes-Formes (1979), 209 logements qui dessinent un micro-quartier. (© Atelier Christian de Portzamparc)

Cet adepte d'une architecture fragmentée produit pourtant, en 1984, deux bâtiments éminemment urbains, mais dont la complexité tend à dépasser le seul cadre de l'intégration : le conservatoire de musique du 7e arrondissement, à l'angle des rues de l'Université et Jean-Nicot, et l'immeuble de logement de la rue du Château-des-Rentiers. Opérer la liaison avec le bâti existant est une condition nécessaire mais pas toujours suffisante : rue Jean-Nicot, il fallait aussi « créer un événement : cet objet cubique, porté sur ces colonnes, le recul, cette tour et le petit parvis, me semblaient s'arracher à l'impression terriblement homogène du quartier[2] ». Ambition pittoresque analogue à celle de 1900 ou conception haussmannienne de la nécessaire distinction des édifices publics au sein de la ville résidentielle ? La pensée urbaine de Christian de Portzamparc ne renvoie à aucun modèle historique, d'où son intérêt, mais aussi son ambiguïté.

Le conservatoire de musique du 7e arrondissement, rues de l'Université et Jean-Nicot (1984) : un « événement » dans la ville ordinaire. (© S. Texier)

Réhabilitation de la rue Nationale
(avant et après), un travail sur l'échelle.
(© Atelier Christian de Portzamparc)

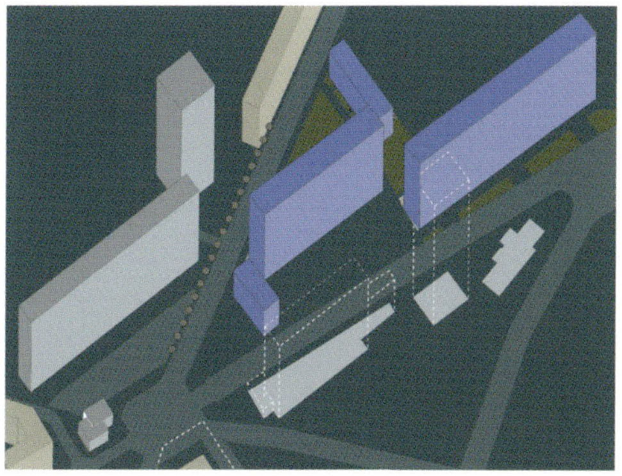

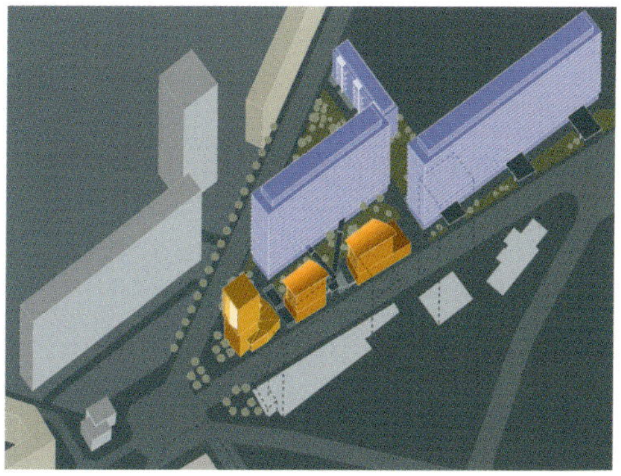

Les plots à l'alignement sur la rue Nationale
atténuent l'effet de masse des barres,
elles-mêmes réhabilitées.
(© Atelier Christian de Portzamparc)

Retrouver l'échelle de la ville

Au début des années 1990, Portzamparc – qui mène alors son plus gros chantier parisien, la Cité de la musique – participe à la réhabilitation du secteur de la rue Nationale (l'ancien îlot n° 4). Exercice de suture, la rénovation des barres construites par Jacques Rivet et Henrik Lassen ne se résume pas au dessin d'une nouvelle peau. L'architecte opte, une fois encore, pour l'échelle : des plots situés devant la barre la plus en retrait assurent une liaison par paliers vers la grande hauteur, tandis que la barre la plus proche de la rue est précédée d'auvents laissant émerger un arbre de leur toiture – clin d'œil au pavillon de l'Esprit nouveau de Le Corbusier ? Ce nouvel alignement redonne à la rue le rôle fondateur qu'elle avait perdu ; mais, dans le même temps, l'architecte n'apporte-t-il pas la preuve que, traitée avec égard, l'architecture des années 1960 peut devenir un élément urbain particulièrement fort ?

La Cité de la musique, Porte de Pantin.
(© N. Borel)

Pour un nouveau pittoresque ?

« Ce travail sur le vide qui a fondé ma démarche continue à m'apparaître [...] essentiel. Les interstices laissent échapper la lumière, ouvrent sur des vues proches ou lointaines ; les intérieurs d'îlots peuvent devenir des lieux privés ou semi-publics, des jardins, des cheminements dans la ville. Et plusieurs architectes peuvent cohabiter et trouver leur plénitude[3] », déclare Portzamparc. L'architecte travaille alors, au sein de la ZAC Paris Rive gauche, sur le projet d'aménagement du secteur Masséna, dont il sera lauréat, en 1995, avec le paysagiste Thierry Huau. Il y développe le principe de l'îlot ouvert, une nouvelle conception urbaine qui, selon lui, doit inaugurer l'âge III de la ville : l'âge I était celui de la ville traditionnelle, compacte ; l'âge II, celui des grands ensembles, de l'architecture parvenue à une totale autonomie. L'âge III concilie autant qu'il résout les contradictions des deux précédents : « Il reprend de la ville classique le thème de la rue ; il poursuit, de l'architecture moderne, le thème du bâtiment autonome. » Hostile à l'idée de vélum, Portzamparc prône la construction de bâtiments de hauteurs variées, entre lesquels s'organise un paysage original qu'il nomme « bocage urbain ». Innovant et pertinent dans certains cas – il sera demandé à Portzamparc de l'utiliser à la Porte d'Asnières –, le concept d'îlot ouvert doit-il pour autant s'appliquer partout ? Le systématisme de sa proposition, qui augurerait d'une nouvelle rupture dans le mode de fabrication de la ville, sera reproché à l'architecte.

Maquette du secteur Masséna
de la ZAC Paris Rive gauche :
la théorie de l'îlot ouvert à l'œuvre.
(© Atelier Christian de Portzamparc)

1 *Christian de Portzamparc*, Paris, IFA/Electa-Moniteur, 1984.
2 *Idem.*
3 *L'Architecture d'aujourd'hui*, n° 294, 1994.

Des ponts au secours de la voirie

LE CONSIDÉRABLE PROGRAMME DE TRAVAUX menés tout au long du XIXe siècle, mais plus particulièrement entre 1848 et 1877 (7 nouveaux ponts et 11 reconstructions), accorde peu de place à de nouvelles opérations après 1900. Certains ouvrages sont cependant vétustes tandis que des problèmes de liaison entre rive gauche et rive droite demeurent non résolus.

« Si l'on songe qu'entre la place de la Concorde et le Châtelet nous aurons bientôt trois lignes métropolitaines passant sous la Seine, on se demande si les besoins de la circulation exigent réellement un nouveau pont », observe *L'Illustration* à propos du pont dit de la Monnaie[1]. Lié au prolongement de la rue de Rennes jusqu'à la Seine, l'unique pont laissé en projet par le XIXe siècle ne verra jamais le jour, en dépit de solutions ingénieuses avancées par Eugène Hénard ou René Binet. Cet abandon est dû à la nature extrêmement délicate du site (entre l'Institut et le Louvre), non au passage de la ligne n° 4 du métro à proximité ; la croissance de la circulation parisienne exige en effet une amélioration simultanée des réseaux souterrains et aériens. Ces travaux n'en impliquent pas moins, encore, un débat esthétique, comme en témoignent les reconstructions de deux ponts (de la Tournelle et du Carrousel) dans l'entre-deux-guerres.

Une nécessaire expression artistique

Construit en 1656 par l'entrepreneur Marie, élargi en 1845, le pont de la Tournelle avait été partiellement submergé par la crue de 1910. Décidée en 1919, sa reconstruction s'inscrit dans un projet à plus grande échelle : l'élargissement de la rue des Deux-Ponts sur l'île Saint-Louis, afin de faciliter les liaisons entre le Marais et la rive gauche. Cette situation implique d'autre part l'intervention d'un architecte, chargé de l'« expression artistique » du projet. Le projet étudié par Louis Bonnier étant jugé trop chargé, coûteux et peu en accord avec la structure étudiée par les ingénieurs de la Ville, un concours est ouvert en 1923 ; le programme stipule qu'« aucune surface apparente de béton armé ne devra subsister en élévation ». Le projet de Pierre et Louis Guidetti, qui porte la devise : « Sainte Geneviève veillant sur Paris » – elle sera sculptée par Paul Landowski –, obtient la première prime. Charles-Henri Besnard, apôtre du béton moulé, considérant le calepinage de pierre qui masque entièrement la structure, constatera alors « avec stupéfaction que les ingénieurs convient les architectes à les aider à tromper le monde[2] ». Entamé fin 1924, l'ouvrage, achevé en 1928, est en fait composé de trois ponts juxtaposés, séparés de 2,25 mètres chacun. Pour le pont du Carrousel (1932-1939), qui remplace l'ouvrage construit par Camille Polonceau en 1834, le Service des ponts de Paris est assisté des architectes Gustave Umbdenstock et Georges Tourry. Suivant l'exemple du pont de la Tournelle, l'ingénieur Jean Morane jugeait que « seule la pierre de taille peut donner au pont du Carrousel le caractère monumental qu'exige ici le voisinage du Louvre, de l'Institut, du Pont-

La sainte Geneviève de Paul Landowski sur le pont de la Tournelle, 1928. (© S. Texier/Adagp, Paris 2004)

Louis Bonnier, projet de reconstruction du pont de la Tournelle, juin 1919. (© Fonds Louis Bonnier/IFA)

Neuf et du pont Royal[3] ». Considérant les problèmes purement constructifs comme secondaires en regard des questions d'esthétique, les concepteurs ont choisi de construire un pont d'allure traditionnelle, aux proportions modérées. Ainsi le Carrousel doit-il sa forme à sa construction en béton, mais son expression, classique, est tout entière fonction de la pierre : culées, becs de pile, motif de clé soulignant l'axe de l'arche centrale, corniche saillante.

Des besoins de franchissement plus nombreux

L'élargissement du pont d'Iéna en 1937, la reconstruction des ponts du Garigliano en 1966 et de l'Alma en 1974, enfin la création des deux ponts du périphérique participent de la même façon à une adaptation des ouvrages à la circulation parisienne – à laquelle le rapport Thirion (1951) puis celui de Raymond Lopez (1957) proposeront de remédier au moyen de ponts routiers ou passerelles pour piétons aux principaux carrefours. Dans cette logique, le pont Charles-de-Gaulle, construit par Louis Arretche et Roman Karasinski (1993-1996), comble une lacune. Étudiée depuis longtemps, notamment par l'Apur dans le cadre du projet Seine Sud-Est (1972), la liaison des gares de Lyon et d'Austerlitz par un ouvrage doublant le pont d'Austerlitz est d'autant plus utile que le site de Bercy-La Rapée est devenu un pôle d'activité important. Jean Dubuisson, auteur du plan d'ensemble et de plusieurs tours du quartier entre 1959 et 1978, avait d'ailleurs prévu une passerelle dans l'axe de l'horloge de la gare de Lyon. Vingt ans plus tard, le pont Charles-de-Gaulle donne ainsi sa cohérence à l'opération, sans toutefois résoudre le problème, désormais insoluble, du franchissement de la gare d'Austerlitz.

La passerelle des Arts, reconstruite en 1984, et le pont du Carrousel, reconstruit en 1939. (© S. Texier)

À gauche : Marc Mimram, la passerelle Léopold-Sédar-Senghor, 1999, entre la rue de Solférino et le jardin des Tuileries. (© S. Texier)

Ci-dessous : Le pont Charles-de-Gaulle, entre la gare d'Austerlitz et la gare de Lyon. (© S. Texier)

En bas : Dietmar Feichtinger Architectes, la passerelle Simone-de-Beauvoir, 2006 : un trait d'union entre le parc de Bercy et la BnF. (© S. Texier)

Le temps des passerelles

Le trente-cinquième pont sur la Seine n'aura pas de successeur avant longtemps ; ce sont les réseaux de chemin de fer que la voirie doit désormais franchir. Les nouvelles liaisons de rive à rive, elles, sont piétonnes. Après la reconstruction des passerelles des Arts (Louis Arretche, 1984) et de Solférino (Marc Mimram, 1999), la passerelle Simone-de-Beauvoir, qui relie depuis 2006 la Bibliothèque nationale au parc de Bercy, conçue par l'Autrichien Dietmar Feichtinger, opère un double franchissement : la Seine, puis le quai ; comme pour mieux se détacher de la toute-puissante voirie…

1 F. Honoré, « Les grands travaux de Paris », *L'Illustration*, 19 mars 1910.
2 *Le Journal des débats*, 21 janvier 1924.
3 *Travaux*, juillet 1935.

1983-2010

PARIS GAGNÉ ?

Ci-contre : le parc de la Villette et la Cité de la musique, Porte de Pantin. (Préfecture de police)

En bas : le centre de Paris et le cours de la Seine depuis les tours de Notre-Dame. (© S. Texier)

Les outils et les procédures d'un urbanisme dit « à visage humain » sont mis en place au début des années 1980. S'ouvre alors une nouvelle phase de rénovation urbaine, en partie fondée sur un rééquilibrage de l'espace parisien et sur de grands projets architecturaux. Cette action met un terme, partiel, à quelques-uns des grands problèmes récurrents de la capitale depuis le début du siècle : si la question du logement est sujette à débat, il est incontestable que Paris est désormais doté de grands équipements culturels – la Philharmonie doit ouvrir ses portes à La Villette vers 2013 – et a connu le plus important essor en matière de jardins depuis Haussmann, avec la création de 150 espaces verts et surtout de quatre parcs (Villette, Bercy et Citroën, puis Martin-Luther-King).

Des oppositions dépassées

En quelques années, les effets cumulés de l'action municipale et des Grands Projets présidentiels ont ainsi sensiblement modifié la physionomie de Paris ; et l'on notera que, en dépit de rapports toujours tendus, les actions de la Ville et de l'État ne se sont pas neutralisées mais complétées. Pour la première fois, surtout, l'action municipale a pu rivaliser, voire dépasser les ambitions présidentielles, pourtant plus affirmées que jamais. Aussi, davantage que l'élection de François Mitterrand en 1981, la présentation du Plan programme de l'est de Paris, en 1983, marque-t-elle symboliquement le point de départ d'un nouveau moment de l'urbanisme parisien. Ce projet implique en effet des transformations spatiales plus décisives que les Grands Projets – dont il accueille au demeurant la majorité, ce qui n'a pas peu contribué à le renforcer.

L'opposition Ville-État n'aura occasionné qu'un seul échec, survenu en 1983 lui aussi : l'abandon, en juillet, du projet d'Exposition universelle pour 1989. Les analyses urbaines menées à cette occasion – tout comme celles menées, en 1985, sur Bercy-Tolbiac pour la candidature aux jeux Olympiques de 1992 – n'auront pas été totalement vaines, puisqu'elles préfiguraient l'aménagement des trois plus grandes ZAC parisiennes : Paris Rive gauche, Citroën-Cévennes et Bercy, soit plus de 200 hectares au total. Ce premier pari perdu n'aura donc pas totalement perdu Paris.

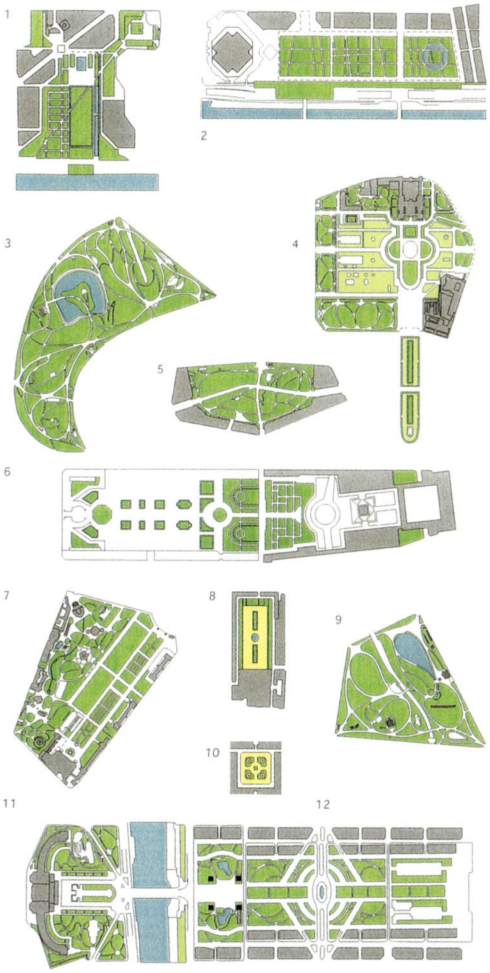

À gauche : comparaison graphique des principaux parcs parisiens. (© Apur)
1. Parc André-Citroën
2. Parc de Bercy
3. Parc des Buttes-Chaumont
4. Jardin du Luxembourg et allées de l'Observatoire
5. Parc Monceau
6. Jardin des Tuileries
7. Jardin des Plantes
8. Jardin du Palais-Royal
9. Parc Montsouris
10. Square Louis-XIII (place des Vosges)
11. Jardins du Trocadéro
12. Champ-de-Mars

À droite : un nouveau paysage parisien, la BNF, le Batofar et le ministère des Finances. (© S. Texier)

Reconquérir Paris, toujours et encore

Rarement, il est vrai, le recours au jeu de mot associant Paris à un pari aura été aussi fréquent que depuis vingt ans. Comme si la capitale, après avoir été reconquise, était devenue l'objet d'un défi permanent, ce qu'elle n'a, au fond, jamais cessé d'être. Si l'on s'en tient à la seule question territoriale, il fait peu de doute que les deux dernières décennies du XXe siècle auront été celles d'une nouvelle reconquête ; non plus, comme dans les années 1960-1970, sur le Paris mal construit des faubourgs, mais sur des espaces industriels et ferroviaires mobilisés depuis le XIXe siècle. Il y a, dans cette optique, une évidente continuité entre les deux entreprises : avec des méthodes différentes, la ville investit et structure le territoire, comme elle l'a toujours fait. Vus sous l'angle humain, ces deux moments diffèrent en revanche sensiblement : la rupture de tissus sociaux propres aux faubourgs parisiens a été pour l'essentiel l'œuvre des Trente Glorieuses, avec la destruction de quartiers entiers et le départ de nombreuses usines. Les années qui suivent sont davantage celles d'une récupération spatiale, qui entérine un état de fait : Paris n'est plus une ville industrielle. Là où la capitale devient alors un pari, c'est lorsque la reconquête se doit d'y être sociale autant que spatiale.

Géographie et paysage

Pour s'en tenir au second aspect, on observe le rôle fondamental joué, à la fin du XXe siècle et au début du XXIe, par trois des grands constituants de l'espace parisien du XIXe : la Seine, les canaux et les chemins de fer, chacun nouant avec la ville des rapports complexes, voire ambigus. Les canaux comme les chemins de fer n'ont, par exemple, que très rarement produit de la ville autour d'eux. La Seine, pour sa part, livrée à un commerce national puis à l'automobile, « monumentalisée » depuis le début du XIXe siècle, espace de représentation utilisé pour les grandes expositions mais tenant un rôle marginal dans les transformations de Paris, redevient un axe majeur. Inscrite au Schéma directeur de 1977, la mise en valeur du site de la Seine est confirmée par la Charte d'aménagement de Paris, en 1991. Elle ne cesse, depuis, d'être invoquée comme l'une des conditions fondatrices de la réconciliation des Parisiens avec leur ville. Du réaménagement des ports Saint-Bernard et de la Tournelle à la création de Paris-Plages, le retour au fleuve considéré comme élément primordial n'est pas un épiphénomène ; élargi à l'échelle métropolitaine et à d'autres axes, celui des canaux principalement, il consacrera la dimension matricielle de la géographie. Autre territoire d'invention, le périphérique et ses abords s'imposent dans les années 2000 comme l'indispensable interface entre la capitale et les communes limitrophes. Le couvrement partiel du boulevard et l'aménagement de plusieurs portes (la Porte des Lilas, notamment) ont pour objectif une perméabilité accrue de part et d'autre des limites administratives de Paris. À la mise en place, par la municipalité en 2006, de la Conférence métropolitaine de l'agglomération parisienne, a répondu le vœu du président de la République, en septembre 2007, de voir étudié un « nouveau projet d'aménagement global du Grand Paris ». Un nouveau pari qui, celui-là, n'est pas encore gagné…

Feichtinger Architectes, 2006, la passerelle Simone-de-Beauvoir : l'image d'un nouveau type de reconquête urbaine. (© S. Texier)

Un grand programme pour l'est parisien

APRÈS PLUSIEURS DÉCENNIES d'un déséquilibre croissant entre l'est et l'ouest, le programme d'aménagement de l'est de Paris, lancé en 1983, constitue une étape décisive dans l'évolution spatiale de la capitale.

Michel Herbert, immeubles de logement, rue des Panoyaux dans la ZAC des Amandiers. (© S. Texier)

Rééquilibrer le territoire

Une communication faite au conseil de Paris, le 28 novembre 1983, justifie et donne les grandes lignes du Plan programme de l'est de Paris[1]. Si, depuis 1962, l'est, qui correspond en l'occurrence aux 10e, 11e, 12e, 13e, 18e, 19e et 20e arrondissements, a fait l'objet d'un effort considérable en matière de logement, il demeure dans plusieurs secteurs des « poches d'inconfort » et des « îlots sensibles ». Les équipements publics et l'activité économique y sont également insuffisants ou fragiles, et le paysage urbain, déstructuré. De ce fait, l'est comprend les trois quarts des terrains aménageables de Paris ; le Plan programme propose, pour 1989, de définir et mettre en place les actions qui conduiront, à un horizon plus lointain, à la complète reconquête – trop connoté, le terme n'est cependant plus employé – de cette partie de la ville. Les « actions prioritaires de mise en valeur de l'est de Paris » consistent avant tout à aménager de nouveaux quartiers (de la place de Stalingrad à la Villette, de part et d'autre de la Seine, sur des emprises ferroviaires ou des secteurs vétustes), à améliorer les conditions de l'habitat, embellir les principaux espaces publics, étendre et créer des espaces verts, développer les équipements publics de voisinage, renforcer les activités tertiaires – et, dans certains cas, secondaires –, renforcer les réseaux de circulation, et, enfin, à moderniser et redéployer les services municipaux. Un second volet comprend « l'amélioration du cadre de vie quotidien des habitants de l'est de Paris », qui concerne notamment la sécurité et l'éclairage, l'entretien et la propreté ou encore l'animation culturelle et sociale.

Le temps des ZAC

Onze ZAC et dix secteurs plus réduits sont approuvés fin 1987 ; s'y ajouteront les deux plus importantes : les ZAC Bercy et Paris Rive gauche. Engagée en 1986, la ZAC Reuilly, qui s'étend sur l'ancienne gare de marchandises du même nom, est une opération emblématique à plus d'un titre : avec six voies d'accès différentes, cet ensemble de 12,5 hectares (dont 10 cédés par la SNCF) est en effet l'exemple même du quartier intégré à son environnement. Plus encore, il donne une vie nouvelle à ceux qui l'entourent : les abords de la mairie du 12e arrondissement et la rue de Reuilly ont été littéra-

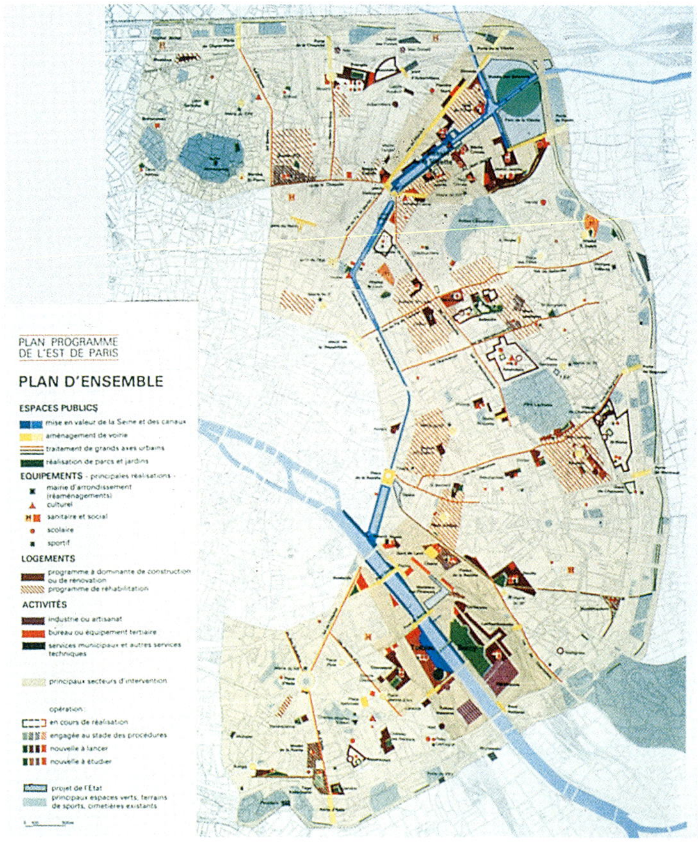

À gauche : le plan-programme de l'est de Paris, 1983 : une autre reconquête. (© Apur)

À droite : au centre de la ZAC Reuilly, une pelouse qu'enjambe la passerelle de la Promenade plantée. (© Apur)

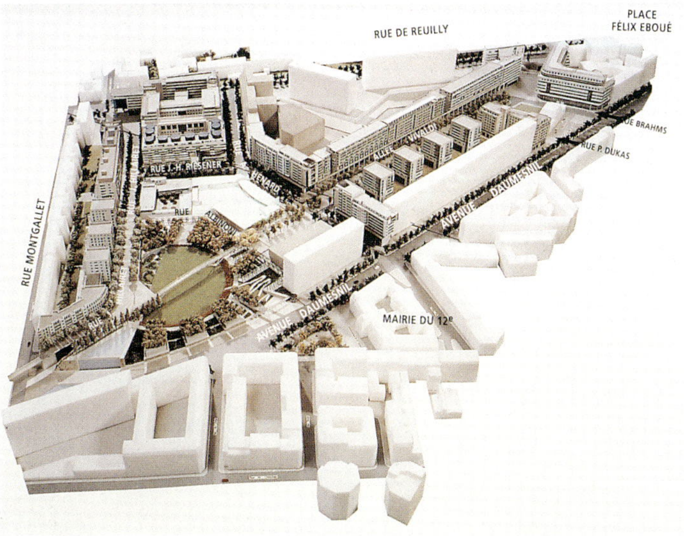

Maquette de la ZAC Reuilly, sur l'ancienne gare de marchandises. (© Apur)

À droite : le jardin de Reuilly, prolongé par l'allée Vivaldi. (© S. Texier)

lement régénérés par cette reconversion. Caractérisée par un grand jardin ouvert sur l'avenue Daumesnil, traversée par la Promenade plantée – qui emprunte ensuite l'allée Vivaldi –, scandée par des immeubles-plots destinés à rompre avec la masse rectiligne des barres voisines, la ZAC Reuilly illustre une manière de refaire la ville propre à la fin des années 1980. Conçues à peu près dans le même temps au sein de l'Apur, mais mises en œuvre sur une quinzaine d'années, les ZAC de l'est parisien se distinguent d'ailleurs davantage par leur architecture que par leurs principes d'aménagement : c'est avec la forme des immeubles et le dessin de leurs façades que s'esquisse une généalogie des ZAC.

Un axe majeur : les canaux

Le dernier grand projet pour un développement de l'est parisien remonte au début du XIXe siècle : l'aménagement, entre la Villette et le bassin de l'Arsenal, d'un réseau de canaux évitant le passage de nombreuses péniches par la Seine. Longtemps laissé en friche, menacé par des projets autoroutiers ou objet d'importants projets de rénovation urbaine – notamment par Gaston Leclaire et Jean Bossu dans les années 1960 –, ce réseau sera l'épine dorsale du programme lancé en 1983, dans lequel les espaces publics tiennent une place considérable. Quatre opérations majeures sont menées le long du tracé des canaux, chacune s'appuyant sur les qualités du site. En 1983, le bassin de l'Arsenal accueille le port de plaisance de Paris-Arsenal, bordé par un jardin ; cette décision s'accompagne de la suppression de l'interdiction de circulation des bateaux de plaisance sur les canaux de Paris. Le long du boulevard Richard-Lenoir, une nouvelle promenade, achevée en 1994, est conçue par David Mangin et Jacqueline Osty. Place de Stalingrad, les abords de la rotonde de Ledoux sont complètement réaménagés par Bernard Huet (1988), parallèlement à la rénovation des quais du bassin de la Villette : la circulation est déviée, la gare routière, les grilles et une partie des entrepôts sont supprimés, dégageant ainsi l'espace pour une vaste promenade plantée. Enfin, la création du parc de la Villette a, de la même façon, permis de désenclaver les canaux, tout en mettant en valeur les monuments qui en ponctuent le parcours. À ces différentes opérations s'ajoute un exceptionnel renouveau architectural : les réalisations d'Yves Lion, Stanislas Fiszer, Dominique Perrault ou Philippe Gazeau, de même que l'installation d'un complexe cinématographique, ont donné un nouveau souffle au bassin de la Villette et au nord-est parisien tout entier.

Le bassin de la Villette, un nouvel axe de développement pour l'est de Paris. (© S. Texier)

1 Elle est publiée dans *Paris Projet*, n° 27-28, 1987.

Le temps des Grands Projets

La série de « Grands Projets » lancés pendant le premier septennat de François Mitterrand représente l'un des temps forts de la politique urbaine dans Paris au XXe siècle. Facilitée par un accord tacite entre l'Élysée et l'Hôtel de Ville, elle constitue une tentative, unique par son ampleur, pour renouveler la structure monumentale de la capitale. Au terme d'un siècle où la notion de monument a été considérablement affaiblie et brouillée, le pouvoir a en effet souhaité redonner à l'architecture sa dimension symbolique et, de ce fait, une légitimité urbaine.

L'ambition d'un président

Le 9 mars 1982, soit moins d'un an après son élection à la présidence de la République, François Mitterrand annonce un programme de huit « Grands Projets » pour Paris. La Villette, site de 55 hectares – qu'entache encore la faillite du marché d'intérêt national de la viande –, devra accueillir un parc, une cité de la musique et un musée des sciences dont l'étude avait été lancée par Valéry Giscard d'Estaing. Il est ensuite prévu

À gauche : Ieoh Ming Pei, la pyramide du Louvre, 1989. (© S. Texier)

Ci-dessus : Adrien Fainsilber, la Géode à la Cité des sciences et de l'industrie, 1986. (© S. Texier/Adagp, Paris 2004)

un opéra populaire à la Bastille, une salle de concert rock sur l'échangeur de la Porte de Bagnolet – abandonnée en 1983 –, la reconstruction du Théâtre de l'est parisien, un monument à La Défense abritant deux ministères et un centre international de la communication, un nouveau ministère des Finances à Bercy permettant de réaliser le Grand Louvre et, enfin, un Institut du monde arabe à Jussieu. S'y ajoute l'achèvement du projet de musée du XIXe siècle dans l'ancienne gare d'Orsay. Le seul projet d'urbanisme figure, quant à lui, en annexe : il s'agit de la poursuite de l'aménagement de la montagne Sainte-Geneviève. Trop conscient des échecs auxquels ont conduit – jusqu'aux plus récents projets pour l'aménagement de la Villette – les différends entre la Ville et l'État, Mitterrand s'est, le 11 février 1982, préalablement assuré auprès de Jacques Chirac de l'accord de la municipalité. Inquiet du coût de ce programme, le maire de Paris fera néanmoins remarquer que « le chef de l'État a, pour Paris, une série de projets qui recoupent très largement les préoccupations de la Ville. Il n'y a pas entre nous de divergences de vues ni, de ma part, de contestation de principe quant à la réalisation de ces projets[1] ». Et pour cause, la géographie des « Grands Projets » épouse, pour l'essentiel, les contours du programme de réhabilitation de l'est parisien.

Jean Nouvel, Gilbert Lezenès, Pierre Soria et Architecture Studio, l'Institut du monde arabe, 1987. (© S. Texier/Adagp, Paris 2004)

Dominique Perrault, Bibliothèque nationale de France François-Mitterrand, 1995. (© S. Texier/Adagp, Paris 2004)

Paul Chemetov et Borja Huidobro, le ministère de l'Économie et des Finances, 1988. (© S. Texier/Adagp, Paris 2004)

Le fait du prince

Pour l'essentiel également, les vœux du président prendront rapidement forme. Ministres et conseillers ont pour mission d'agir vite : le choix des sites, celui des architectes, mais surtout les modes de financement – immanquablement contestés par l'opposition – doivent être entérinés avant les élections législatives de 1986. Le retrait du président en cas de victoire de l'opposition n'était pas exclu et la droite avait déjà fait savoir qu'elle différerait la mise en œuvre de certains chantiers. Les exigences du calendrier, comme la volonté de François Mitterrand d'imposer sa marque dans l'esthétique générale des « Grands Projets », compromirent alors le caractère démocratique des consultations – lorsqu'il y en eut. Invité à concevoir un projet pour le Grand Louvre, l'Américain Ieoh Ming Pei alimente la polémique architecturale la plus violente : sa pyramide de verre, destinée à signaler au centre de la cour Napoléon l'entrée principale du musée, est vécue par beaucoup comme une atteinte à l'histoire de Paris. Le « fait du prince » l'emportera en d'autres circonstances et occasionnera quelques ratés, pour l'Opéra-Bastille notamment, où le projet sans brio de Carlos Ott est confondu avec le style virtuose de Richard Meier. Le président regrettera d'ailleurs certains choix, comme à Bercy, où la longue barre de Paul Chemetov et Borja Huidobro devra être en plusieurs points remaniée.

La traduction d'un renouveau architectural

Si, en revanche, l'attribution de l'Institut du monde arabe à Jean Nouvel, Gilbert Lezenès, Pierre Soria et Architecture Studio consacre une nouvelle génération d'architectes, si le choix de Bernard Tschumi pour le parc de la Villette résulte d'une consultation internationale demeurée mémorable par sa richesse, on retiendra du « goût souverain » une prédilection pour la géométrie, sous-tendue par une haute technologie constructive. De même que la pyramide du Louvre, la Géode d'Adrien Fainsilber – placée à l'intérieur de la Cité des sciences et de l'industrie à la demande de Giscard, puis ressortie – et surtout la Grande Arche de Johan Otto von Spreckelsen incarnent les formes intemporelles des années Mitterrand. On ne s'étonnera donc pas de l'agacement du président, puis de son choix péremptoire avant même qu'un second tour fût organisé, lors du concours pour la Cité de la musique : l'architecture complexe, fragmentée, voire maniériste d'Henri Gaudin et du lauréat Christian de Portzamparc ne lui plaisait manifestement pas.

À la fin de l'année 1984, tous les « Grands Projets » retenus sont lancés. Leur montant total est estimé à 15,7 milliards de francs de l'époque, ce qui, remarque François Chaslin[2], n'excède guère le coût du TGV Atlantique (15 milliards). Réélu en 1988, François Mitterrand les inaugurera tous, profitant même de son second septennat pour entreprendre la réhabilitation de la galerie de zoologie du Muséum d'histoire naturelle, confiée à Paul Chemetov, et surtout pour créer une nouvelle bibliothèque nationale ; Dominique Perrault en remporte le concours en 1989 et, en 1995, livre un édifice qui devient la pièce maîtresse de la ZAC Paris Rive gauche. À la fois imposante et antimonumentale, la BnF trouvera dix ans plus tard son complément occidental avec le musée du Quai-Branly, inauguré en juin 2006. Seul grand projet architectural de la présidence de Jacques Chirac, l'ensemble conçu par les Ateliers Jean Nouvel se démarque toutefois de la simplicité formelle de ses aînés : le refus du monumental se traduit ici par la mise en retrait du bâtiment, masqué et progressivement enseveli par un jardin (Gilles Clément, paysagiste), mais dont la présence se devine à ses façades fortement colorées.

Ateliers Jean Nouvel, musée du Quai-Branly, 2006. (© S. Texier)

1 Cité par F. Chaslin, *Les Paris de François Mitterrand*, Paris, Gallimard, 1985.
2 *Ibid.*

De la Bastille à la Grande Arche : retour sur un axe majeur

Les Grands Projets de l'ère Mitterrand n'ont occasionné la création d'aucune voie nouvelle : les monuments s'inscrivent dans des sites constitués de longue date ou prennent place sur des terrains en cours de reconversion. Par-delà la valeur architecturale des constructions, c'est leur position sur des sites fortement chargés de symboles qui importe en certains cas. Ainsi l'Opéra de la Bastille, la pyramide du Louvre et la Grande Arche de La Défense ponctuent-ils un axe est-ouest fondateur dans l'histoire de Paris.

Ci-dessus : la Grande Arche de La Défense, vers l'Étoile et le Louvre, en attendant « Seine-Arche ». (© La Documentation française/Philippe Guignard)

Paris d'est en ouest

Cet axe s'est longtemps résumé au parcours menant de la cour Carrée du Louvre à l'Étoile, avant que Napoléon Bonaparte ne prenne l'initiative, le 21 avril 1802, de la création de la rue de Rivoli, prolongée par son neveu Napoléon III en 1855. Toutefois, la liaison directe entre la colonnade de Perrault et l'Hôtel de Ville, dont l'étrange avenue Victoria constitue un tronçon, n'a jamais vu le jour. À l'extrémité orientale de Paris, la place du Trône, qui deviendra place de la Nation, est elle aussi promise à un aménagement monumental, depuis que Louis XIV y a fait son entrée en 1660 ; la destruction, en 1716, de l'arc de triomphe conçu par Claude Perrault en 1670 marque pourtant un coup d'arrêt dans la réalisation d'un grand axe est-ouest. Les projets de traversée réapparaissent avec Eugène Hénard en 1904, puis avec Le Corbusier autour de 1930, l'un et l'autre déplaçant l'artère principale au nord de l'axe existant. Georges Sébille, en 1936, parie pour sa part sur l'élargissement du faubourg Saint-Antoine – baptisé avenue de la Révolution française – pour créer une voie triomphale entre Rivoli et Nation, avant que Claude Le Cœur ne propose de renforcer la grande croisée de Paris avec ses « Quatre Champs-Élysées » (1948).

En décidant la création d'un opéra populaire à la Bastille, qui devait être inauguré en 1989 pour le bicentenaire de la Révolution française, François Mitterrand insistait d'autant plus sur la portée symbolique du lieu qu'il était aussi le théâtre des grands rassemblements de la gauche, et notamment celui de la victoire du 10 mai 1981. Les contraintes d'un terrain irrégulier et tout en profondeur, repris sur un cinéma et l'ancienne gare de la Bastille, l'extrême complexité du programme, difficultés auxquelles s'ajoutera un concours décevant, enfanteront pourtant d'un équipement et non d'un monument. Critiqué pour sa pauvreté architecturale, le bâtiment de Carlos Ott s'inscrit en revanche plutôt bien dans son contexte, ce qu'appréciera l'Atelier parisien d'urbanisme.

La Grande Arche, simplement

Paradoxalement et presque fatalement, c'est vers l'ouest, une nouvelle fois, que les Grands Projets trouveront leur signification la plus forte : au départ de la perspective historique, avec la pyramide de Peï, mais surtout à son extrémité, avec la Grande Arche de La Défense. Cette dernière aura eu le mérite de clore, non pas l'enchaînement monumental, mais la succession des consultations comme des débats sur l'axe est-ouest. Le concours pour la Tête Défense, en 1983, fut au demeurant le moins controversé de tous les Grands Projets. Tandis que Jean Nouvel proposait d'achever la perspective « par le ciel », le Danois Johan Otto von Spreckelsen s'imposait avec un projet d'une déconcertante évidence : « Un cube ouvert/Une fenêtre sur le monde/Comme un point d'orgue provisoire sur

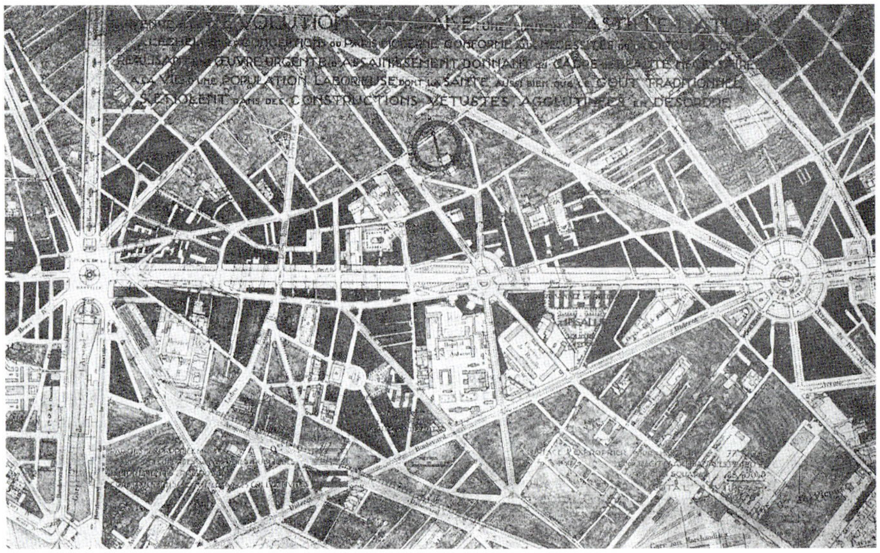

Georges Sébille, projet pour une avenue de la Révolution française, entre Bastille et Nation, publié dans *Urbanisme*, 1936. (© Ville de Paris, bibliothèque Forney)

Jean Nouvel, projet pour le concours Tête Défense, 1983 : une perspective qui s'achève « par le ciel ». (© Agence Nouvel/Gaston Bergeret)

L'axe historique depuis le sommet de la Grande Arche : un regard rétrospectif. (© S. Texier)

Ci-dessous : l'Opéra Bastille, monument improbable sur une place impossible. (© S. Texier)

l'avenue/Avec un regard sur l'avenir./C'est un "Arc de triomphe" moderne,/À la gloire du triomphe de l'Humanité,/C'est un symbole de l'espoir que dans le futur/Les gens pourront se rencontrer librement. » « Remarquable par sa pureté, par la force avec laquelle [elle] pose un nouveau jalon sur l'axe historique de Paris et par son ouverture[1] », la future Grande Arche semble se refuser à toute référence stylistique. La simplicité de sa forme n'a d'ailleurs d'égal que la complexité de sa structure – étudiée par l'ingénieur Erik Reitzel –, des mégapoutres précontraintes dont seules les photographies du chantier témoignent encore. La mort de Spreckelsen en 1987 ne compromettra d'ailleurs pas le chantier, achevé en 1989 sous la responsabilité de Paul Andreu ; François Deslaugiers assure la couverture de verre des façades et l'ingénieur britannique Peter Rice (décédé en 1992) réalise les « nuages » couvrant l'esplanade.

Un monument ambigu

La force de la Grande Arche provient-elle de ce qu'elle est grande – un adjectif commun à tous les projets mitterrandiens – ou bien de ce qu'elle est arche ? Son gabarit (plus de 100 mètres de côté : Notre-Dame y tiendrait) en fait à l'évidence un monument. Plus vide que plein, légèrement décalé par rapport à l'axe – une position imposée par la saturation du sous-sol –, ce monument est finalement d'une discrétion paradoxale, d'autant plus visible (et lisible) qu'il n'est pas présenté de face, et il instaure un ordre monumental dans le quartier de La Défense. Cela dit, la Grande Arche ne serait-elle pas encore le témoin d'une crise de la monumentalité ? À la fois œuvre et fonction, elle s'est finalement muée en immeuble de bureaux, publics et privés. Son toit célèbre certes les droits de l'homme, les patios de Jean-Pierre Raynaud dialoguent avec les astres, mais c'est à grand-peine, avec la construction, par Jean-Pierre Buffi, des immeubles des Collines, que l'opération fut financièrement équilibrée. Il restait encore à définir sur quoi ouvrirait, à l'ouest, ce point d'orgue provisoire.

La Grande Arche, monument et immeuble de bureaux : un arc de triomphe moderne. (© S. Texier)

1 Communiqué de la présidence de la République, 25 mai 1983.

Un nouveau réseau de jardins publics

Le parc de Bercy (B. Huet, M. Ferrand, J.-P. Feugas, B. Leroy, I. Le Caisne, P. Raguin, 1997). (© S. Texier)

En 1981, l'Atelier parisien d'urbanisme édite une étude, *Les Espaces verts de Paris. Situation et projets*, axée sur leurs usages, de manière à apporter des réponses concrètes aux questions suivantes : « Où réaliser des espaces verts en priorité ? Quels types d'espaces verts ? À partir de quelles opportunités foncières ? Comment améliorer le service rendu par les espaces existants ? » Les auteurs y proposent une typologie correspondant aux diverses fonctions remplies par un jardin : les jeux de la petite enfance, les jeux des grands enfants, la détente et le repos, la pratique d'activités de loisirs. On peut alors distinguer les parcs urbains polyvalents (Tuileries, Jardin des Plantes, Buttes-Chaumont), les parcs urbains spécialisés (Parc floral ou zoo de Vincennes, Jardin d'Acclimatation, parc de Bagatelle), les jardins de quartier polyvalents (Batignolles, Choisy, Saint-Lambert), les jardins de quartier non polyvalents (place des Vosges, square Trousseau), enfin les espaces à fonction restreinte, mal équipés, mal situés, ou encore simples lieux de passage. La méthode choisie ici se veut plus pragmatique que théorique ; n'en émergent pas moins les termes d'une doctrine urbaine fondée sur une hiérarchisation fonctionnelle des espaces publics.

Des besoins considérables

Au terme d'une enquête auprès des usagers, d'autre part, le constat préoccupant établi depuis le début du siècle se précise : au-delà de la simple comparaison du nombre de mètres carrés de verdure par habitant, il ressort qu'un tiers de la population réside loin de tout jardin et que, dans les zones favorablement desservies, des lacunes subsistent en quantité mais surtout en qualité. Un siècle après le chantier inachevé entrepris par Haussmann, c'est donc d'un nouveau système d'espaces verts dont Paris doit se doter. Par l'ampleur des territoires qu'elle englobe, la réhabilitation de l'est parisien sera une occasion historique de déployer une partie de ce réseau. Après la réalisation des jardins Villemin et de la Roquette (1977), après la création du parc de Belleville (1988) et la transformation du bassin de l'Arsenal en port de plaisance (1983), l'est va encore bénéficier de deux grands parcs (Bercy et la Villette), d'une vingtaine de jardins de quartier, de quatre axes de verdure et de nombreux espaces verts de voisinage.

Projet lauréat pour le parc André-Citroën (Allain Provost, Jean-Paul Viguier et Jean-François Jodry, 1985). (© Apur)

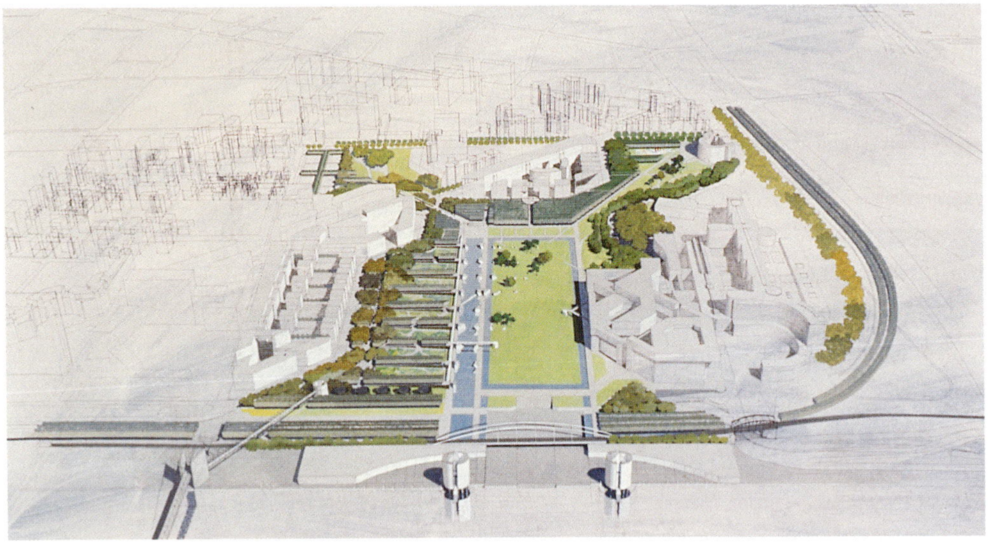

Jardin de l'impasse des Jardiniers (Dominique Caire et Jacques Reichsteiner, 1992). (© S. Texier)

Une improbable systématisation

Entre 1914 et 1939, 41 hectares d'espaces verts avaient été créés et 49 entre 1939 et 1970. En 1981, il est prévu d'en créer 80 ; ce chiffre passera à 91 sept ans plus tard, pour atteindre 140 hectares au seuil de l'an 2000. Une seule et même doctrine ne pouvait alors, sur un territoire aussi restreint que Paris *intra-muros*, présider à la création de quelque 150 jardins. L'ambition de donner à chaque Parisien un coin de verdure ou, plus généralement, les équipements nécessaires à son bien-être, a engendré une multitude de créations, sur des espaces plus ou moins appropriés. Le plus souvent nécessaires, mais parfois un peu forcées, ces reconversions résultent d'un autre constat : la configuration, la densité et l'évolution prévue du territoire parisien empêchent *de facto* la conception d'un nouveau système d'espaces verts, du type de celui conçu par Alphand. Aux grandes réalisations s'inscrivant dans un cadre théorique préétabli, selon une procédure commune, doit s'ajouter un réseau multiforme de micro-espaces, aménagés de manière empirique, dont la mission consiste en la répartition la moins déséquilibrée possible des mètres carrés de verdure dans Paris.

Parcs et jardins ouverts au public en 2002. (© Apur)

Ci-contre : le jardin Nicole-de-Hauteclocque (Anne-Sylvie Bruel, Christophe Delmar, André Vaxelaire, 1995). (© S. Texier)

Une multitude de taches vertes

Dès lors, il est difficile d'établir une classification des nouveaux jardins. Les qualifier par leur forme serait absurde : la plupart sont informes, car, pour l'essentiel, ils héritent d'espaces résiduels ou d'un assemblage de parcelles acquises par la Ville. Les seuls jardins contemporains réguliers sont ceux dont la place a été réservée au sein d'une ZAC : squares Héloïse-et-Abélard (Chevaleret-Jeanne-d'Arc), Rachmaninov (Évangile), Georges-Duhamel et James-Joyce (Paris-Rive gauche), Nicole-de-Hauteclocque (Dupleix) ou Damia (Dorian). La procédure de la ZAC ne garantit pourtant ni une surface minimale affectée aux espaces verts, ni un aménagement ordonnancé au sein duquel le jardin ferait l'objet d'un dessin particulier. De là, ces taches vertes qui émaillent la carte des « Parcs et jardins ouverts au public en 2002 », réalisée par l'Apur. Les créations les plus nombreuses sont aussi les plus petites et les plus irrégulières ; elles sont situées dans les anciens secteurs de rénovation dont il s'agit, avec des moyens différents, d'achever le processus. Ce serait donc davantage par une analyse de l'antériorité que par celle de l'œuvre elle-même que l'on aboutirait à une juste typologie des nouveaux jardins : emprise ferroviaire (gare de Charonne), récupération d'îlots (Jardiniers, Louis-Majorelle), dalle (Antoine-Blondin), etc. Sur tous ces espaces, le jardin résulte non pas d'un système, mais plutôt d'un systématisme : partout où cela est possible, et si nulle autre fonction ne peut y être affectée, il y aura un jardin, ou plutôt un espace équipé, adapté à un nombre précis d'exigences et de critères. Il faut enfin ajouter aux jardins publics plus de 1 000 espaces verts intérieurs protégés (EVIP), qui couvraient 213 hectares au recensement de 1994.

La Promenade plantée et le parc de la Villette

En haut à gauche : la Promenade plantée, au niveau de la rue Abel. (© S. Texier)

Ci-dessus : sous la Promenade plantée, le viaduc des Arts, avenue Daumesnil. (© S. Texier)

Le jardin des Halles avait, même maladroitement, inauguré en 1988 l'ère du jardin urbain. La Promenade plantée et le parc de la Villette, comme le parc André-Citroën et le parc de Bercy, confirment cette orientation. Conçues par les services de la Ville pour la première, par un architecte et des paysagistes extérieurs pour le second, ces deux réalisations posent également la question du style dans le paysage urbain contemporain.

Un nouveau regard sur la ville

Aménagée à partir de 1988, la Promenade plantée relie depuis 1993 l'avenue Daumesnil au bois de Vincennes, sur un parcours de 4,5 kilomètres, sur viaduc, sur remblai puis en tranchée et enfin au niveau de la chaussée. Son traitement paysager plutôt conventionnel a fait oublier aux revues d'architecture qu'elle est unique dans Paris. Après la démolition du viaduc de Petite Ceinture, boulevard Exelmans, dans les années 1950, celle du viaduc de l'ancienne ligne de chemin de fer Bastille-La Varenne aurait pu, elle aussi, être envisagée comme une libération du territoire. La raison de sa conservation ne fut cependant pas seulement patrimoniale, mais aussi urbaine, indique Philippe Mathieux, concepteur de la promenade avec Jacques Vergely : « En effet, à proximité immédiate du viaduc, la présence de nombreux immeubles en bon état avec des vues principales sur l'ouvrage ferroviaire, ne permettait pas de redonner une cohérence pour une nouvelle façade bâtie sur cette avenue [Daumesnil], mais conduisait à la création d'une succession de retraits peu valorisants pour le paysage[1]. » Conservé, mais surtout « artialisé » – on le nommera d'ailleurs viaduc des Arts après sa rénovation par Patrick Berger –, l'ouvrage servira finalement de support à une réinvention de l'espace parisien. Moins innovante que le parc de la Villette, la Promenade plantée est bien plus radicale dans sa conception, car rien ne prédisposait, *a priori*, ce viaduc ferroviaire traversant une gare de marchandises – devenu jardin de Reuilly – à se muer en observatoire du Paris actuel. Comme le métro aérien, la Promenade plantée cumule en effet les vertus : elle est à la fois lieu de détente et musée urbain. L'église Saint-Antoine-des-Quinze-Vingts, les HBM de la rue Abel, le lotissement des abords de la gare de Lyon et les atlantes du commissariat de la rue de Rambouillet, puis les nouveaux immeubles de la ZAC Reuilly et les constructions hétérogènes de la rue du Sahel transforment ce parcours en un efficace condensé d'histoire urbaine. Et si l'Opéra n'en avait pas compromis le prolongement jusqu'à la place de la Bastille, c'est même un parcours à l'échelle métropolitaine qui eût alors été possible : une traversée complète de l'est parisien, du bois de Vincennes au parc de la Villette, en passant par le canal Saint-Martin.

À gauche : la Promenade plantée, au niveau de la rue de Rambouillet. (© S. Texier)

Ci-dessous : plan de la Promenade plantée, 1988. (© Apur)

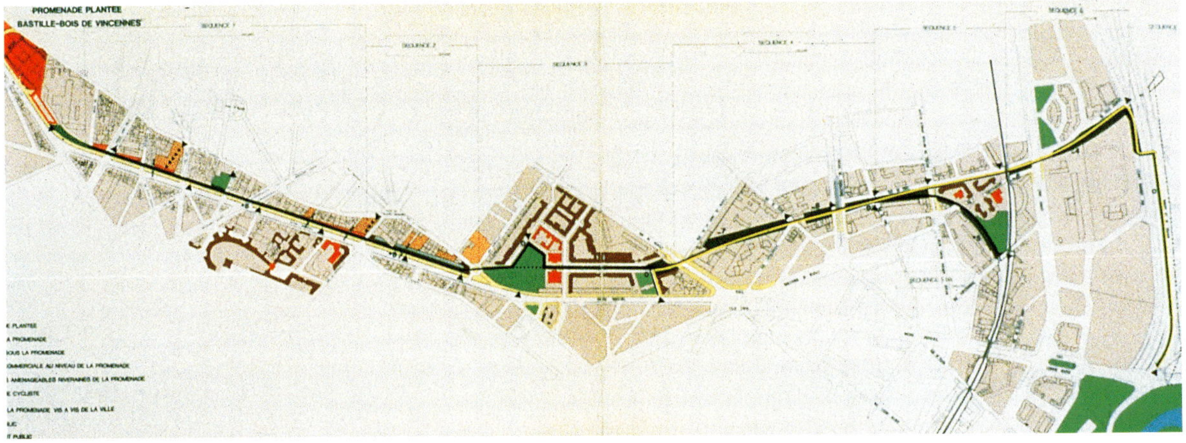

Alexandre Chemetov, le jardin des bambous à la Villette, 1987. (© S. Texier/Adagp, Paris 2004)

La naissance du parc urbain

Urbain, le parc de la Villette l'est, quant à lui, plus qu'aucun autre ; et c'était d'ailleurs l'une des exigences du programme du concours organisé en 1983, remporté par le Suisse Bernard Tschumi devant le Hollandais Rem Koolhaas. Sur un site exceptionnel mais contraignant – il est divisé en deux par le canal de l'Ourcq et intègre la Cité des sciences et de l'industrie, la Grande Halle rénovée par Bernard Reichen et Philippe Robert et la Cité de la musique –, Tschumi unifie des constructions disparates au moyen d'un concept à la fois simple et rigoureux : points (les « folies », édicules de béton uniformément revêtus de métal rouge), lignes (les allées) et surfaces (les pelouses) sont les trois éléments d'une composition qui articule plusieurs jardins thématiques, chacun confiés à un paysagiste ou créateur particulier. Dans le parc contemporain, estime Tschumi, la ville elle-même a droit de cité : « Durant le XXe siècle, nous avons assisté à un changement concernant le concept de parc, lequel ne peut plus désormais être dissocié du concept de ville. Le parc forme une partie de la vision de la ville. Le fait que Paris concentre un emploi professionnel ou tertiaire aussi bien qu'ouvrier milite contre les parcs d'esthétique passive et pour de nouveaux parcs urbains basés sur l'invention culturelle, l'éducation et la récréation. Le dépassement de la polarité civilisation-nature dans les conditions de la ville moderne a invalidé le prototype historique du parc en tant qu'image de la nature. […] Créer de fausses collines cachant un boulevard périphérique ignore la force de la réalité urbaine[2]. » En plaquant sur le site une trame inerte, l'architecte n'en a probablement pas exploité toutes les richesses ; l'immense succès populaire de la Villette ne saurait, à l'inverse, tout devoir aux équipements culturels qu'il accueille.

Le parc de la Villette, le long de la Grande Halle, vers la Porte de Pantin. (© S. Texier)

La fin du paysagisme municipal

Emblématique d'une nouvelle génération de parcs publics, la Villette renouvelle la problématique du paysage en même temps qu'elle consacre la disparition d'une pratique : le paysagisme municipal. Sous le second Empire comme pendant l'entre-deux-guerres, les services de la Ville imposaient un style identique à tous les jardins de la capitale. Le recours aux concours internationaux pour la réalisation des trois grands parcs urbains des années 1990 (Bercy, Citroën, Villette) renforce au contraire l'individualité de chacun. On peut y voir une démission, mais aussi une nécessaire ouverture à la création contemporaine.

Bernard Tschumi, projet pour le parc de la Villette, 1983. (© Apur)

1 Le *XIIe arrondissement* (dir. G.-A. Langlois), Paris, AAVP, 1996.
2 *L'Architecture d'aujourd'hui*, juin 1983.

Le retour d'une architecture intérieure

Michel Duplay, foyer pour personnes âgées, 126, quai de Jemmapes, 1985. (© S. Texier)

LES ANNÉES 1980 SONT CARACTÉRISÉES, dans le domaine de l'architecture, par deux mouvements convergents : le regain d'intérêt pour les figures et les motifs constitutifs du paysage traditionnel parisien, d'une part, et, d'autre part, l'émergence d'une génération d'architectes désireux de redonner du sens à la construction. Cette quête de sens débute par l'introduction de signes – les sciences sociales et notamment la sémiologie jouent alors un rôle non négligeable –, avant de s'inscrire plus profondément dans une réflexion sur la forme urbaine.

Une architecture « parisienne »

Les POS de 1977 et la nouvelle politique de rénovation urbaine engagée par la Ville à partir de 1978 avaient contraint certains architectes à revoir de fond en comble leur vocabulaire architectural. D'autres, plus jeunes, s'appuieront au contraire sur la nouvelle réglementation pour développer un néostyle parisien. Michel Duplay en sera le principal artisan. La structure caractéristique de l'architecture parisienne repose selon lui sur trois principes : la verticalité des volumes, la clarté des matériaux de façade et sa tripartition (rez-de-chaussée, étages courants, toiture). Pour éviter tout pastiche, il introduit cependant des motifs ou des volumes (redents, loggias, fenêtres sur double hauteur) qui contribuent à animer la façade. Les immeubles de logement rue de la Py (20e) et rue d'Aubervilliers (19e), construits en 1982, ou encore le foyer de personnes âgées et l'école maternelle du quai de Jemmapes (10e), de 1985, témoignent de cette recherche, partagée avec plus ou moins de bonheur par d'autres architectes (Alain Sarfati, Bernard Bourgade et Michel Londinsky, l'agence E. D.).

Ci-dessous : Michel Duplay, immeuble 24, rue de la Py, 1982. (© S. Texier)

À droite : Henri Gaudin, immeuble 44, rue de Ménilmontant, 1986. (© S. Texier)

Travailler l'espace

Plastique avant tout, ce travail se fait plus subtil et plus discursif chez Jean-Pierre Buffi, dont la façade de la rue Mathis (19e, 1982), composition savante et presque bavarde, jouera un rôle capital dans le renouveau architectural des années 1980. Il est surtout approfondi par des maîtres d'œuvre plus sensibles à la question de l'espace. L'immeuble d'Henri Gaudin, rue de Ménilmontant (1986), est l'un des plus exemplaires, car il résulte d'une double réflexion sur la façade et sur la cour. Côté rue, écrit l'architecte, « c'est au plus près de la maçonnerie que le travail se joue. C'est une saillie de 60 centimètres qui est accordée sur la rue de Ménilmontant et de 20 centimètres sur la rue Delaître.

Assez pour faire d'une surface un volume, d'un plan, un espace, pour nuancer leurs valeurs, mêler à l'écru des carrelages des soupçons d'ombre et aviver l'éclat des céramiques blanches qui bordent tableaux et voussures ». Côté cour, Gaudin déjoue le « piège d'un espace libre qui ne serait que l'expression littérale du règlement et le résidu de la construction », pour porter son attention « sur le dessin d'un passage profond tel qu'on a le bonheur de les découvrir dans ce quartier en se glissant dans les plis du tissu. Les façades se glissent alors furtivement dans l'îlot. Dans les écarts subtils s'ouvrent des embrasures[1] ».

La richesse des tissus de faubourgs, lentement redécouverte par les architectes, invite à jouer sur le rapport des pleins et des vides, sur le cheminement à travers l'îlot, ce que propose Georges Maurios entre les rues de Fontarabie et de Bagnolet (1985) ; le motif de la faille, laissant apercevoir l'espace privé depuis l'espace public, devient l'une des signatures de ce moment. Dans le secteur rue de la Mare-rue des Cascades (1980-1990), Antoine Grumbach cherche à préserver le tracé des rues anciennes, à l'enrichir le cas échant – il crée une place à l'intersection des rues de la Mare et de Savies –, tout en rénovant les îlots les plus vétustes. Héritiers des modernes des années 1920, Henri Ciriani et Édith Girard renouent eux aussi, dans leurs immeubles de la rue du Chevaleret (1984) et du quai de la Loire (1985), avec des figures spatiales ou plastiques longtemps oubliées : la rue, la cour ou la hiérarchisation des façades.

Frédéric Borel, bureau de poste et logements, 113, rue Oberkampf, 1994. (© S. Texier/Adagp, Paris 2004)

Ci-contre : Renzo Piano, ensemble de logements, 64, rue de Meaux, 1991. (© J. Lebar)

Georges Maurios, ensemble de logements, 11-21, rue de Fontarabie et 74, rue de Bagnolet, 1985. (© S. Texier)

Paris côté cour

« Les années 1980 ont pris le contre-pied et développé l'idée du projet architectural comme objet salvateur. De jeunes architectes ont pu accéder à la commande, beaucoup de bâtiments intéressants ont été construits. Mais c'est seulement à la fin de ces années fastes pour l'architecture que le problème de la forme urbaine a resurgi[2] », constate Christian de Portzamparc en 1994. Un travail sensible sur l'intériorité de la parcelle n'implique pas, en effet, une prise de position sur une question plus globale : l'îlot. Celui-ci sera au centre d'un important débat dans les années 1990, mais de nombreux architectes continuent d'explorer l'échelle plus intime de l'immeuble et ses variations sur le rapport extérieur-intérieur : si Frédéric Borel (boulevard de Belleville, 1989, et rue Oberkampf, 1994) ou Philippe Gazeau (rue de l'Ourcq, 1993) tentent d'abolir l'opposition entre l'endroit et l'envers de la ville, Renzo Piano (rue de Meaux, 1991), Livio Vacchini (rue Albert, 1995) ou Jacques Herzog et Pierre de Meuron (rue des Suisses, 2001) redonnent à la cour sa valeur d'espace en soi. Paris se retourne et retrouve la richesse de l'intériorité.

1 *Henri Gaudin*, Paris, Norma, 2001, p. 102.
2 *L'Architecture d'aujourd'hui*, n° 294, 1994, p. 93.

Le façadisme : crime et sauvegarde

Le « façadisme » est un phénomène paradoxal à plus d'un titre : cette « invention » bruxelloise semble en effet être devenue une spécialité parisienne. Encouragé dans un but de conservation de la ville, il lui enlève petit à petit l'essentiel de sa chair ; destiné à perpétuer la cohérence du Paris dit haussmannien, il en conserve l'aspect le moins signifiant ; censé pallier l'insuffisance créatrice des années 1970, il se développe pendant une période d'intense vitalité (les années 1980 et 1990) et apparaît comme la négation par excellence de l'invention architecturale.

La perversion d'un système

Autre paradoxe, le façadisme trouve l'une de ses origines dans la politique d'aménagement du territoire menée dans les années 1960 par la Datar, qui privilégie un desserrement du centre de Paris au profit de la périphérie, de La Défense, mais encore des métropoles d'équilibre. Le bâti parisien ne cesse pendant ce temps de se détériorer, avant que le projet d'une cité financière, déjà évoquée dans le rapport Thirion en 1951, puis réclamée en 1969 par le Groupe d'études pour la cité financière de Paris, ne retrouve une actualité en 1971. La crise pétrolière et les nouvelles orientations urbaines empêcheront la construction d'une nouvelle City autour de l'Opéra. Toutefois, l'instauration, dans le cadre d'opérations de modernisation, d'un COS (coefficient d'occupation des sols) « de fait », qui se substitue à un COS « de base », constituera le premier pas vers le façadisme : il consiste à autoriser, moyennant une taxe de surdensité, la reconstruction d'une surface de plancher (surface hors-œuvre nette : SHON) égale à celle de l'immeuble détruit, ce que le COS « de base » ne permettait plus. Inscrite à l'article 14.1.3. du POS de 1977, cette tolérance, qui s'ajoute à l'autorisation de détruire une architecture du XIXe siècle en voie de reconnaissance, a conduit en contrepartie à une incitation à conserver les façades. Tout est alors affaire de négociation entre le pétitionnaire, les architectes des Bâtiments de France et des Monuments historiques, et le service des permis de construire. Cette négociation adoptera de plus en plus souvent la forme d'un compromis ; le curetage, apparu dans les années 1940 et pratiqué dans les années 1960, laisse la place à une pratique plus globale et plus systématique.

Rue La Fayette : la conservation d'un paysage familier. (© S. Texier)

La Maison Dorée, façade 1840 devant un ensemble de bureaux de 1975. (© S. Texier)

Préserver le « paysage » parisien

C'est en 1975, avec la menace de destruction intégrale de la Maison Dorée, immeuble néo-Renaissance construit en 1840 sur le boulevard des Italiens, que s'opère une prise de conscience de la valeur patrimoniale des immeubles XIXe. Auteur, au 21, rue Laffitte, du siège de la Banque Rothschild (avec Max Abramovitz, 1969), Pierre Dufau est chargé de concevoir le nouveau siège de la BNP sur le site de la Cité des Italiens, dont la Maison Dorée n'est que la proue. C'est à ce titre que, sur pression des riverains, le ministre de la Culture Maurice Druon la fait classer, obligeant l'architecte à revoir entièrement son projet pour en intégrer la façade. En se généralisant à l'ensemble du bâti élevé sous le second Empire, c'est-à-dire à des immeubles dont la façade n'a généralement de valeur que « paysagère », le façadisme atteint rapidement son plus haut degré de démagogie.

Rue Sainte-Cécile : opération en vue de la conservation d'une modeste façade années 1930. (© S. Texier)

Les bureaux de la gare d'Austerlitz, elle aussi touchée par le façadisme. (© S. Texier)

Ci-contre : Christian Devillers, immeuble de bureaux, boulevard des Italiens et passage des Princes, 1994. (© S. Texier)

Phénomène multiple – son éradication relève à ce titre de la quadrature du cercle –, le façadisme répond à une demande sociale de conservation du paysage, tout autant qu'il trahit la difficulté des architectes à concevoir ou imposer des projets susceptibles de continuer la ville. En amont, toutefois, cette pratique est le fruit d'une implacable logique économique : même encadré dans le POS révisé de 1989, le COS « de fait » demeure une facilité offerte au promoteur, dont le seul besoin de construire en sous-sol implique la destruction de l'ossature ancienne, incompatible avec la trame imposée par les véhicules.

Une pratique généralisée

Particulièrement touchés par le retour du tertiaire dans le centre de Paris, les 2e et 9e arrondissements, et notamment le quartier de l'Opéra et de la gare Saint-Lazare, ont dans les années 1990 fait l'objet d'opérations de façadisme à grande échelle : le « Passage du Havre », « Le Victorien » et « l'îlot Caumartin », concernent à elles seules 135 000 mètres carrés de planchers détruits. Dans certains cas, toutefois, il est imposé aux architectes de préserver l'esprit du tissu urbain disparu : ainsi le passage du Havre, reconverti en centre commercial, est-il « reconstitué » entre la rue Caumartin et la rue Saint-Lazare (Macary et Thual, 1997) ; de même que, rue Édouard-VII, Anthony Béchu ménage en 1999 la première épaisseur de l'ordonnance créée par Henri-Paul Nénot en 1911, tout en ouvrant les cours intérieures des immeubles élevés par André Aubert en 1779 – l'opération comprend également la reconstruction de l'Olympia. Le façadisme touche désormais de nouveaux quartiers – la gare d'Austerlitz en 2002 – mais encore de nombreux bâtiments des années 1930 (les magasins Les Trois Quartiers de Louis Faure-Dujarric, l'immeuble Berlitz de Victor Laloux et Charles Lemaresquier, etc.). Autre type de compromis, le savant épiderme conçu par Christian Devillers (1990-1994) devant le passage des Princes, lui-même reconstruit par les architectes des AGF, fut pour sa part perçu comme le signe d'une ouverture sur la création contemporaine. Il semble pourtant condamné à demeurer une superbe exception.

Rue Édouard-VII : un lotissement de 1911 reconstruit de l'intérieur. (© S. Texier)

Préserver les tissus anciens : de la Goutte-d'Or au faubourg Saint-Antoine

LE FAÇADISME EST, PAR DÉFINITION, LA NÉGATION de la profondeur. Pourtant, pendant que Paris se vide de sa substance bourgeoise, s'opère un mouvement contraire de préservation du parcellaire, notamment au sein des faubourgs maraîchers et ouvriers. Ce processus se fonde sur une mise en valeur morphologique et non plus architecturale de la ville.

La découverte tardive du parcellaire

Cette attention au parcellaire n'est pas totalement nouvelle : si, à Montmartre ou à Saint-Séverin, le souci de Claude Charpentier était seulement de conserver un décor et une ambiance, l'introduction de la notion de tissus constitués dans le POS de 1977 témoignait déjà d'un nouveau regard sur la ville. Celui-ci ne cessera de s'affiner, chaque quartier détenteur d'une forte identité faisant l'objet d'une étude approfondie, voire d'une réglementation particulière, nommée POS « de quartier » ou encore POS « fin » ou « sur mesure ». Deux quartiers du 18e arrondissement, la Goutte-d'Or et la Moskowa, attestent de cette évolution. À la Goutte-d'Or, où 2 000 logements devaient être modernisés et 600 nouveaux construits, la procédure mise en œuvre fut celle de l'opération mixte de rénovation-réhabilitation. Le plan d'aménagement de 1983 trahissait alors d'évidentes faiblesses dans l'analyse urbaine, et pour cause : très peu de recherches avaient été menées dans ce domaine. On proposait ainsi la suppression de certains passages, sécurité oblige, et imposait une logique de remembrement caractéristique de l'immédiat après-guerre. Le cas de la Goutte-d'Or alertera les partisans d'une approche traditionnelle de la ville, qui publieront en 1988 un livre manifeste, associant étude historique et projet urbain : *La Goutte-d'Or, faubourg de Paris* (Hazan/AAM). Deux autres failles seront encore pointées dans le projet : la qualité médiocre des propositions architecturales, symptomatique de cette période, mais surtout l'exode inévitable des populations immigrées, qui avaient en grande partie forgé l'identité du quartier. Si 69 % des habitants ont été relogés dans le 18e arrondissement et 19 % dans le 19e, la hausse des loyers, proportionnellement plus élevée qu'ailleurs, a contraint de nombreux locataires à quitter Paris, pour rejoindre notamment le quartier d'Orgemont à Épinay-sur-Seine[1].

Le retour des quartiers

Aux limites de Paris, le quartier de la Moskowa, marqué par un parcellaire en lanières d'origine rurale, était occupé par un bâti vétuste ; le programme d'aménagement de l'est parisien prévoyait alors de « quitter le cadre du POS et d'envisager une intervention publique permettant de conduire le remodelage de la trame urbaine et la transformation du bâti[2] ». Cette trame urbaine, en l'occurrence, sera conservée, de même que plusieurs immeubles dont la destruction était dans un premier temps envisagée ; quant au plan d'aménagement de zone (PAZ), adopté en mai 1990, il sera revu en 1996. Si les qualités morphologiques de la Mos-

En haut : destruction-reconstruction, rue de la Goutte-d'Or et rue de Chartres, 1999. (© S. Texier)

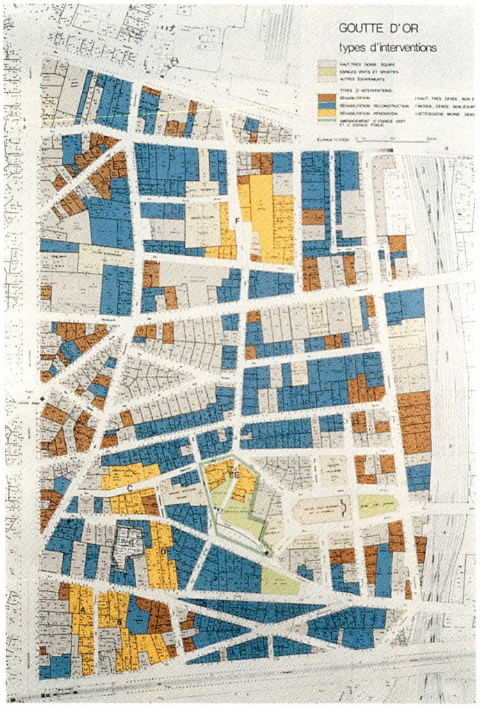

À gauche : plan d'aménagement de la Goutte-d'Or, 1983 : un parcellaire malmené. (© Apur)

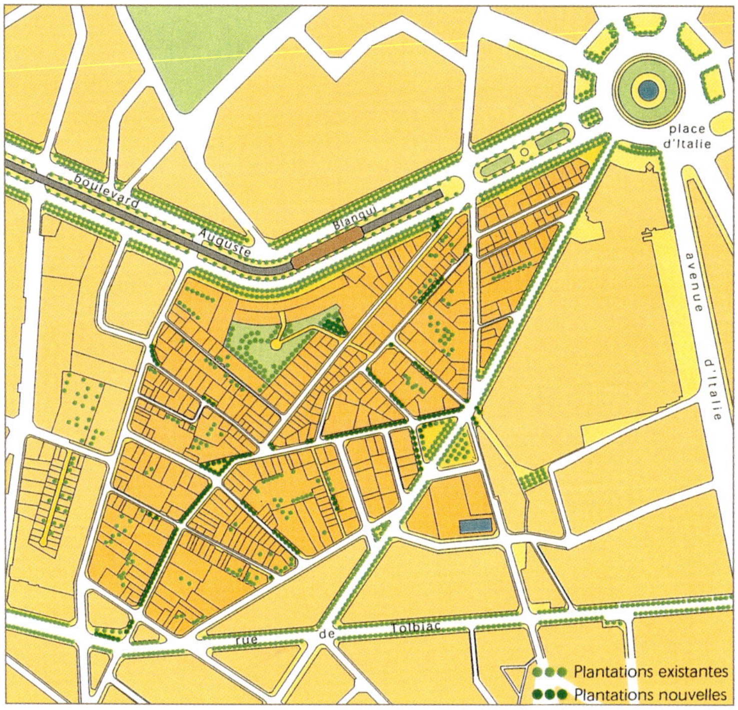

À droite : dix ans plus tard, la Butte-aux-Cailles bénéficie du regain d'intérêt pour le parcellaire des anciens villages. (© Apur)

kowa ont, dans ce cas, probablement moins compté que la pression des riverains, d'autres quartiers avaient déjà fait l'objet d'études en amont : la Butte-aux-Cailles et son tissu « villageois » (1989-1992), les abords de la rue Montorgueil, aménagés en quartier piéton (1990-1991), ou encore le quartier Mouffetard (1992-1994), où dès 1973 un programme de rénovation douce est mis en place. Avec l'accession de Jean Tiberi à la mairie de Paris, en 1995, le processus de protection et d'infléchissement des opérations en cours franchit un nouveau seuil : l'ancien maire du 5e arrondissement propose en avril 1996, au conseil de Paris, de favoriser un urbanisme qui « puise ses forces aux racines mêmes des quartiers, dans leur géographie, leur histoire, leurs habitudes ». Les plans des ZAC Didot et des Amandiers sont ainsi modifiés, donnant lieu à des architectures inspirées des typologies traditionnelles : les immeubles des 8-14, rue Gasnier-Guy (Jeanine Galiano, Philippe Simon, Xavier Ténot, 1999) traduisent de manière exemplaire cette approche urbaine et contemporaine.

Les risques de la réglementation

Le faubourg Saint-Antoine, caractérisé notamment par la profondeur de ses cours, constitue dans cette optique un enjeu particulièrement important. Engagée dès 1994, l'étude de ce secteur de 85 hectares aboutit en juin 1998 à l'adoption d'un POS sur mesure, annulé en mars 2000 puis rétabli en juin 2001, qui comprend entre autres règles : l'abandon des élargissements de rues, l'adaptation de la hauteur des façades et des formes de couronnements aux caractéristiques des bâtiments existants, la création de cours en cœur d'îlots par adossement des constructions aux bâtiments mitoyens, la limitation de la hauteur des constructions sur cour à 16 mètres et l'emploi d'un vocabulaire architectural inspiré des bâtiments existants ; enfin, 45 cours et 330 corps de bâtiments sont protégés. En incitant à perpétuer une forme urbaine qui répondait à des usages précis, pour l'essentiel disparus, au demeurant, ce savant mais périlleux dosage d'interdictions et de prescriptions ne pose-t-il pas explicitement la question du pastiche ? Au sein même du secteur, l'opération Candie-Saint-Bernard, menée en 1987-1996 par Massimiliano Fuksas, n'avait-elle pas apporté la preuve qu'une architecture contemporaine, même très affirmée, pouvait efficacement compléter le tissu disparate du faubourg ?

Massimiliano Fuksas, immeuble de logement, passage Saint-Bernard, 1996 : le faubourg réinventé. (© S. Texier)

Ci-dessus à gauche : la cour de la Maison-Brûlée, rue du Faubourg-Saint-Antoine. (© S. Texier)

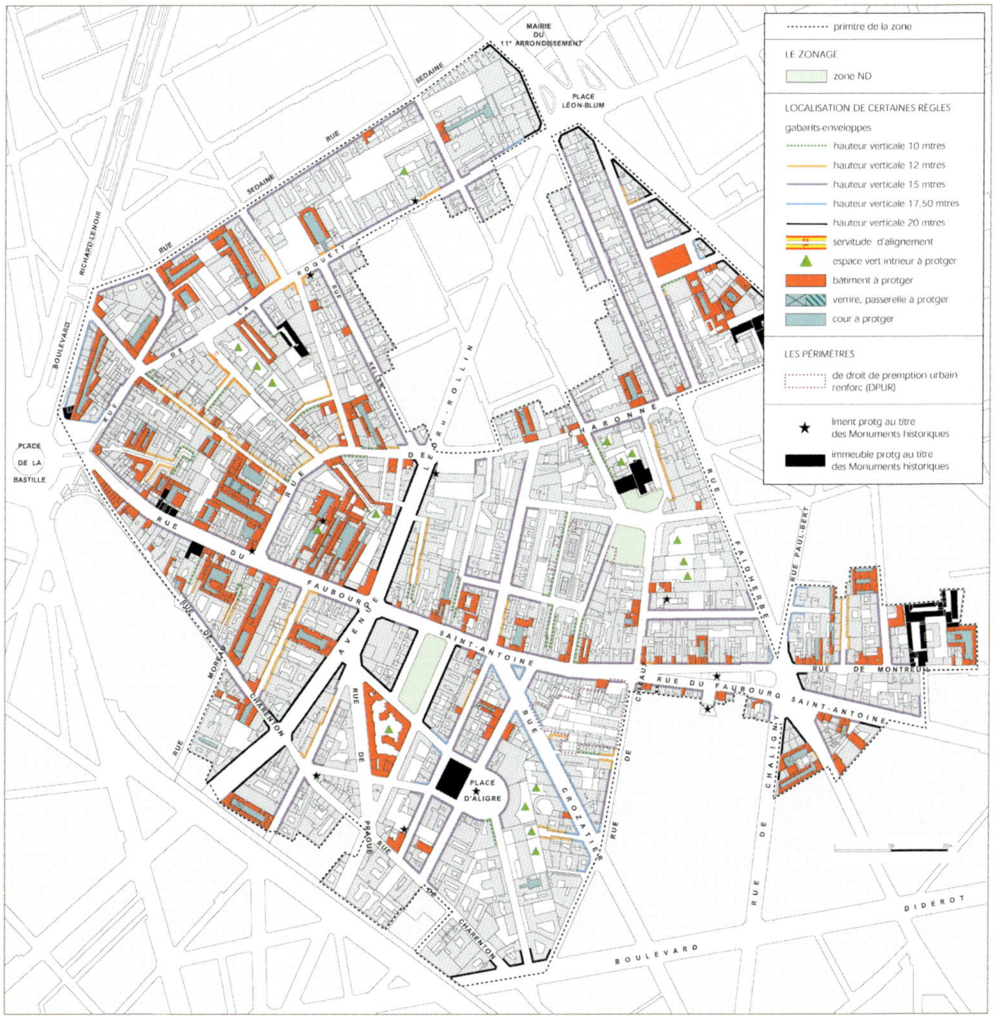

Ci-contre : un POS sur mesure pour le faubourg Saint-Antoine, 1998 ; à l'extrême droite, la cour du 37 *bis*, rue de Montreuil, rachetée par la Ville de Paris début 2004. (© Apur)

1 H. Belmessous, « Les à-côtés de la rénovation parisienne », *Urbanisme*, n° 310, janvier-février 2000.
2 *Paris Projet*, n° 27-28, 1987.

Bercy : l'ordonnance ouverte

L'HAUSSMANNISME n'a jamais cessé de fasciner : Le Corbusier, puis Raymond Lopez l'ont invoqué, chacun y voyant la traduction d'une autorité seule capable de faire œuvre d'urbanisme. Le regain d'intérêt pour les travaux du second Empire, manifesté par l'Apur à travers une étude confiée en 1974 à l'historien François Loyer (publiée en 1987 sous le titre *Paris XIXe siècle. L'immeuble et la rue*), s'est lui-même traduit dans le POS de 1977 par la revalorisation de l'alignement : celui-ci redevient la règle générale pour les constructions en bordure de voie.

Le parc de Bercy et les immeubles de Christian de Portzamparc et Henri Ciriani (1994) : des écritures unifiées par une règle commune. (© S. Texier)

Éloge de la ville régulière

Révisée en 1989 puis en 1994, la réglementation urbaine tient toujours pour essentielle la production, après quinze ans de ville ouverte – les années PUD –, d'une ville de nouveau régulière. L'article 11 du POS stipule ainsi que, « pour éviter de créer ou de laisser à découvert des murs-pignons, la hauteur d'une construction projetée en bordure de voie pourra être soit réduite, soit augmentée ». Paradoxalement, le respect de cet article peut aboutir à ce que l'on nommera une discontinuité continue, c'est-à-dire un plafond en montagnes russes : dans des rues de faubourg quelque peu malmenées par l'histoire, où la hauteur des immeubles oscille entre un, trois, sept et douze étages, le remplissage d'éventuelles dents creuses se transforme en une hasardeuse suite d'exercices de rattrapage…

La règle et le modèle

Les prescriptions du POS en général et de l'article 11 en particulier n'ont, il est vrai, pas empêché l'émergence d'architectures personnelles – architectures dites « d'art et d'essai » au regard de la production courante –, en partie fondées sur un contournement ou un détournement de la règle. Mais une autre catégorie d'opérations échappe plus facilement à cette dernière : les ZAC, qui par définition ne sont pas régies par le POS – elles le sont désormais dans le Plan local d'urbanisme adopté en 2006. Conçues dans un premier temps par les urbanistes de l'Apur, les ZAC ont, à la fin des années 1980, été confiées à des architectes-coordinateurs indépendants, dont le travail a notamment consisté à fixer une règle commune à l'ensemble des constructions, plus précisément à l'ensemble des immeubles de logement, éléments de base de toutes les compositions. La leçon de l'haussmannisme ne s'arrête pas là, mais presque ; les

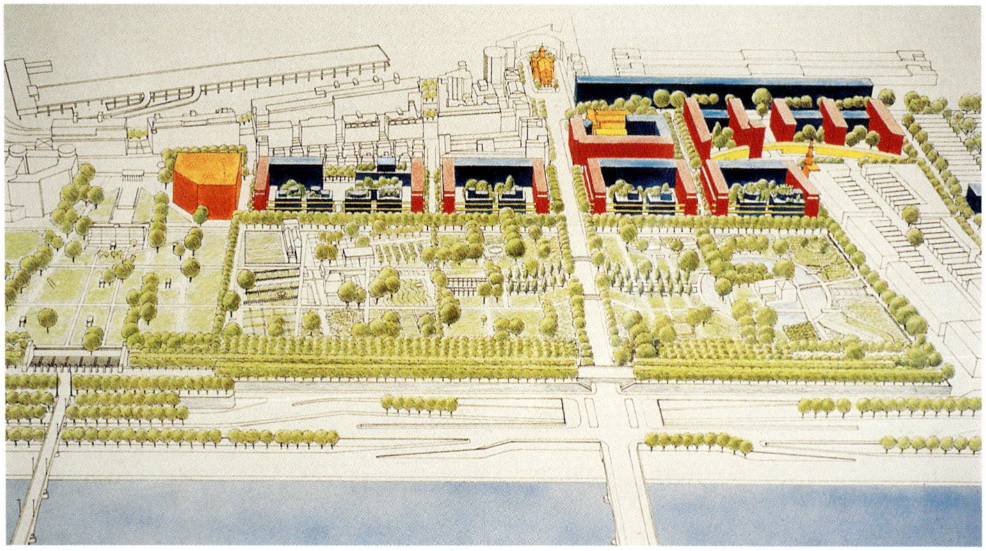

Jean-Pierre Buffi, principe d'aménagement de la ZAC de Bercy : des îlots en U, semi-ouverts. (© Apur/Adagp, Paris 2004)

Le jardin Nicole-de-Hauteclocque (Anne-Sylvie Bruel, Christophe Delmar et André Vaxelaire, 1995-1998), bordé par les immeubles de la ZAC Dupleix. (© S. Texier)

observateurs contemporains et certains acteurs de la construction reconnaissent en effet à la mécanique de la percée une valeur essentielle : son aptitude à laisser, à l'arrière d'un front bâti entièrement neuf et régulier, perdurer et se développer un autre type de ville, plus flexible et plus hétérogène. Comme la percée, la ZAC serait cette « pièce urbaine » qui vient se greffer sur l'existant, tout en imposant l'ordre de la ville régulière hérité de la théorie classique de l'architecture.

Des références multiples

« Si par haussmannisme l'on entend une capacité à s'adapter, à suturer, à incruster des opérations de grande envergure dans le tissu existant, comme l'équipe d'Haussmann a su le faire, alors c'est un compliment que nous serions fiers de mériter[1] », déclarait Nathan Starkman à propos du prétendu néo-haussmannisme pratiqué par l'Apur depuis les années 1980. Toutefois, après quelques ZAC dans lesquelles le bâti était volontairement continu, les réalisations les plus récentes, et architecturalement les plus réussies, se sont éloignées du modèle haussmannien par un mode d'assemblage des immeubles plus ouvert, impliquant un rapport espace privé-espace public différent. Généralement considérée comme un modèle, la ZAC Bercy – approuvée en 1987 –, coordonnée par Jean-Pierre Buffi, ancien collaborateur de l'Apur, offre le meilleur exemple de cette ordonnance ouverte. Inspiré de la rue de Rivoli et des Tuileries pour la rigueur de l'alignement et la relation avec le parc de Bercy, du lotissement du Champ-de-Mars pour le découpage, enfin de la Casa Rustici de Giuseppe Terragni à Milan pour le balcon filant, le projet cumule les références, même contradictoires. Après avoir étudié plusieurs découpages fonciers des îlots, Buffi propose pour la première phase, située entre le parc et la rue de Pommard, un assemblage de quatre éléments : des immeubles « refends », perpendiculaires à l'axe principal, un « cadre » assemblant les deux immeubles centraux, animés par des « pavillons », le tout unifié par des « liens » (les balcons). Ces îlots en U, semi-ouverts, séparés par des « césures » (les rues latérales), évitent une ségrégation trop tranchée entre logements sur rue et logements sur parc. Quant à la règle commune fixée par Buffi, elle permet d'associer des écritures architecturales que tout oppose *a priori*, celles par exemple de Christian de Portzamparc et d'Henri Ciriani.

La présence systématique d'un jardin au sein des ZAC rend finalement impensable, au-delà d'une certaine épaisseur, une composition totalement fermée autour de l'espace public : si la modeste ZAC Dorian est composée d'un seul front bâti, la ZAC Dupleix, coordonnée par Jean-Paul Viguier, ménage pour les immeubles de la rue Edgar-Faure des vues sur le square. Palais-Royal, Champ-de-Mars ou Paris haussmannien, les modèles sont, comme les règles, faits pour être transgressés.

Le jardin des senteurs du parc de Bercy (Bernard Huet, Marylène Ferrand, Jean-Pierre Feugas, Bernard Le Roy, Ian Le Caisne et Philippe Raguin, 1993-1997) et un immeuble de logement, rue Pommard (Philippe Chaix et Jean-Paul Morel, 1993). (© S. Texier)

1 *L'Architecture d'aujourd'hui*, n° 295, octobre 1994.

Paris Rive gauche : artifices et édifices

Vue aérienne de la ZAC : un gigantesque chantier d'infrastructures. (Préfecture de police)

Un nouveau front de Seine à l'est de Paris. (© S. Texier)

À droite : Francis Soler, un immeuble de logement (1997) et les Frigos depuis la BNF. (© S. Texier)

DERNIER PARMI LES PLUS IMPORTANTS CHANTIERS parisiens du XXe siècle, la ZAC Paris Rive gauche confirme le rééquilibrage de Paris à l'est ; elle incarnera surtout, dans quelques décennies, un état de la ville et de la pensée urbaine au tournant du siècle et marquera le couronnement d'un processus observable au demeurant dans la plupart des métropoles : la reconversion des espaces industriels et ferroviaires.

130 hectares à reconquérir

Entamée en 1987 par l'Apur, la réflexion sur le territoire situé entre la gare d'Austerlitz et le périphérique concerne 130 hectares – plus que la surface du 3e arrondissement –, appartenant pour l'essentiel à la SNCF (65 hectares), mais aussi à la Ville de Paris (35 hectares), à l'Assistance publique, au Port autonome et aux Grands Moulins de Paris. Dominé par le réseau ferré d'Austerlitz, le sol est occupé par des constructions disparates, mais pour certaines de grande qualité : la halle Freyssinet (1929), les entrepôts frigorifiques (1919), la Sudac (1891) ou la rue Watt passant sous les voies de chemin de fer (1874) ; elles ont été intégrées dans les plans d'aménagement, à l'exception du viaduc de la rue de Tolbiac, remarquable ouvrage métallique construit en 1895, qui cède la place à la rue Neuve-Tolbiac. Bordé par les quais de la Seine à l'est, le site bute à l'ouest sur la rue du Chevaleret, en contrebas du quartier desservi par la rue de Tolbiac. Ces contraintes déterminent la complexité particulière du projet, dominé par les réseaux, de transport notamment : au-dessus du faisceau ferroviaire, un réseau viaire sur dalle ; en dessous, une nouvelle station de métro (Bibliothèque François-Mitterrand). Après La Défense, le Front de Seine et les Olympiades, mais avec des outils différents, c'est un quartier totalement artificiel qui est ici créé, donnant lieu à des interventions d'ordre technique et paysager à la fois : la liaison avec les quais de Seine est établie grâce à la promenade Arthur-Rimbaud (François Grether et Jacqueline Osty), tandis qu'une passerelle (Dietmar Feichtinger) assure un passage piétonnier vers le parc de Bercy ; le raccordement avec la rue du Chevaleret s'effectue au moyen de terrasses plantées, conçues par Bruno Fortier. Au centre, l'avenue de France aménagée sous la responsabilité de Paul Andreu est conçue sur le modèle du boulevard de Vaugirard, mais les gingkos biloba qui la bordent sont, au lieu d'être plantés en pleine terre, placés dans des bacs.

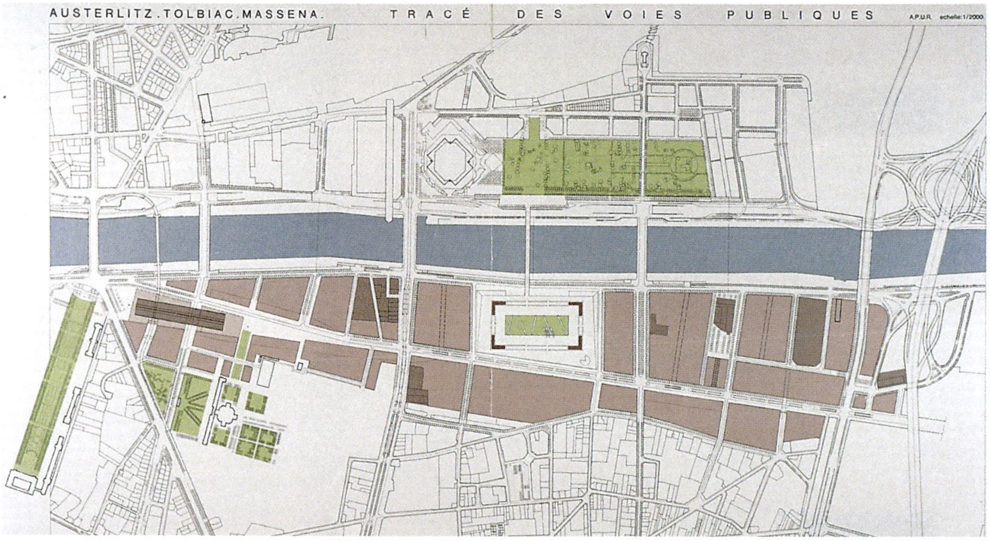

En bas : les voies publiques de Paris Rive gauche. Le quartier est dominé par l'axe central de l'avenue de France. (© Apur)

À gauche : le bocage urbain de Masséna n'abolit pas les limites de propriété. (© S. Texier)

Ci-dessous : les jardins des Grands-Moulins et Abbé-Pierre, pièce centrale du quartier Masséna, ont été conçus par l'agence Ah-Ah sur le thème de la « conquête végétale ». (© Martin Loyer)

Une programmation en mouvement

Bien plus qu'une ZAC, Paris Rive gauche en a néanmoins suivi toutes les procédures : coordonnée par la Semapa, elle a fait l'objet d'un plan d'aménagement de zone (PAZ) approuvé en 1991. Mais le nombre de bureaux prévus (900 000 mètres carrés) par rapport aux logements (500 000 mètres carrés) et l'insuffisance des espaces verts ont conduit certaines associations à militer pour une participation active des habitants dans la définition d'un nouvel équilibre du programme Le chantier (voirie, réseaux) est ouvert en 1992, mais plusieurs consultations postérieures donneront à Paris Rive gauche une audience internationale. Même infructueuse – la couverture complète de la gare a été abandonnée –, la consultation Austerlitz a vu concourir en 1993 Renzo Piano, Norman Foster, Kenzo Tange ou encore Jean Nouvel. Ce dernier remportera finalement en 2007, avec Jean-Marie Duthilleul (AREP) et Michel Desvignes, le marché de définition pour l'aménagement du pôle d'échange d'Austerlitz. C'est à Christian Devillers que reviendra la coordination du secteur Austerlitz-Nord, occupé par des immeubles de bureaux ménageant des échappées vers la Seine.

Nouvelle variation sur l'îlot

La consultation Masséna, qui concerne l'extrémité sud de la ZAC, a quant à elle été remportée en 1995 par Christian de Portzamparc, sur le thème de l'îlot ouvert : largement espacés et nécessairement plus hauts, les bâtiments (immeubles de logement ou bâtiments universitaires) sont autant de petits monuments. En 1995 également, est inaugurée la Bibliothèque nationale de France (achevée en 1998) conçue par Dominique Perrault, qui domine le quartier central de Tolbiac. Bien que vivement contestées et rabaissées de quelques étages, les quatre tours entourant une forêt intérieure donnent à Paris Rive gauche une dimension monumentale unique dans une ZAC. La rigueur de l'ordonnance des immeubles de logement (Philippe Gazeau, Pierre Gangnet, Georges Maurios, enfin Jacques Ripault et Denise Duhart), situés de part et d'autre de la bibliothèque, lui fournit cependant un efficace contrepoint. En arrière, des réalisations plus personnelles signées Francis Soler ou Franck Hammoutène, de même que la chapelle Notre-Dame-de-la-Sagesse de Pierre-Louis Faloci, ajoutent à la variété des traitements architecturaux.

L'aménagement de Paris Rive gauche se poursuivra tout au long des années 2010, au nord avec le secteur Tolbiac-Chevaleret (coordination Pierre Gangnet) et surtout au sud avec l'important secteur Masséna-Bruneseau (Yves Lion). Ici, ce n'est plus seulement le chemin de fer dont il faut estomper les effets de coupure, mais encore le boulevard Masséna et le périphérique. Aussi l'hypothèse d'un dépassement des hauteurs habituelles a-t-elle été étudiée, qui devrait permettre la construction d'immeubles de bureaux avoisinant les 180 mètres.

Le square James-Joyce, au cœur de l'îlot situé entre la BnF et la rue de Tolbiac. (© S. Texier)

Les chantiers du XXIe siècle : centre et périphérie

La Plaine-Saint-Denis (à droite, le Stade de France) : du désordre industriel à l'ordre urbain ? (© La Documentation française/Philippe Guignard)

L'ENTRÉE DANS LE XXIE SIÈCLE a été avant tout marquée, à Paris, par un événement politique : le premier changement de municipalité depuis 1977. Parmi les orientations urbaines inscrites au « contrat de mandature » proposé par Bertrand Delanoë aux électeurs parisiens, figurent au premier plan la réalisation, sur les boulevards des Maréchaux, d'une ligne de tramway; le premier tronçon, entre la Porte de Vitry et le boulevard Victor, a été mis en service en 2006, le second rejoindra la Porte de La Chapelle fin 2012. Au centre de Paris, le réaménagement du quartier des Halles s'affiche comme une remise en cause de l'urbanisme des années 1970-1980 : le jardin de Louis Arretche et les « parapluies » de Jean Willerval disparaissent au profit d'un espace public et d'un système de circulation continus et plus facilement lisibles. Lauréate, aux dépens notamment du Néerlandais Rem Koolhaas, d'un marché de définition jugé en mars 2004, l'agence SEURA-Mangin élabore en effet son projet sur le principe de la « ville passante ». « Si l'on veut aujourd'hui dépasser les propositions d'aménagement qui tiennent davantage de la posture plutôt cynique ("sublimer le chaos"), du conformisme (prolonger les modèles urbains des XVIIIe et XIXe siècles) ou du fantasme (invoquer la "Nature salvatrice"), il faut revenir à l'analyse des faits et des mécanismes urbains contemporains », écrit ainsi David Mangin dans *La Ville franchisée*[1].

La reconquête du nord

Les objectifs du Schéma directeur de 1977 ayant été en grande partie atteints, l'avenir de Paris s'est largement inscrit dans une réflexion à l'échelle régionale. Aussi les grands chantiers du XXIe siècle concernent-ils principalement les franges de la capitale. Les dernières grandes emprises dont la Ville peut faire l'acquisition sont les secteurs ferroviaires. Obtenu en octobre 2001, le principe d'une transformation complète de 54 hectares du secteur Clichy-Batignolles a été suivi d'une consultation d'urbanisme remportée, à l'été 2002, par l'atelier François Grether. Un temps tributaire de la candidature de Paris aux jeux Olympiques de 2012, la création de ce quartier suturant deux parties du 17e arrondissement a débuté par l'ouverture d'un parc central – le parc Martin-Luther-King, dont la surface avoisinera les 10 hectares en 2015 –, qui sera bordé par un ensemble de 3 400 logements, des bureaux et le nouveau Palais de justice de Paris.

Inscrit dans le Grand Projet de renouvellement urbain (GPRU) de la couronne de Paris, le secteur Paris Nord-Est est lui aussi majoritairement propriété de la SNCF et de RFF (Réseau ferré de France), mais intègre encore un tronçon du périphérique (entre les portes de la Chapelle et de la Villette), des ensembles HBM et HLM de la ceinture et des entrepôts. Territoire lacéré par les réseaux mais au potentiel immense, ces 200 hectares ont fait l'objet, en janvier 2003, d'un marché de définition remporté par Fabrice Dusapin & François Leclercq et l'agence TER ; l'un des axes forts de leur projet est la transfiguration du périphérique, enserré dans une forêt linéaire, tandis que les Maréchaux deviennent des « grands boulevards » nouvelle version. Pièce maîtresse de ce dispositif, le gigantesque entrepôt Macdonald (617 mètres, soit la longueur de l'île Saint-Louis), sera reconverti pour accueillir un millier de logements, des bureaux et des équipements ; coordonné par les Néerlandais Floris Alkemade et Xaveer de Geyter, le projet associe plusieurs architectes de renommée internationale, dont le Japonais Kengo Kuma, lauréat en février 2010 du concours pour l'aménagement de la proue.

Paris Nord-Est s'inscrit en outre dans le plus grand projet d'urbanisme en cours : l'aménagement concerté du nord-est parisien et de la Plaine-Saint-Denis, entre la Porte de la Chapelle et la Porte de Paris à Saint-Denis. Gigantesque friche industrielle traversée par deux axes nord-sud (l'autoroute A1 et le canal Saint-Denis), cette dernière couvre 700 hectares et comprend pas moins de 13 ZAC. Elle a fait l'objet de nombreuses études à partir des années 1990, tandis que des regroupements de communes s'opéraient pour aboutir, en 2000, à la création de la communauté d'agglomérations Plaine Commune, elle-même inscrite dans l'un des dix-sept « grands projets de ville » d'Ile-de-France : Plaine Commune-La Courneuve-Stains. À l'est, la rive droite du canal Saint-Denis a fait l'objet d'un traitement paysager mené par Catherine

Patrick Berger et Jacques Anziutti architectes, la Canopée, projet lauréat pour la conception du nouveau « Carreau des Halles » en 2007. Le bâtiment s'insère dans le plan d'ensemble conçu par l'agence SEURA avec Philippe Raguin, paysagiste. (© Philippe Guignard/Air-images)

Ci-contre : le site de la ZAC Seguin-Rives de Seine : lancé en 1997, le projet a été modifié avec la création d'une ZAC en 2003, dont le nouveau plan est adopté en 2006. (© G. Halary-SAEM Val de Seine Aménagement)

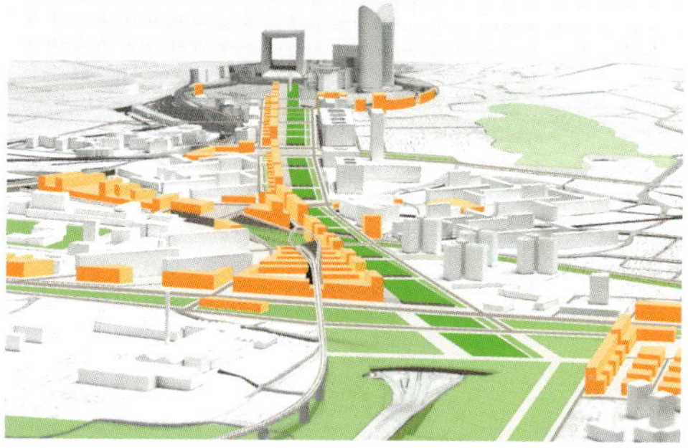

À droite : Atelier Treuttel-Garcias-Treuttel, les Terrasses de Nanterre, projet lauréat pour l'aménagement de l'axe Seine-Arche, 2002. (© Agence TGT)

Mosbach et David Besson ; à l'ouest, la couverture de l'A1 a permis à Michel Corajoud d'y créer une série de jardins (1998), en même temps que les agences Macary-Zubléna et Costantini-Regembal construisaient le Stade de France, desservi par l'avenue du même nom (Alexandre Chemetov) et deux nouvelles stations de RER.

La Seine, d'est en ouest

Sur un axe plus prestigieux mais d'une complexité analogue, car tout aussi chahuté par l'enchevêtrement des réseaux, le développement jusqu'à la Seine de la perspective Louvre-Défense a trouvé un dénouement en novembre 2002 : après l'abandon de la mission Grand Axe créée en 1990, le projet rebaptisé Seine-Arche est attribué à l'atelier Treuttel-Garcias-Treuttel. Celui-ci propose, pour absorber le dénivelé de 50 mètres entre les deux extrémités, une succession de dix-sept terrasses bordées côté nord par un front d'immeubles – 292 000 mètres carrés de logements et 217 000 de bureaux et d'activités devraient être construits à l'horizon 2015-2020. Deux autres grands projets urbains marqueront les abords de Paris en bordure de Seine : Seine amont à l'est et Val-de-Seine à l'ouest, avec notamment les terrains Renault à Boulogne-Billancourt, cette dernière opération ayant été toutefois considérablement retardée par une suite de différends politiques et financiers concernant la programmation sur ce site.

Ci-dessus : plan de masse pour l'aménagement de Paris Nord-Est : la ville reprend ses droits en domestiquant les réseaux. (© Dusapin et Leclercq, urbanistes, et Agence TER paysagiste, Mairie de Paris)

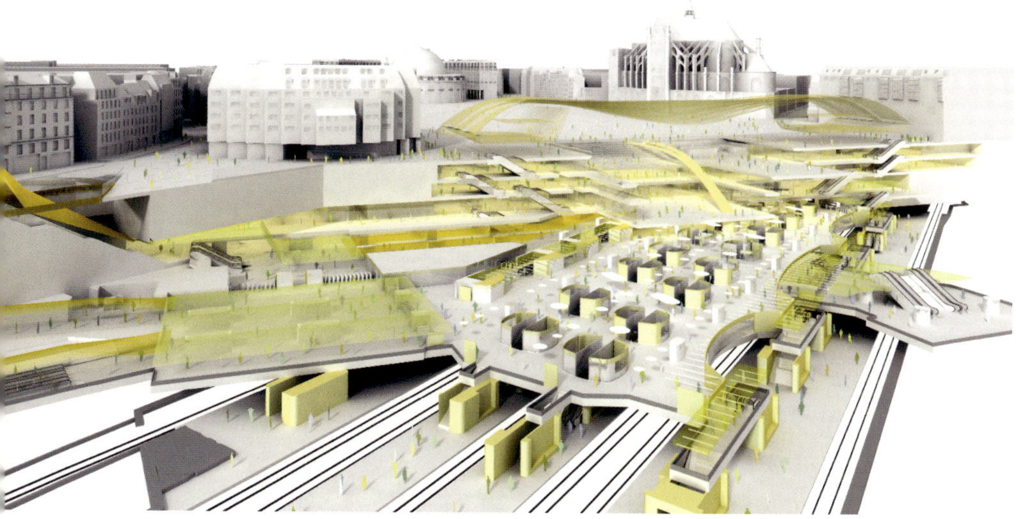

Ci-contre : sous la Canopée, un réaménagement en profondeur de la gare d'échanges et du Forum des Halles. (© Patrick Berger et Jacques Anziutti architectes, perspective Studiosezz)

1 D. Mangin, *La Ville franchisée*, Paris, éditions de La Villette, 2004, p. 20.

Grand Paris ou « archipel métropolitain » ?

Mission Banlieues 89, aquarelle du Grand Paris (1983) : retrouver les paysages du Grand Paris. (© Atelier Castro-Denissof)

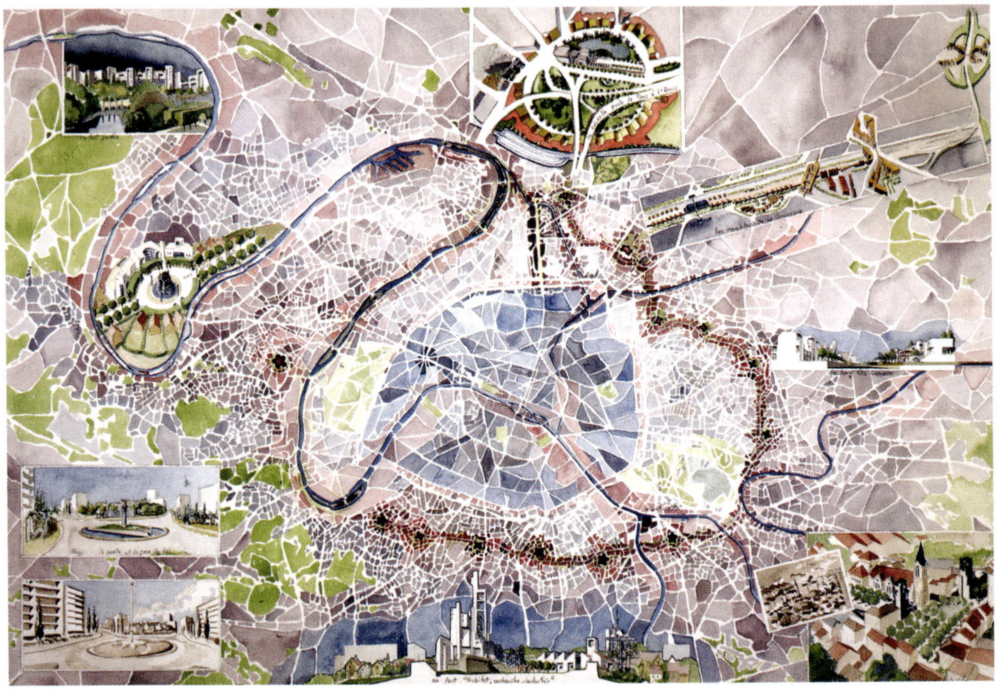

LES RÉFLEXIONS RÉCENTES sur la notion de Grand Paris ont pris acte de l'impossible extension administrative de la capitale. Elles se fondent plutôt sur l'existence de continuités paysagères ou morphologiques, ou à l'inverse sur la nécessaire mise en connexion de situations urbaines fragmentaires.

Banlieues 89 : changer de regard

Il revient à l'étude menée de 1983 à 1989 dans le cadre de la mission Banlieues 89, dirigée par Roland Castro et Michel Cantal-Dupart, d'avoir, pour la première fois depuis plusieurs décennies, proposé les contours et le projet d'un Grand Paris, inspirés par les limites du département de la Seine, disparu en 1964. Pour rompre avec le dessin radioconcentrique de l'agglomération, un quadrillage divisait l'espace en carrés de 1 kilomètre de côté, chacun ayant, théoriquement, la même valeur que les autres. Parmi les concepts qui ont guidé cette étude, la « pensée du déplacement » est particulièrement éloquente lorsque, à l'intérieur des limites de Paris, prennent place l'île Saint-Denis, la basilique, le canal et le parc de La Courneuve, autant de sites dont la géographie et l'histoire constituent des atouts majeurs pour l'avenir. Ce travail préliminaire a abouti à une aquarelle, présentée à François Mitterrand à l'automne 1983, sur laquelle figurent les grandes orientations paysagères, les interventions sur la voirie et les modes de transports.

Trop riche et trop vaste pour être opérationnelle, cette expérience n'en demeure pas moins un document mémorable dans l'histoire des regards sur l'agglomération parisienne. À plus petite échelle, les documents dus à l'Apur et l'Iaurif (Institut d'aménagement et d'urbanisme de la Région Ile-de-France) sur « l'anneau central » puis sur « l'interface Paris-Petite Couronne », jettent les bases d'un dialogue plus concret entre Paris et sa banlieue, à partir de certaines portes.

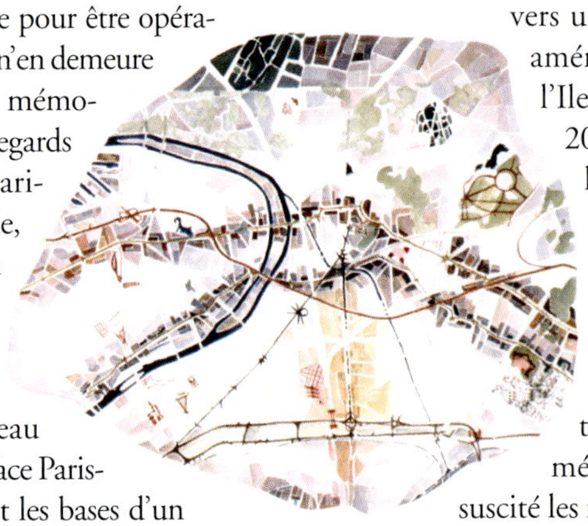

À gauche : Mission Banlieues 89, Paris vu de la Courneuve : une "pensée du déplacement" pour révéler le génie de tous les lieux. (© Atelier Castro-Denissof)

Le retour du Grand Paris

Depuis 1994, l'avenir du Grand Paris se joue dans le cadre du Schéma directeur régional d'Ile-de-France (SDRIF), dont les objectifs premiers étaient d'équilibrer le développement démographique et l'évolution de l'emploi ; révisé à partir de 2005, il vise désormais à développer la solidarité territoriale, la sécurité environnementale et l'efficacité économique, tout en tendant vers un développement et un aménagement durables de l'Ile-de-France à l'horizon 2030. Par-delà ces objectifs, la consultation du Grand Paris, lancée au début de l'année 2008 sur deux thèmes (« La métropole du XXIe siècle de l'après-Kyoto » et « Le diagnostic prospectif de l'agglomération parisienne »), a suscité les recherches et les propositions de dix équipes pluridisciplinaires réunies autour d'architectes mandataires. Elles poursuivront leur travail au sein de l'Atelier du Grand Paris, inauguré au Palais de Tokyo en 2010, une instance de réflexion tributaire, toutefois, du duel politique opposant l'État et la région Ile-de-France, principalement sur la question des transports.

Ci-dessous : Atelier Christian de Portzamparc, projet de monorail rapide annulaire sur le périphérique : l'une des images fortes de la consultation sur le Grand Paris en 2009. (© Atelier Christian de Portzamparc)

Si cette consultation avait pour ambition de proposer quelques images ou idées fortes, le travail de recherche fondamentale mené au sein de

Le nord-est de Paris : un enjeu politique, économique, social et urbain majeur pour le XXIe siècle. (© IGN)

chacune des équipes a néanmoins formé le socle de propositions parfois très élaborées, sur des thématiques telles que la densité, les modes de transports, le rapport au bâti ancien ou la relation entre urbanisation et nature. Des points de vue ou des constats communs se détachent alors : nécessité d'une plus forte densité de l'agglomération, multipliant les points d'intensité et de connexion (les hubs) – la ville de Tokyo est plusieurs fois citée en exemple ; constat de l'extrême richesse d'une agglomération qu'il s'agit moins de redessiner que d'épaissir, parfois de retrouver, Seine, parcs et forêts devant être à la fois réinvestis et mieux préservés. Parmi les images ou propositions les plus marquantes, on retiendra celle, radicale bien que vieille de deux siècles, de l'équipe Grumbach (une « ville-territoire linéaire » se développant de Paris jusqu'au Havre), un métro rapide annulaire au-dessus du boulevard périphérique (équipe Portzamparc), une tour « Super Sorbonne » de 1 000 mètres de haut sur le site de Jussieu (équipe MVRDV), ou encore la surélévation de toutes les tours parisiennes (équipe Nouvel). Toutefois, ces grands gestes ne sont pas dissociables d'un faisceau de mesures possibles qui viseraient à régénérer les grands ensembles, densifier les zones pavillonnaires, mieux utiliser l'eau et préserver la biodiversité, réduire l'empreinte écologique de la métropole, enfin et surtout à maximiser l'offre de mobilité autour de Paris.

À droite : La banlieue nord-ouest : de l'industrie aux réseaux. (© S. Texier)

Ci-dessous : Élément marquant du paysage frontalier, les Grands Moulins de Pantin ont été restructurés par Bernard Reichen et Philippe Robert en 2009. (© S. Texier)

Un archipel de solidarités

Inévitablement, la capitale demeure cependant un espace de référence, sans pour autant faire figure de pôle colonisateur. Faut-il d'ailleurs concentrer le débat sur les rapports entre centre et périphérie, alors même que la région parisienne apparaît, aujourd'hui, davantage comme un « archipel métropolitain » que comme une entité cohérente, un archipel fait de ruptures d'échelle et de paysages, que seuls les réseaux sont pour le moment en mesure d'unifier ? Qu'il s'agisse de création *ex nihilo* ou de reconversion, d'implantation de pôles tertiaires et universitaires ou de requalification de secteurs diffus, il n'est pas une commune qui ne soit aujourd'hui concernée par les questions d'urbanisme, voire appelée à s'intégrer dans une structure intercommunale. Les problèmes ne sont, certes, pas les mêmes en proche et en lointaine banlieue ; quelle que soit sa nature, cependant, la ville apparaît comme une succession infinie de plis, scandés par des seuils dont la vocation n'est pas seulement d'être, mais *d'être-pour*. « N'est-ce pas cela l'espace, ce qui fait lien[1] ? »

1 H. Gaudin, *Seuil et d'Ailleurs*, Paris, Demi-Cercle, 1992, p. 13.

Les paysages de Paris [et la mémoire]

À droite : La faculté de Tolbiac (Michel Andrault et Pierre Parat, 1973) depuis la rue Baudricourt. (© S. Texier)

Ci-dessous : Le quartier Mouzaïa et les immeubles de la place des Fêtes : deux moments de fabrication de la ville. (© La Documentation française/ Interphotothèque, Michel Brigaud/Sodel)

« La forme d'une ville change, hélas... » Faut-il en référer indéfiniment à Baudelaire pour traduire la rapidité des mutations parisiennes ? La forme de Paris, entendue comme ses contours, n'a d'ailleurs quasiment pas changé depuis 1860 : Paris est demeuré une ville close, à tel point que les étrangers un tant soit peu curieux connaissent mieux la banlieue que les Parisiens eux-mêmes. Paris cœur d'agglomération est seulement devenu Paris hypercentre d'une mégapole, perdant quelques centaines de milliers d'habitants au profit d'une périphérie en constante croissance. En revanche, là où le XXe siècle a introduit une rupture, c'est dans la forme urbaine : le passage progressif d'un urbanisme d'alignement à un urbanisme d'îlot, puis d'ensemble, a remis en question les fondements plusieurs fois centenaires de la fabrication de la ville. Par-delà les déchirures, l'observateur contemporain constate ainsi l'apparition d'un nouveau paysage parisien, dont il est, qu'il le veuille ou non, désormais l'héritier.

Une ville riche de son morcellement

La ville est aujourd'hui hétérogène, et ce d'autant plus visiblement que les moments de rupture ont eux-mêmes été interrompus par d'autres ruptures : aucune doctrine urbaine n'a finalement pu imposer son ordre dans le Paris contemporain. Cette succession de tentatives a abouti à la création de paysages nouveaux, parfois chaotiques, mais en certains cas saisissants. Parmi les images emblématiques – qui remplaceraient la vue de la tour Eiffel au débouché de la rue Saint-Dominique –, on citera la place du Colonel-Bourgoin, dont les immeubles post-haussmanniens font un modeste mais ô combien efficace écran aux barres de l'îlot Saint-Éloi ; les tours voisines de la rue Érard, émergeant du faubourg Saint-Antoine, le Centre Pompidou surgissant au débouché de la rue Simon-le-Franc, la tour Super-Italie depuis la rue du Docteur-Leray, ou encore la faculté de Tolbiac dans l'axe de la rue Baudricourt. L'inventaire subjectif de ces nouvelles « vues » parisiennes reste à effectuer, en partant du constat suivant : dès lors qu'elle revêt un minimum de qualité, une émergence n'est jamais aussi forte quelorsqu'elle est partiellement masquée oulorsqu'une autre échelle lui fait contrepoint – la ville médiévale et la ville nord-américaine ont déjà intégré cette notion.

Aussi, une lecture plus large de la notion de tissu constitué, appliquée notamment aux grands ensembles les mieux composés, consacrerait-elle paradoxalement la dimension paysagère de la masse qu'ils opposent aux tissus les plus bas. Les

vues aériennes montrant les barres de Jean Dubuisson en marge de la place des Fêtes et le lotissement de maisons de la Mouzaïa en contrebas ne doivent plus constituer l'instrument d'une dénonciation, mais la preuve éloquente qu'un paysage nouveau s'est créé. Vus depuis la Porte de Pantin, ces cinq prismes parallèles ont encore une présence incontestable. Ce n'est d'ailleurs pas un hasard si les photographies parmi les plus frappantes du Paris moderne prennent pour motif des immeubles de Dubuisson – un cliché d'Andreas Gursky a notamment rendu célèbre celui de la rue du Commandant-René-Mouchotte : nonobstant leur violence monumentale, il s'agit aussi d'objets esthétiques purs, à la terrifiante beauté… Dans des proportions peut-être différentes, n'y a-t-il pas aujourd'hui moyen, dans certains quartiers, de prendre exemple sur les quelques « figures » ou « images » les plus réussies dans ce domaine, de manière à favoriser une « densification paysagère » ? Il n'est pas question de prôner ici un nouveau pittoresque, mais de constater que la rupture d'échelle, les jeux d'oppositions entre figure et fond peuvent parfois constituer un remède aux béances de la ville radieuse – la réhabilitation de la rue Nationale en est l'un des manifestes –, tout comme une alternative à l'ordonnance. « Parce qu'au contraire c'est l'ordre qui est inéluctable. […] Ce n'est pas nous qui introduisons délibérément le chaos ; c'est le système contemporain qui est un assemblage contradictoire de volontés architecturales, de sensibilités populistes, de politiques financières, de rêves triomphalistes, etc.[1] », se défend le très influent Rem Koolhaas.

La tentation de la hauteur, bis

Le débat sur les tours, relancé en 2002 avec le projet d'Yves Lion pour le secteur Masséna-Bruneseau à l'extrémité sud de la ZAC Paris Rive gauche, puis en 2003 avec l'annonce, par la Ville de Paris, de projets de tours au niveau du périphérique – projets révélés au public en 2007 –, a montré quelle méfiance suscitent les émergences au sein de la ville-centre. À l'opposition de principe, presque épidermique, d'une majorité de Parisiens, tout comme celle, d'ailleurs plus esthétique qu'écologique, des élus Verts, s'ajoute celle d'une partie de la profession, convaincue du caractère antiurbain, antiéconomique et enfin antisocial des tours. Sans prendre parti pour l'une ou l'autre position, on constate que Paris subit depuis quelques années une double pression : foncière, d'une part – la demande en surfaces de bureau *intra-muros* comme le besoin de nouveaux logements demeurent particulièrement forts –, et esthétique, d'autre part : la prolifération des tours dans les plus grandes métropoles, d'Extrême-Orient comme d'Occident, conjuguée à l'influence croissante de certaines tendances de l'architecture européenne – l'architecture hollandaise, principalement –, invitent à reconsidérer l'héritage des Trente Glorieuses pour réanimer une architecture de la hauteur, plus urbaine et respectueuse de l'environnement. Et Paris-ville, confinée dans ses 105,4 kilomètres carrés, souffre d'une certaine manière des mêmes contraintes de densité que les Pays-Bas. Mais les tours constituent-elles la bonne réponse à un vrai problème ? L'extension d'Amsterdam sur ses friches portuaires, notamment l'île

Ateliers Jean Nouvel, la tour Agbar à Barcelone, 2005 : le symbole d'une recrudescence des architectures iconiques.
(© S. Texier)

Knsm (plan de masse par Joe Coenen) et les péninsules Borneo et Sporenburg (Adriaan Geuze & West 8), n'est-elle pas la preuve que la question de la densité peut être résolue selon plusieurs modes : la tour, certes (celle, notamment, de Wiel Arets sur Knsm), mais aussi le principe de l'unité d'habitation revisitée (l'immeuble Piraeus de Hans Kollhoff ou la « Baleine » de Frits Van Dongen), associés à une importante surface de maisons en bande ?

Doté d'un Plan local d'urbanisme[2] depuis juin 2006, plan révisé en septembre 2009, Paris n'a pas fondamentalement modifié son approche de la hauteur : celle-ci est limitée à 25 mètres pour la partie centrale, à 31 mètres pour la périphérie, quelques zones pouvant accueillir des bâtiments de 37 mètres. Ce n'est donc que dans des circonstances exceptionnelles que des dépassements seront autorisés. Hormis le site de La Défense, qui mène plusieurs opérations de démolition-reconstruction tout en lançant des projets avoisinant les 300 mètres (tour « Phare » signé Thom Mayne, tour « Signal » par les Ateliers Jean Nouvel), le projet le plus avancé est la tour « Triangle » conçue par l'agence Herzog &

1 F. Chaslin, *Deux conversations avec Rem Koolhaas et cætera*, Paris, Sens & Tonka, 2001, pp. 20-21.
2 La loi SRU relative à la solidarité et au renouvellement urbains, votée en décembre 2000, impose aux villes françaises l'établissement d'un PLU en remplacement de leur plan d'occupation des sols.

En haut : Agence Sauerbruch Hutton, tours colorées au débouché du pont National : l'une des propositions suscitées par la Ville de Paris en 2003. (© Sauerbruch Hutton)

Ci-dessus : Herzog & de Meuron, projet de tour Triangle à la Porte de Versailles : optimiser les ressources foncières et renouveler le visage architectural de Paris. (© Unibail-Rodamco)

de Meuron pour la Porte de Versailles : cet édifice d'un nouveau genre, ville verticale, écologique et largement ouverte au public, se présente comme une pyramide de très faible épaisseur (35 mètres à la base, 16 au sommet), qui devrait atteindre 180 mètres de hauteur ; bordé par un jardin, le Triangle a aussi pour mission d'articuler la liaison entre Paris et Issy-les-Moulineaux. Toutefois, nonobstant une dimension signalétique que l'on aurait tort de négliger – « l'architecture commence au signal[3] », écrivait André Chastel –, c'est plutôt la construction ponctuelle d'immeubles d'une cinquantaine de mètres qui, selon nous, mérite d'être défendue. Une telle échelle contribue en effet à une meilleure rentabilisation du foncier tout en produisant des émergences qui demeurent locales.

Un enjeu majeur : l'espace public

Encore faut-il, par-delà les formes, que l'espace séparant les différents éléments bâtis soit suffisamment qualifié pour les articuler. Et sur ce point encore une fois, c'est la pluralité des approches qui domine à Paris, une pluralité assumée ou tout au moins organisée par les services de la Ville eux-mêmes, par le biais d'un traitement au cas par cas des parcs et jardins comme des espaces relevant de la voirie. L'haussmannisme consistait à unifier le vocabulaire urbain, de manière à rendre homogène une ville faite de parties assemblées artificiellement lors de l'annexion des communes périphériques. L'assimilation passait alors par la mise en œuvre, et ce dès 1853, d'une culture urbaine commune – plus visible encore dans les bâtiments publics : mairies, écoles, etc. –, qui n'empêchait nullement les structures villageoises, à commencer par le tissu urbain, de se renouveler. L'éclatement de la ville après 1950 aurait pu conduire à un travail analogue ; il semble pourtant que la prise de conscience du caractère définitivement hétérogène de la ville ait, d'emblée, conduit à sa traduction au niveau du sol par un marquage différencié.

Que cette tendance se confirme ou s'inverse, l'espace public demeure l'un des principaux enjeux urbains du XXIe siècle. Car après plusieurs décennies de règne des réseaux et des infrastructures, c'est l'adaptation et surtout la mise en relation de l'espace et du bâti avec ces derniers qui restent à mettre en œuvre. On reconnaîtra volontiers, à ce propos, la surreprésentation des architectes par rapport aux ingénieurs dans cet ouvrage : on peut légitimement considérer que, au XIXe comme au XXe siècle, les ingénieurs ont produit l'essentiel de la ville, c'est-à-dire tout ce qui permet de la faire fonctionner, le reste –

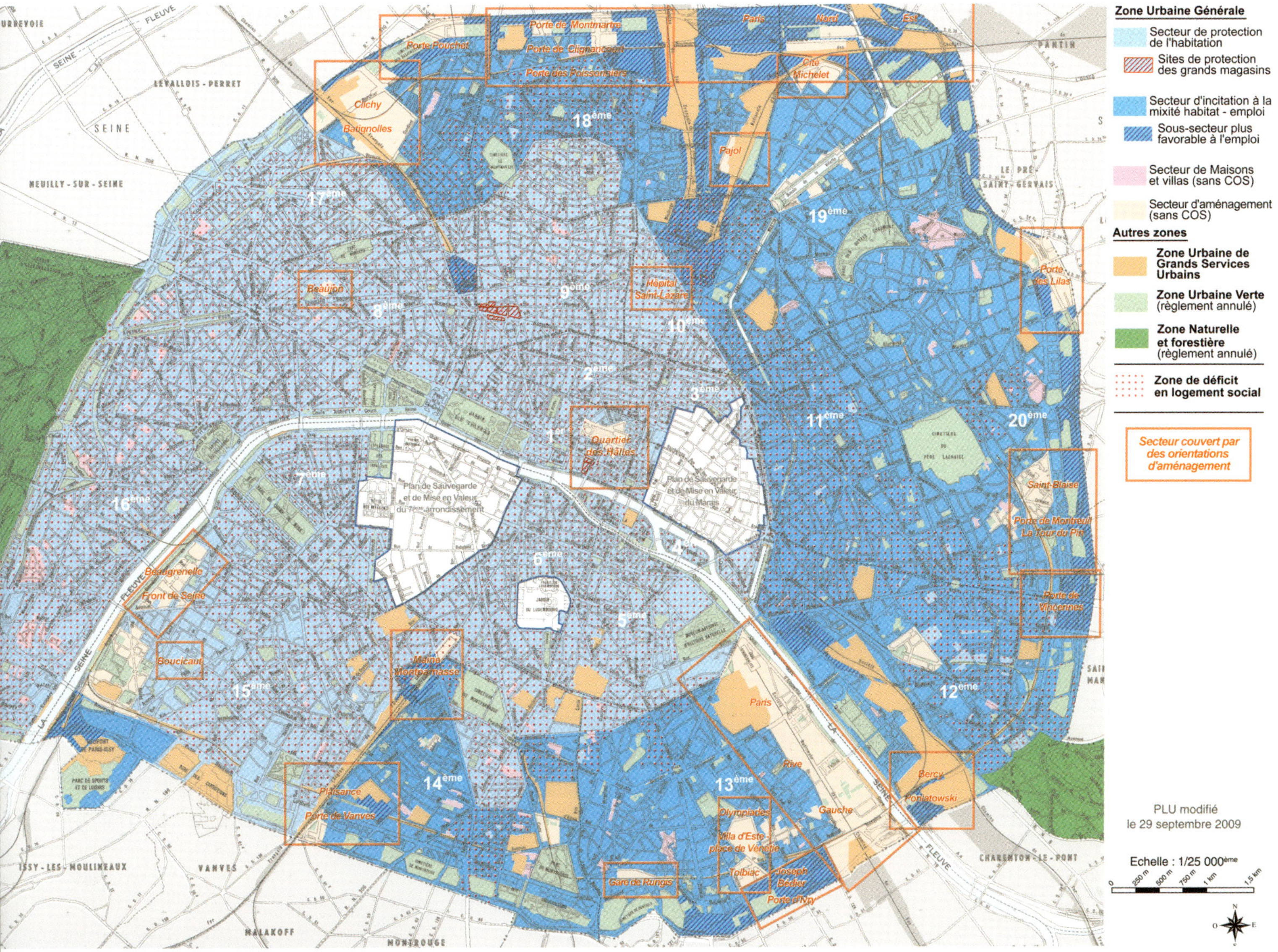

En haut : carte de synthèse du Plan local d'urbanisme, 2006 (modifié en septembre 2009) : on notera l'importance de la zone de déficit en logement social (pointillés roses). (© Mairie de Paris)

Ci-dessus : la Cité Prost avant et après aménagement : livré en 2007, le jardin est un condensé des nouvelles tendances paysagères. (© S. Texier)

le bâti – pouvant apparaître comme un simple remplissage. La littérature architecturale abonde, il est vrai, en appels au sursaut d'une profession dépossédée de son pouvoir de décision sur la fabrication de la ville – il faut d'ailleurs mettre cet état de fait à la décharge des architectes, généralement les premiers exposés à la vindicte lorsqu'il s'agit de trouver des responsables aux pathologies urbaines. Or, avant d'être le lieu de l'échange des habitants de la cité, l'espace public est en principe, au moment de sa conception, celui de la rencontre de plusieurs compétences : celles de l'architecte, de l'ingénieur et du paysagiste en particulier, que complètent celles des décideurs et des riverains. Ces trois professions avaient rarement eu, depuis le second Empire, l'occasion de travailler à des projets communs ; les successeurs d'Adolphe Alphand, Eugène Belgrand, Gabriel Davioud et Jean-Pierre Barillet-Deschamps seront, de surcroît, d'autant plus nombreux que les besoins et les demandes seront variés.

Car l'espace public ne se résume pas à quelques nouveaux squares et élargissements de trottoirs, il est au confluent de toutes les fonctions de la ville. L'étude de l'Atelier parisien d'urbanisme intitulée *Paris et ses quartiers*[4] – enquête d'une rare précision, inscrite dans la lignée de celles menées successivement par Paul Juillerat sur l'hygiène, Raymond Lopez sur l'immobilier et François Loyer sur l'esthétique du Paris XIXe –

3 A. Chastel, « Homo architector », préface au *Grand Atlas de l'architecture mondiale*, Paris, Encyclopædia Universalis, 1988, p. 8.
4 Publiée en 2001, cette étude n'a pas été commercialisée. Les données mises à jour sont désormais rassemblées sur un DVD annexé à l'ouvrage *Paris 21e siècle*, Paris, Apur/Le Passage, 2008

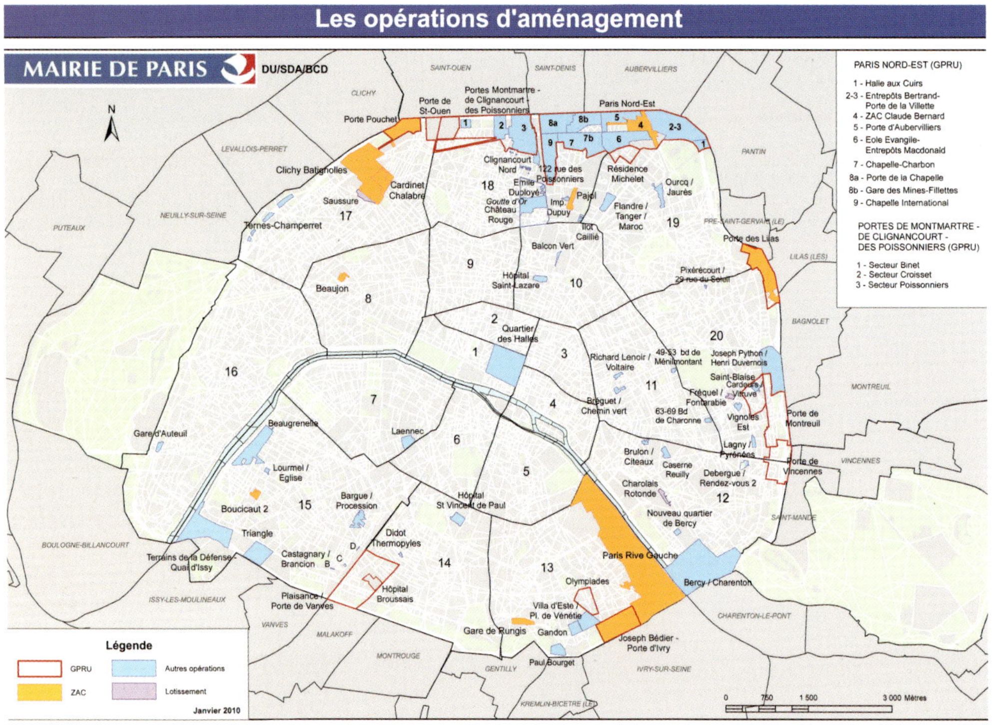

Les principales opérations d'aménagement à Paris, janvier 2010 : pour l'essentiel, un travail sur la limite. (© Mairie de Paris)

a mis en lumière la multitude des voies et places présentant des difficultés de franchissement, des espaces publics dégradés ou des lieux fermés. Cette situation est en partie l'héritage du desserrement opéré dans les années 1960-1970, desserrement fondé sur une lecture de la ville réduite à quelques fonctions. Dans une capitale qui a retrouvé sa mixité, la fabrique de l'espace public repose pourtant, actuellement, sur un nouveau type de fonctionnalisme : la séparation des usages. Mais la mobilité, cette prétendue panacée de la ville contemporaine, est-elle à ce prix ? L'exigence du mouvement toujours possible doit-elle l'emporter sur le désir de centralités, elles aussi partout possibles ? Poser la question de l'espace public, c'est précisément mettre en tension ces deux notions : mobilité et centralité. Et l'un des écueils qui guettent la ville de demain est la rupture du nécessaire équilibre entre l'une et l'autre.

On comprend ici que l'enjeu n'est plus l'espace public en soi, mais la manière dont Paris sera à même de « digérer » la masse des réseaux mis en place en quelques décennies et qui, pour certains, sont appelés à se développer encore.

Mémoire de Paris et urbanisme durable

Longtemps Paris a perdu la mémoire. Mais Paris n'est-il pas, aujourd'hui, asphyxié par son désir de mémoire ? La question ne cesse d'être débattue ; elle est même l'un des grands dilemmes auxquels est confrontée la capitale. Le Projet d'aménagement et de développement durable (PADD), série d'orientations à moyen et long terme intégrées au PLU, l'a d'ailleurs intégrée en rejetant l'idée d'une « ville-musée ». Les trois grands objectifs de ce projet sont en l'occurrence : améliorer le cadre de vie de tous les Parisiens dans une conception durable de l'urbanisme, promouvoir le rayonnement de la capitale et stimuler la création d'emplois pour tous et enfin réduire les inégalités pour un Paris plus solidaire. Si l'on considère que l'histoire est faite de cycles, qui correspondent eux-mêmes à des générations d'hommes et de femmes, postulons que Paris est entré dans le « cycle de la mémoire » autour de 1980 ; celui-ci pourrait s'achever vers 2010, dès lors que les générations qui ont connu ce que l'on nommera le « cycle du progrès » seront minoritaires. Ce matériau primordial qu'est le temps pour la ville n'est pas seulement celui de la fabrication, mais aussi celui de l'acceptation. La violence des rénovations urbaines a engendré une

Paris 16ᵉ et La Défense : l'un des paris du XXIᵉ siècle. (© S. Texier)

réaction presque naturelle de refus – ou de reflux – tout aussi extrême dans certaines de ses formes. Une ville ne peut cependant se bâtir indéfiniment sur le mode de la négation et de la nostalgie ; aussi le Paris de 2020 ne devra-t-il être ni celui du refus de mémoire, ni celui d'une adhésion naïve à des révolutions technologiques. Il peut d'ailleurs paraître chimérique, voire contradictoire, de prétendre construire un urbanisme durable dans un tel moment d'accélération du temps. La qualité de l'urbanisme à venir n'est-elle pas plutôt dans sa réversibilité ? On comprend ici que le terme durable ne doit pas être pris au pied de la lettre, mais au contraire dans sa seule acception écologique.

Bibliographie

La présente bibliographie ne peut être que sélective. Il faudrait en effet un volume entier pour rendre compte de la somme des écrits concernant l'urbanisme parisien au XXe siècle, qu'il s'agisse des rapports et textes officiels, des projets et commentaires parus dans la presse spécialisée ou grand public, ou encore des ouvrages et articles historiques qui, depuis vingt ans, ont prouvé la richesse, quasi infinie, du sujet. Les textes présentés ici par ordre chronologique sont, pour l'essentiel, issus de la sphère architecturale et urbaine.

Numéros spéciaux ou dossiers consacrés à Paris dans des périodiques

« Paris », *L'Architecture d'aujourd'hui*, juin-juillet 1931.

« Urbanisme... », *Bravo. Le Mensuel de Paris*, avril-mai 1932.

« Paris 1937 », *L'Architecture d'aujourd'hui*, juin 1937.

« Paris », *L'Illustration*, n° 4969, 28 mai 1938.

« Numéro spécial sur l'urbanisme de Paris et du département de Seine-&-Oise », *L'Architecture française*, n° 17-18, mars-avril 1942.

« Numéro spécial sur le relogement de Paris et de la Seine », *L'Architecture française*, n° 57, avril 1946.

« Les autoroutes souterraines de Paris et garages-parkings souterrains », *Le Monde souterrain*, n° 57, février 1950.

« Paris. Réseau d'autoroutes souterraines de la capitale. Garages et parkings souterrains pour véhicules », *Le Monde souterrain*, n° 58, mai 1950.

« Paris. Office public d'habitations à loyer modéré », *HLM*, n° 17, janvier-février 1952.

« L'aménagement de la ceinture verte de Paris », *Urbanisme*, n° 35-36, 1954, pp. 3-20.

« Paris et l'aménagement de la Région parisienne », *L'Architecture d'aujourd'hui*, n° 63, décembre 1955-janvier 1956, pp. 30-36.

« Paris et sa région », *Urbanisme*, n° 51, 1956.

« Propos sur Paris », *Urbanisme*, n° 55, 1957.

« Paris et sa région », *L'Architecture d'aujourd'hui*, n° 90, juin-juillet 1960, pp. 70-85.

« Paris et la Région parisienne », *L'Architecture d'aujourd'hui*, n° 97, septembre 1961.

« L'Office public d'habitations à loyers modérés de la Ville de Paris », *Techniques & Architecture*, 3e trimestre 1962.

« Paris du XXIe siècle », *Paris Match*, n° 760, 2 novembre 1963, XVI p.

« Destin de Paris », *Urbanisme*, n° 84, 1964.

« Opérations d'architecture et d'urbanisme dans Paris », *Travaux*, n° 600, juin 1965, pp. 1-45.

« Aménagement de la Région de La Défense 1 », *Techniques & Architecture*, 25e série, n° 6, septembre 1965.

« Paris dans vingt ans », *Paris Match*, n° 951, 1er juillet 1967, pp. 41-56.

« Aménagement de la Région de La Défense 2 », *Techniques & Architecture*, 29e série, n° 1, février 1968.

« Paris », *L'Architecture d'aujourd'hui*, n° 138, juin-juillet 1968.

« Espace parisien », *Urbanisme*, n° 117, 1970, pp. 12-44.

« Villes nouvelles de la Région parisienne », *Techniques & Architecture*, 32e série, n° 5, novembre 1970.

« Aménagement de la Région de La Défense 3 », *Techniques & Architecture*, 34e série, n° 2, décembre 1971.

« Paris », *L'Architecture française*, n° 371-372, juillet-août 1973.

« Paris et le District parisien », *L'Architecture française*, n° 385-386, octobre-novembre 1974.

« Paris-Londres », *L'Architecture d'aujourd'hui*, n° 179, novembre-décembre 1974.

« Paris », *Revue de l'art*, n° 29, 1975.

« Paris », *Techniques & Architecture*, n° 317, décembre 1977.

« Les Halles », *Architectural Design*, 1980, n° 9-10.

« Paris. Le retour de la ville », *Architecture intérieure Créé*, n° 192-193, janvier-mars 1983.

« Paris 89. Une exposition de papier », *Urbanisme*, n° 197, septembre 1983, pp. 10-65.

« Austerlitz. 10 projets d'urbanisme », *Techniques & Architecture*, hors-série, juin 1993.

« Seine Rive gauche. Continuer Paris », *Le Moniteur Architecture-AMC*, n° 48, février 1994, pp. I-XXXII.

« Le nouveau Paris », *Le Débat*, n° 80, mai-août 1994.

« Paris », "Projets sur la ville", *L'Architecture d'aujourd'hui*, n° 294, septembre 1994, pp. 43-101.

« Paris », *L'Architecture d'aujourd'hui*, n° 295, octobre 1994.

« Paris », *Urbanisme*, n° 310, janvier-février 2000, pp. 58-89.

« Paris métropole 1 », *Techniques & Architecture*, n° 467, août-septembre 2003.

« Paris métropole 2 », *Techniques & Architecture*, n° 468, octobre-novembre 2003.

« La Défense en quête de sens », *Urbanisme*, hors-série, n° 34, décembre 2008.

Le Grand Pari(s). Consultation internationale sur l'avenir de la métropole parisienne, n° spécial *d'AMC-Le Moniteur Architecture*, avril 2009.

« Paris Projet » (principaux dossiers)

N° 1 : Les Halles/La circulation en 1990, 1969.

N° 2 : Paris, ville de bureaux ?/Le plan de sauvegarde du Marais, 1970.

N° 3 : Le sous-sol de Paris et l'urbanisme/ Les Champs-Élysées, 1970.

N° 4 : Les espaces verts dans Paris/Pour une renaissance du Palais-Royal, 1970.

N° 5 : Paris 71-75 : le VIe Plan/Gares du Nord et de l'Est : dynamique d'un jumelage, 1971.

N° 6 : Le 7e arrondissement/Le tourisme à Paris, 1971.

N° 7 : Le centre Beaubourg/Paris : des habitants en transit ?, 1972.

N° 8 : Le Forum des Halles/Pour les autobus dans Paris, 1972.

N° 9 : La voie express Rive gauche, 1973.

N° 10-11 : L'avenir de Paris, 1974.

N° 12 : Paris Sud-Est : Lyon-Austerlitz-Bercy, 1974.

N° 13-14 : Le règlement du POS et le paysage de Paris, 1975.

N° 15-16 : La Villette : aménagement des anciens abattoirs et des abords du bassin/Les passages couverts dans Paris, 1976.

N° 17 : L'aménagement du canal Saint-Martin/L'aménagement des terrains Citroën, 1977.

N° 18 : La remise en valeur des bois de Boulogne et de Vincennes/L'aménagement des anciens abattoirs de Vaugirard, 1978.

N° 19-20 : Le Schéma directeur d'aménagement et d'urbanisme de la Ville de Paris, 1980.

N° 21-22 : Politique nouvelle de la rénovation urbaine, 1982.

N° 23-24 : Paris-Rome, 1983.

N° 25-26 : Les Halles : l'achèvement d'un projet, 1985.

N° 27-28 : L'aménagement de l'est de Paris, 1987.

N° 29 : L'aménagement du secteur Seine Rive gauche, 1990.

N° 30-31 : Espaces publics, 1993.

N° 32-33 : Quartiers anciens, approches nouvelles, 1998.

N° 34-35 : Paris 2020, éléments pour un Plan d'aménagement et de développement durable, 2003.

N° 36-37 : Renouvellement urbain et jeux Olympiques, 2005.

N° 38 : Regards croisés. Métropoles européennes, Berlin, Londres, Madrid, Milan, Paris, la Randstad, 2008.

L'Apur édite en outre des études régulières, ainsi que des notes de 4 pages, disponibles sur le site www.apur.org

Les *Cahiers du Crepif* (Centre de recherches et d'études sur Paris et l'Ile-de-France) et les *Cahiers de l'Iaurif* (Institut d'aménagement et d'urbanisme de la Région Ile-de-France) constituent également des sources importantes pour la compréhension des enjeux parisiens.

1894-1940

Eugène Hénard, *Études sur les transformations de Paris* (parues entre 1903 et 1909), Paris, L'Équerre, 1982.

Congrès international de la tuberculose, Paris, 2-7 octobre 1905, « La tuberculose et l'habitation », rapport présenté par M. Paul Juillerat et M. Louis Bonnier, Paris, Masson et Cie, 1905, pp. 1-18.

Paul Planat, « La galerie des Machines », *La Construction moderne*, 8 décembre 1906, 5 janvier, 30 mars, 6 juillet, 20 juillet, 3 août et 28 septembre 1907.

Paul Planat, « Les enlaidissements de Paris », *La Construction moderne*, 16 novembre 1907, pp. 73-75.

Jean Claude Nicolas Forestier, *Grandes villes et systèmes de parcs* (1908), édition présentée par Bénédicte Leclerc et Salvador Tarragò i Cid, Paris, IFA/Norma, 1997.

Edmond Uhry, « Garages d'automobiles », *L'Architecte*, avril et mai 1908, pp. 27-30 et 38-40.

La Ligue pour les espaces libres, l'assainissement et les sports, *Déclassement des fortifications et conversion de la zone en espaces libres*, Paris, Pierre Roger et Cie, 1909.

Paul Planat, « Les embarras de Paris », *La Construction moderne*, 4 septembre 1909, pp. 577-580.

Louis Bonnier, « Construction en bordure d'une voie publique que longe, de l'autre côté, une ligne de chemin de fer », « Rapport complémentaire sur la révision des ordonnancements de voies publiques » et « Proposition annexée au rapport du 25 septembre 1909 et relative à la création d'une place décorative à la jonction des boulevards Haussmann, Montmartre et des Italiens », rapports annexés à *Aspects de Paris. Mémoire de M. le préfet de la Seine au Conseil municipal*, Paris, Préfecture de la Seine, 27 octobre 1909.

Eugène Hénard, « Les espaces libres et les fortifications. Le projet Dausset et le projet du Musée social », *L'Architecture*, 11 décembre 1909, pp. 420-423.

Hector Degeorges, « La beauté de Paris et les façades imposées », *L'Architecture*, 25 décembre 1909, pp. 437-439.

Émile Massard, « Rapport sur la circulation générale des voitures et des piétons de Paris. Historique de la question avec photographies et graphiques », *Bulletin municipal officiel*, 1910.

Hector Degeorges, « Aspects de Paris et alignements. Trois rapports de Louis Bonnier au préfet de la Seine », *L'Architecture*, 29 janvier 1910, pp. 41-43, pl. 8-13.

Paul Planat, « L'Institut et la rue de Rennes », *La Construction moderne*, 28 mai 1910, pp. 409-411.

Louis Bonnier, « Les aspects de Paris. La place des Victoires », rapport annexé au *Mémoire de M. le préfet de la Seine au Conseil municipal*, Paris, Imprimerie municipale, 27 juin 1910.

Louis Dausset, « L'aménagement des fortifications et de la zone des servitudes militaires », *Town Planning Conference, London 1910*, Londres, Riba, 1911.

« La démolition de la galerie des Machines », *L'Architecture moderne*, mai 1911, pp. 115-117.

G. L., « Paris et le 7e arrondissement », *L'Architecture*, 23 novembre 1912, pp. 403-406.

Charles Lortsch, *La Beauté de Paris et la loi* (préf. André Hallays), Paris, Librairie de la Société du recueil Sirey, 1913.

Louis Bonnier et Marcel Poëte, *Commission d'extension de Paris. Aperçu historique. Considérations techniques préliminaires*, Paris, impr. Chaix, 1913.

Émile Rümler, « Paris gratte-ciel », *La Construction moderne*, 23 mars 1913, pp. 289-290.

Alex. Mezzara, « Pour sauvegarder l'unité de l'île Saint-Louis », *L'Architecture*, 1914, p. 148, pl. 45.

Fernand Honoré, « Paris dans cinquante ans », *L'Illustration*, 3 avril 1920, pp. 196-198.

Louis Bonnier, « L'esthétique et l'architecture dans le concours pour le plan d'aménagement et d'extension de Paris », *La Vie urbaine*, juin 1920.

Le Corbusier, *Urbanisme*, Paris, G. Crès et Cie, 1925.

Commission d'urbanisme de la SADG, *Projet de règlement de construction. Rapport présenté par MM. G.-F. Sébille, P. Meyer-Lévy et J. Quoniam*, Paris, 1927.

Henri Descamps, « La Cité moderne », *Le Maître d'œuvre*, 20 novembre 1927, pp. 10-14, *L'Architecture*, 15 juillet 1928, pp. 211-222, et *La Construction moderne*, 12 août 1928, pp. 548-551.

Léonard Rosenthal, *Quand le bâtiment va...*, Paris, Payot, 1928.

Adolphe-Augustin Rey, Justin Pidoux et Charles Barde, *La Science des plans de villes. Ses applications à la construction, à l'hygiène et à la beauté des villes. Orientation solaire des habitations*, Lausanne, Payot/Paris, Dunod, 1928.

Henri Descamps, « Le problème de la circulation à Paris », *La Construction moderne*, 16 décembre 1928, pp. 131-132.

Albert Guérard, *L'Avenir de Paris. Urbanisme français et urbanisme américain, la beauté de Paris en danger, l'extension, la circulation, l'industrie et Paris port de mer, la charte du Plus Grand Paris* (préf. Paul Bouju), Paris, Payot, 1929.

Vers un Paris nouveau ? Cahiers de la république des lettres, des sciences et des arts, XII, Paris, Les Beaux-Arts, s.d. (1929).

Henri Ghilini, « La première rue souterraine en construction », *L'Illustration*, 12 janvier 1929, pp. 43-45.

Henri Ghilini, « Un plan d'ensemble de rues et de garages souterrains », *L'Illustration*, 9 mars 1929, pp. 247-249.

Henri Ghilini, « Une voie souterraine entre la place Vendôme et le pont de Solférino », *L'Illustration*, 21 décembre 1929, pp. 758-759.

Louis Bonnier, « Les transformations et l'avenir de Paris », conférence publiée en supplément à *La Construction moderne*, 11 mai 1930.

Louis Bonnier, « Les transformations et l'avenir de Paris » (suite), supplément à *La Construction moderne*, 8 juin 1930.

« L'extension de Paris. Le point de vue de M. Henri Sauvage », *La Cité moderne*, juillet-août 1930, p. 6.

Henri Descamps, « La démolition des fortifications de Paris. Aménagement de la Porte Maillot », *La Construction moderne*, 21 décembre 1930, pp. 187-191.

Raymond-Laurent, *Paris, sa vie municipale. Vers le Plus Grand Paris*, Paris, Librairies des Juris-Classeurs-Éditions Godde/Librairie des annales des juristes de Paris, 1931.

Michel-Jean Dupré, « Faut-il excommunier les gratte-ciel ? Paris 1940... », *La Cité moderne*, février 1931, pp. 5-8.

Edmond Jayot, « Le développement de la Région parisienne », *La Cité moderne*, décembre 1931, pp. 3-10.

André Morizet, *Du vieux Paris au Paris moderne. Haussmann et ses prédécesseurs*, Paris, Hachette, 1932.

Gabriel Morice, « Immeubles avec rue souterraine, 168 à 172 rue du Faub.-St-Honoré, 25 à 29, rue de Courcelles, à Paris. MM. Plousey et Cassan, architectes DPLG », *L'Architecture*, 15 février 1932, pp. 45-52.

Léandre Vaillat, « L'avenue des traditions », *L'Illustration*, 27 février 1932, pp. 267-274.

André Ménabréa, « Préface à l'aménagement de la région de l'ouest de Paris » et Henri Prost, « Le concours d'idées pour l'aménagement de l'avenue entre l'Étoile et la place de La Défense », *Urbanisme*, n° 1, avril 1932, pp. 8-10 et 11-15.

Emmanuel de Thubert, « À propos du concours d'idées pour l'aménagement de l'avenue entre l'Étoile et la place de La Défense », *La Construction moderne*, 22 mai 1932, pp. 554-560, pl. 121-122.

« Le concours en vue de la réalisation d'une exposition internationale d'art moderne à Paris », *Urbanisme*, août 1932, pp. 144-157.

Louis Lacroix, « Les îlots insalubres de Paris », *Urbanisme*, septembre-octobre 1932, pp. 175-181.

André Ménabréa, « Les enseignements du vieux Pont-Neuf, *Urbanisme*, novembre-décembre 1932, pp. 225-230.

« L'urbanisme au Salon d'automne. Concours pour l'Exposition de 1937 », *L'Architecture d'aujourd'hui*, décembre 1932, pp. 78-95.

« Le square Saint-Lambert », *Le Bâtiment illustré*, juillet 1933, pp. 22-28.

« Le passage souterrain de la Porte Dauphine », *Urbanisme*, décembre 1933, pp. 357-360.

Léandre Vaillat, *L'Urbanisme dans la Région parisienne*, Paris, Musée des Arts décoratifs, 1935, p. 12.

Gaston Bardet, « Paris. Le centre d'échange et les autoroutes souterraines à grande profondeur », *Urbanisme*, n° 35, avril 1935, pp. 164-173.

François Latour, *Paris 1937 et le grand Paris*, Paris, Imprimerie municipale, 1936.

Ministère de l'Éducation nationale. Direction générale des Beaux-Arts. Commission des perspectives monumentales, *Révision du décret du 13 août 1902 portant règlement sur les hauteurs & sur les saillies des bâtiment dans la ville de Paris*, Paris, 1936-1938.

Henri Sellier, « Les sorties de Paris », *L'Architecture d'aujourd'hui*, février 1937, pp. 86-87.

Paris et la Région Capitale, n° 1, mai 1937.

Germain Bazin, « Paris région dévastée », *L'Amour de l'art*, novembre 1937, pp. 281-284.

Marcel Poëte, *Paris, son évolution créatrice*, Paris, Vincent, Fréal et Cie, 1938.

Gaston Bardet, « L'organisation de la Région parisienne », *L'Architecture d'aujourd'hui*, mars 1939, pp. 6-17.

Emmanuel de Thubert, « Impressions et perspectives d'une étude des "Architectes associés" : essai sur l'îlot insalubre n° 6 », *La Construction moderne*, 3-10 septembre 1939, pp. XVII-XX.

1940-1974

Le Corbusier, *Destin de Paris*, Paris, Fernand Sorlot, 1941.

Georges Pillement, *Destruction de Paris*, Paris, Grasset, 1941.

Raymond Lécuyer, « L'"îlot insalubre n° 16" », *L'Illustration*, 22 février 1941, pp. 191-195.

Bernard Champigneulle et al., *Destinée de Paris*, Paris, Chêne, 1943.

Maurice Baudot, « Les doctrines de l'urbanisme appliquées à Paris et dans le département de la Seine », *Cahiers du Musée social*, n° 14, 1943, pp. 26-49.

Robert Mestais, « La "ceinture verte" de Paris », *Urbanisme*, n° 86, janvier 1943, pp. 10-15.

Léandre Vaillat, « Pour que Paris respire », *L'Illustration*, 20 février 1943, pp. 103-106.

Guy Périer de Féral, « Aménagement de l'îlot 16 », et Jean-Marc Campagne, « Renaissance d'un vieux quartier », *L'Architecture française*, n° 41, mars 1944, pp. 4-19.

Jean Giraudoux, *Pour une politique urbaine* (préf. de R. Dautry), Paris, Art et Métiers graphiques, 1947.

« Participation de la préfecture de la Seine », *L'Architecture française*, n° 71-72, 1947, pp. 44-59.

Jean-François Gravier, *Paris et le désert français*, Paris, Le Portulan, 1947 (plusieurs rééditions).

Rapport présenté par M. André Thirion, conseiller municipal, au nom de la Commission d'aménagement de Paris, sur les opérations générales et locales de voirie, la répartition des espaces verts et l'affectation préférentielle qu'il convient de donner à certains quartiers, telles que ces mesures sont proposées à l'Assemblée municipale par le projet de plan directeur concernant l'aménagement de la Ville de Paris, Paris, Conseil municipal de Paris, 1951.

Claude Charpentier, « Montmartre doit être sauvé », *Urbanisme*, n° 3-4, 1951, pp. 47-48.

Paul-Henri Chombart de Lauwe et al., *Paris et l'agglomération parisienne, tome premier ; l'espace social dans une grande cité*, Paris, PUF, 1952.

Bernard Lafay, *Problèmes de Paris. Contribution au travaux du Conseil municipal : esquisse d'un plan directeur et d'un programme d'action*, rapport présenté au conseil municipal le 18 décembre 1954.

Claude Le Cœur, « Les quatre Champs-Élysées », *Urbanisme*, n° 37-38, 1954, pp. 80-95.

Solutions aux problèmes de Paris. La circulation. Plan Bernard Lafay, Comité du Nouveau Paris, 1955.

Pierre Sudreau, « Reconquête de Paris », *Urbanisme*, n° 49-50, 1956, pp. 300-301.

Les Plans Le Corbusier de Paris, 1956-1922, Paris, Minuit, 1956.

Construction et urbanisme dans la Région parisienne 1957, Paris, Commissariat à la construction et à l'urbanisme pour la Région parisienne, 1957.

Construction et urbanisme dans la Région parisienne 1958, Paris, Commissariat à la construction et à l'urbanisme pour la Région parisienne, 1958.

Préfecture de la Seine. Commissariat à la construction et à l'urbanisme pour la Région parisienne. Direction de l'urbanisme, *Plan d'urbanisme directeur de Paris. Rapport*, Paris, Imprimerie municipale, 1960.

Michel Holley, *L'Espace parisien*, Paris, Centre de documentation et d'urbanisme, 1960.

Georges Pilliet, *L'Avenir de Paris*, Paris, Hachette, 1961.

Claude Charpentier, « Restauration d'un îlot insalubre au centre de Paris », *L'Architecte des collectivités publiques*, mai-juin 1961, pp. 18-21.

Communication de M. le préfet de la Seine au conseil municipal de Paris sur la rénovation urbaine, Paris, Préfecture de la Seine, 1962.

Alain Griotteray, *L'État contre Paris*, Paris, 1962.

« Le Plan d'urbanisme directeur de Paris », *Urbanisme*, n° 74, 1962, pp. 9-21.

« Quel Paris ? » (débat animé par Guy Habasque, avec Pierre Randet, Jean Millier, Henry Bernard, Jean Dubuisson, Guy Lagneau et André Wogenscky), *L'Œil*, mars 1962, pp. 56-65 et 106-108.

« Reconstruire Paris ? » (débat animé par Bernard Champigneulle, avec Guillaume Gillet, Pierre Gibel, Guy Houist, Bernard Zehrfuss et Claude Charpentier), *Le Figaro*, 18 avril 1962, pp. 4-5.

Le District de la Région de Paris, Paris, Friedland, s.d. (1963), n. p.

Henri Bergeron, « La sauvegarde de Paris et la décentralisation industrielle », *La Vie urbaine*, juillet-septembre 1963, pp. 236-239.

Pierre Bazinet et Marcel Fayard, *Essai de mise en valeur de l'espace parisien*, Paris, CDU, 1964.

Jean Bastié, *Paris en l'an 2000*, Paris, Sedimo, 1964.

Noël Boutet de Monvel, *Les Demains de Paris*, Paris, Denoël, 1964.

Paul-Henri Chombart de Lauwe, *Paris. Essais de sociologie, 1952-1964*, Paris, Les Éditions ouvrières, 1964.

Raymond Lopez et Michel Holley, « Etude d'aménagement architectural du centre de Paris », *Urbanisme* n° 84, 1964.

Georges Verpraet, *Paris capitale souterraine*, Paris, Plon, 1964.

Paul-Henri Chombart de Lauwe, *Paris. Essais de sociologie, 1952-1964*, Paris, Les Éditions ouvrières, 1965.

Contribution aux études sur l'avenir du centre de Paris, Paris, Préfecture de la Seine, 1965.

Paris en question. Une enquête du District de la Région de Paris, Paris, PUF, 1965.

Michel Ragon, *Paris, hier, aujourd'hui, demain*, Paris, Hachette, 1965.

Jean Maze, *Paris à l'heure du choix*, Paris, Flammarion, 1965.

Schéma directeur d'aménagement et d'urbanisme de la Région de Paris 1965, t. 1, Paris, La Documentation française illustrée, 1965 ; t. 2 : *Avis et rapports*, Paris, Délégation générale du District de la Région de Paris, 1966.

Communication de M. le préfet de la Seine au conseil municipal de Paris sur la rénovation urbaine, Paris, Préfecture de la Seine, 1966.

Données actuelles du quartier des Halles, Paris, Société d'études pour l'aménagement des Halles, 1966.

Henri Coing, *Rénovation urbaine et changement social. L'îlot n° 4 (Paris 13e)*, Paris, Les Éditions ouvrières, 1966.

Paul Delouvrier, *L'Aménagement de la Région parisienne*, Paris, Imprimerie moderne de la presse, 1966.

Édouard Utudjian, *Architecture et urbanisme souterrains*, Paris, Robert Laffont, 1966.

Henry Bernard, *Paris Majuscule*, Montrouge, Imprimerie TS, 1967.

Pierre Dufau, *Pour la destruction de Paris* et Albert Laprade, *Contre la destruction de Paris*, Paris, Berger-Levrault, collection « Pour ou Contre », 1967.

Michel Holley, « Technologie des hautes densités », *Urbanisme*, n° 98, 1967.

Communication de M. le préfet de Paris au conseil de Paris sur la rénovation urbaine, Paris, Préfecture de Paris, 1968.

Étude sur l'évolution et les options d'urbanisme du centre rive droite de Paris, Paris, Préfecture de Paris/Atelier parisien d'urbanisme, 1968.

Robert Franc, « Paris joue son avenir », *L'Express*, n° 870, 19-25 février 1968, pp. 28-33.

Françoise Divorne, *Éléments de recherche pour une politique des espaces verts à Paris*, Paris, Apur, 1970.

Pierre Dondaine, *Paris, quinze ans de développement urbain. L'évolution de la ville de Paris de 1954 à 1969*, Paris, Apur, 1970.

Antony Sutcliffe, *The Automn of Central Paris. The Defeat of Town Planning, 1850-1970*, Londres, Edward Arnold, 1970.

Jean Vaujour, *Le Plus Grand Paris*, Paris, PUF, 1970.

Maurice Minost, « Propos sur le Marais », et Louis Arretche, Bernard Vitry, Michel Marot et Maurice Minost, « Le secteur sauvegardé du Marais. Histoire », *Les Monuments historiques de la France*, avril-juin 1970, pp. 59-96.

Claude Soucy, « Le RER et le centre de Paris », *Urbanisme*, n° 120-121, 1970, pp. 75-76.

Yvan Christ, *Paris des utopies*, Paris, Balland, 1971.

Jacques Herbert (dir.), *Sauver les Halles, cœur de Paris. Un dossier d'urbanisme contemporain*, Paris, Denoël, 1971.

La Rénovation urbaine, compte rendu intégral des journées d'études 1972, Paris, Union des élèves de l'ENPC, 1972.

La Rénovation de Paris : livre noir, Paris, Fédération de Paris du PSU, 1972.

Claude Bourdet, *À qui appartient Paris ?*, Paris, Seuil, 1972.

Jean Lojkine, *La Politique urbaine dans la région parisienne, 1945-1972*, Paris/La Haye, Mouton, 1972.

Marcel Cornu, *La Conquête de Paris*, Paris, Mercure de France, 1972.

Pierre Randet, *Enquête sur le déroulement de l'opération dite : « Secteur Italie XIII » à Paris 13e arrdt.*, rapport au ministre de l'Équipement et du Logement, 1972.

Communication de M. le préfet de Paris au conseil de Paris sur la rénovation urbaine, Paris, Préfecture de Paris, 1973.

« Urbanisme parisien. Réunion chez le préfet de la Région parisienne. Voie express rive gauche. À propos de La Défense », *Académie d'architecture. Bulletin*, n° 61, 1972, pp. 40-91.

Francis Godard (dir.), *La Rénovation urbaine à Paris : structure urbaine et logique de classe*, Paris/La Haye, Mouton, 1973.

1974-2010

Jean Bastié (dir.), *Vingt ans de transformations de Paris*, Paris, Association universitaire de recherches géographiques et démographiques, 1974.

Ned Rival et al., *Déjà Paris demain. « Beaubourg-Les Halles »*, Paris, La Table ronde, 1974.

Bernard Lafay, *Schéma d'un plan vert pour Paris*, Paris, Club Paris 2000, 1974.

Gustave Doniat, « Beaubourg. Un cœur nouveau pour le Paris de demain », *La Construction moderne*, septembre-décembre 1974, pp. 17-25.

Yvan Christ, *Les Nouvelles Métamorphoses de Paris*, Paris, Balland, 1976.

Georges Pillement, *Du Paris des rois au Paris des promoteurs*, Paris, L'Entente, 1976.

Maurice Minost, « Le Marais : un urbanisme libéral », *Les Monuments historiques de la France*, 1976/6, pp. 40-56.

Françoise Boudon, André Chastel, Hélène Couzy et Françoise Hamon, *Système de l'architecture urbaine. Le quartier des Halles à Paris*, Paris, CNRS, 1977.

Louis Chevallier, *L'Assassinat de Paris*, Paris, Calmann-Lévy, 1977 (réédition Paris, Ivrea, 1997).

Jacques Réda, *Les Ruines de Paris*, Paris, Gallimard, 1977.

Maurice Doublet, « Le maire de Paris », *Revue des deux mondes*, janvier 1977, pp. 60-66.

Michèle Tilmont et Jean-Claude Croizé, *Les IGH dans la ville. Dossier sur le cas français*, Paris, Centre de recherche d'urbanisme, 1978.

Michel Carmona, *Le Grand Paris. L'évolution de l'idée d'aménagement de la Région parisienne*, t. I, Bagneux, Impr. Gyrotypo, 1979.

Association pour la consultation internationale sur le quartier des Halles, *Six cents contreprojets pour les Halles. Consultation internationale pour l'aménagement des Halles*, Paris, Le Moniteur, 1981.

Les Espaces verts de Paris. Situation et projets, Paris, Apur, 1981.

Norma Evenson, *Paris, A Century of Change*, Yale University Press, 1979, trad. française : *Cent ans de travaux et d'urbanisme 1878-1978. Paris, les héritiers d'Haussmann*, Paris, Ensb-a/Grenoble, PUG, 1983.

Jean-Paul Alduy, « 40 ans de planification en Région d'Ile-de-France », *Les Cahiers de l'Iaurif*, n° 70, décembre 1983, pp. 11-52.

Robert Auzelle et René Magnan, « La Défense : néo-cortex de la France ? » et « Le testament de Robert Auzelle sur La Défense », *Urbanisme*, n° 204, novembre 1984, pp. 74-79.

François Chaslin, *Les Paris de François Mitterrand*, Paris, Gallimard, 1985.

Bruno Foucart, Sébastien Loste et Antoine Schnapper, *Paris mystifié. La grande illusion du Grand Louvre* (préface Henri Cartier-Bresson), Paris, Julliard, 1985.

Bernard Rouleau, *Villages et anciens faubourgs de l'ancien Paris. Histoire d'un espace urbain*, Paris, Le Seuil, 1985.

Jean-Claude Garcias, Jean-Jacques Treuttel et Jérôme Treuttel, *Immeubles de rapport des années 30 à Paris. Un type mort-né : la cour ouverte*, Paris, SRA, Nantes, CERMA, 1986.

Jean Jenger, *Orsay, de la gare au musée*, Paris, Electa-Moniteur, 1986.

Le Grand-Paris, supplément à *Murs, Murs* n° 14, avril 1986.

Jean-Pierre Babelon (dir.), *Le Marais, mythe et réalités*, Paris, Picard/CNMHS, 1987.

Cofer (Comité français pour l'expansion et le rayonnement international de Paris-La Défense), *Paris-La Défense, métropole européenne des affaires*, Paris, Le Moniteur, 1987.

Renzo Piano et Richard Rogers, « Du plateau Beaubourg au Centre Georges-Pompidou », Paris, Centre Georges-Pompidou, 1987.

François Loyer, *Paris XIXe siècle : l'immeuble et la rue*, Paris, Hazan, 1987.

Appel pour une métropole nommée Paris, Paris, Association 75021, 1988.

Marc Breitman et Maurice Culot (dir.), *La Goutte-d'Or, faubourg de Paris*, Paris, Hazan/Bruxelles, AAM, 1988.

Christian Michel, *Les Halles. La renaissance d'un quartier, 1966-1988*, Paris, Masson, 1988.

Architectures capitales, Paris 1979-1987, Paris, Le Moniteur/Milan, Electa, 1989.

Louis Bergeron (dir.), *Paris, genèse d'un paysage*, Paris, Picard, 1989.

Bruno Fortier, *La Métropole imaginaire. Un atlas de Paris*, Liège, Pierre Mardaga, 1989.

André Lortie et Pierre Schall (dir.), *Parcs et promenades de Paris*, Paris, Pavillon de l'Arsenal/Demi-Cercle, 1989.

Pierre Pinon (dir.), *Les Traversées de Paris*, Paris, Le Moniteur, 1989.

Danièle Voldmann (dir.), *Région parisienne, approches d'une notion (1860-1980)*, *Les Cahiers de l'IHTP*, n° 12, octobre 1989.

François Caron, Jean Dérens, Luc Passion et Philippe Cebron de Lisle (dir.), *Paris et ses réseaux. Naissance d'un mode de vie urbain, XIXe-XXe siècle*, Paris, BHVP, 1990.

Rémi Baudouï, *À l'assaut de la région parisienne. Les conditions de naissance d'une politique d'aménagement régional, 1919-1945*, Paris, École d'architecture de Paris-Villemin/BRA (diffusion VRD), 1990.

Jean-Pierre Courtiau, *Paris, un siècle de fantasmes architecturaux et de projets fous*, Paris, 1irst, 1990.

La Couronne de Paris, anneau central de l'agglomération, Paris, Apur/Iaurif, 1990.

Jean des Cars et Pierre Pinon (dir.), *Paris Haussmann. « Le pari d'Haussmann »*, Paris, Picard/Pavillon de l'Arsenal, 1991.

Marilù Cantelli, *L'Illusion monumentale. Paris : 1872-1936*, Liège, Pierre Mardaga, 1991.

Marie-Jeanne Dumont, *Le Logement social à Paris 1850-1930. Les habitations à bon marché*, Liège, Pierre Mardaga, 1991.

Jean-Louis Cohen et André Lortie, *Des fortifs au périf. Paris, les seuils de la ville*, Paris, Picard/Pavillon de l'Arsenal, 1991.

André Fermigier, *La Bataille de Paris. Des Halles à la pyramide, chroniques d'urbanisme* (choix et présentation François Loyer), Paris, Le Débat/Gallimard, 1991.

Elsa Martayan, « Contenir ou moderniser. Les propositions et débats des années cinquante », *Les Annales de la recherche urbaine*, n° 50, avril 1991, pp. 82-91.

Jacques Lucan (dir.), *Eau et gaz à tous les étages. Paris, 100 ans de logement*, Paris, Picard/Pavillon de l'Arsenal, 1992.

Pierre-François Large, *Des Halles au Forum. Métamorphoses au cœur de Paris* (préface André Wogenscky), Paris, L'Harmattan, 1992.

Philippe Benoit, Jean-Marc Benoit, François Bellanger et Bruno Marzloff, *Paris 1995, le grand desserrement. Enquête sur 11 millions de Franciliens*, Paris, Romillat, 1993.

Pierre Lavedan, *Nouvelle histoire de Paris. Histoire de l'urbanisme à Paris* (1re édition 1975, supplément Jean Bastié), Paris, Hachette, 1993.

Bernard Marchand, *Paris, histoire d'une ville, XIXe-XXe siècle*, Paris, Le Seuil, 1993.

Gilles Plum, *Le Grand Palais : l'aventure du palais des Beaux-Arts*, Paris, RMN, 1993.

Philippe Nivet, *Le Conseil municipal de Paris de 1944 à 1977*, Paris, Publications de la Sorbonne, 1994.

Simon Texier (dir.), *Les Canaux de Paris*, Paris, DAAVP, 1994.

Claude Eveno et Pascale de Mezamat (dir.), *Paris perdu. Quarante ans de bouleversements de la ville*, Paris, Carré, 1995.

Yves Hervaux, *Le Paris d'un maire. 1977-1995 : la métamorphose*, Paris, Albin Michel, 1995.

Bruno Fortier (dir.), *Métamorphoses parisiennes*, Paris, Pavillon de l'Arsenal/Liège, Pierre Mardaga, 1996.

Jacques Lucan (dir.), *Paris des faubourgs. Formation, transformations*, Paris, Picard/Pavillon de l'Arsenal, 1996.

Francis Chassel, « Le façadisme à Paris » et Christiane Schmückle-Mollard, « Les ravages du façadisme à Paris », *Monumental*, n° 14, septembre 1996, pp. 29-45.

La Consultation Masséna. Projets d'urbanisme pour un nouveau quartier de Paris, s.l., Skira, 1997.

Patrice de Moncan, *À qui appartient Paris ?*, Paris, Le Mécène, 1997.

Jacques Réda, *La Liberté des rues*, Paris, Gallimard, 1997.

Dominique Hervier (dir.), *Le Faubourg Saint-Antoine. Un double visage*, Cahiers du Patrimoine, n° 51, Paris, Inventaire général, 1998.

Paris, formes urbaines et architecture. Les Cahiers de l'Ipraus, n° 1, Paris, Recherches, 1998.

Claude Berton et Alexandre Ossadzow, *Fulgence Bienvenüe et la construction du métropolitain de Paris*, Paris, Presse de l'ENPC, 1998.

Yankel Fijalkow, *La Construction des îlots insalubres. Paris 1850-1945*, Paris, L'Harmattan, 1998.

Isabelle Montserrat Farguell et Virginie Grandval (dir.), *Hameaux, villas et cités de Paris*, Paris, AAVP, 1998.

Bruno Latour et Émilie Hermant, *Paris ville invisible*, Paris, Les Empêcheurs de tourner en rond/La Découverte, 1998.

Jacques Réda, *Le Citadin. Chronique*, Paris, Gallimard, 1998.

Le Marais et ses abords. Plan perspectif, Paris, Sauvegarde et mise en valeur du Paris historique, 1999.

Guy Burgel, *Paris, avenir de la France*, La Tour d'Aigues, L'Aube, 1999.

Guy Lambert (dir.), *Les Ponts de Paris*, Paris, AAVP, 1999.

Pierre Pinon, *Paris, biographie d'une capitale*, Paris, Hazan, 1999.

Les Seuils de la capitale. Étude de l'interface Paris-Petite Couronne, Paris, Apur, 2000.

Gilles-Antoine Langlois, *Histoire d'un quartier de Paris : de la Salpêtrière à la Bibliothèque nationale de France*, Paris, Somogy, 2000.

Simon Texier, *Le 13e arrondissement. Itinéraires d'histoire et d'architecture*, coll. Paris en 80 quartiers, Paris, AAVP, 2000.

Philippe Nivet et Yvan Combeau, *Histoire politique de Paris au XXe siècle. Une histoire locale et nationale*, Paris, PUF, 2000.

Bruno Carrière, *La Saga de la Petite Ceinture*, Paris, La Vie du rail, 2001 (1re éd. 1991).

Sophie Lidgi, *Paris-Gouvernance ou les malices des politiques urbaines (J. Chirac/J. Tiberi)*, Paris, L'Harmattan, 2001.

Les Parcs et Jardins de Paris. 400 lieux de détente et de découverte, Paris, Rustica, 2001.

François Serrand, *Le Pari des Halles de Paris*, s.l., Aubin, 2001.

Simon Texier (dir.), *Les Parcs et Jardins dans l'urbanisme parisien, XIXe-XXe siècles*, Paris, AAVP, 2001.

Dominique Larroque, Michel Margairaz, Pierre Zembri, *Paris et ses transports, XIXe-XXe siècle*, Paris, Recherches, 2002.

Jean-Baptiste Minnaert, *Henri Sauvage, ou l'exercice du renouvellement*, Paris, Norma/IFA, 2002.

Jean-Pierre Pranlas-Descours (dir.), *Territoires partagés/L'archipel métropolitain*, Paris, Picard/Pavillon de l'Arsenal, 2002.

Jacques Lucan, *Plaidoyer pour une lecture de Paris regardée du point de vue de sa complexité morphologique, ou peut-on échapper au Paris d'Amélie Poulain ?*, Paris, Apur, 2002.

Géraldine Texier-Rideau et Michaël Darin (dir.), *Places de Paris, XIXe-XXe siècle*, Paris, AAVP, 2003.

Karen Bowie et Simon Texier (dir.), *Paris et ses chemins de fer*, Paris, AAVP, 2003.

Henri Bresler et Isabelle Genik, *Le Front de Seine : histoire et prospective*, Paris, SEMEA 15, 2003.

Jean Castex et Rémi Rouyer, *Les Tours à Paris, bilan et prospectives*, Paris, Apur, 2003.

Mathieu Flonneau, *L'Automobile à la conquête de Paris. Chroniques illustrées*, Paris, Presses de l'ENPC, 2003.

Virginie Lefebvre, *Paris, ville moderne : Maine-Montparnasse et La Défense, 1950-1975*, Paris, Norma, 2003.

Alain Orlandini, *La Villette 1971-1995. Histoires de projets*, Paris, Somogy, 2003 (1re édition 1999).

Tomato architectes, *Paris, la ville du périphérique*, Paris, Le Moniteur, 2003.

Paris-Les Halles, Paris, Le Moniteur, 2004.

Mathieu Flonneau, *Paris et l'automobile. Un siècle de passions*, Paris, Hachette Littératures, 2005.

Bertrand Lemoine (dir.), *Paris en Île-de-France, histoires communes*, Paris, Picard/Pavillon de l'Arsenal, 2006

Éric Lapierre (dir.), *Aménager Paris. Actualités parisiennes*, Paris, Direction de l'Urbanisme de la Ville de Paris/Pavillon de l'Arsenal, 2006.

Simon Texier (dir.), *Voies publiques. Histoires et pratiques de l'espace public à Paris*, Paris, Picard/Pavillon de l'Arsenal, 2006.

Annie Fourcaut, Emmanuel Bellanger et Mathieu Flonneau, *Paris/Banlieue. Conflits et solidarités*, Paris, Créaphis, 2007.

Marcel Roncayolo, *Territoires en partage. Nanterre, Seine-Arche : en recherche d'identité(s)*, Marseille, Parenthèses, 2007.

Pierre Alain Trévelo et Antoine Viger-Kohler, *No Limit. Étude prospective de l'insertion urbaine du périphérique de Paris*, Paris, Pavillon de l'Arsenal, 2008.

Paris 21e siècle, Paris, Atelier parisien d'urbanisme/Le Passage, 2008.

Index des noms et organismes cités

E-F

G

H-I

J-K

L

M

N-O

P-Q

R

S

T

U-V-W

Y-Z

SOURCES ICONOGRAPHIQUES

Nous remercions particulièrement les Archives de Paris (Jean-Philippe Dumas), l'Atelier parisien d'urbanisme, la Cité de l'architecture et du patrimoine/Archives d'architecture du XXe siècle (David Peyceré, Alexandre Ragois), le Pavillon de l'Arsenal (Antonella Caselatto), la Préfecture de police de Paris, la Saem Val de Seine aménagement ;
les ateliers Castro-Denissof, Christian de Portzamparc, Jean Nouvel, Yves Lion, Treuttel-Garcias-Treuttel ;
ainsi que Benoît Grimbert, Gérard Leyris et Jean-Christophe Doërr.

ÉDITION Laurence Solnais
DIRECTION ARTISTIQUE Isabelle Chemin

AVEC LA COLLABORATION DE Marylène Lhenri, Charlotte Bourgeois, Marie Rivière, Catherine Minot et Léonard Mabille.

PHOTOGRAVURE Alésia Studio (Paris)

ACHEVÉ D'IMPRIMER en RAE avril 2012

DÉPÔT LÉGAL octobre 2010
ISBN 978-2-84096-682-1